## ***ACCESO GRATIS*** ***a la Lectura en la Nube***

Para visualizar el libro electrónico en la nube de lectura envíe junto a su nombre y apellidos una fotografía del código de barras situado en la contraportada del libro y otra del ticket de compra a la dirección:

**ebooktirant@tirant.com**

En un máximo de 72 horas laborales le enviaremos el código de acceso con sus instrucciones.

La visualización del libro en **NUBE DE LECTURA** excluye los usos bibliotecarios y públicos que puedan poner el archivo electrónico a disposición de una comunidad de lectores. Se permite tan solo un uso individual y privado

# ANÁLISIS CRÍTICO Y PROYECCIÓN DE LAS PROPUESTAS DE REFORMA CONSTITUCIONAL PRESENTADAS POR EL TITULAR DEL EJECUTIVO EL 5 DE FEBRERO DE 2024

Procedimiento de selección de originales, ver página web:
www.tirant.net/index.php/editorial/procedimiento-de-seleccion-de-originales

# ANÁLISIS CRÍTICO Y PROYECCIÓN DE LAS PROPUESTAS DE REFORMA CONSTITUCIONAL PRESENTADAS POR EL TITULAR DEL EJECUTIVO EL 5 DE FEBRERO DE 2024

PASTORA MELGAR MANZANILLA
DANIEL MÁRQUEZ GÓMEZ
JAIME CÁRDENAS GRACIA
*Coordinadores*

**tirant lo blanch**
Ciudad de México, 2025

En caso de erratas y actualizaciones, la Editorial Tirant lo Blanch publicará la pertinente corrección en la página web www.tirant.com.


DISTRIBUYE: TIRANT LO BLANCH MÉXICO
Av. Tamaulipas 150, Oficina 502
Hipódromo, Cuauhtémoc, 06100, Ciudad de México
Telf: +52 1 55 65502317
infomex@tirant.com
www.tirant.com/mex/
www.tirant.es
ISBN: 978-84-1095-404-5

Si tiene alguna queja o sugerencia, envíenos un mail a: *atencioncliente@tirant.com*. En caso de no ser atendida su sugerencia, por favor, lea en *www.tirant.net/index.php/empresa/politicas-de-empresa* nuestro procedimiento de quejas.

Responsabilidad Social Corporativa: http://www.tirant.net/Docs/RSCTirant.pdf

## *Listado de autores*

Jaime Cárdenas Gracia
Eduardo de Jesús Castellanos Hernández
David Ulises Guzmán Palma
Daniel Márquez Gómez
Pastora Melgar Manzanilla

# Índice

**REFORMA CONSTITUCIONAL EN MATERIA DE JUSTICIA LOCAL, UNA VISIÓN DESDE LA EFICACIA Y LA EFICIENCIA DE LA JUSTICIA**

DAVID ULISES GUZMÁN PALMA



**EFICIENCIA Y JUSTICIA EN LOS PROGRAMAS SOCIALES: ANÁLISIS DESDE EL IGUALITARISMO LIBERAL DE DWORKIN**

PASTORA MELGAR MANZANILLA

# INTRODUCCIÓN

El 5 de febrero de 2024, el presidente Andrés Manuel López Obrador presentó ante el Congreso de la Unión un paquete de 20 iniciativas de reforma constitucional y legal con el objetivo de transformar la estructura del Estado mexicano. Estas propuestas abarcan una amplia gama de temas, desde cambios en la organización administrativa del gobierno hasta reformas electorales y sociales de gran alcance. La magnitud y el contenido de estas reformas han generado un debate significativo en la sociedad mexicana, donde se analiza su contenido, viabilidad e impacto en los principios democráticos y el futuro institucional del país.

Como aclaración previa para el lector debemos mencionar que los trabajos presentados por los autores en estas páginas se elaboraron antes de conocer el resultado de la elección de 2 de junio de 2024, tampoco abordan el resultado del proceso legislativo de algunas de esas reformas.

Esta obra reúne el análisis crítico de autores que, desde diversas perspectivas, examinan en profundidad las implicaciones de estas reformas. A través de cinco capítulos, se ofrece una visión amplia de algunos de los cambios propuestos y sus posibles consecuencias para México.

En el primer capítulo, titulado "Captura del Estado y Reformismo Legal. Análisis de las 20 Reformas a la Constitución Política de los Estados Unidos Mexicanos de 5 de Febrero de 2024", Daniel Márquez realiza un examen del conjunto de iniciativas, con apoyo en la doctrina de la captura del Estado, destaca que estas reformas podrían formar parte de un proceso de concentración del poder por parte del partido en el gobierno, el Movimiento de Regeneración Nacional (Morena), muestra algunas el contenido de algunas de estas reformas y la vía y consecuencias de ese proceso.

El segundo capítulo, "Iniciativas Presidenciales de Reforma Constitucional y Legal en Materia de Simplificación Orgánica", Eduardo de Jesús Castellanos Hernández, profundiza en las propuestas relacionadas con la reorganización administrativa del Estado. El autor examina las iniciativas que buscan eliminar o reestructurar diversos organismos constitucionales autónomos y descentralizados, transfiriendo sus funciones a dependencias centralizadas del Ejecutivo Federal. El autor analiza la justificación oficial de estas reformas, que señala duplicidad de funciones y la necesidad de austeridad, y expone sus preocupaciones sobre los posibles efectos de centralizar el poder y reducir la autonomía en áreas clave como la competencia económica, las telecomunicaciones y la transparencia. Contextualiza estas propuestas dentro de tendencias históricas y reflexiona sobre sus posibles implicaciones para el equilibrio institucional en México.

En el tercer capítulo "El Plan C Electoral y Otras Posibles Reformas", Jaime Cárdenas Gracia analiza los intentos del gobierno federal de reformar el marco jurídico electoral a través de tres planes conocidos como Plan A, Plan B y Plan C. Cárdenas Gracia examina las propuestas y objetivos de cada plan, destacando que el Plan C busca implementar cambios significativos en el sistema electoral mexicano. Entre las propuestas se encuentran la creación del Instituto Nacional de Elecciones y Consultas, la reducción del número de diputados y senadores, la eliminación de órganos electorales locales y la elección de consejeros y magistrados electorales mediante voto ciudadano. El autor reflexiona sobre las implicaciones de estas reformas, considerando los posibles efectos en la representación política, la participación ciudadana y el funcionamiento de la democracia en México. Además, subraya la importancia de un análisis profundo y de considerar reformas que fortalezcan el ejercicio del poder democrático.

El cuarto capítulo, "Reforma Constitucional en Materia de Justicia Local, una Visión desde la Eficacia y la Eficiencia de la Justicia", es desarrollado por David Ulises Guzmán Palma, con apoyo en la metodología de la crítica inmanente, examina la propuesta de reforma al sistema de justicia local desde la perspectiva de la eficacia y eficiencia en la impartición de justicia. Guzmán Palma identifica desafíos actuales en la justicia local, como la saturación de los juzgados y la dilación en los procesos. Propone mejoras concretas para lograr una justicia más pronta y expedita, incluyendo la reforma del artículo 17 constitucional, la promoción de concursos públicos abiertos para la selección de jueces y magistrados, la transparencia en las sentencias y la implementación de mecanismos alternativos de solución de controversias. Su análisis enfatiza la importancia de una reforma integral que involucre tanto la procuración como la impartición de justicia, con el objetivo de fortalecer el acceso efectivo a la justicia para todos los ciudadanos.

Finalmente, en el quinto capítulo, "Eficiencia y Justicia en los Programas Sociales: Análisis desde el Igualitarismo Liberal de Dworkin", Pastora Melgar Manzanilla aborda las reformas propuestas en materia de programas sociales y políticas de bienestar. Utilizando el marco teórico del igualitarismo liberal del filósofo Ronald Dworkin, la autora examina los programas sociales que incluyen transferencias directas y pensiones no contributivas. Explora las dinámicas entre responsabilidad individual y desigualdades estructurales, analizando si las desigualdades que los programas buscan abordar son moralmente injustas y merecedoras de intervención estatal. Melgar Manzanilla discute diversas perspectivas sobre estos programas, considerando su eficacia para alcanzar los objetivos propuestos y la justicia de la redistribución que implican. Su análisis ofrece una comprensión detallada de los debates actuales sobre la intervención estatal en la corrección de desigualdades y la legitimidad de los programas sociales.

La convergencia de estos análisis proporciona una visión amplia de las reformas propuestas y sus posibles implicaciones para México. Además, sin ignorar el debate legislativo y las posibles modificaciones que se hagan a las propuestas de 5 de febrero de 2024, las aportaciones de los autores son originales, porque desde sus respectivas especialidades y enfoques, invitan a reflexionar sobre el rumbo jurídico, político y social del país.

En las aportaciones destacan los procesos, caminos y, en particular, la importancia de equilibrar la búsqueda de justicia social y eficiencia administrativa con la preservación de los principios democráticos y el respeto a los derechos humanos.

Esta obra propone al lector sumergirse en un debate fundamentado sobre las transformaciones que México enfrenta en este momento. Más que ofrecer respuestas definitivas, busca fomentar la reflexión y el análisis crítico, reconociendo la complejidad de los desafíos actuales y la necesidad de múltiples perspectivas para abordarlos. En un contexto en el que las decisiones políticas tienen repercusiones significativas en la vida cotidiana de los ciudadanos, es fundamental promover una discusión informada que contribuya al fortalecimiento de la democracia y al bienestar de la sociedad mexicana, espacio que pretende llenar esta obra.

Esperamos que este libro sea una herramienta valiosa para académicos, estudiantes, profesionales del derecho y todas aquellas personas interesadas en comprender y participar en los procesos de cambio que moldean el México actual y el del futuro. A través de los capítulos que siguen, se ofrecen argumentos para favorecer el análisis y el diálogo, elementos esenciales para la construcción de un país más justo y equitativo.

Santa Cruz, Acatlán a 29 de octubre de 2024

**Pastora Melgar Manzanilla**

# CAPTURA DEL ESTADO Y REFORMISMO LEGAL

## Análisis de las 20 reformas a la Constitución Política de los Estados Unidos Mexicanos de 5 de febrero de 2024[1]

DANIEL MÁRQUEZ

Sumario: I. Introducción: debates iniciales; II. Marco conceptual para el análisis de las reformas: el proceso de captura del Estado; III. El contenido de las reformas; IV. Las reformas de la Cuarta Transformación y el proceso de captura del Estado; Bibliografía.

## I. INTRODUCCIÓN: DEBATES INICIALES[2]

México tiene una constitución que desde 1917 ha tenido aproximadamente 771 reformas; de Ernesto Zedillo hasta Andrés Manuel López Obrador se han acumulado 406 reformas, casi el 52.6% de éstas. Lo que muestra el alcance de la disputa por la nación de la que ya nos habían advertido autores como Carlos Tello Díaz y Rolando Cordera Campos, en donde las normas del país son parte del campo de batalla.[3]

En este análisis nos interesa destacar los cambios constitucionales propuestos por el presidente Andrés Manuel López Obrador el 5 de febrero de 2024,

---

1 I. A., López, Las 20 reformas constitucionales que propone López Obrador, El País, 5 de febrero de 2024, en: https://elpais.com/mexico/2024-02-06/las-20-reformas-constitucionales-que-propone-lopez-obrador.html, consultado el 14 de septiembre de 2024.

2 Al escribir estas líneas, tanto la Cámara de Diputados como la Cámara de Senadores, además de la mayoría de Congresos estatales, aprobaron una de las reformas más polémicas de las presentadas el 5 de febrero de 2024: la reforma judicial, la aprobación ha tenido como marco las protestas de integrantes del poder judicial y la acusación de un desaseado proceso legislativo impulsado por la mayoría parlamentaria, en ambas cámaras del Congreso de la Unión, del Partido Movimiento de Regeneración Nacional.

3 Véase: C., Tello, R., Cordera, *México la disputa por la nación*. Perspectivas y opción es de desarrollo, 2ª ed., Siglo XXI, México, 1981.

como parte de un proceso de "captura" del Estado. Así, nuestra hipótesis sería mostrar de qué manera estas reformas constituyen una de las bases para que el Partido Movimiento de Regeneración Nacional, vía sus cuadros políticos, fortalezca su presencia en ese proceso de aprehensión del Estado Mexicano. Para entender este mecanismo es necesario acudir a eventos de nuestra historia reciente, en donde se muestra cómo una élite que se separa del Partido Revolucionario Institucional,[4] logra en relativamente poco tiempo —desde la década de los ochenta del siglo XX hasta el 1° de julio de 2018, esto es treinta y un años—, llegar a la presidencia de la República y "capturar" todos los cargos políticos y recursos del Estado Mexicano.

Para iniciar los argumentos, es importante ubicar el contexto de los análisis de captura del Estado. Francisco Durand sostiene que: "Los estudios de captura corporativa se centran en procesos o situaciones donde una elite influyente, la económica moderna, desarrolla una relación colusiva con las elites políticas a varios niveles (local, regional, nacional) y en diversas instancias del Estado (organismos regulatorios, ministerios de línea, principales instancias burocráticas económicas)".[5] Con lo que parece que los estudios en esa rama se encaminan al análisis de temas más económicos que políticos.

Además, parece existir un sesgo analítico, porque, según el autor mencionado, esta clase de estudios está asociada al neoliberalismo, los intereses que promueven la globalización económica y a las democracias "dirigidas" o "secuestradas" en diversos continentes, incluyendo los países desarrollados.[6] Como lo destaca Nicolás Lynch, el argumento de Francisco Durand es que: "el Estado en el mundo, y particularmente en América Latina, ha sido capturado por las grandes corporaciones, nacionales y multinacionales, poniéndolo a su servicio".[7]

---

4 Entre sus integrantes se encuentran: Cuauhtémoc Cárdenas Solórzano, Porfirio Muñoz Ledo, Ifigenia Martínez, Carlos Tello Macías, Rodolfo González Guevara, Ignacio Castillo Mena, Vicente Fuentes Díaz, Armando Labra Manjarrez, Cristóbal Arias Solís, Roberto Robles Garnica, Janitzio Múgica Rodríguez Cabo, César Buenrostro, Francisco Javier Ovando Hernández y Leonel Durán Solís.

5 F., Durand, *La captura del Estado en América Latina. Reflexiones teóricas*, Lima: Pontificia Universidad Católica del Perú, Fondo Editorial: OXFAM, 2020, p. 3.

6 Ibídem, p. 3.

7 N., Lynch, *La captura del Estado [Francisco Durand (2019). La captura del Estado en América Latina. Reflexiones teóricas. Lima: Oxfam, Fondo Editorial de la Pontificia Universidad Católica del Perú], en Discursos Del Sur, n.° 5, enero/junio 2020*, pp. 247-249

Lo que de nuevo destacaría el contexto "económico" a través del sesgo analítico y dejaría fuera a los procesos políticos.

No obstante, Nicolás Lynch destaca que la tesis central de Francisco Durand es que la concentración del poder económico por las grandes corporaciones, su correlato en la hiperconcentración del poder político desconectado de la población y el debilitamiento de la sociedad civil, son los grandes factores que permiten esta captura. Todo ello producido en una época de globalización neoliberal en la que se hace aparecer este proceso como el único posible y el pensamiento que desarrolla como las ideas exclusivas y excluyentes de nuestro tiempo.[8]

Esa reflexión nos permite advertir un espacio para aplicar los estudios de captura del Estado a los procesos políticos.

Con ese marco acotado podemos mencionar que el gobierno de Andrés Manuel López Obrador ha reformado la constitución federal 62 veces, a pesar de que en el Proyecto de Nación 2018-2024, se comprometió a no modificar la Constitución ni embarcarse en un vértigo de reformas a la legislación secundaria.[9] Este proceso de reformas constitucionales no ha estado exento de polémica, y en nuestra opinión, al articularse con otros argumentos y reformas pone en evidencia lo que podríamos denominar un proceso de "captura del Estado Mexicano".

Para documentar el proceso, destacamos que el 5 de febrero de 2024, para impulsar su proyecto de país, el presidente de la República envió 20 iniciativas de reforma (18 constitucionales y dos sobre leyes secundarias). Para el gobierno, las reformas constituyen un "nuevo pacto social con la llegada del humanismo mexicano a la Constitución", etérea construcción ideológica que el gobierno ha sido incompetente para explicar.[10] Más problemática es la justificación de que las: reformas legales (están) orientadas a modificar el contenido de artículos antipopulares que fueron introducidos durante el periodo neoliberal o neoporfi-

---

DOI, recuperado de: https://doi.org/10.15381/dds.v0i5.18149 - ISSN: 2617-2283, [Consultado: 01/10/2024]

8 Ibídem.

9 Morena, Proyecto Alternativo de Nación 2018 - 2024, Plataforma Electoral y Programa de Gobierno, en: https://repositoriodocumental.ine.mx/xmlui/bitstream/handle/123456789/94946/CGor201801-31-ap-20-8-a1.pdf, p. 4.

10 Véase: D., Márquez Gómez, "Humanismo a la mexicana y neoreligión", en: j., Cárdenas, Gracia, J., Ackerman, D., Márquez Gómez, P., Melgar Manzanilla (coords.), Humanismo y Cuarta Transformación: apuntes en torno al "Humanismo Mexicano", México, Tirant Humanidades, UNAM-PUEDJS, México, 2024, pp. 67-95.

rista. Todas ellas, todas esas reformas del periodo neoliberal contrarias al interés público.[11]

Uno de los primeros temas es que, al momento de su presentación, el gobierno carecía de la mayoría parlamentaria para aprobar esas reformas. Lo que llevó al cuestionamiento en torno a la motivación para presentarlas. La respuesta vino a través del propio presidente: (se presentaron) *porque vienen las elecciones y el pueblo va a decidir*, porque: una elección es también para definir un proyecto de nación.[12] Afirmación que interpela al árbitro electoral, tanto administrativo como contencioso, porque es una de las evidencia de la denuncia que se ha formulado en torno a la existencia de una "elección de Estado".[13]

---

11 Discurso del presidente Andrés Manuel López Obrador en la presentación de Iniciativas de reforma a la Constitución, (s.l) febrero 5, 2024, recuperado de: https://lopezobrador.org.mx/2024/02/05/discurso-del-presidente-andres-manuel-lopez-obrador-en-la-presentacion-de-iniciativas-de-reforma-a-la-constitucion/, [Consultado: 26/07/2024].

12 Discurso del presidente Andrés Manuel López Obrador en la presentación de Iniciativas de reforma a la Constitución, (s.l) febrero 5, 2024, recuperado de: https://lopezobrador.org.mx/2024/02/05/discurso-del-presidente-andres-manuel-lopez-obrador-en-la-presentacion-de-iniciativas-de-reforma-a-la-constitucion/, [Consultado: 26/07/2024].

13 Si bien es cierto que la elección participaron 55,976,881 ciudadanos, considerando el número de votos, y los grupos contendientes alcanzaron la suma de 5,832,105 (Movimiento Ciudadano); 15,620,726 de votos (Partidos Acción Nacional, Revolucionario Institucional, y de la Revolución Democrática), y 33,226,602 (Partidos Movimiento de Regeneración Nacional, del Trabajo y Verde Ecologista) [datos en INE, PREP, *Elecciones Federales 2024*, (s.l. y s.f.) recuperado de: https://prep2024.ine.mx/publicacion/nacional/landing, [Consultado: 17/09/2024], también lo es que la elección se realizó en el marco de una campaña electoral anticipada, violación constante de la ley, la cooptación del árbitro electoral, compra de votos e intervención del crimen organizado (Control Risk, Análisis de Impacto Electoral en México 2024, en: https://www.controlrisks.com/es/-/media/corporate/files/campaigns/mexico-election-monitor/23487-mexico-2024-analisis-impacto-electoral-spa.pdf, consultado el 17 de septiembre de 2024). Véase también: J., Ureña, *Columna "Teléfono Rojo", en Quadratin, San Luis Potosí, 18 de julio de 2024,* recuperado en: https://sanluispotosi.quadratin.com.mx/opinion/el-gobierno-anula-al-ine-y-al-trife/, [Consultado: 14/09/2024].
También Redacción, El Financiero, *Reforma al Poder Judicial será ley: Es aprobada por 17 congresos, ¿qué estados la aprobaron?*, El Financiero, septiembre 12, 2024, recuperado de: https://www.elfinanciero.com.mx/nacional/2024/09/11/reforma-judicial-aprobacion-en-congresos-de-los-estados-cuales-votaron-a-favor-en-vivo/, [Consultado: 14/09/2024], y Redacción BBC News Mundo, *Cómo Morena, el partido de AMLO y Claudia Sheinbaum, logró consolidar su poder en México en sólo 10 años,* BBC News

Lo que nos lleva a una segunda conclusión adelantada: si lo que se desea es superar las reformas "neoliberales" o impopulares", se debe aceptar que una constitución, como proyecto, modelo, decisión política fundamental, factores reales de poder, o de cualquier manera en la que se desee considerar, requiere consensos, debe articular la suma de voluntades de una nación. Contrario a lo que la narrativa progresista ha pretendido imponer, México tiene un régimen de economía mixta, en donde los procesos político-sociales se sustenta en el liberalismo político-jurídico y liberalismo económico social.[14]

Esas reformas, en algunos segmentos de opinión se han considerado como una: "jugada política y mediática del presidente". También se destaca que vulneran las instituciones responsables de combatir la corrupción, su inviabilidad y su ataque a la división de poderes.[15] Lo que muestra el uso de las narrativas encaminadas a la obtención y retención del poder.

Una de las reformas que acredita la dimensión del problema, es la de pensiones, porque estas prestaciones se sustentan en el denominado "modelo Bismarck," que utilizó el canciller Alemán Otto von Bismarck para enfrentar las reivindicaciones sociales del comunismo en Alemania.[16] Lo anterior es evi-

---

Mundo, 3 de junio de 2024, recuperado de: https://www.bbc.com/mundo/articles/cgee99vrjkvo, [Consultado: 02/10/2024].

14 J., Reyes Heroles, *El liberalismo mexicano*, ts. I, II, III, Fondo de Cultura Económico, México, 1974. Como lo destaca Jesús Reyes Heroles en la Introducción al tomo primero de su liberalismo mexicano: El liberalismo mexicano, casi desde sus orígenes, distinguió las libertades políticas y espirituales, del liberalismo económico (véase: *El liberalismo mexicano, t. I, p. xiv). Además, en* el proemio del tercer tomo: *Para apreciar el liberalismo mexicano basta ver sus rendimientos: las instituciones y libertades de nuestro régimen constitucional; la separación entre la Iglesia y el Estado; la existencia de una sociedad secular que no recurre a la compulsión para obtener el cumplimiento de conductas forzosas exigidas por compromisos extralegales y extrasociales, y que tampoco se inhibe para ejercer su supremacía frente a cuerpos, grupos o privilegios. (El liberalismo mexicano, t. III, pp. ix y x).*

15 E., Alvarado González, *Las últimas reformas de AMLO, unas propuestas criticadas por su oportunismo electoral*, en France24, 13/02/2024, recuperado de: https://www.france24.com/es/am%C3%A9rica-latina/20240213-las-%C3%BAltimas-reformas-de-amlo-unas-propuestas-criticadas-por-su-oportunismo-electoral, [Consultado: 27/09/2024]

16 Citado en: Cutler D. M., R., Johnson, *The Birth and Growth of the Social-Insurance State: Explaining Old-Age and Medical Insurance Across Countries*, December 2001, Research Division, Federal Reserve Bank of Kansas City, Public Choice, February 2004., en efecto, en el contexto del debate en torno al nacimiento y crecimiento de la seguridad

dencia de que el problema no es "ideológico", porque se acude a "políticas" hegemónicas que no tienen nada que ver con la "izquierda", lo que muestra el falso debate en las reformas entre: "neoliberalismo vs. humanismo a la mexicana".

Otra cuestión, se relaciona con la imposición de agenda y programa de gobierno a quién el presidente le entregó la banda presidencial. Esa persona puede estar convencida de que la propuesta de su correligionario y antecesor es correcta, lo que no puede hacer, es renunciar a ejercer el gobierno o a lo que Daniel Cossío Villegas llamaba el "estilo personal de gobernar", aceptar que se acote la acción de su gobierno, no sólo es una simulación electoral, también es renunciar a ser la presidenta del país. Lo anterior, envía un peligroso mensaje de subordinación de la primera hacia el segundo. En México, en la elección presidencial, votamos por una persona titular del Ejecutivo, no por un vicepresidente, nuncio o regente, lo que está implícito en la idea de elecciones "auténticas".

Un tema adicional es el fiscal y presupuestal en un país de escasa recaudación tributaria, en donde con datos de la Organización para la Cooperación y el Desarrollo Económico (OCDE) a 2023 el total de ingresos tributarios se ubica entre el 16.9% del Producto Interno Bruto (PIB),[17] un gobierno y sus agentes que acumulan facultades y recursos presupuestales frente a un segmento de la ciudadanía que observa con preocupación cómo, a través de esas facultades, se limitan los mecanismos para acceder a la riqueza nacional en los términos que

social, los autors citan la teoría de la legitimación política (*Political Legitimacy Theory*), que destaca: *The evidence most commonly cited for this theory is the birth of social insurance in Germany. Bismarck wrote as early as 1871 that the only means of stopping the Socialist movement in its present state of confusion is to put into effect those Socialist demands which seem justified and which can be realized within the framework of the present order of state and society* (mencionan como fuente a: Zöllner, Dietliev, "Germany", in Köhler, Peter; Zacher, Hans; and Partington, Martin, eds., The Evolution of Social Insurance 1881-1981, Studies of Germany, France, Great Britain, Austria and Switzerland, 1982, p. 13).

17 Véase: Servicio de Administración Tributaria, *Ingresos del gobierno federal representan 24.5% del PIB, Comunicado, 01 de julio de 2024*, recuperado en: https://www.gob.mx/sat/prensa/ingresos-del-gobierno-federal-representan-24-5-del-pib-038-2024?idiom=es#:~:text=Con%20estas%20consideraciones%2C%20los%20ingresos,como%20Suiza%20o%20Costa%20Rica., [Consulta: 17/09/2024]. En el comunicado se destaca que la OCDE no considera los ingresos no tributarios, con lo que los ingresos llegan al 24.5% del PIB.

destacan los artículos 25, 26 y 27 constitucionales,[18] además, se incrementa la deuda pública a un 48.6% del PIB (según la Secretaría de Hacienda y Crédito Público),[19] una inflación de 4.99% anualizada a 2024,[20] y el 2.95% de inversión extranjera directa en 2024,[21] lo que muestra que la reforma que debería buscarse es la fiscal, al momento de escribir estas líneas —septiembre de 2024— se anuncia que: Reginaldo Sandoval, diputado federal por el Partido del Trabajo, argumentó que una reforma fiscal, tributaria y hacendaria se torna impostergable, proponiendo un esquema más progresivo en el cual quienes posean mayores recursos económicos sean los que más contribuyan impositivamente.[22]

El marco analítico destacado será de trascendencia en al análisis de las 20 reformas que propuso el titular del Ejecutivo federal y para mostrar la validez de la hipótesis propuesta del proceso de captura del Estado Mexicano.

---

18 Como ejemplo de este proceso véase el "Decreto por el que se reforman, adicionan y derogan diversas disposiciones de la Ley Federal contra la Delincuencia Organizada, de la Ley de Seguridad Nacional, del Código Nacional de Procedimientos Penales, del Código Fiscal de la Federación y del Código Penal Federal", de 8 de noviembre de 2019, que considera a la defraudación fiscal como problema de seguridad nacional y materia de prisión preventiva (afortunadamente declarada inconstitucional en la acción de inconstitucionalidad 130/2019 y su acumulada 136/2019); entre otras. Además, de las reformas que se analizan en este trabajo.

19 B., Saldívar, *Hacienda asegura que la deuda de México cerrará el sexenio de AMLO en 48.6% del PIB, El* Economista, 31 de Julio de 2024, recuperado en: https://www.eleconomista.com.mx/economia/Hacienda-asegura-que-la-deuda-de-Mexico-cerrara-el-sexenio-de-AMLO-en-48.6-del-PIB-20240731-0040.html, [Consultado: 17/09/2024].

20 Banxico, *Inflación - (CP151)*, (s.l. y s.f.) recuperado de: https://www.banxico.org.mx/SieInternet/consultarDirectorioInternetAction.do?accion=consultarCuadro&idCuadro=CP151§or=8&locale=es, [Consultado: 17/09/2024].

21 Cámara de Diputados, *Centro de Estudios de las Finanzas Públicas, Comentarios al Informe Estadístico sobre el Comportamiento de la Inversión Extranjera Directa en México (enero-marzo de 2024), México, CEFP/023/2024*, recuperado de: https://www.cefp.gob.mx/publicaciones/documento/2024/cefp0232024.pdf, [Consultado: 17/09/2024]

22 O., Tinoco Morales, *Esta es la reforma que plantea la 4T para poder pagar las Pensiones del Bienestar, Infobae, 23 Jul, 2024*, recuperado en: https://www.infobae.com/mexico/2024/07/23/esta-es-la-reforma-que-plantea-la-4t-para-poder-pagar-las-pensiones-del-bienestar/#:~:text=El%20legislador%20de%20la%204T,los%20que%20m%C3%A1s%20contribuyan%20impositivamente., [Consultado: 17/09/2024].

## II. MARCO CONCEPTUAL PARA EL ANÁLISIS DE LAS REFORMAS: EL PROCESO DE CAPTURA DEL ESTADO

Continuando con el análisis del proceso de captura del Estado por el Movimiento de Regeneración Nacional, en 1987 se formó la Corriente Democrática Nacional del Partido Revolucionario Institucional. En su Propuesta democrática. Por una nación independiente, justa, libre y productiva de 9 de septiembre de 1987, presentaron un "conjunto integrado de propuestas fundamentales", entre ellas: 1) El Estado democrático y el poder ciudadano; 2) Garantizar el sufragio efectivo; 3) Defender los derechos ciudadanos; 4) Fortalecer los partidos; 5) Democratizar la comunicación; 6) Equilibrar los poderes; 7) Procurar justicia; 8) Renovar el federalismo; 9) Municipalizar el Distrito Federal; 10) Establecer el servicio civil; 11) Desterrar la corrupción; 12) Respetar los derechos de las minorías; 13) Reconocer y promover las autonomías.

En el apartado de "Rescate de la Nación" se enfocan en temas como: el estado nacional, la descolonización del país, soberanía nacional, autodeterminación, "nacionalismo mexicano", dominio sobre nuestros procesos políticos, económicos, sociales y culturales, autonomía del país, y paradójicamente, solidaridad.

En ese documento, en el apartado de "luchar por la democratización de la comunidad internacional", se propone: 1) Detener la sangría financiera; 2) Recuperar la soberanía económica; 3) Frenar la penetración extranjera; 4) Fortalecer nuestra identidad; 5) Replantear las relaciones con los Estados Unidos; 6) Proteger a los mexicanos en el exterior; 7) Defender la autodeterminación en Centroamérica; 8) Promover la Comunidad Latinoamericana; 9) Incorporarnos al No Alineamiento; 10) Diversificar nuestras relaciones; 11) Impulsar las negociaciones económicas; 12) Recuperar la vanguardia internacional; 13) La preservación de nuestro patrimonio, Se cierra afirmando: *La política es el vínculo entre el proyecto y la realidad. Es la rebeldía de la razón frente a la supuesta fatalidad de los hechos y la afirmación de la voluntad sobre el curso de la historia.*[23]

Otra herramienta para entender el proceso de captura del Estado son los documentos del Foro de Sao Paulo, con sus principios de: 1) democracia y autodeterminación; 2) integración regional y soberanía; 3) antiimperialista y anti-

---

23 En *D.,* Carmona Dávila, *edición perenne 2024, 1987 Propuesta democrática. Por una nación independiente, justa, libre y productiva. Corriente Democrática del PRI. Septiembre 9 de 1987,* recuperado de: https://www.memoriapoliticademexico.org/Textos/7CRumbo/1987-PD-CD-PRI.html, [Consultado: 27/09/2024].

neoliberal, y 4) unidad y solidaridad.[24] De manera más clara, en el documento: Encontro de Partidos e Organizações de Esquerda da América Latina e Caribe, Declaración de São Paulo, celebrada en São Paulo, 4 de julio de 1990, se afirma: *...renovamos hoy nuestros proyectos de izquierda y socialistas, nuestros compromisos son la conquista del pan, la belleza y la alegría, nuestro afán de lograr la soberanía económica y política de nuestros pueblos y la primacía de valores sociales, basados en la solidaridad. Declaramos nuestra plena confianza en nuestros pueblos, que movilizados, organizados y concientes* (sic) *forjarán, conquistarán y defenderán un poder que haga realidad la justicia, la democracia y la libertad verdaderas.*[25]

En el caso México, esto se puede advertir desde el proceso que permitió la llegada del Frente Democrático Nacional a la jefatura de gobierno del entonces Distrito Federal, bajo el liderazgo de Cuauhtémoc Cárdenas.

Es a partir de ese momento cuando la élite que se separa del Partido Revolucionario Institucional construye el Partido de la Revolución Democrática y, posteriormente, el 2 de octubre de 2011 se crea un movimiento para sustentar la campaña presidencial de Andrés Manuel López Obrador en 2012; el 20 de noviembre de 2012 se constituye la Asociación Política Movimiento Regeneración Nacional y, que el 26 de enero de 2014 se realizó la Asamblea Constitutiva del Movimiento Regeneración Nacional; el 1° de abril de 2014, el entonces Instituto Federal Electoral, nombra a la comisión integrada por: María Marván, consejera presidente, Marco Antonio Baños y Lorenzo Cordova Vianello, encargada de verificar que el Movimiento de Regeneración Nacional cumpla con los requisitos legales para constituirse como partido político; por último, el 9 de julio de 2014, en el marco de la decadencia del sistema de partidos en México, surge el Partido Político Movimiento de Regeneración Nacional con Andrés Manuel López Obrador como líder.[26]

---

24 El Foro de São Paulo, en su marcha hacia una América Latina y el Caribe libres, soberanos y democráticos, tiene como base los siguientes principios, recuperado de: https://forodesaopaulo.org/principios/ [consultado el 21 de octubre de 2024].

25 *Encontro de Partidos e Organizações de Esquerda da América Latina e Caribe*, Declaración de São Paulo, recuperado de: https://forodesaopaulo.org/wp-content/uploads/2014/07/01-Declaracion-de-Sao-Paulo-19901-1.pdf, [consultado el 21 de octubre de 2024].

26 J. P., Martínez Gil, "Historia del Partido Movimiento de Regeneración Nacional", recuperado de *Revista de Derecho Estasiológico "Ideología y Militancia,* No. 4, 2014, pp. 195-217.

En palabras de Rosendo Bolívar Meza: *Morena surge como un partido con una institucionalización interna débil al depender de un líder carismático que en muchos casos está en términos reales por encima de los estatutos del partido.*[27] A partir de 2014, 10 años después, el Partido Movimiento de Regeneración Nacional, refrenda su presencia en la presidencia de la República, con la doctora Claudia Sheinbaum Pardo, obtuvo mayorías calificadas en el Congreso de la Unión, obtuvo seis gubernaturas, además, de la Ciudad de México.[28]

Pero eso no es lo más significativo, se alerta en torno a la existencia de un: "Estado fallido y del control criminal que organizaciones delictivas tienen en México, incluso en poblaciones gobernadas por MORENA. No solo ejercen el control territorial para la producción y trasiego de droga o tráfico de inmigrantes, sino que, ahora, se ejerce dicho control incluso para aprovechar los recursos públicos gubernamentales.[29] Para Luis Daniel Vázquez Valencia:

> El problema que actualmente se observa en México es que no se trata del crimen organizado actuando solo, sino en connivencia con otros actores, y algunos pueden ser estatales. Esto sucede, por ejemplo, cuando el crimen organizado controla a la policía municipal. Dicho cuerpo policiaco detiene a una persona, pero en lugar de presentarla ante el juez cívico o el fiscal correspondiente, la lleva a una casa particular donde está la base del grupo criminal que domina la zona. Se tiene entonces a un cuerpo policiaco estatal capturado desarrollando actividades para el crimen organizado y violando derechos humanos en este proceso. En resumen, lo que se observa es la existencia de estructuras criminales, estatales y empresariales que colaboran para violar derechos humanos. A la actuación conjunta de estas tres estructuras la llamamos redes de macrocriminalidad.[30]

El núcleo de ese proceso se sustenta en diversas herramientas, entre ellas: 1) el uso de discurso de los derechos humanos; 2) la protesta social y la lucha

---

[27] Bolívar Meza, Rosendo, Morena: el partido del lopezobradorismo, en: Revista Polis, vol.10, No.2 México jul./dic. 2014

[28] Redacción BBC News Mundo, *Cómo Morena, el partido de AMLO y Claudia Sheinbaum, logró consolidar su poder en México en sólo 10 años,* BBC News Mundo, 3 de junio de 2024, recuperado de: https://www.bbc.com/mundo/articles/cgee99vrjkvo, [Consultado: 02/10/2024].

[29] A., Hernández, *México: gobiernos de MORENA tomados por el crimen organizado,* Deutsche Welle, 16 de septiembre de 2022, recuperado de: https://www.dw.com/es/m%C3%A9xico-gobiernos-de-morena-tomados-por-el-crimen-organizado/a-63143831, [Consultado: 2/10/2024].

[30] Vázquez Valencia, Luis Daniel, Captura del Estado, macrocriminalidad y derechos humanos, México, Flacso, Fundación Böll, UNAM-IIJ, 2019, p. 19.

política, defenestrando a los adversarios y denunciando reales o supuestos actos de corrupción; 3) el uso del dinero público y del aparato administrativo; 4) el manejo de narrativas emotivas, con marcados tintes religiosos; 5) la cooptación de intelectuales; y 6) el papel del crimen organizado apuntalado en la política de "abrazos no balazos". Destaca una narrativa —construida por los periodistas cercanos al movimiento—. Así, en un artículo de Héctor Parra, con datos de "Taller de Comunicación Política, CEO, SPIN", se afirma que a 2023 se emitieron más de 100 mil mentiras por parte del presidente de la República.[31]

En el caso del ex-presidente Andrés Manuel López Obrador, se documentó cómo cuando era Jefe de Gobierno del Distrito Federal, del 1° de diciembre del 2000 al 29 de julio de 2005, inició con las conferencias "mañaneras"; el ejercicio se replica cunado accede a la presidencia de la República, en el periodo de 3 de diciembre de 2018 hasta el 15 de marzo de 2023, en donde se han contabilizado 1,423 conferencias de prensa "mañaneras".[32]

Esa herramienta de las "mañaneras" no sólo fue muy útil para construir "narrativa", como lo destaca Francisco Durand:

> ...el poder discursivo permite moldear los imaginarios colectivos, las voliciones individuales, para lograr la exaltación del consumo y la justificación del poder corporativo sobre el mercado. Gracias al poder discursivo se organiza profesionalmente la seducción sobre individuos que "consumen libremente", y que puedan asumir identidades colectivas generadas por las corporaciones, que es otra dimensión más sutil y fina del poder Lo discursivo es "político" en el sentido más amplio del término, pues tiene que ver con creencias que permiten manejos de largo plazo e influencia constante en todo el espectro social, siendo manifiesto en ciertos momentos, o con múltiples expresiones que se repiten en el tiempo, teniendo un efecto de goteo de agua sobre la piedra, menos evidente pero igualmente importante.[33]

Si bien la idea de Francisco Durand se asocia, a su vez, al sesgo destacado de que es en la conjunción entre intereses empresariales y gubernamentales del

---

[31] Parra, Héctor, Más de 100 mil mentiras de AMLO, entre ellas sus compromisos incumplidos, en Códice Informativo de 03/07/2023, visible en: https://codiceinformativo.com/columna/mas-de-100-mil-mentiras-de-amlo-entre-ellas-sus-compromisos-incumplidos/, consultado el 2 de octubre de 2024.

[32] Salazar Méndez, Amilcar, AMLO encabezó mil 423 "mañaneras" durante su sexenio, en: https://www.milenio.com/politica/cuantas-mananeras-amlo-encabezo-en-su-gobierno, consultado el 2 de octubre de 2024.

[33] F., Durand, *La captura corporativa del Estado en América Latina,* trAndeS Working Paper Series 8, Berlin, Lateinamerika-Institut, Freie Universität Berlin, 2019, p. 10.

neoliberalismo en donde se generan los procesos de captura del Estado, tampoco se puede ignorar que es factible mostrar cómo esos mismos elementos de captura del Estado están presentes en los denominados gobiernos de "izquierda". El mismo autor destaca:

> La evidencia empírica nos dice que estos ciclos elitistas y contra elitistas (llamados populistas, anti hegemónicos, o contra movimientos en el lenguaje de Polanyi) son particularmente más acentuados en América Latina debido a que la dominación de las elites, siendo fuerte, a veces brutal, es relativa e inestable en democracias y dictaduras, "demoduras" y "dictablandas". Pero recordemos que las elites económicas logran adaptarse a esta variedad de regímenes, que los obliga a ser versátiles, políticamente pragmáticos, porque tienen inversiones comprometidas y siempre pueden negociar acuerdos gracias a su poder estructural y su poder instrumental y discursivo.[34]

En el caso México se advierte cómo las élites económicas y políticas se unen y adaptan a los cambios de gobierno; los casos de Carlos Slim y Emilio Azcarraga ejemplifican ese proceso. No importan las ideologías políticas, o los procesos económicos, sólo interesan los "negocios". Así, Francisco Durand destaca que en el proceso de captura del Estado:

> Dado que existen múltiples mecanismos para lograr objetivos, entre los que destacan las decisiones políticas críticas, el veto o la aprobación de leyes de alto impacto, los tratados de libre comercio —algunos más importantes que otros—, aquí ponemos el acento en aquellos instrumentos que sirven para penetrar los partidos y los poderes del Estado y que han sido objeto de mayor análisis y controversia ética, política y jurídica.
>
> Son cuatro principales: financiación electoral, lobby, puerta giratoria y soborno. Los tres primeros son legales, pero tienden a operar en zonas grises o caer en la corrupción, mientras el cuarto es claramente ilegal.[35]

Todos estos elementos los podemos encontrar en el caso México: 1) desde las mañaneras se impulsa una fuerte crítica, sustentada en mentiras en contra de los opositores al gobierno; 2) se utiliza la mayoría parlamentaria del partido en el gobierno para aprobar reformas constitucionales y leyes de impacto, que favorecen los intereses del grupo en el poder; 3) se utiliza de manera oscura (por no decir ilegal) el dinero público para financiar procesos electorales; 4) el ubicar a sus leales en los puestos jurídicos, apelando al noventa por ciento lealtad, diez

---

34 F., Durand, *La captura corporativa del Estado en América Latina,* trAndeS Working Paper Series 8, Berlin, Lateinamerika-Institut, Freie Universität Berlin, 2019, p. 17.

35 F., Durand, *La captura del Estado en América Latina. Reflexiones teóricas*, Lima: Pontificia Universidad Católica del Perú, Fondo Editorial: OXFAM, 2020, pp. 124 y 125.

por ciento de capacidad", con lo que se crea una élite burocrática entre el Estado y lo público y el grupo de interés y lo privado; y 5) por supuesto, se utiliza el dinero público, para dadivas directas a la gente (disfrazadas de programas sociales), lo que compromete en términos ilegales su libertad de sufragio y los transforma en "cómplices" de la acción gubernativa, lo que se podría considerar como un soborno colectivo.

Este marco conceptual, en particular la aprobación de reformas constitucionales de impacto y la puerta giratoria, son la evidencia que sustentará el análisis del contenido de las reformas de 15 de febrero de 2024.

## III. LAS REFORMAS DE 5 DE FEBRERO DE 2024

Atendiendo a lo heterogéneo de las reformas, como ya se comentó, 18 son constitucionales y 2 legales, es difícil realizar una sistemática de ellas, no obstante, podemos ordenarlas por temas para su comprensión, así destacaremos en líneas muy generales su contenido, ocupándonos única y exclusivamente de aquellos aspectos que sean de trascendencia para el estudio, en el marco teórico acotado.

En términos generales las reformas se pueden agrupar en cuatro grandes apartados: 1) reformas de contenido político-constitucional; 2) reforma de contenido político-electoral; 3) reforma de contenido político-administrativo; y 4) reforma de justicia social y laboral, como se muestra en el cuadro siguiente:

| **I. Iniciativas de reforma de contenido político-constitucional** | **II. Iniciativas de reforma de contenido político-electoral** |
|---|---|
| 1. Proyecto de Decreto por el que se Reforma el Artículo 19 de la CPEUM, en **Materia Penal** (prisión preventiva oficiosa)<br>12. Iniciativa con Proyecto de Decreto por el que se Reforman y Adicionan Diversos Artículos de la CPEUM, (13, 16, 21, 32, 55, 73, 76, 78, 82, 89, 123, y 129) en **Materia de Guardia Nacional** (se adscribe a la Secretaría de la Defensa Nacional).<br>14. Iniciativa con Proyecto de Decreto por el que se reforman, adicionan y derogan diversas disposiciones de la CPEUM, en materia de **reforma al Poder Judicial**. | 8. Iniciativa con proyecto de Decreto por el que se reforman, adicionan y derogan diversas disposiciones de la CPEUM, en **materia electoral**. |

| **III. Iniciativas de reforma de contenido político-administrativo** | **IV. Iniciativas de reformas de justicia social y laboral** |
|---|---|
| 2. Proyecto de Decreto por el que se reforma y adiciona el artículo 28 de la CPEUM en materia de servicio de transporte ferroviario de pasajeros<br>3. Proyecto de Decreto por el que se reforman los artículos 25, 27 y 28 de la CPEUM, en materia de **industrias estratégicas del Estado**<br>4. Iniciativa con Proyecto de Decreto por el que se Adicionan Diversas Disposiciones a los Artículos 4o. y 5o. de la CPEUM, en **Materia de Protección a la Salud por el uso de Sustancias Tóxicas.**<br>7. Iniciativa con Proyecto de Decreto por el que se reforma el párrafo cuarto del artículo 4o. de la CPEUM, en materia de atención médica.<br>9. Proyecto de Decreto por el que se reforman, adicionan y derogan diversas disposiciones de la CPEUM, en materia de **austeridad republicana y remuneraciones de personas servidoras públicas**.<br>11. Iniciativa con Proyecto de Decreto por el que se reforman, adicionan y derogan diversas disposiciones de la CPEUM, **en materia de simplificación orgánica**.<br>19. Iniciativa con Proyecto de Decreto por el que se reforman, adiciona y derogan diversas disposiciones de distintos ordenamientos, **en materia de simplificación administrativa**. | 5. Iniciativa con Proyecto de Decreto por el que se Reforman Diversas Disposiciones de la CPEUM, en Materia de Derecho a la Alimentación, Medio Ambiente Sano y Derecho al Agua.<br>6. Iniciativa con proyecto de Decreto por el que se reforman y adicionan diversas disposiciones del artículo 123 de la CPEUM, en materia de salarios.<br>10. Iniciativa con Proyecto de Decreto por el que se Reforman y Adicionan Diversas Disposiciones de la CPEUM, en Materia de Bienestar.<br>13. Iniciativa con Proyecto de Decreto por el que se adicionan los párrafos segundo, tercero y cuarto, y se recorre el subsecuente del artículo 123 de la CPEUM en materia de pensiones.<br>15. Iniciativa con proyecto de Decreto por el que se adiciona el artículo Cuadragésimo Octavo Transitorio a la **Ley del Instituto de Seguridad y Servicios Sociales de los Trabajadores del Estado**.<br>16. Iniciativa con Proyecto de Decreto por el que se Reforma, Adiciona y Deroga el Artículo 2o. De la CPEUM en **Materia de Pueblos y Comunidades Indígenas y Afromexicanos**.<br>17. Iniciativa con proyecto de Decreto por el que se adiciona un segundo párrafo al artículo 123 de la CPEUM (**Jóvenes Construyendo el Futuro**).<br>18. Iniciativa con Proyecto de Decreto por el que se Reforman los artículos 3o. 4o. y 73 de la CPEUM en **Materia de Protección y Cuidado Animal**.<br>20. Iniciativa con Proyecto de Decreto por el que se reforma y adiciona la fracción XII del apartado A del artículo 123 de la CPEUM para **la creación de un sistema de Vivienda para todas las personas trabajadoras**. |

**A. De las reformas de contenido político-constitucional**, podemos destacar:

1º. En lo que se refiere al Poder Judicial de la Federación se propone:

i. Que las leyes preverán los plazos en los cuales los tribunales deberán resolver en materia tributaria.

ii. En caso de que no se dicte sentencia dentro del plazo establecido, el órgano jurisdiccional deberá dar aviso al Tribunal de Disciplina Judicial y se obliga a los jueces a justificar las razones de la demora.

iii. La SCJN se compondrá de nueve integrantes y funcionará en Pleno.

iv. Las y los ministros de la SCJN, las magistradas y los magistrados de circuito, las juezas y los jueces de distrito, y las magistradas y magistrados del Tribunal de Disciplina Judicial serán elegidos de manera directa y secreta por la ciudadanía en elecciones ordinarias (modelo judicial Bolivia).

v. Las magistradas y los magistrados de circuito, así como las juezas y los jueces de distrito, no podrán ser readscritos fuera del circuito judicial en el que hayan sido electos y solo podrán ser removidos por el Tribunal de Disciplina Judicial.

vi. Creación del Tribunal de Disciplina Judicial, integrado por magistrado que duran 6 años en el cargo.

vii. Creación de un órgano de administración judicial con independencia técnica y de gestión, encargado de la administración, carrera judicial y control interno del Poder Judicial, integrado por cinco personas designadas por el Poder Ejecutivo, el Senado de la República y la SCJN.

2°. La captura del Estado y la división de poderes, en el caso del Poder Judicial, como ejemplo destaco que en la iniciativa se alude a la "deliberación democrática" [(participación de todas las fuerzas políticas, correcta aplicación de reglas de votación y deliberación parlamentaria y votación públicas), artículos 1°, 3°, 8°, 9°, 35, 36, 39, 40, 41, 49, 50, 51, y 56 de la CPEUM] argumento del que se hace eco la autodenominada "ministra del pueblo", en un artículo de opinión para el Universal, criticando lo que considera "imposición del Poder Judicial" y contrasta con la seguridad jurídica, debido proceso y legalidad [artículos 14 y 16 de CPEUM].

3° Así, para la Guardia Nacional se propone:

i. Reconocerla como una fuerza armada con la función esencial de apoyo a la seguridad pública;

ii. De carácter permanente, de origen y formación castrense, adscrita a la Secretaría de la Defensa Nacional.

iii. Encargada de ejecutar a nivel Federación la Estrategia Nacional de Seguridad Pública que elabore la secretaría del ramo de seguridad pública. ¿y la austeridad republicana?

iv. Regular la participación del Ejército, la Armada y la Fuerza Aérea en **materia de seguridad interior** y en tareas de apoyo a la seguridad pública (**recuerdan la Ley de Seguridad Interior declarada inconstitucional por la SCJN el 15 de noviembre de 2018**).

v. Que estará integrada por personal de origen militar con formación policial y dependerá de la Secretaría de la Defensa Nacional.

vi. Ordena en un transitorio la reclasificación del personal militar y naval que integran la Guardia Nacional.

**B. De la reforma de contenido político-electoral**, podemos mencionar:

1º. Con esta reforma, teóricamente, se busca un sistema electoral que brinde seguridad, respeto al voto, honradez y legalidad.

2º. Además, se plasma la pretensión de garantizar la libertad política, y fortalecer las candidaturas independientes.

3º. Se pretende contar con un mecanismo electoral nacional.

4º. Además, se busca eliminar diputados y senadores plurinominales.

5º. Se habla de una reforma electoral local objetiva; reducir a la mitad el financiamiento a partidos políticos,

6º. Reducir los requisitos para la revocación de mandato, e

7º. Incorporar a la consulta popular temas como los aspectos fiscales, la guardia nacional, electorales y de infraestructura.

**C. En torno a las reformas de contenido político-administrativo**, podemos destacar:

1º. Traslado de las competencias de la Comisión Federal de Competencia Económica (COFECE) a la Secretaría de Economía; del Instituto Federal de Telecomunicaciones (IFT) a la Secretaría de Infraestructura, Comunicaciones y Transportes.

2º. Desaparece el Instituto Nacional de Transparencia, Acceso a la Información y Protección de Datos Personales (INAI) y se trasladan sus facultades a las Secretaría de la Función Pública y contralorías del Poder Judicial y del Congreso de la Unión.

3°. El Consejo Nacional de Evaluación de Política de Desarrollo Social (CONEVAL) desaparece y sus facultades se le otorgan al Instituto de Nacional de Estadística, Geografía e Informática.

4°. Traslado de las competencias de la Comisión Reguladora de Energía a la Secretaría de Energía.

5°. Además, se traslada las competencias de la Comisión Nacional de Hidrocarburos a la Secretaría de Energía.

6°. Las facultades de la Comisión Nacional para la Mejora Continua de la Educación se le otorgan a la Secretaría de Educación Pública.

7°. Se otorgar al Ejecutivo Federal la facultad de otorgar las concesiones en materia de radiodifusión y telecomunicaciones, lo que antes era competencia del Instituto Federal de Telecomunicaciones.

8°. El Poder Ejecutivo, a través de la Secretaría de Energía, tiene atribuciones para llevar a cabo la regulación técnica y económica, así como la facultad sancionadora en materia energética y de hidrocarburos.

9°. Derogar el derecho de los organismos garantes para ejercer acciones de inconstitucionalidad en ciertos casos específicos.

10°. Da al Ejecutivo Federal la facultad de emitir disposiciones administrativas de carácter general para el cumplimiento de la función regulatoria en el sector de telecomunicaciones y radiodifusión, así como de competencia económica.

11°. El Gobierno Federal contará con las concesiones, autorizaciones y asignaciones en radiodifusión y telecomunicaciones, necesarias para el ejercicio de sus funciones.

**D. Por último, en lo que se refiere a las de reformas de justicia social y laboral,** de su contenido se desprende:

1°. Reconocer como sujetos de derecho público a pueblos y comunidades indígenas y afromexicanos.

2°. El sistema de Afores en materia de seguridad social.

3°. El salario mínimo remunerador y el problema jurídico de la inflación.

4°. La pluralidad de ordenes normativos.

5°. Incidir e aspectos como los derechos a la alimentación, medio ambiente sano y agua, vinculados con la Agenda 2030;

6°. Mejorar los salarios, afianzar programas del bienestar como jóvenes construyendo el futuro.

7°. Temas como la protección animal y

8°. El problema de la vivienda y arrendamiento social.

Como se advierte, los cuatro agrupamientos de estas reformas en sí mismas muestran un indicio muy poderoso de hacía donde se dirige la Cuarta Transformación: obtener el control total de Estado Mexicanos y fortalecer su apoyo popular. En ese contexto, muestran como mínimo el proceso de captura del Estado como se mostrará en el apartado final.

## IV. LAS REFORMAS DE LA CUARTA TRANSFORMACIÓN Y EL PROCESO DE CAPTURA DEL ESTADO

En un nivel más general ya mostramos cómo el Partido Movimiento de Regeneración Nacional, en el gobierno: 1) está construyendo un poderoso aparato de propaganda política; 2) cuenta con mayorías parlamentarias en ambas cámaras; 3) Hace uso del dinero sin transparencia, rendición de cuentas o fiscalización; 4) hace uso de la "puerta giratoria" al aliarse con empresarios; y 5) utiliza el dinero y cargos públicos para "premiar" (sobornar) lealtades. Lo que ya configura un proceso de captura del Estado.

Así, no se requiere gran análisis para destacar la "ruta" del Partido Movimiento de Regeneración Nacional para la toma total del poder político en México:

1) **Legitimarse vía la construcción una base político-constitucional.** Que se apuntala con las reformas de contenido político-constitucional, a través de las cuales el Movimiento de Regeneración Nacional se encaminan a controlar el aparato coactivo del Estado Mexicano, a las que hay que sumar el rechazo a la eliminación de la prisión preventiva oficiosa, el incremento del catálogo de conductas que merecen prisión preventiva oficiosa (extorsión, narcomenudeo, delitos asociados a drogas sintéticas, y defraudación fiscal y otras conductas fiscales); militarización de la seguridad pública, al adscribir a la policía federal (guardia nacional) al Ejército; la controversial reforma al poder judicial, que además de la elección de ministros, magistrados y jueces, además, contar con un aparato jurisdiccional al servicio del aparato fiscal, a partir de la orden que se da al Poder Judicial para que resuelvan las controversias fiscales federales se resuelvan en seis meses, o que justifiquen ante el órgano de disciplina judicial por qué no se hiso.

Aquí es prudente recordar que, en el proyecto original de la CPEUM de 1917, en los artículos 73, fracción XV, 76, fracción IV y 89, fracción VII, se regulaba la Guardia Nacional, vía reglamentos que expedía el Congreso de la Unión y reservando a los ciudadanos el nombramiento de jefes y oficiales; el titular del Ejecutivo podía disponer de la Guardia Nacional para la seguridad interior y defensa exterior de la Federación, pero requería la aprobación del Senado. Como se advierte era una fuerza militar de los Estados que hacía realidad el federalismo.

Extrañamente, en 2019, senadores y diputados, ignorando diversos episodios de la historia de nuestro país y en contraposición al federalismo, convirtieron a la Guardia Nacional en una policía militar, con disfraz civil, en sustitución de la policía federal, a la que ahora "fuera máscaras", a pesar de que el 18 de abril de 2023, el Pleno de la SCJN declaró inconstitucionalidad, se aprobó su traslado al Ejército, traslado que al violar el artículo 21 de la Constitución Política de los Estados Unidos Mexicanos, deviene inconstitucional.

2) **El neocentralismo o centralización del poder**. Así, con el primer movimiento se da la transformación desde el interior de la democracia mexicana. Las reformas impactan en su "reconceptualización", ya no se integra por "Estados libres y soberanos", se socava el contrapeso del federalismo para transitar a un "neo-centralismo" que impulsa el Partido Movimiento de Regeneración Nacional, en una ecuación sustentada en un militarismo centralista, que socava las decisiones políticas fundamentales: la división de poderes y el federalismo, donde la forma de estado transita de un federalismo a un centralismo disfrazado, con la subordinación política de los gobernadores y los congresos al centro del país. Además, se cambia de un presidencialismo democrático a un presidencialismo autoritario.

En la dimensión ideológica, se parte un falso debate: "neoliberalismo vs. Humanismo Mexicano", primero porque el Estado neoliberal mexicano sigue presente (no se ha desmantelado las bases socio-jurídicas-económicas de su existencia) y, por otra parte, el "Humanismo Mexicano" es una entelequia (cosa irreal) ideológica que carece de características propias. Además, que es distinto del humanismo que se plasma en el artículo 3° de la Constitución Política de los Estados Unidos Mexicanos.

3) **Asambleismo o una constante "ad populo apellatio"**. Sustentada en la cooptación de los aparatos administrativo y contencioso de la declinante democracia electoral mexicana. Del contenido de la reforma se destaca la captura del árbitro electoral, donde los encargados de los procesos electorales en el nivel administrativo y contencioso ya no son neutrales, son militantes convencidos de las pretensiones político-electorales de su grupo y operan desde el aparato electoral en su beneficio para realizarlas. Lo anterior lleva a la vulneración de los

principios de elecciones "libres", "auténticas y "periódicas" (en los dos procesos electorales de la Cuarta Transformación de 2021 y 2024 vimos a un gobierno-partido en una campaña electoral sexenal permanente; la imposición de candidatos desplazando a la ciudadanía y a las bases del partido; el uso impúdico del dinero y aparato públicos para favorecer a una opción política y, por supuesto, las peores practicas electorales, como el "acarreo"). Un tema adicional es la impotencia de ver como el narcotráfico es un actor político-electoral que opera para el grupo en el poder, amenazando, imponiendo candidatos o asesinando.

Así, el control del aparato electoral busca que el grupo en el poder cuente con una herramienta que potencie la consulta a la población en casos específicos, esto es, hacer de la gestión pública una constante *ad populo apellatio*, para desarmar por la vía "política" cualquier intento de resistencia.

4) **Reconfiguración autoritaria del aparato administrativo, reforma de contenido político-administrativo**. Donde al aparato administrativo que dice que con los "apoyos sociales" se redujo la pobreza se le premia encargándole medir la pobreza y evaluar la política social, en cambio, se desaparece al CONEVAL; al regresar la facultar de otorgar las concesiones se advierte la construcción de un aparato de propaganda, similar al que existía durante el priismo autoritario histórico; se ignoran avances como el servicio profesional de carrera y se inaugura la lógica del botín social, al destinar: "Las economías y ahorros que se generen con la extinción de los entes públicos materia del presente decreto se destinarán al Fondo de Pensiones para el Bienestar", reviendo la famosa frase romana: *panen et circus*: vía la austeridad republicana se incorpora una visión ideológica de la gestión de los asuntos públicos: política versus administración; el aparato administrativo sustentado en la autonomía constitucional y la descentralización, desaparece y en su lugar aparece el peligroso centralismo. Otros temas son el de los ferrocarriles en un mundo que cambia energéticamente a la electricidad, donde se advierte que se busca controlar las vías ferroviarias, temas de salud con las promesas incumplidas y el debate del "sistema de salud como Dinamarca", el empobrecimiento constante de los servidores públicos reduciendo sus percepciones a través de esquemas como la austeridad republicana, integración de instancias autónomas al aparato administrativo del Ejecutivo, con el pretexto de la simplificación orgánica y administrativa, lo que implica forjar una administración pública por y para la Cuarta Transformación.

Todo lo anterior lleva a la pregunta: ¿Qué gestión pública se requiere para enfrentar los retos del siglo XXI?, la respuesta evidente no la que impulsa la Cuarta Transformación.

5) **Paternalismo estatal.** El problema de la pluralidad de órdenes normativos y su impacto en la unidad y orden jurídico del país; el regreso del "ogro filantrópico", donde el Estado da y el Estado quita, así se impulsan reformas que aparentemente buscan la justicia social y laboral, que muestran la necesidad de replicar el éxito en el uso de recursos públicos para temas electorales de manera permanente. Integrar propuestas de fuerte contenido social, pero de escaso impacto práctico, donde se destacan los "qués" pero no los "cómos".

Como se advierte, el Movimiento de Regeneración Nacional escribe una nueva constitución. Estas reformas muestran una ruta para controlar el aparato coactivo y administrativo del Estado Mexicano a través de la construcción de una base política de apoyo al movimiento político que representa la Cuarta Transformación. Así, tenemos la ruta siguiente: manejo de aparato coactivo del Estado, cooptación del aparato electoral, subordinación de la administración pública, eliminación de contrapesos, y uso de los recursos públicos para mantener el poder.

## Bibliografía

Alvarado González, E., *Las últimas reformas de AMLO, unas propuestas criticadas por su oportunismo electoral*, en France 24, 13/02/2024, recuperado de: https://www.france24.com/es/am%C3%A9rica-latina/20240213-las-%C3%BAltimas-reformas-de-amlo-unas-propuestas-criticadas-por-su-oportunismo-electoral, [Consultado: 27/09/2024].

Banxico, *Inflación - (CP151)*, (s.l. y s.f.) recuperado de: https://www.banxico.org.mx/SieInternet/consultarDirectorioInternetAction.do?accion=consultarCuadro&idCuadro=CP151§or=8&locale=es, [Consultado: 17/09/2024].

Bolívar Meza, R., "Morena: el partido del lopezobradorismo", recuperado de: *Revista Polis*, vol. 10, No. 2 México jul./dic. 2014.

Cámara de Diputados, Centro de Estudios de las Finanzas Públicas, *Comentarios al Informe Estadístico sobre el Comportamiento de la Inversión Extranjera Directa en México* (enero-marzo de 2024), México, CEFP/023/2024, recuperado de: https://www.cefp.gob.mx/publicaciones/documento/2024/cefp0232024.pdf, [Consultado: 17/09/2024].

Carmona Dávila, D., edición perenne 2024, *1987 Propuesta democrática. Por una nación independiente, justa, libre y productiva. Corriente Democrática del PRI. Septiembre 9 de 1987*, recuperado de: https://www.memoriapoliticademexico.org/Textos/7CRumbo/1987-PD-CD-PRI.html, [Consultado: 27/09/2024].

Cutler D. M., Johnson, R., *The Birth and Growth of the Social-Insurance State: Explaining Old-Age and Medical Insurance Across Countries*, December 2001, Research Division, Federal Reserve Bank of Kansas City, Public Choice, February 2004.

Discurso del presidente Andrés Manuel López Obrador en la presentación de Iniciativas de reforma a la Constitución, (s.l) febrero 5, 2024, recuperado de: https://lopezobrador.org.mx/2024/02/05/discurso-del-presidente-andres-manuel-lopez-obrador-en-la-presentacion-de-iniciativas-de-reforma-a-la-constitucion/, [Consultado: 26/07/2024].

Discurso del presidente Andrés Manuel López Obrador en la presentación de Iniciativas de reforma a la Constitución, (s.l) febrero 5, 2024, recuperado de: https://lopezobrador.org.mx/2024/02/05/discurso-del-presidente-andres-manuel-lopez-obrador-en-la-presentacion-de-iniciativas-de-reforma-a-la-constitucion/, [Consultado: 26/07/2024].

Durand, F., *La captura corporativa del Estado en América Latina,* trAndeS Working Paper Series 8, Berlin, Lateinamerika-Institut, Freie Universität Berlin, 2019.

Durand, F., *La captura del Estado en América Latina. Reflexiones teóricas*, Lima: Pontificia Universidad Católica del Perú, Fondo Editorial: OXFAM, 2020.

Hernández, A. *México: gobiernos de MORENA tomados por el crimen organizado*, Deutsche Welle, 16 de septiembre de 2022, recuperado de: https://www.dw.com/es/m%C3%A9xico-gobiernos-de-morena-tomados-por-el-crimen-organizado/a-63143831, [Consultado: 2/10/2024].

INE, PREP, *Elecciones Federales 2024*, (s.l. y s.f.) recuperado de: https://prep2024.ine.mx/publicacion/nacional/landing, [Consultado: 17/09/2024].

López, I. A., *Las 20 reformas constitucionales que propone López Obrador*, El País, 5 de febrero de 2024, en: https://elpais.com/mexico/2024-02-06/las-20-reformas-constitucionales-que-propone-lopez-obrador.html, [Consultado: 14/09/2024].

Lynch, N., La captura del Estado [Francisco Durand (2019). La captura del Estado en América Latina. Reflexiones teóricas. Lima: Oxfam, Fondo Editorial de la Pontificia Universidad Católica del Perú], en Discursos Del Sur, n.° 5, enero/junio 2020, pp. 247-249 DOI, recuperado de: https://doi.org/10.15381/dds.v0i5.18149 - ISSN: 2617-2283, [Consultado: 01/10/2024].

Martínez Gil, J. P., "Historia del Partido Movimiento de Regeneración Nacional", recuperado de *Revista de Derecho Estasiológico "Ideología y Militancia,* No. 4, 2014.

Márquez Gómez, D., "Humanismo a la mexicana y neoreligión", en: J., Cárdenas, Gracia, J., Ackerman, D., Márquez Gómez, P., Melgar Manzanilla (coords.), Humanismo y Cuarta Transformación: apuntes en torno al "Humanismo Mexicano", México, Tirant Humanidades, UNAM-PUEDJS, México, 2024.

*Morena, Proyecto Alternativo de Nación 2018 - 2024*, Plataforma Electoral y Programa de Gobierno, (s.l. y s.f.) recuperado de: https://repositoriodocumental.ine.mx/xmlui/bitstream/handle/123456789/94946/CGor201801-31-ap-20-8-a1.pdf, [Consultado: 14/09/2024].

Parra, H., *Más de 100 mil mentiras de AMLO, entre ellas sus compromisos incumplidos*, en Códice Informativo de 03/07/2023, recuperado de: https://codiceinformativo.com/columna/mas-de-100-mil-mentiras-de-amlo-entre-ellas-sus-compromisos-incumplidos/, [Consultado: 02/10/2024]

Redacción BBC Mundo, "*Yunes, traidor*": *quién es el polémico senador opositor que le dio a AMLO el voto clave para la aprobación de la reforma judicial en México*, BBC News Mundo, 12 septiembre 2024, recuperado de: https://www.bbc.com/mundo/articles/cj9lmmjdzvxo, [Consultado: 14/09/2024]

Redacción BBC News Mundo, *Cómo Morena, el partido de AMLO y Claudia Sheinbaum, logró consolidar su poder en México en sólo 10 años,* BBC News Mundo, 3 de junio de

2024, recuperado de: https://www.bbc.com/mundo/articles/cgee99vrjkvo, [Consultado: 02/10/2024]

Redacción, El Financiero, *Reforma al Poder Judicial será ley: Es aprobada por 17 congresos, ¿qué estados la aprobaron?*, El Financiero, septiembre 12, 2024, recuperado de: https://www.elfinanciero.com.mx/nacional/2024/09/11/reforma-judicial-aprobacion-en-congresos-de-los-estados-cuales-votaron-a-favor-en-vivo/, [Consultado: 14/09/2024]

Reyes Heroles, J., *Liberalismo social mexicano*, Fondo de cultura económico, México, 1974.

Salazar Méndez, A., *AMLO encabezó mil 423 'mañaneras' durante su sexenio,* recuperado en: https://www.milenio.com/politica/cuantas-mananeras-amlo-encabezo-en-su-gobierno, [Consultado: 2/10/2024].

Saldívar, B., *Hacienda asegura que la deuda de México cerrará el sexenio de AMLO en 48.6% del PIB, El* Economista, 31 de Julio de 2024, recuperado en: https://www.eleconomista.com.mx/economia/Hacienda-asegura-que-la-deuda-de-Mexico-cerrara-el-sexenio-de-AMLO-en-48.6-del-PIB-20240731-0040.html, [Consultado: 17/09/2024].

Servicio de Administración Tributaria, *Ingresos del gobierno federal representan 24.5% del PIB, Comunicado, 01 de julio de 2024*, recuperado en: https://www.gob.mx/sat/prensa/ingresos-del-gobierno-federal-representan-24-5-del-pib-038-2024?idiom=es#:~:text=Con%20estas%20consideraciones%2C%20los%20ingresos,como%20Suiza%20o%20Costa%20Rica., [Consulta: 17/09/2024].

Tello, C., Cordera R., *México la disputa por la nación. Perspectivas y opción es de desarrollo*, 2ª ed., Siglo XXI, México, 1981.

Tinoco Morales, O., *Esta es la reforma que plantea la 4T para poder pagar las Pensiones del Bienestar, Infobae, 23 Jul, 2024*, recuperado en: https://www.infobae.com/mexico/2024/07/23/esta-es-la-reforma-que-plantea-la-4t-para-poder-pagar-las-pensiones-del-bienestar/#:~:text=El%20legislador%20de%20la%204T,los%20que%20m%C3%A1s%20contribuyan%20impositivamente., [Consultado: 17/09/2024.

Ureña, J. *Columna "Teléfono Rojo", en Quadratin, San Luis Potosí, 18 de julio de 2024,* recuperado en: https://sanluispotosi.quadratin.com.mx/opinion/el-gobierno-anula-al-ine-y-al-trife/, [Consultado: 14/09/2024].

Vázquez Valencia, L. D., *Captura del Estado, macrocriminalidad y derechos humanos*, Flacso, Fundación Böll, UNAM-IIJ, México, 2019.

Zöllner, D. "*Germany*", en *The Evolution of Social Insurance 1881-1981, Studies of Germany, France, Great Britain, Austria and Switzerland*, Palgrave Macmillan, Londres, 1982.

# INICIATIVAS PRESIDENCIALES DE REFORMA CONSTITUCIONAL Y LEGAL EN MATERIA DE SIMPLIFICACIÓN ORGÁNICA[36]

Eduardo de Jesús Castellanos Hernández[37]

Sumario: I. Introducción. II. Antecedentes. III. La iniciativa de reforma constitucional en materia de simplificación orgánica. IV. La iniciativa de reforma legal en materia de simplificación orgánica. V. El contexto económico y administrativo. VI. El contexto político. VII. Conclusiones. Bibliografía y fuentes documentales.

## I. INTRODUCCIÓN

El 5 de febrero de 2024 el presidente de la República, licenciado Andrés Manuel López Obrador, presentó a la Cámara de Diputados del Congreso de la Unión, en calidad de Cámara de Origen, veinte iniciativas de reforma constitucional y legal. Las iniciativas de reforma constitucional y legal corresponden a las siguientes materias:

---

36 Este artículo corresponde a la ponencia del mismo título presentada en la Mesa 3 "Iniciativas de Contenido Político-Administrativo", durante los trabajos del Seminario "Análisis de las Iniciativas de Reformas a la Constitución Política de los Estados Unidos Mexicanos, presentadas el 5 de febrero de 2024", organizado por el Instituto de Investigaciones Jurídicas y la Facultad de Estudios Superiores Acatlán de la Universidad Nacional Autónoma de México, los días 26 y 27 de febrero de 2024, en la Ciudad de México.

37 Profesor e Investigador. Licenciado en Derecho (UNAM); maestro en Administración de Empresas (UAEMéxico); doctor en Estudios Políticos (U. de París, Francia); obtuvo la especialidad en Justicia Electoral (Tribunal Electoral del Poder Judicial de la Federación); doctor en Derecho (Instituto Internacional del Derecho y del Estado, CdMx, México); posdoctorado en Control Parlamentario y Políticas Públicas (U. de Alcalá, España y Academia Internacional de Ciencias Político Administrativas y Estudios de Futuro, IAPAS por sus siglas en inglés, México); posdoctorado en Regímenes Políticos Comparados (U. de Colorado, Campus Colorado Springs, USA e IAPAS). Autor de libros de Derecho Público, Privado y Social, así como de Administración y Políticas Públicas.

1. Derecho a la alimentación, medio ambiente sano y derecho al agua.
2. Protección y cuidado de animales.
3. Adscripción de la Guardia Nacional a la Secretaría de la Defensa Nacional.
4. Protección de la salud por el uso de sustancias tóxicas.
5. Prisión preventiva oficiosa para, entre otros delitos, defraudación fiscal y emisión de facturas apócrifas.
6. Derechos de los pueblos indígenas y afromexicanos.
7. Programas de bienestar (pensiones no contributivas a personas con discapacidad permanente y adultos mayores de sesenta y cinco años).
8. Austeridad republicana y remuneraciones de personas servidoras públicas que serán inferiores al salario nominal del presidente de la República que ahí se define.
9. Incremento del salario mínimo superior a la inflación e incremento de salarios de determinadas personas servidoras públicas.
10. Atención médica integral universal gratuita.
11. Reforma electoral.
12. Cambios al sistema de pensiones.
13. Trenes de pasajeros (derecho del Estado).
14. Empresas públicas del Estado (internet y energía)
15. Reforma al Poder Judicial.
16. Sistema de vivienda para personas trabajadoras.
17. Jóvenes construyendo el futuro (apoyo económico mensual).
18. Desaparición de Organismos Constitucionales Autónomos y otros de relevancia constitucional (simplificación orgánica constitucional).
19. Ley del Instituto de Seguridad y Servicios Sociales para los Trabajadores del Estado (reforma legal).
20. Simplificación orgánica (reforma legal).

El texto de todas las iniciativas está disponible para consulta en la página web de la Cámara de Diputados, en el micrositio "Información Parlamentaria", específicamente en la Gaceta Parlamentaria del día 5 de febrero de 2024, donde aparecen como anexos documentales.

## II. ANTECEDENTES

Sus discípulos escuchamos decir al maestro don Héctor Fix Zamudio[38] que "texto sin contexto es puro pretexto". Por ello, el estudio de las iniciativas referidas nos obliga a subordinar tanto el momento como el contenido de éstas a los principios, valores, reglas y procedimientos del modelo de la democracia occidental y del sistema de economía mixta, al interior de los cuales transcurren, actualmente, en México, tanto la lucha por el poder político como la producción económica de satisfactores que resuelvan las necesidades de la población en general, en tanto que Estado nación independiente.

Aunque también, obviamente, se trata de un Estado sujeto a relaciones jurídicas y políticas internacionales —desde luego geopolíticas—, así como a flujos económicos y financieros ineludibles; actualmente mejor conocidos en su vinculación integral como sociedad y economía global.

A reserva de entrar más adelante al contexto político más amplio que, a mi juicio, es el presidencialismo populista vigente, me refiero, inicialmente, al contexto político electoral inmediato en que son presentadas, estudiadas y discutidas las veinte iniciativas en su conjunto; ya que esto sucede durante el proceso electoral 2023-24 actualmente en curso.[39] Lo cual implica, por lo menos, algunas cuestiones de previo y especial pronunciamiento a destacar.

De una parte, en el supuesto constitucional de la no reelección de la persona titular del poder ejecutivo federal, afirmo que se trata de un ejercicio o intento a todas luces fuera de tiempo del actual presidente de la República; que, para efectos prácticos, materialmente invalida o vuelve superflua, por lo menos, la consulta de sus necesidades y demandas al electorado —en un intento evidente de prologar su poder personal—.

Pero que, también —con igual propósito—, vuelve innecesaria la evaluación que hagan los electores de la oferta política y de gobierno que formulen los candidatos a los diferentes cargos federales —ejecutivo y legislativo— a elegir.

---

38 Constitucionalista mexicano y jurista eminente (1924-2021), fundador del actual Instituto de Investigaciones Jurídicas de la UNAM.

39 El proceso electoral federal inició la primera semana de septiembre de 2023 y la jornada electoral se llevará a cabo el 2 de junio de 2024. Las etapas del proceso electoral son las siguientes: preparación de la elección, jornada electoral, resultados de la elección y declaración de validez. La preparación de la elección incluye los periodos siguientes: precampañas (del 20 de noviembre de 2023 al 8 de enero de 2024), intercampañas (del 9 de enero al 29 de febrero de 2024) y campañas (del 1 de marzo al 29 de mayo de 2024).

Peor aún, en el supuesto, sin conceder, de que las iniciativas de reforma constitucional fuesen aprobadas por el Poder Constituyente Permanente,[40] comprometerían o determinarían la acción de gobierno de quienes —presidente y legisladores— triunfen en las elecciones siguientes; independientemente de que se trate o no de la coalición partidista que sustenta al presidente todavía en funciones.

En la historia política de México hay varios precedentes de diversos intentos de prolongación del poder político del presidente de la República en funciones, que han ocurrido por diversas vías. No está por demás recordar que, durante la etapa del presidencialismo militar, un candidato presidencial presentó iniciativas de reforma constitucional que, sin duda, fueron aprobadas.[41]

## III. LA INICIATIVA DE REFORMA CONSTITUCIONAL EN MATERIA DE SIMPLIFICACIÓN ORGÁNICA

Conforme al título de mi ponencia, entro en materia para referirme, en primer lugar, al anexo 18, "Con proyecto de decreto, por el que se reforman, adicionan y derogan diversas disposiciones **de la Constitución Política** de los Estados Unidos Mexicanos, en materia de **simplificación orgánica**" (énfasis propio).

El objeto de la iniciativa presidencial de reforma constitucional en materia de simplificación orgánica es el de regresar las atribuciones de los siguientes organismos a las dependencias que en algún momento contaban con dichas facultades. Se trata de cuatro organismos constitucionales autónomos, las dos comisiones reguladoras en materia de energía y un organismo descentralizado:

---

40 El artículo 35 constitucional establece que las adiciones o reformas a la Constitución deben ser aprobadas por el voto de las dos terceras partes de los individuos presentes de ambas Cámaras del Congreso de la Unión, y que las mismas sean aprobadas por la mayoría de las Legislaturas de los Estados y de la Ciudad de México. La coalición legislativa que apoya al Ejecutivo Federal autor de las iniciativas tiene mayoría absoluta en ambas Cámaras Federales, pero no tiene la mayoría calificada necesaria para aprobar por sí misma las reformas constitucionales propuestas por el Ejecutivo Federal, aunque posee mayoría por lo menos en 22 de las 32 Legislaturas locales.

41 En la elección presidencial de 1928, durante la cual finalmente los tres candidatos fueron asesinados (Francisco R. Serrano, Arnulfo R. Gómez y Álvaro Obregón, los dos primeros por órdenes del segundo), el general Obregón presentó las iniciativas de reforma constitucional para modificar la forma de elección de ministros de la Suprema Corte y el gobierno local del entonces llamado Distrito Federal, hoy Ciudad de México.

- Comisión Federal de Competencia Económica (COFECE)
- Instituto Federal de Telecomunicaciones (IFT)
- Instituto Nacional de Transparencia, Acceso a la Información y Protección de Datos Personales (INAI)
- Consejo Nacional de Evaluación de Política de Desarrollo Social (CONEVAL)
- Comisión Reguladora de Energía (CRE)
- Comisión Nacional de Hidrocarburos (CNH)
- Comisión Nacional para la Mejora Continua de la Educación (MEJOREDU)

La exposición de motivos correspondiente consta de los siguientes apartados desarrollados en 74 páginas:

I. Antecedentes históricos
   a) Génesis de los Organismos Constitucionales Autónomos (OCA's)
   b) Modelos de administración pública en el México del siglo XX
   c) Breves antecedentes de los OCA's y los Órganos Reguladores Coordinados en materia energética, respecto de la presente iniciativa

II. Objetivos de la presente iniciativa

   Decreto con el nuevo articulado que reforma, adiciona y deroga diversas disposiciones constitucionales.

A dichas 74 páginas hay que agregar tres páginas más con las comunicaciones de la Secretaría de Hacienda y Crédito Público, en las que se asegura que dicha iniciativa no tiene un impacto presupuestario, toda vez que "no requerirá recursos adicionales para las dependencias y entidades de la Administración Pública Federal, debido a que se harán movimientos compensados para tal efecto".[42]

Las funciones de los organismos constitucionales autónomos y de los demás organismos sin autonomía, pero con relevancia constitucional por su regulación desde la Ley Fundamental, se propone sean transferidas de la manera siguiente:

- COFECE-Secretaría de Economía.
- IFT-Secretaría de Infraestructura, Comunicaciones y Transportes.
- CONEVAL- Instituto Nacional de Estadística y Geografía (INEGI).

---

[42] Anexo 18 citado.

- INAI-Secretaría de la Función Pública, Poder Judicial, OCA's, contralorías del Congreso de la Unión y otros entes públicos más en función de los destinatarios e interesados, con la correspondiente réplica en las entidades federativas.
- CNH-Secretaría de Energía.
- CRE-Secretaría de Energía.
- MEJOREDU-Secretaría de Educación Pública.

La explicación y justificación de la reforma planteada en la iniciativa parte de las siguientes afirmaciones:

"Durante muchos años se fue creando una burocracia dorada y la creación de nuevos organismos a los que se debía destinar muchos recursos del presupuesto, por lo que bajo el principio de que no puede haber gobierno rico con pueblo pobre, es necesario replantear el funcionamiento de estos, que en los hechos duplican funciones y tareas del ejecutivo federal".[43]

Por lo que se propone en la iniciativa regresar las atribuciones de dichos organismos a las dependencias que contaban con dichas facultades; sin tener en cuenta, desde luego, el contexto de todo tipo cuando dichas facultades estaban totalmente centralizadas y tampoco el contexto actual, particularmente en materia de fuentes de financiamiento del gasto y la inversión públicos.

Después de describir las etapas de la administración pública mexicana —reseña que será más amplia en la iniciativa de reforma legal que veremos más adelante—, se concluye que "los organismos descentralizados y órganos constitucionales autónomos, en vez de consolidarse como entidades técnicas e imparciales, fueron creados para garantizar intereses privados de diversa índole en su beneficio".[44] Se trata de un juicio de valor que en la iniciativa no se estima necesario respaldar con mayores datos.

Señala esta iniciativa de reforma constitucional —como también se reiterará en la iniciativa de reforma legal— que los dos modelos de administración pública implementados en México durante el siglo XX "respondieron a los regímenes económicos predominantes".[45]

En realidad se ha tratado de un solo régimen económico —el de economía mixta— con un Estado que ha sido o más interventor o más regulador, según

43 Ídem.

44 Ibidem.

45 Ibidem.

han cambiado el contexto —nacional e internacional— y las políticas económicas de cada gobierno en turno que, como se detalla en la iniciativa de reforma legal, han sido de un mayor intervencionismo estatal —con motivo y a partir de la necesaria reconstrucción después de la guerra civil habitualmente llamada Revolución Mexicana—; intervencionismo estatal complementado con una política de sustitución de importaciones y proteccionismo arancelario para el fomento de la industria privada nacional, como se confirmará más adelante.

Más tarde, un Estado menos interventor y más regulador, una vez que del proteccionismo o modelo de sustitución de importaciones se pasó al modelo de libre comercio, además de la siempre urgente necesidad de buscar financiamiento internacional y nacional para las grandes obras de infraestructura.

La disyuntiva es muy sencilla: o se contrata deuda pública (que pagan los contribuyentes actuales y de las siguientes generaciones) o se invita a inversionistas privados (que ganan dinero y pagan impuestos —si la regulación es adecuada al efecto—).

A esta segunda etapa que, desde luego, es acremente condenada por la iniciativa —pero también por el Plan Nacional de Desarrollo 2019-2024 en vigor—, al ser calificada, o más bien descalificada, como "neoliberal", corresponden —obviamente— la firma del Tratado de Libre Comercio con América del Norte, los demás tratados de libre comercio suscritos por México **vigentes**, particularmente el T-MEC, oportunamente avalado por el gobierno actual —que desde luego afirma que no es neoliberal—.

En rigor, la parte argumentativa —aunque mayormente descriptiva— de la exposición de motivos en comento para justificar la supuesta duplicidad de funciones de los organismos que se propone desparecer, y reubicar dichas funciones en las dependencias centralizadas del ejecutivo federal, son apenas unas cuantas páginas —de la página 2 a la 17—.

Para efectos prácticos, la única duplicidad que está probada en las páginas de las dos iniciativas y su exposición de motivos es la duplicidad del articulado del proyecto de decreto, pues —al igual que sucede en todas las demás iniciativas— se ocupa la mayor parte de las páginas para hacer un comparativo de los artículos constitucionales y legales vigentes, según el caso, y los artículos del proyecto de decreto que proponen las iniciativas; aunque también dedican algunas páginas para explicar dichos cambios normativos en la parte expositiva.

Podría decirse, entonces, que no solo se duplica, sino que se triplica el mismo contenido en el texto de las iniciativas —a falta de mayor argumentación y datos que las sustenten—.

## IV. LA INICIATIVA DE REFORMA LEGAL EN MATERIA DE SIMPLIFICACIÓN ORGÁNICA

El anexo 20, "Con proyecto de decreto, por el que se reforman, adicionan y derogan diversas disposiciones de distintos ordenamientos —**legales**—, (**también**) en materia de simplificación orgánica" (énfasis agregado), publicado en la Gaceta Parlamentaria de 5 de febrero de 2024, da continuidad a la iniciativa de reforma constitucional en el supuesto previsible para el autor de que ésta fuese aprobada.

La iniciativa de reforma legal del ejecutivo federal en materia de simplificación orgánica es de 344 páginas, más diez páginas de documentos de la Secretaría de Hacienda y Crédito Público para asegurar que, por las mismas razones ya conocidas, esta otra iniciativa tampoco tiene impacto presupuestal alguno.

Nos recuerda la iniciativa de reforma legal que: "El Poder Ejecutivo Federal se organiza en secretarías de Estado, órganos desconcentrados, organismos descentralizados, empresas de participación estatal mayoritaria, fideicomisos públicos y empresas productivas del Estado, conformado por 19 secretarías de Estado, 73 órganos desconcentrados, 108 organismos descentralizados, 72 empresas de participación estatal mayoritaria, 17 fideicomisos públicos y 15 empresas productivas del Estado y subsidiarias".

"A seis años de transcurrido este sexenio —afirma—, se presenta esta iniciativa que pretende continuar la transformación administrativa que extinguió 155 fideicomisos y que ahora fusiona, integra o extingue 17 instancias por duplicación de funciones o por notoria inoperancia: 7 órganos desconcentrados, 9 organismos descentralizados y 1 unidad administrativa".[46]

Esta vez, la iniciativa y su exposición de motivos constan de los siguientes acápites:

I. Modelos de administración pública en el siglo XX

II. La administración pública mexicana

Órganos Constitucionales Autónomos

III. Fundamento jurídico

1. Coordinación General de la Comisión Mexicana de Ayuda a Refugiados (que pasaría de organismo administrativo desconcentra-

[46] Anexo 20 citado.

do de la Secretaría de Gobernación a unidad administrativa de la misma dependencia).

2. Secretaría Ejecutiva del Sistema Nacional de Protección Integral de Niñas, Niños y Adolescentes (pasaría de organismo administrativo desconcentrado de la SeGob a unidad administrativa del Sistema Nacional de Desarrollo Integral de la Familia).
3. Servicio Nacional de Inspección y Certificación de Semillas (pasaría de organismo administrativo desconcentrado de la Secretaría de Agricultura y Desarrollo Rural a unidad administrativa de la misma dependencia).
4. Instituto Mexicano de Investigación en Pesca y Acuacultura Sustentables (pasaría de organismo público descentralizado sectorizado de la Secretaría de Agricultura y Desarrollo Rural a órgano administrativo desconcentrado de la misma dependencia).
5. Servicio de Información Agroalimentaria y Pesquera (pasaría de organismo administrativo desconcentrado de la Secretaría de Agricultura y Desarrollo Rural a unidad administrativa de la misma dependencia).
6. Instituto Nacional de Lenguas Indígenas (pasaría de organismo descentralizado sectorizado de la Secretaría de Cultura a unidad administrativa de la misma dependencia).
7. Instituto Mexicano de Tecnología del Agua (pasaría de organismo descentralizado sectorizado de la Secretaría de Medio Ambiente y Recursos Naturales a unidad administrativa de la misma dependencia).
8. Instituto Nacional de Ecología y Cambio Climático (pasaría de organismo descentralizado sectorizado de la Secretaría de Medio Ambiente y Recursos Naturales a unidad administrativa de la misma dependencia).
9. Comisión Nacional para el Uso Eficiente de la Energía (pasaría de organismo administrativo desconcentrado de la Secretaría de Energía a unidad administrativa de la misma dependencia).
10. Instituto Mexicano de la Juventud (pasaría de organismo público descentralizado sectorizado de la Secretaría del Trabajo y Previsión Social a unidad administrativa de la misma dependencia).

11. Instituto Nacional de la Economía Social (pasaría de órgano desconcentrado de la Secretaría de Bienestar a unidad administrativa de la misma dependencia).
12. Instituto Nacional de las Personas Adultas Mayores (pasaría de organismo público descentralizado sectorizado de la Secretaría de Bienestar a unidad administrativa de la misma dependencia).
13. Consejo Nacional para el Desarrollo y la Inclusión de las Personas con Discapacidad (pasaría de organismo público descentralizado sectorizado de la Secretaría de Bienestar a unidad administrativa de la misma dependencia).
14. Secretaría Ejecutiva del Sistema Nacional Anticorrupción (organismo descentralizado no sectorizado que se eliminaría).
15. Dirección General de Publicaciones (pasaría de unidad administrativa de la Secretaría de Cultura a unidad administrativa del Fondo de Cultura Económica).
16. Centro Nacional para la Salud de la Infancia y la Adolescencia (órgano desconcentrado de la Secretaría de Salud que pasaría, junto con la Dirección General de Políticas en Salud Pública, a unidad administrativa de la misma dependencia con el nombre de Centro Nacional de Enfermedades Crónicas no Transmisibles).
17. Procuraduría de la Defensa del Contribuyente y Comisión Nacional para la Protección y Defensa de los Usuarios de los Servicios Financieros (organismos descentralizados no sectorizados de la Secretaría de Hacienda y Crédito Público que se fusionarían).

Es posible constatar que, indistintamente, organismos desconcentrados y descentralizados se convierten en unidades administrativas centralizadas sin más ni más, la mayor parte en la misma dependencia; aunque no deja de haber algún descentralizado que pasa a desconcentrado.

Solo hay un organismo descentralizado no sectorizado que desaparece, la Secretaría Ejecutiva del Sistema Nacional Anticorrupción —tal vez porque, oficialmente, en nuestro país, gracias a la Cuarta Transformación (4T),[47] tanto la corrupción como el neoliberalismo también han desaparecido—.

---

[47] Originalmente propuesta como eslogan político electoral durante la campaña presidencial de 2018 y, posteriormente, como supuesta estrategia de cambio administrativo para distinguirse de los gobiernos anteriores.

# V. EL CONTEXTO ECONÓMICO Y ADMINISTRATIVO

En su libro *El largo curso de la economía mexicana. De 1780 a nuestros días*, Enrique Cárdenas Sánchez[48] dedica los siguientes capítulos para describir la evolución de la economía mexicana durante los siglos XX y XXI:

IV. El Porfiriato. Integración del mercado y expansión económica; V. La economía durante la Revolución, 1910-1920; VI. Los difíciles años veinte; VII. La Gran Depresión de 1929; VIII. El cardenismo y los inicios del Estado desarrollista, 1939-1940; IX. La segunda Guerra Mundial y la industrialización acelerada, 1940-1962; X. La gran expansión económica del siglo XX, 1963-1981; XI. La crisis de la estrategia y el estancamiento de los ochenta, 1982-1988; XII. Cambio estructural, crisis y rescate, 1989-1995; XIII. El fin del presidencialismo. Reformismo interrumpido, 1996-1912.

Como puede apreciarse, por razón natural de la fecha hasta la que llega dicha investigación, no se abordan los periodos presidenciales actual ni el inmediato anterior, es decir, los correspondiente al Pacto por México (Enrique Peña Nieto) y la Cuarta Transformación (Andrés Manuel López Obrador). Desde luego que las políticas públicas de carácter económico de cada una de todas las etapas hasta aquí reseñadas, estuvieron acompañadas de las correspondientes reformas administrativas que modificaron la estructura y funcionamiento de la Administración Pública Federal, pero siempre a partir del principio establecido en el artículo 80 constitucional que nunca ha sido modificado: "Se deposita el ejercicio del Supremo Poder Ejecutivo en un solo individuo, que se denominará "Presidente de los Estados Unidos Mexicanos"". La elección del presidente es directa e independiente de la elección de los integrantes de las cámaras legislativas federales (artículo 81 constitucional), lo que da sustento al presidencialismo constitucional mexicano.

Respecto al llamado "desarrollo estabilizador" de los años sesenta, el autor en cita señala que "Tradicionalmente se ha considerado que los años sesenta —el llamado "desarrollo estabilizador"— han sido quizás el decenio al que hay que aspirar, en lo que concierne a desarrollo macroeconómico... la economía mexicana disfrutó de uno de sus periodos de crecimiento de mayor éxito durante los años sesenta, para luego caer en una fuerte desaceleración en 1971... Sin duda el rápido crecimiento de la economía estuvo fundamentado en altas tasas de inver-

---

48 Cárdenas, ob. cit., Fondo de Cultura Económica, El Colegio de México, México, Primera edición 2015, Primera reimpresión, 2019.

sión, tanto pública como privada".[49] Otra de las características del periodo fue la doble protección a los empresarios privados de la competencia externa, tanto a través de permisos previos de importación y cuotas específicas, así como de la competencia interna al limitar o regular fuertemente la inversión extranjera.

Por cuanto a la etapa de cambio estructural (1989-1995, fechas asumidas por Cárdenas Sánchez[50]), el autor en cita señala que "Estas reformas, por tanto, implicaron abrir la economía mexicana a los mercados internacionales, liberalizando diversas actividades productivas que a lo largo de muchos años habían estado restringidas al Estado o a mexicanos, y eliminar regulaciones innecesarias que encarecían costos y restaban competitividad a la economía".[51] Se trata apenas del inicio de la etapa a la que en el discurso político gubernamental actual se ha denominado y descalificado como "Neoliberalismo".

En el libro *La Economía Mexicana. De la sustitución de importaciones a la promoción de exportaciones,*[52] Rafael Núñez Zúñiga divide su contenido en dos grandes partes: Parte 1. La economía mexicana en la etapa de sustitución de importaciones, 1960-1982, y Parte 2. La economía mexicana en la etapa de promoción de exportaciones, 1983-2010; en virtud de la fecha de terminación del libro y de su edición (2014) no llega a las siguientes etapas de gobierno y cambio administrativo. Al efecto, acudo a otros autores y documentos que han estudiado o se refieren a estos periodos.

"El 2 de diciembre de 2012, un día después de asumir el cargo de presidente de la República, Enrique Peña Nieto presentó, junto con los dirigentes de las entonces principales fuerzas políticas del país, el Pacto por México... un acuerdo inédito entre el gobierno federal y las entonces principales fuerzas de oposición política, que replanteó de manera profunda aspectos clave para nuestro país, como el sector petrolero, y que logró tales objetivos con una enorme eficacia política".[53] "La agenda del *Pacto por México* contempló 63 reformas legales, con temas en materia social, económica y política. Una vez ratificado, la mesa de ne-

---

[49] Cárdenas, Ídem, pp. 575-579.

[50] En opinión del suscrito dicho cambio estructural inició desde el gobierno del presidente Miguel de la Madrid (1982-1988).

[51] Cárdenas, Ibidem, p. 708.

[52] Núñez Zúñiga, ob. cit., Editorial Trillas, México 2014.

[53] López Noriega y Velázquez López Velarde, *Pacto por México*, Fondo de Cultura Económica, México 2018, pp. 13-15.

gociaciones de la alianza estableció un cronograma para la discusión, aprobación y puesta en marcha de las reformas y políticas públicas".[54]

Por su conexión con las iniciativas de reforma presentadas el 5 de febrero de 2024 por el presidente de la República todavía en funciones, destaco las siguientes reformas estructurales aprobadas con motivo del Pacto por México: reforma educativa, reforma de telecomunicaciones, reforma electoral, reforma energética y reforma anticorrupción. Las cuales trajeron como consecuencia la creación de nuevos organismos constitucionales autónomos: Instituto Nacional para la Evaluación de la Educación, Instituto Nacional Electoral, Instituto Federal de Telecomunicaciones, Comisión Federal de Competencia Económica, Consejo Nacional para la Evaluación de la Política de Desarrollo Social, Instituto Nacional de Acceso a la Información y Protección de Datos Personales; así como el reforzamiento mediante regulación constitucional de los órganos reguladores existentes, la Comisión Nacional de Hidrocarburos y la Comisión Reguladora de Energía, convertidos en órganos reguladores coordinados, como consecuencia y parte de la reforma energética que marcó la transición hacia el libre mercado energético.

El Plan Nacional de Desarrollo 2019-2024 señala expresamente: "Es evidente que el documento correspondiente al sexenio 2018-2024 tendrá carácter histórico porque marcará el fin de los planes neoliberales y debe distanciarse de ellos de manera clara y tajante".[55]

Al efecto, el Instituto Nacional para la Evaluación de la Educación fue el primer organismo constitucional autónomo en desaparecer durante el actual gobierno, mediante la reforma publicada en el Diario Oficial de la Federación de 15 de mayo de 2019, por virtud de la cual dicho organismo fe sustituido por el organismo público descentralizado Sistema Nacional de Mejora Continua de la Educación (MEJOREDU). La propuesta de desaparición de este organismo descentralizado y de los demás, incluidos los organismos constitucionales autónomos, ha sido explicada al inicio de este artículo.

---

54 Zamitis Gamboa, Héctor (Coordinador), *Pacto por México. Agenda legislativa y reformas 2013-2014*, p. 33.

55 *Plan Nacional de Desarrollo, Gobierno de México, 2019-2024*, p. 9

## VI. EL CONTEXTO POLÍTICO

El conjunto de las veinte iniciativas —y no solo las dos ahora en comento— tiene que ser evaluado a partir de varios indicadores. En primer lugar, el presidencialismo constitucional mexicano, sobre todo en su actual vertiente de presidencialismo populista autoritario —incluida la militarización de la administración pública—.[56]

En el libro *El estallido del populismo,*[57] se señalan y desarrollan de manera didáctica, gráfica, los diez factores siguientes del populismo (identificados anteriormente por un académico de la Universidad de Princeton, Jan-Werner Müller[58]): 1. Exclusivismo ("sólo 'nosotros' somos los auténticos representantes del pueblo"); 2. Caudillismo ("se cultiva el aprecio por un líder que es el gran intérprete de la voluntad popular"); 3. Adanismo ("la historia comienza con ellos); 4. Nacionalismo ("conduce al proteccionismo o a dos reacciones aparentemente contrarias... el aislacionismo ... o el intervencionismo"); 5. Estatismo ("es la acción planificada del Estado y nunca el crecimiento espontáneo y libre de los empresarios"); 6. Clientelismo ("concebido para generar millones de estómagos agradecidos"); 7. Centralización de todos los poderes ("La separación de poderes y el llamado *check and balances* son ignorados"); 8. Control y manipulación de los agentes económicos ("comenzando por el banco nacional o de emisión"); 9. Doble lenguaje ("La semántica se transforma en un campo de batalla y las palabras adquieren una significación diferente"); 10. Desaparición de cualquier vestigio de cordialidad cívica"). La conducta personal y la acción de gobierno del presidente de la República todavía en funciones hoy en México corresponden puntualmente a dichos factores o indicadores que definen el populismo.

Asimismo, se podrían evaluar las iniciativas presidenciales a la luz de la transición mexicana a la democracia, es decir, del proceso sociohistórico para lograr el control del poder político mediante diferentes mecanismos constitucionales y legales que han tenido como consecuencia la alternancia partidista en la titu-

---

56 Un estudio pormenorizado de las diferentes etapas y documentos del presidencialismo mexicano durante el periodo autodenominado de la Cuarta Transformación, se encuentra en los diversos libros de mi autoría que aparecen en la bibliografía.

57 Álvaro Vargas Llosa, ob. cit., pp. 93 y siguientes.

58 Jan-Werner Müller, *¿Qué es el populismo?*, Editorial Grano de sal.

laridad del Ejecutivo Federal, de la mayoría en ambas cámaras federales y en la mayor parte de los ejecutivos locales y sus respectivas legislaturas.[59]

Sin embargo, en su libro *Cómo mueren las democracias*, dos académicos americanos sostienen lo siguiente: "Las falsas acusaciones de fraude pueden socavar la confianza de la población en las elecciones y, cuando la ciudadanía no confía en el proceso electoral, puede perder fe en la propia democracia. En México, después de que Andrés Manuel López Obrador perdiera la carrera hacia la presidencia e insistiera en que le habían robado los comicios de 2006, la confianza en el sistema electoral mexicano se desplomó".[60] Esto significa, en los hechos parcialmente hasta aquí descritos, que dicho proceso sociohistórico mexicano ha sido vaciado de su contenido por el presidencialismo populista autoritario, militarizado y estatista, en funciones.

Por su parte, Federico Finchelstein concluye al finalizar su libro "*Del Fascismo al Populismo en la Historia*" lo siguiente: "El populismo está genética e históricamente ligado al fascismo. Se podría decir que es su heredero: un posfascismo para tiempos democráticos, que combina un compromiso limitado con la democracia y que presenta impulsos autoritarios y antidemocráticos... Los primeros regímenes populistas nacieron en los márgenes latinoamericanos, pero en menos de un siglo el populismo se mudó a Washington D. C. ... Expresión global de la antipolítica, los líderes populistas reemplazaron a los políticos tradicionales, pero lo hicieron sin conferir a los ciudadanos modalidades significativas de toma de decisiones... La idea de un líder más inteligente y mejor que su pueblo define la historia del populismo en el poder... Los cuestionamientos con los que el populismo del pasado desafió a las formas de democracia igualitarias persisten en el presente y amenazan ahora el porvenir de nuestros propios tiempos democráticos"[61].

* * *

Como es posible apreciar, me propuse vincular el análisis de dos de las veinte iniciativas de reforma no solo al resto de las iniciativas sino, igualmente, al contexto más amplio, económico y político, para entender su verdadera significación. Se trata de un intento ambicioso que necesariamente debe ser prolongado

---

59 La transición mexicana a la democracia es reseñada y explicada también en varios de los libros de mi autoría que aparecen en la bibliografía.

60 Levistsky y Ziblat, ob. cit., p 229.

61 Finchelstein, ob. cit., p. 259.

con investigaciones posteriores, dada la complejidad de cada una de las iniciativas presentadas. Pero, sobre todo, es un programa de investigación que, paradójicamente, antes de ser concluido tendrá una calificación popular mediante el veredicto en las urnas de la jornada electoral a celebrarse el 2 de junio de 2024.

## VII. CONCLUSIONES

A reserva de análisis posteriores más amplios, mis conclusiones preliminares son las siguientes:

- Las iniciativas en su conjunto representan una regresión democrática al periodo del presidencialismo mexicano sustentado en un partido hegemónico, con la consecuente pérdida total del incipiente control ciudadano sobre el poder político alcanzado durante el periodo conocido como la transición mexicana a la democracia.
- Las dos iniciativas reseñadas en materia de simplificación orgánica proponen privilegiar la centralización de la acción administrativa estatal en manos de la persona titular del Poder Ejecutivo Federal, sin la menor posibilidad de beneficiarse de la sinergia que permiten las diferentes figuras administrativas cuya evolución, indistintamente, se condena y se recupera.
- Se propone eliminar las reformas que intentan fortalecer el modelo mexicano de economía mixta en el nuevo ámbito de la sociedad y economía globales, para sustituirlas por un intervencionismo estatal sin controles ni económicos, ni administrativos, ni políticos.
- Las veinte iniciativas representan una reedición del viejo debate ideológico político, llevado al ámbito de la organización administrativa pública, sobre qué es preferible: más Estado y más centralización autoritaria o más sociedad y más descentralización democrática.

### Bibliografía y fuentes documentales de consulta

Cárdenas Sánchez, Enrique, *El largo curso de la economía mexicana. De 1780 a nuestros días*, Fondo de Cultura Económica, El Colegio de México, México, Primera edición, 2015, Primera reimpresión, 2019.

Castellanos Hernández, Eduardo de Jesús, *Nuevo Derecho Electoral Mexicano*, Universidad Nacional Autónoma de México, Editorial Trillas, México 2015.

Castellanos Hernández, Eduardo de Jesús, *Técnica Legislativa, Control Parlamentario y Gobiernos de Coalición*, Instituto Internacional del Derecho y del Estado, Editorial Flores, México 2018.

Castellanos Hernández, Eduardo de Jesús, *Análisis Político y Jurídico de la Justicia Electoral en México*, Escuela Libre de Derecho de Sinaloa, Editorial Tirant lo Blanch, México 2021.

Castellanos Hernández, Eduardo de Jesús, *Constitucionalismo Multinivel, Argumentación, Deontología y otros temas jurídicos*, Poder Judicial de Oaxaca, Editorial Tirant lo Blanch, México 2021.

Castellanos Hernández, Eduardo de Jesús, *El presidencialismo mexicano durante la Cuarta Transformación*, Universidad de Xalapa, México 2019.

Castellanos Hernández, Eduardo de Jesús (autor), *Sistemas Electorales de México*, **Enciclopedia Parlamentaria de México**, Volumen III, Tomo 1, Serie IV, Cámara de Diputados del Congreso de la Unión, LVI Legislatura, Instituto de Investigaciones Legislativas, Instituto Federal Electoral, Centro de Investigación Científica "Ing. Jorge L. Tamayo" del Sistema SEP-CONACYT, México 1997.

Castellanos Hernández, Eduardo de Jesús (autor), *Legislación y Estadísticas Electorales, 1814-1997*, **Enciclopedia Parlamentaria de México**, Volumen III, Tomo 2, Serie IV, Cámara de Diputados del Congreso de la Unión, LVI Legislatura, Instituto de Investigaciones Legislativas, Instituto Federal Electoral, Centro de Investigación Científica "Ing. Jorge L. Tamayo" del Sistema SEP-CONACYT, México 1997.

Finchelstein, Federico, *Del Fascismo al Populismo en la Historia*, Taurus, México julio 2018.

Levistsky, Steven, Ziblatt, Daniel, *Cómo mueren las democracias*, Ariel, México 2018.

López Noriega, Saúl, Velázquez López Velarde, Rodrigo, *Pacto por México*, Fondo de Cultura Económica, México 2018

Müller, Jan-Werner, *¿Qué es el populismo?*, Editorial Libros Grano de Sal, México 2017.

Núñez Zúñiga, Rafael (Coordinador), *La economía mexicana. De la sustitución de importaciones a la promoción de exportaciones*, Editorial Trillas, México 2014.

Vargas Llosa, Álvaro (Coordinador), *El estallido del populismo*, Planeta, México 2017.

Zamitis Gamboa, Héctor (Coordinador), *Pacto por México. Agenda legislativa y reformas 2013-2014*, Universidad Nacional Autónoma de México, La Biblioteca, México 2016.

Página web de la Cámara de Diputados, micrositio "Información Parlamentaria", Gaceta Parlamentaria.

Plan Nacional de Desarrollo, Gobierno Mexicano, 2019-2024.

# EL PLAN C ELECTORAL Y OTRAS POSIBLES REFORMAS

JAIME CÁRDENAS GRACIA[62]

Sumario: I. Introducción; II. Los antecedentes del Plan C electoral; II.1. El Plan A; II.2. El Plan B; II.3. El Plan C; III. Conclusiones. Bibliografía.

## I. INTRODUCCIÓN

Durante el sexenio 2018-2024, el presidente de la República a través de iniciativas constitucionales y legales ha intentado modificar el marco jurídico electoral de nuestra nación sin tener éxito. El primer intento fracasó —coloquialmente llamado el Plan A[63]— porque Morena y sus aliados no contaron con las mayorías parlamentarias para aprobar las reformas constitucionales en la materia. El segundo, el Plan B,[64] no logró ser aprobado porque la Suprema Corte de Justicia de la Nación lo invalidó, dado que, en el Congreso mexicano, principalmente en la Cámara de Diputados, se infringieron de manera grave los procedimientos parlamentarios. Y el plan C porque se presentó el 5 de febrero de 2024 fuera del tiempo constitucional de noventa días previos al inicio del proceso electoral —artículo 105 fracción II— y ya no es posible que una reforma electoral pueda ser aprobada dentro de ese periodo.

---

62 Doctor en Derecho por la UNAM y por la Universidad Complutense de Madrid. Investigador titular "C" Instituto de Investigaciones Jurídicas UNAM. Miembro del Sistema Nacional de Investigadores, nivel III. ORCID: 0000-001-7566-2429. Instituto de Investigaciones Jurídicas de la UNAM, Ciudad de México. jaicardenas@aol.com.

63 Gaceta Parlamentaria de la Cámara de Diputados de 28 de abril 2022 (número 6012-XI).

64 El Plan B comprendió las siguientes disposiciones legislativas: Ley General de Instituciones y Procedimientos Electorales, Ley General de Partidos Políticos, Ley Orgánica del Poder Judicial de la Federación, y nueva Ley General de los Medios de Impugnación en Materia Electoral, que fueron publicadas en el Diario Oficial de la Federación el 2 de marzo de 2023. Además, y previamente, el Plan B se integró con modificaciones a la Ley General de Comunicación Social y a la Ley General de Responsabilidades Administrativas que previamente habían sido publicadas en la edición vespertina del Diario Oficial de la Federación el 27 de diciembre de 2022.

En nuestro caso, entendemos que los planes A, B, y C, en materia electoral implican una visión alternativa a las que se establecieron el paradigma que pervivió en el mundo electoral por muchos años en nuestro país. Se trata efectivamente de un cambio de paradigma que es consecuencia de la nueva situación política, la que llegó al poder en 2018.

¿Cómo era a nuestro juicio el paradigma electoral dominante antes de 2018? Consistía en las siguientes notas: 1) Lo más importante en materia electoral ya se había realizado después de un largo proceso de transformación electoral iniciado desde los años setentas del siglo XX; 2) el modelo electoral construido requería de algunos ajustes, pero no grandes reformas; 3) El modelo electoral había posibilitado la transición a la democracia y vivíamos ya en un régimen democrático que debía en todo caso ser consolidado; 4) Las instituciones electorales vigentes eran óptimas —eficientes, eficaces y poco costosas dado el beneficio resultante para la sociedad—; y, 5) Los cambios constitucionales y legales que requería México debían darse en otros ámbitos pero no en los espacios electorales.

Consideramos que cabe seguir pidiendo una reflexión minuciosa y ponderada sobre los cambios impulsados por los planes A, B, y C, aunque los dos primeros hayan fracasado por los motivos ya comentados al inicio de este ensayo. En cuanto al plan C, éste se encuentra en el trámite parlamentario y al finalizar el proceso electoral 2024 será motivo de debate legislativo y ciudadano. Por ello, en este ensayo describiremos con nuestros comentarios, al Plan C, y posteriormente, nos referiremos a otras posibles reformas electorales y políticas que podrían estar en la discusión pública al concluir el proceso comicial en curso, y que serán todas ellas insuficientes si no se modifican también las reglas de ejercicio y control del poder.

## II. LOS ANTECEDENTES DEL PLAN C ELECTORAL

### II.1. EL PLAN A

En la Gaceta Parlamentaria de la Cámara de Diputados de fecha 28 de abril de 2022, el titular del poder Ejecutivo Federal propuso reformar los artículos 35, 41, 51, 52, 53, 54, 55, 56, 60, 63, 73, 99, 105, 110, 111, 115, 116, y 122 de la Constitución.[65] En la iniciativa se planteó reformular el sistema electoral mexicano (Cárdenas Gracia, J, 2022).

---

[65] Gaceta Parlamentaria de la Cámara de Diputados de 28 de abril 2022 (número 6012-XI).

La propuesta es conocida ahora como el "Plan A". Los principales objetivos de esa iniciativa consistían en: reducir el alto costo de las autoridades electorales y de los procesos electorales en México, garantizar en mayor medida que en el presente los principios de certeza, imparcialidad y austeridad en las funciones electorales, así como evitar el control indebido que los partidos ejercen sobre las titularidades de las instancias electorales.

Para lograr los citados fines, entre otros temas, se propuso: eliminar el financiamiento público para actividades ordinarias; derogar los órganos y tribunales electorales en las entidades federativas, así como la estructura distrital del vigente INE; reducir el número de diputados y de senadores; disminuir el número de diputados en las legislaturas locales y de regidores en municipios y alcaldías; elegir a los consejeros y magistrados por voto popular; e introducir el voto electrónico.

Además de los anteriores propósitos, se contempló entre otros aspectos que, en los procesos de revocación de mandato baste el 33% de participación de ciudadanos inscritos en la lista nominal para que el ejercicio sea vinculante; se prohibía que las autoridades electorales intervengan en la vida interna de los partidos para resolver nombrando dirigentes y candidatos; y, se insistía en una legislación secundaria única para regular los procesos electorales, de consulta y de revocación de mandato.

El "Plan A" no logró aprobarse en el Congreso al no recibir apoyo parlamentario necesario, y la reforma constitucional electoral no fue posible. Desde una perspectiva teórica, la iniciativa constitucional del presidente en materia electoral, tiene desde mi punto de vista, méritos y deméritos.

Entre los méritos destaco su interés en reducir el costo electoral y partidista en México, y la elección por voto popular de las autoridades electorales. Entre sus deméritos menciono la reducción de tiempos en radio y televisión para favorecer a las empresas de la televisión y la radio; la disminución en la integración de la Cámara de Senadores que favorecerá a los partidos mayoritarios; la omisión por no señalar que la confección de listas para elegir diputados, senadores, legisladores locales y regidores será a través de un sistema de listas abiertas y no cerradas; y la omisión para que en la postulación de los candidatos de cada poder a los cargos electorales —consejeros y magistrados— se fundamente en las capacidades de los candidatos, y no en motivos subjetivos y/o discrecionales.

Los méritos de la propuesta respecto al costo electoral están a la vista. Las autoridades electorales con el transcurso del tiempo han ido creciendo burocráticamente, y ello ha implicado un gasto público que desgraciadamente no ha estado sujeto a criterios de austeridad —en descargo las autoridades electorales suelen defenderse precisando que esa gran burocracia es producto de atribuciones crecientes que se les han ido confiriendo reforma electoral tras reforma electoral, lo que es parcialmente cierto—. Los salarios y prestaciones en el INE y en el Tribunal Electoral a sus titulares y personal son más elevados en comparación con los salarios y prestaciones que se reciben la administración pública federal. A lo anterior se suma el gran costo de las autoridades electorales de las entidades federativas —institutos y tribunales electorales—.

La propuesta del presidente indicaba que, al elegirse a los 300 diputados mediante el sistema de listas de representación proporcional por entidad federativa, la estructura distrital ordinaria del actual INE, carecía de razón de ser. No obstante, estimo que se debe tener cuidado para que, en los procesos electorales, las atribuciones que desempeñan los actuales servidores electorales distritales sean asumidas por personal capacitado, y no por personal carente de experiencia en la organización electoral.

En cuanto al modelo de financiamiento público, desde que se introdujo en 1996 en sus elementos actuales, ha sido cuestionado por distintos sectores sociales y políticos de todo el arco ideológico. A todos esos sectores les parece muy alto y sumamente dispendioso. En la iniciativa se sostenía que, ese financiamiento público ha servido para mantener burocracias partidistas que suelen, en muchas ocasiones, no tener razón de ser. Por eso, se señalaba que el financiamiento para actividades ordinarias de los partidos debía según el sentido de la iniciativa, apoyarse en las donaciones de militantes y simpatizantes, y no en recursos públicos provenientes del erario.

La elección por voto ciudadano de los titulares de las instancias electorales ha sido menospreciada por los críticos del actual gobierno. Desde mi punto de vista, se trata de uno de los grandes méritos de la iniciativa presidencial. El actual método de nombramiento es profundamente partidocrático, y evita que personas ajenas al círculo de los partidos puedan ser nombradas como funcionarios electorales. La integración partidocrática de los titulares de las instancias electorales facilita la captura y control de los órganos electorales por los partidos.

En otros trabajos me he pronunciado por el método de elección popular para elegir a los titulares de los órganos electorales (Cárdenas Gracia, J., 2014). Para que los órganos electorales de nuestro país ganen legitimidad es necesario transformar el método de elección de consejeros y magistrados Electorales. Actualmente, la determinación corresponde a los partidos —grupos parlamentarios de la Cámara de Diputados— en el caso de los consejeros y, en el caso de los magistrados a la Suprema Corte de Justicia de la Nación y a los partidos —grupos parlamentarios en el Senado de la República—. En ambos casos se trata de nombramientos que obedecen a la lógica de las cuotas de los partidos y que suelen favorecer a los partidos con mayor representación en las Cámaras. El esquema vigente propicia que tanto los consejeros como los magistrados electorales, sean en muchos casos, auténticas correas de transmisión en sede institucional de los intereses de los partidos. El método de designación debe ser cambiado por otro en donde intervenga la sociedad, preferentemente a través de elecciones democráticas.

Entre los deméritos de la propuesta de reforma constitucional electoral, considero que la iniciativa de disminuir los tiempos de radio y televisión para fines electorales buscaba favorecer a concesionarios de la radio y la televisión. La iniciativa constitucional era en ese apartado condescendiente con los medios privados, que no han solido estar históricamente del lado de los procesos democráticos. Si se consideraba en la propuesta que existe un exceso de tiempo de radio y televisión en los procesos electorales para que los partidos transmitan "spots", por qué no se propuso destinar más tiempo a los debates con el tiempo que actualmente se dispone.

La iniciativa también reivindicaba disminuir el número de senadores de 128 a 96 para que existieran tres senadores por entidad federativa. A mi juicio, esta propuesta favorece a las dos fuerzas políticas mayoritarias, las que tendrían bajo su control el Senado de la República. No me parece la iniciativa, en esta parte, una modificación constitucional que estimule el pluralismo político.

En cuanto a la integración de la Cámara de Diputados por listas estatales, estimo que la conformación de ellas, para que fuese más democrático el proceso, debiera estar en manos de los ciudadanos y no de las nomenclaturas de los partidos. Es decir, la iniciativa reforma constitucional debió decir que el orden de los candidatos en las listas en cada entidad federativa se definiría en última instancia por los ciudadanos mediante el sistema de listas abiertas. Ello, para profundizar en la democracia interna de los partidos y reducir el peso de las dirigencias partidistas.

Respecto a que cada poder público —legislativo, ejecutivo y judicial— haría propuestas para la elección ciudadana de consejeros y magistrados electorales, estimo que sería conveniente, si previamente a la elección ciudadana, los candidatos por cada poder público fuesen el resultado de concursos de méritos. Los mejores de esos concursos de oposición son los que debieran ser propuestos por cada poder público como candidatos a consejeros y magistrados para posteriormente ser elegidos por la sociedad. Lo anterior con la finalidad de evitar que razones arbitrarias o subjetivas definieran esas candidaturas.

La iniciativa constitucional del presidente de la República o "Plan A" pretendía rediseñar de manera amplia el modelo electoral de México. No era una iniciativa cualquiera ni una propuesta de reforma electoral como otras. Me parece que exigía de la sociedad y de los partidos un análisis profundo. Era una propuesta que debía estudiarse ampliamente por todos. Sin embargo, la oposición apreció no estudiar seriamente la iniciativa de reforma constitucional electoral, seguramente porque el modelo electoral vigente es funcional a sus intereses. En los discursos está bien hablar de reducción del financiamiento público o del costo de las instituciones electorales, pero en los hechos no. En los discursos o en la crítica política, se puede sostener la parcialidad de consejeros y magistrados electorales, pero para la oposición no hay motivos que justifiquen un cambio en los métodos partidocráticos de designación o elección que están hoy vigentes.

## II.2. EL PLAN B

El Plan B consistió en iniciativas de reforma de ley secundaria por parte del titular del Ejecutivo al Congreso de la Unión una vez que el Plan A hubiese sido rechazado (Cárdenas Gracia, J., 2023). El Plan B comprendió las siguientes disposiciones legislativas: Ley General de Instituciones y Procedimientos Electorales, Ley General de Partidos Políticos, Ley Orgánica del Poder Judicial de la Federación, y nueva Ley General de los Medios de Impugnación en Materia Electoral, que fueron publicadas en el Diario Oficial de la Federación el 2 de marzo de 2023. Además, y previamente, el Plan B se integró con modificaciones a la Ley General de Comunicación Social y a la Ley General de Responsabilidades Administrativas que previamente habían sido publicadas en la edición vespertina del Diario Oficial de la Federación el 27 de diciembre de 2022.

La Suprema Corte de Justicia de la Nación, los días 8 de mayo y 22 de junio de 2023, al conocer de las acciones de inconstitucionalidad en contra en contra de las disposiciones legales que conformaron el Plan B, lo invalidó en su totalidad por violaciones parlamentarias de carácter procedimental, sin que nuestro máximo tribunal entrara al fondo de los asuntos que fueron reformados en las leyes del Plan B por la mayoría de los legisladores de Morena y sus aliados.

Los objetivos de las reformas legales del Plan B consistieron, entre otras, en: reducir el tamaño burocrático del INE, compactando o eliminando instancias ejecutivas a nivel central, local y distrital; limitar los privilegios salariales y en prestaciones de los altos servidores públicos del Instituto Nacional Electoral y del Tribunal Electoral del Poder Judicial de la Federación; derogar a la Junta General Ejecutiva; redefinir las competencias del Secretario Ejecutivo del INE; proponer una nueva regulación en materia de propaganda gubernamental; reducir el número de comisiones previstas en ley del Consejo General del INE; introducir nuevas reglas respecto al voto en el extranjero; posibilitar la participación de los discapacitados en los procesos electorales; permitir el voto de las personas privadas de su libertad; establecer otra concepción de la votación válida emitida; autorizar un sistema electoral nacional; limitar las facultades interpretativas del Tribunal Electoral del Poder Judicial de la Federación; y, fortalecer, los principios de autoorganización y autodeterminación de los partidos en relación y oposición con los principios de democracia interna.

Entre los temas del Plan B que despertaron abundantes críticas está lo concerniente a la propaganda gubernamental. Las reformas a la legislación en materia de propaganda gubernamental publicadas en la edición vespertina del Diario Oficial de la Federación de 27 de diciembre de 2022 acotaban lo que ha significado en el derecho electoral mexicano propaganda gubernamental. Para el Plan B no constituye propaganda gubernamental la información de interés público que realizan los servidores públicos y que es difundida en cualquier formato en forma gratuita y en el ejercicio de su libertad de expresión para manifestar opiniones de interés general. En mi consideración, siempre he pensado que la prohibición del artículo 134 no es absoluta —no debe ser entendida como una regla sino como un principio— y debe respetar los derechos fundamentales a la expresión y a la información de los servidores públicos, y que, caso por caso, debe determinarse si existen o no transgresiones a la equidad y a la neutralidad electoral cuando los servidores públicos ejercen sus derechos constitucionales.

En otros trabajos, ya he señalado que nuestra Constitución y la legislación secundaria no aludieron a la publicidad gubernamental sino a la propaganda gubernamental, lo que fue un desacierto desde el punto de vista de lo qué significa "propaganda" (Cárdenas Gracia, J., 2019 y 2022: 122-171 y Bernays, E., 2016). La "propaganda gubernamental" en el pasado reciente —sexenios previos— se realizaba mediante la contratación millonaria de espacios en los medios de comunicación para violar los principios de equidad electoral, y con ello, violentar los derechos a la información y la libertad de expresión. Los principios constitucionales sobre propaganda gubernamental previstos en el párrafo octavo del artículo 134 y 41 constitucionales, repetidos en la legislación electoral y en la legislación sobre revocación de mandato, nacieron en contra de esa propaganda comprada y se olvidaron de establecer parámetros que brindarán certeza sobre lo qué se puede informar por parte de los gobiernos. La preocupación legislativa y jurisprudencial previa a este gobierno era fundamentalmente para contener el gasto millonario en la materia, y por eso no se atendieron con suficiencia los temas sobre lo qué puede o no informar un gobierno durante una campaña electoral o, durante el periodo de veda en el procedimiento de revocación de mandato.

El marco jurídico que se debe discutir —ello aún está pendiente— debe ser uno que se ocupe de la publicidad gubernamental y su relación con la equidad y neutralidad en los procesos electorales y en los procedimientos de democracia directa-participativa, pero no sólo. Es fundamental que la contratación de publicidad gubernamental no sea un instrumento de control del gobierno para acallar voces críticas, y con ello no se permita a la autoridad electoral, indirecta e indebidamente limitar las libertades de expresión y el derecho a la información, como muchas veces ha sido en nuestro caso.[66]

En este gobierno, la "propaganda gubernamental" no se realiza como en el pasado, a través de una millonaria contratación pública en medios privados electrónicos y digitales, muchas veces encubierta y opaca, sino mediante conferencias de prensa matutinas —mañaneras— y a través de los medios electrónicos de comunicación pública, además del uso de las redes sociales. Ha disminuido sensiblemente en este sexenio el presupuesto para propaganda gubernamental contratada.

La relación medios, Estado y sociedad nunca ha sido en México democrática (Esteinou Madrid, J., y Alva de la Selva, A., 2009), por el contrario, hemos vivido en México una dictadura mediática: los medios impresos, digitales y electrónicos reproducían los puntos de vista de los gobiernos del pasado y de los sectores dominantes-hegemónicos, y no había existido ningún pluralismo de medios ni en los medios (Sosa Plata, G., 2019). En este sexenio, ante la disminución sensible en el gasto de propaganda gubernamental contratada, los medios privados de comunicación, de aliados del gobierno se han transformado en sus adversarios, tal vez, en sus únicos adversarios reales, y reclaman los principios del pluralismo y del derecho a la información, lo que antes no practicaban en términos generales.

Los operadores políticos y mediáticos, hoy en día, opuestos al gobierno en turno, han avasallado a sectores sociales mayoritarios. Han impuesto las supuestas reglas de la deliberación pública en su beneficio para que sólo las voces y

---

66 Comisión Interamericana de Derechos Humanos, "Principios sobre la Regulación de Publicidad Oficial en el Sistema Interamericano de Protección de los Derechos Humanos", 2011, párrafo 33.

posiciones dominantes prevalezcan —las de los poderes fácticos que desean regresar a la situación previa a la de este gobierno— y, de manera intencionada han presentado esa interpretación de la realidad como la realidad misma. Los críticos al actual gobierno sostienen, por su parte, que el gobierno en turno emplea la propaganda a su disposición —principalmente— las conferencias mañaneras para apuntalar el proyecto de la Cuarta Transformación, lo que desde luego es verdad.

La Primera Sala de la Suprema Corte de Justicia de la Nación, al resolver el Amparo en revisión 308/2020 el 8 de septiembre de 2021, declaró inconstitucionales e inconvencionales preceptos de la Ley General de Comunicación Social porque esa legislación no previó "un entramado normativo suficientemente preciso, con el fin de tutelar los principios del párrafo octavo del artículo 134 de la Constitución Federal en lo concerniente a la propaganda que, bajo cualquier modalidad de comunicación social, difundan los órganos de gobierno que ahí mismo se precisan". En el mismo sentido, acerca de la necesaria determinación de los principios sobre publicidad gubernamental contenidos en la Constitución o en las leyes, se ha pronunciado la Relatoría para la Libertad de Expresión de la Comisión Interamericana de Derechos Humanos en los "Principios sobre la Regulación de la Publicidad Oficial y la Libertad de Expresión".

Desde mi punto de vista, las omisiones del poder legislativo para regular de manera adecuada esta materia son violatorias de derechos humanos y de los principios constitucionales y convencionales relacionados con la libertad de expresión, los derechos a la información y a la deliberación, la rendición de cuentas, entre otros. Cabe señalar que esa indeterminación jurídica, y la ausencia de realización de un test de proporcionalidad por parte del Consejo General del INE han propiciado la inhibición de la libertad de expresión de los servidores públicos, y con ello, han afectado el derecho a la información y las obligaciones de transparencia y a la rendición de cuentas de los gobiernos (Bobbio, N., 2003: 431 y Faúndez Ledesma, H., 2004: 289).

Otro tema polémico del Plan B estuvo vinculado al carácter permanente o temporal de las instancias distritales del INE. En el Plan A, se proponía reducir el número de los servidores públicos de carrera en los Consejos Distritales a uno de los ahora cinco existentes. Desde luego, que la propuesta requería más precisión porque un elemento fundamental para la organización y capacitación electoral entraña contar con órganos electorales distritales integrados, de carácter permanente. No obstante, se trata de un asunto a discusión, y lo importante consiste en determinar si con el diseño propuesto en el Plan B se ponían en riesgo los procesos electorales. La intención del Plan B, en este punto consistió en reducir el tamaño burocrático del INE. ¿Cuál debe ser la conformación burocrática adecuada en los consejos distritales que garantice los principios de austeridad republicana, pero que, al mismo tiempo, no ponga en riesgo la realización de los comicios? Esa pregunta, dada la declaración de inconstitucionalidad de la Suprema Corte al Plan B no fue contestada, pero no por ello deja de ser pertinente. De acuerdo con el Plan B, el Consejo General del INE tendría que determinar con responsabilidad, y con base en estudios técnicos y de conformidad con la ley, si las oficinas en los distritos electorales eran permanentes o temporales. La flexibilidad en el diseño institucional no implica por sí misma inconstitucionalidad. La Constitución no ordena diseños rígidos más allá de lo que ella misma establece.

También materia de debate fue la disminución que las comisiones permanentes del Consejo General del INE que a juicio de los opositores del Plan B violentaba la certeza jurídica. Aquí, debe decirse que la Constitución no señala un número mínimo o máximo de Comisiones del Consejo General como se hizo en 1996 cuando se previó expresamente en el texto constitucional a la Comisión de Fiscalización. En su historia, el Consejo General ha contado con un número variable de comisiones permanentes y temporales. El Plan B proponía que exclusivamente se mantuvieran como permanentes 7 de las 9 hoy existentes, lo que según los redactores del Plan B no impediría al Consejo General crear mediante acuerdo todas las comisiones temporales que se consideren fundamentales para el desempeño de sus funciones. La Constitución confiere las principales facultades del INE a su órgano superior de dirección, que es el Consejo General, y las comisiones son instrumento o brazo del Consejo General, lo que entraña que a través del Consejo todas las atribuciones fundamentales son realizables, ya sea por sí mismo, o a través de las comisiones temporales que decida crear, además de las que la ley considera permanentes.

En un tema muy interesante, el Plan B reconocía el derecho de voto de las personas sujetas a prisión preventiva. Debe decirse que durante los dos últimos años ha habido resoluciones del Tribunal Electoral del Poder Judicial de la Federación que señalan la incompatibilidad del artículo 38 fracción II de nuestra Constitución con el principio de presunción de inocencia contemplado en el artículo 20 constitucional y con el artículo 23 de la Convención Americana sobre Derechos Humanos que establece que solo por condena se puede a una persona suspender o restringir sus derechos políticos.[67] Igualmente, el artículo 38 fracción II de la Constitución es incompatible con el artículo 29 párrafo segundo de nuestra Constitución según reforma publicada el 10 de junio de 2011 en el Diario Oficial de la Federación, así como con el artículo 1 de nuestra ley fundamental.

Estimamos que el artículo 38 fracción II de la Constitución no es admisible dentro del Estado Constitucional y Democrático de Derecho y que la orientación progresiva, en la interpretación, argumentación y aplicación sobre los derechos humanos debe prevalecer sobre las concepciones restrictivas respecto a ellos.

Igualmente, el Plan B reconocía el derecho al voto de las personas con discapacidad permanente o en estado de postración. En rechazo a la modificación legal, se dijo que vulneraba los principios de libertad y secrecía del sufragio porque permitía votar a esas personas en sus domicilios. Consideramos que esa apreciación es incorrecta porque el Plan B ordenaba al INE a garantizar que el ejercicio del derecho al voto de esas personas se realizara mediante el respeto irrestricto de distintos principios constitucionales, entre ellos, la libertad y secrecía del sufragio.

En todo caso, nos parece más importante determinar si las personas con discapacidad fueron consultadas previamente, lo que al parecer no ocurrió. Por esa razón, las disposiciones al respecto en el Plan B, al no haber sido sometidas al punto de vista de las personas con discapacidad, merecían ser estimadas como inconstitucionales e inconvencionales.

El Plan B reguló progresivamente el voto de los mexicanos en el extranjero. Se consideró que ello podría ser violatorio de derechos humanos porque se previó para unas cuantas elecciones. Estimamos que en México, las reformas de los últimos años, han ido incrementando las posibilidades de los ciudadanos que

---

67 Ver por ejemplo la resolución dictada en el expediente SUP-JDC-352/2018 y acumulado en donde se exponen los antecedentes histórico-constitucionales del problema; el conflicto de los principios constitucionales contemplados en el artículo 20 y 38 fracción II de la Constitución —la presunción de inocencia vs. la restricción constitucional para ejercer el voto activo de las personas que se encuentran en prisión preventiva; describe el test de proporcionalidad elaborado por el Tribunal Electoral en la materia; añade razonamientos derivados del Derecho Internacional de los Derechos Humanos; se argumenta constitucional y convencionalmente; desarrolla los principios de progresividad y de no regresividad; y, se alude a los efectos de la resolución dictada por el Tribunal Electoral en el caso concreto.

votan fuera del territorio nacional. Cuando se introdujo por primera vez el voto de los mexicanos en el extranjero, nuestros compatriotas exclusivamente podían votar en la elección presidencial, ahora la norma legal permite que puedan votar en la elección del presidente, de las senadurías, y de las gobernaturas de las entidades federativas cuando así lo reconozcan las Constituciones locales.

Los adversarios al Plan B, estimaron que su regulación en torno al voto en el extranjero restringía las tres modalidades de sufragio que actualmente existen, lo que afectaba al principio de progresividad. Ese razonamiento nos parece falaz porque solo toma en cuenta los aspectos cuantitativos, pero no los cualitativos. Que existan ahora tres modalidades para votar en el extranjero no significa que la autoridad esté maximizando las posibilidades del sufragio. Al establecerse en el Plan B que los residentes en el extranjero únicamente votarían por internet se favorecía en gran medida que, los que así lo decidan, lo hagan en mayor medida que en el presente, entre otros motivos por la accesibilidad del instrumento, además de que al INE se le facilitarán las condiciones de organización y capacitación para que los ciudadanos puedan ejercer sus derechos en esta modalidad. No existía por tanto una violación al principio de progresividad sino lo contrario, una maximización de los derechos.

En materia de género, una de las cuestiones que se criticó del Plan B, fue la nueva redacción del artículo 5 de la Ley General de Partidos Políticos que establecía que se debía respetar, en todo momento, la autodeterminación y autoorganización de los partidos. Se entendió, incorrectamente, que se podía violentar el principio de paridad consagrado en el artículo 41 fracción I de la Constitución. Sin embargo, el Plan B, no indicaba que los principios de autodeterminación y autoorganización estarían por encima o en contra del principio de paridad de género. Los procedimientos para la postulación de candidaturas en los partidos deberán respetar el principio de paridad de género, pero con respeto a los principios de autodeterminación y autoorganización de los partidos. Es decir, desde mi punto de vista, los partidos políticos estarían en todo momento obligados a cumplir los principios constitucionales y convencionales, pero lo deben hacer desde su autonomía interna. Las autoridades electorales no deben intervenir en la vida interna de los partidos sin justificación constitucional y legal.

Un cuestionamiento adicional, sin razones suficientes, consistió en señalar que el artículo 2 numeral 3 de la nueva Ley General de Medios de Impugnación en Materia Electoral al establecer que el orden jurídico deberá interpretarse de conformidad con la Constitución violentaba el bloque de constitucionalidad, pues éste se integra también a los tratados en materia de derechos humanos. La objeción carecía de fundamento, dado que el artículo 1 de la Constitución incorpora expresamente a los tratados dentro de los bloques y parámetros de regularidad constitucional y convencional. De esta suerte, el que se haya omitido en el Plan B la mención expresa a los tratados, esto no significa en sí mismo, que las autoridades electorales los dejarían de considerar y aplicar en sus determinaciones, ya que los mismos están previstos expresamente en la Constitución. Esa objeción al Plan B implicaba una falacia de conclusión inatinente, que se denomina también "non sequitur", la que consiste en extraer una conclusión que no se sigue de las premisas. Tal como las conclusiones que no se obtienen razonablemente de las pruebas o de las premisas aportadas y ofrecidas (Weston, Anthony, 1998: 131).

Se objetó igualmente por los opositores al Plan B que el artículo 6, párrafo cuarto de la Ley General de Medios de Impugnación en Materia Electoral, y los artículos 217 y 218 de la Ley Orgánica del Poder Judicial de la Federación incorporaban limitaciones a la autonomía del Tribunal Electoral para resolver con plena jurisdicción en contra de lo establecido en el artículo 99 de la Constitución. El señalamiento no tenía una base sólida, pues el artículo 6 de la Ley General de los Medios de Impugnación en Materia Electoral sólo indica que el Tribunal Electoral puede resolver la inaplicación de leyes en materia electoral y que esas resoluciones serán para el caso concreto —porque solo la Corte puede dictar resoluciones con efectos generales al conocer de acciones de inconstitucionalidad—, y los artículos 217 y 218 de la Ley Orgánica del Poder Judicial Federal aluden a la obligatoriedad para el Tribunal Electoral de la jurisprudencia del Pleno de la Suprema Corte, lo que siempre ha sido así, y a que el Tribunal Electoral se abstuviera de conocer asuntos de los que conozca la Corte en ejercicio de sus competencias constitucionales. Es decir, las modificaciones legales del Plan B en este punto preservaban el artículo 99 de la Constitución y resolvían algunas diferencias que han existido entre la Suprema Corte y el Tribunal Electoral en el ejercicio de sus atribuciones.

Una objeción correcta, así lo consideramos, al Plan B indicó que el artículo 41 numeral 4 de la Ley General de los Medios de Impugnación en Materia Electoral requería ajustes para que las diputaciones y senadurías se validen antes del inicio del mes de agosto de la elección y no violentar el artículo 65 de la Constitución. Efectivamente, ese precepto de la ley suprema en su primer párrafo señala que cuando el presidente de la República inicie su encargo, el Congreso de la Unión debe reunirse a partir del primero de agosto, y el numeral 4 del artículo 41 de la nueva Ley General de Medios de Impugnación en Materia Electoral del Plan B no contempló ese supuesto —el inicio del sexenio en donde el Congreso debe estar instalado el primero de agosto del año de la elección—. En este sentido, el Congreso de la Unión debió hacer de inmediato la modificación correspondiente.

El Plan B determinó un mecanismo de sustitución del secretario ejecutivo en funciones del INE. Se dijo que se violentaba el artículo 41 de la Constitución. Al entrar en vigor el Plan B, el secretario ejecutivo cesó en sus funciones. Posteriormente un juez federal ordenó que el funcionario permaneciera en el cargo hasta que la Suprema Corte de Justicia de la Nación resolviera las acciones de inconstitucionalidad en contra del Plan B. No obstante los hechos y las razones esgrimidas, estimamos que éstas no eran acertadas por lo siguiente: 1) El artículo 41 de la Constitución no establece de manera expresa un mecanismo de sustitución del secretario ejecutivo; 2) Existe contemplado en el artículo 41 de la Constitución un mecanismo expreso para el nombramiento pero no para la sustitución; 3) La reforma secundaria o Plan B modifica las facultades de la secretaria ejecutiva, y es por ello que, la persona actualmente en el encargo cesa en sus funciones; y, 4) El artículo décimo transitorio de la reforma no señalaba que el nombramiento del nuevo secretario se haga en contravención al procedimiento previsto en la Constitución, pues sólo indicaba la temporalidad para que el Consejo General hiciera la aprobación correspondiente del nuevo funcionario denominado secretario ejecutivo que tendría nuevas competencias. En este sentido, resultaba muy aventurado señalar que existía una violación constitucional. Desde luego que los derechos laborales del secretario ejecutivo que estaba en funciones, para efectos de liquidación e indemnización, así como los otros derechos que le correspondan, debían ser salvaguardados.

Un tema muy discutido del Plan B fueron los límites a los salarios de consejeros y magistrados. Se dijo por los opositores a la reforma que se violentaba el artículo 116 fracción III de la Constitución porque las remuneraciones no pueden ser disminuidas durante el encargo. Esta aseveración toma en cuenta sólo una parte de la Constitución, pero no el texto íntegro de la Constitución, además de que, en el caso de los consejeros electorales, desde las reformas constitucionales y legales de 2014, ya no es aplicable la asimilación a ministros de la Corte, disposición de carácter previo que estuvo vigente entre 1996 a 2014—. La objeción al Plan B en este punto no se hacía cargo integral de lo contemplado en el artículo 127 de la ley fundamental —reforma publicada desde 2009—, pues los artículos que protegen los salarios de los jueces en los artículos 94 y 116 fracción III de la Constitución deben ser ponderados en relación con el artículo 127 de la Constitución.

El 24 de agosto de 2009 se publicó en el Diario Oficial de la Federación la reforma y adicionan a los artículos 75, 115, 116, 122, 123 y 127 de la Constitución. Es una reforma para señalar los salarios máximos de los servidores públicos y la obligación de presentar desglosadas todas las prestaciones y retribuciones que reciben en los respectivos presupuestos de egresos. La obligación se extiende a todos los poderes y niveles de gobierno y se indica que ningún servidor público podrá tener remuneraciones superiores al presidente de la República. Desgraciadamente en los artículos transitorios de la reforma se permite, antes de la entrada en vigor del decreto de 2009, que servidores públicos con remuneraciones superiores a las del presidente continúen con ellas. La reforma de 2009 fue un paso para cambios más ambiciosos que estamos viviendo y que establecen condiciones estrictas de austeridad republicana, no sólo respecto a la reducción substancial de las remuneraciones de los servidores públicos, sino en todos los gastos gubernamentales.

Las fracciones II y III del artículo 127 de la Constitución —reformada en 2009— indican que ningún servidor público puede recibir una remuneración superior a la del presidente de la República. La fracción III señala que ningún servidor público puede recibir una remuneración mayor a la de su superior jerárquico, salvo en caso de servidores públicos que desempeñen varios empleos públicos, o su remuneración sea consecuencia de las condiciones generales de trabajo derivado un trabajo técnico calificado o especializado, podrán recibir una remuneración adicional a la que no exceda el 50% fijado para el presidente de la República.

La fracción III del artículo 127 constitucional se ha indebidamente interpretado por los quejosos en los amparos, y las instituciones que han promovido acciones de inconstitucionalidad y controversias constitucionales en contra de la legislación secundaria en materia de remuneraciones, pues en ellos se argumenta ganar el tope de lo que gana el presidente más un 50% adicional. El decreto de reforma constitucional publicado el 24 de agosto de 2009, en sus artículos transitorios primero y tercero fue muy claro al respecto. El primero transitorio señala que las disposiciones que contravengan el Decreto de reforma constitucional quedan sin efecto. El tercero transitorio expresa que los servidores públicos que estuvieren en funciones antes de la entrada en vigor del Decreto —25 de agosto de 2009— seguirán percibiendo sus remuneraciones, aunque sean superiores a las del presidente de la República, a contrario sensu, los que hubiesen sido designados después del 25 de agosto de 2009 deberán ajustarse a la reforma y no ganar más que lo establecido para el presidente de la República.

En la fracción II del artículo 127 constitucional se promueve la austeridad republicana y es un mecanismo de control sobre todos los servidores públicos de la nación para evitar la voracidad resultante del patrimonialismo presupuestal, principalmente de los titulares de poderes públicos y órganos constitucionales autónomos.

Los ordenamientos en materia de remuneraciones han sido masivamente impugnados mediante amparos por los altos servidores públicos, principalmente del Poder Judicial Federal y de los órganos constitucionales autónomos. La Suprema Corte de Justicia de la Nación resolvió a este respecto la acción de inconstitucionalidad 105/2018 y su acumulada 108/2018 —la decisión se publicó el 19 de julio de 2019 en el Diario Oficial de la Federación—. En esta sentencia, la Corte determinó que ciertos preceptos de la Ley Federal de Remuneraciones que ya había sido reformada eran inconstitucionales porque el Congreso no estableció criterios objetivos para fijar la remuneración del Presidente de la República y del resto de los servidores públicos que tomaran en cuenta el grado de responsabilidad y el nivel jerárquico,[68] y en consecuencia declaró la invalidez de los artículos 6, párrafo primero, fracciones II, III y IV, incisos b) y c), así como el párrafo último, y 7, párrafo primero, fracciones I, incisos a), II y IV de la Ley Federal de Remuneraciones, así como los artículos 217 Bis y 217 Ter del Código Penal por las ambigüedades e indeterminaciones de los tipos penales.

La decisión de la Suprema Corte de Justicia de la Nación ha sido profundamente polémica porque privilegió las altas prestaciones de los ministros, magistrados y jueces federales y las de la alta burocracia en demérito de principios republicanos de austeridad y del contenido del Decreto constitucional publicado el 24 de agosto de 2009. Los criterios "objetivos" que propuso expresan el elitismo de la alta burocracia mexicana. No existen entre esos criterios variables que tengan relación con los niveles de pobreza y desigualdad de amplios sectores de la sociedad mexicana o con el salario mínimo que reciben millones de mexicanos.

---

68 La Corte a modo de ejemplo propuso criterios como los siguientes: Funciones y nivel de responsabilidad asociado al perfil para cada puesto; independencia para minimizar la probabilidad de captura por el poder político o económico; especialización; riesgo asociado al desempeño de las funciones; costo de vida del lugar donde deberá desempeñarse el servidor público; índice inflacionario; costo de oportunidad de desarrollarse en el sector público en comparación con una responsabilidad similar en el sector privado; posibilidad de percibir otros ingresos, sin que exista conflicto de interés; y, la integración de un órgano constitucional autónomo que defina lineamientos y fórmulas de cálculo.

El conflicto entre el Presidente López Obrador y la alta burocracia no está cerrado. Se publicó en el Diario Oficial de la Federación, el 19 de mayo de 2021, una nueva Ley Federal de Remuneraciones de los Servidores Públicos que ha sido impugnada y que se encuentra en estudio por el poder judicial federal. En el espacio político, López Obrador y los que defienden la concepción de la austeridad, seguirán empleando las razones aledañas al republicanismo para atacar política y electoralmente una y otra vez a la élite burocrática nacional.

Una objeción adicional al Plan B se refirió a la creación de un "Sistema Nacional Electoral". Se dijo que ese sistema es inconstitucional y contravenía lo dispuesto por el artículo 41 constitucional, base V, apartado A de la Constitución. Pensamos que la crítica era desacertada. El Sistema Nacional Electoral es un mecanismo de coordinación, organización y funcionamiento entre las diversas instancias de autoridad del Instituto Nacional Electoral y de las autoridades que conforman los institutos electorales locales. La propia Constitución delega en la ley lo concerniente a la organización y funcionamiento de los órganos electorales, las relaciones de mando entre éstos, así como la relación con los organismos públicos locales. En ningún momento, la Constitución prohíbe expresa o implícitamente la instalación de un sistema nacional electoral para efectos de coordinación electoral.

Tal vez, uno de los asuntos más polémicos del Plan B fue la eliminación de instancias en el INE y en el Tribunal Electoral. Desde luego, si las instancias eliminadas se encuentran contempladas en la Constitución la modificación es inconstitucional, pero si se redujeran o, derogaran otras instancias previstas en normas secundarias, encontramos, en principio que no hay inconstitucionalidad alguna, salvo que la supresión de áreas burocráticas comportara un grave riesgo para la organización de los procesos electorales. La reforma del Plan B perseguía reducir el burocratismo, principalmente en el INE, lo que ha provocado enormes resistencias internas y externas.

Se mencionó por los objetores al Plan B que la reestructura del INE afectaría laboralmente a los integrantes del Servicio Profesional Electoral porque muchos de ellos perderían el empleo. En ello se tiene razón. Sin embargo, una reestructura como la propuesta estaba obligada a garantizar con escrúpulo los derechos laborales y a la seguridad social de los servidores públicos que se vean afectados con las medidas. La reestructura en sí misma no es inconstitucional. Sus consecuencias pueden serlo si no se satisfacen plenamente los derechos de los servidores públicos.

En otro asunto, se argumentó en contra del Plan B que, la licencia obligatoria de los legisladores que se postulan a la reelección carece de base constitucional, desde mi punto de vista no se tiene razón, pues el fundamento constitucional de ello se encuentra en el artículo 35 fracción II de la Constitución. La ley fundamental indica en ese precepto que a la ley le corresponde establecer las condiciones y requisitos para tener derecho a ser votado. Además, la reforma es razonable y constitucional porque busca garantizar la equidad entre los candidatos que buscan reelegirse —que éstos no cuenten con mayores recursos— respecto de los candidatos los que no provienen del poder legislativo o del poder formal establecido.

También, en contra del Plan B se señaló sobre la noción "votación válida emitida" que, era cuestionable que incluyera a los candidatos independientes y a los partidos que pierden el registro de la deducción de votos. Estimamos que ese cambio del Plan B es adecuado. El primero porque los votos efectivamente se emitieron y el segundo porque la Constitución no contiene una definición al respecto. Además, y porque seguramente, la finalidad de esta reforma es proteger a los partidos con menor número de votos a efectos de que mantengan su registro legal y cuenten con más posibilidades de representación en el poder legislativo, lo que desde mi punto de vista es loable porque el sistema electoral mexicano tiende a sobrerrepresentar en sí mismo a los partidos mayoritarios —sistema mixto no equilibrado y cláusula de sobrerrepresentación del 8%—.

## II.3. EL PLAN C

El día 5 de febrero de 2024 el presidente López Obrador presentó 20 iniciativas de reforma constitucional y legal que pretenden constituir un modelo jurídico alternativo al que ahora está vigente. Entre las modificaciones más importantes de la iniciativa de reforma constitucional en el ámbito electoral, menciono las siguientes:

Primera. Se propone un Instituto Nacional de Elecciones y Consultas, lo que implica la desaparición de los órganos electorales estatales, la ampliación de competencias del actual INE, y la reivindicación de mecanismos de democracia directa como las consultas y la revocación de mandato.

Desde hace mucho tiempo esta discusión ha estado presente en México, al menos desde los años noventas del siglo pasado, en donde se discutía si se requería un órgano nacional electoral que se encargara de organizar todas las elecciones del país, o si se debería fortalecer a los órganos electorales estatales y dejar que el nacional fuera solamente un órgano regulador. El debate durante los años ha sido interminable. En 2014, el PAN insistió en un órgano electoral nacional único, pero negoció esa pretensión con el PRI y el gobierno por otras prebendas, incluyendo los espacios de poder que se derivarían de la importante reforma energética. El presidente López Obrador aboga por la desaparición de los OPLE's, no sólo por el costo presupuestal que representa su vigencia, sino porque en materia electoral, las principales competencias ya están en manos del actual INE. En cuanto a la reivindicación de la democracia directa —consultas y revocación de mandato— y la competencia reforzada del INE sobre ellas, el movimiento de López Obrador busca fortalecer otras modalidades de democracia porque entiende que la democracia representativa electoral con toda su trascendencia debe ser complementada con otros tipos de democracia.

Segunda. El Plan C propone que los procedimientos de consulta popular y de revocación de mandato sean vinculantes a partir de que participe el 30% de los ciudadanos inscritos en el listado nominal, y que las consultas y los procedimientos de revocación de mandato deben celebrarse el mismo día de las elecciones. La finalidad de la reforma consiste en prestigiar estos mecanismos de democracia directa para que se consoliden en la vida nacional, y exista la conciencia de que los ciudadanos pueden determinar, al margen de los partidos, aspectos fundamentales de la vida pública.

Tercera. En materia de partidos políticos la iniciativa presidencial pretende que se puedan constituir nuevos partidos políticos cada tres años, y no como ahora, cada seis. En donde la propuesta puede ser regresiva, y exige mayor debate, es cuando busca consolidar la autonomía y la autodeterminación de los partidos, y prohíbe que las autoridades electorales puedan definir en sus determinaciones candidaturas y dirigencias partidistas. Es decir, puede existir en la iniciativa de reforma constitucional una tendencia a fortalecer las oligarquías de los partidos, contraria al principio de democracia interna, lo que nos obliga a seguir debatiéndola.

Cuarta. Sobre el financiamiento público se propone reducir a la mitad. Además, se introducen nuevos mecanismos de control al financiamiento privado. Esta parte de la iniciativa había sido exigida por distintos sectores de la sociedad, sin embargo, ahora se ve con suspicacia por los opositores de López Obrador porque se piensa que Morena puede utilizar, con ventaja e inequitativamente, el aparato del gobierno a favor de Morena durante los procesos electorales. En donde, deberíamos reflexionar más es sobre la pertinencia del financiamiento privado que permite vincular, a veces indebidamente, al poder económico con el político. Tal vez, la solución resida en proponer la derogación de este financiamiento, atendiendo a fenómenos, tales como: el dinero ilegal del crimen organizado, de los empresarios y del extranjero, en los procesos electorales.

Quinta. Los tiempos de radio y televisión se distribuyen de otra manera en tanto, además de los candidatos de los partidos, se propone elegir a consejeros y magistrados electorales, ministros, magistrados y jueces federales. A diferencia del Plan A, en el Plan C, se conservan los 48 minutos diarios de tiempos en radios y televisión.

Sexta. Parte importantísima del Plan C, es el procedimiento de elección por voto ciudadano de los consejeros y magistrados electorales. Se elegirían por 6 años sin posibilidad de reelección. En el caso de consejeros se reduce su número a 7 integrantes del Consejo General con derecho a voz y voto. Considero que esta reforma no logra independizar a los titulares de los órganos electorales de los partidos porque son los poderes de la Unión que surgen a su vez de los partidos, los que propondrían a los que irían al proceso de elección ciudadana. El mérito de la propuesta estiba en estimar que los aspirantes a cargos de consejeros y magistrados no pueden ser financiados ni promovidos por los partidos, ni realizar campañas y, que para darse a conocer y debatir entre ellos, tendrían derecho a tiempos del Estado.

Séptima. En una parte muy polémica de la propuesta de reforma constitucional —artículos 52 y 56 de la Constitución— se pretende excluir 200 diputados de representación proporcional, y en senadores que se eliminen los de representación proporcional y los de primera minoría —64 senadores—. La iniciativa de ser aprobada afectaría los derechos políticos de las minorías políticas porque no tendrían posibilidad efectiva de acceder a la representación política. El gobierno de López Obrador propone este cambio para fortalecer gobernabilidad, pero con afectación indudable a la adecuada representación.

Octava. La iniciativa del presidente es profundamente centralista —lo que es consecuente con la desaparición de los OPLE's y los tribunales electorales estatales—, pues propone que los principales rubros en materia electoral sean regulados mediante legislaciones únicas, a través de facultades que tendrían su fundamento en distintas fracciones del artículo 73 constitucional.

Novena. La propuesta en aras de reducir el gasto público en municipios y congresos locales propone reducir el número de regidores y diputados estatales. En los municipios con más población podrá haber hasta 9 regidores, y en los Congresos locales con poblaciones extensas podrá haber máximo 15 diputados locales.

Décimo. Todo el Plan C tiene como variable transversal la austeridad republicana. Los salarios de los funcionarios electorales no deben ser mayores a los del presidente de la República según lo dispone ahora el artículo 127 constitucional. Tanto en el INE como en el Tribunal Electoral debe haber ajustes a las estructuras administrativas para reducir, simplificar y racionalizar el gasto público.

## III. CONCLUSIONES

El Plan C y los anteriores serán objeto de discusión al concluir el proceso electoral 2024. Sin embargo, es importante señalar que la democracia no implica sólo la existencia de elecciones y partidos competitivos, seguramente por ahí se empieza, pero eso no basta para hablar de democracia. La posición minimalista de Schumpeter conlleva a la falacia electoralista, pues no por contar con elecciones se califica a un país de democrático, es necesario ver cómo se garantizan las libertades y las modalidades de expresión de la sociedad civil; en otras palabras, los requerimientos institucionales de la democracia como el "rule of law", la división de poderes, la rendición de cuentas y, en general, las condiciones o elementos institucionales del ejercicio y del control del poder forman parte integrante del concepto de democracia. Las reglas e instituciones electorales, por sí mismas, sin otros arreglos institucionales que promuevan los derechos humanos o el Estado Constitucional de Derecho hacen imposible que hablemos de una democracia.

Es empobrecedor para cualquier sociedad pensar en la democracia exclusivamente desde una perspectiva instrumental y formalista. La democracia es sobre todo un proceso en construcción permanente, en búsqueda de los principios y valores que la conforman: el principio de igualdad intrínseca de todos los miembros de la comunidad política y el principio de la autonomía personal.

La democracia mexicana y el Estado Constitucional y Democrático de Derecho no se pueden construir exclusivamente con reformas electorales. Otras reformas políticas, económicas, sociales y mediáticas son necesarias para lograrlo. En otro trabajo propuse diversas reformas institucionales para atender ese propósito (Cárdenas, Jaime, 2011: 82-105) y definir un diseño de Estado diferente al actual, el que resumí en diez puntos que ahora enuncio: 1) Limitación y sujeción a derecho de los poderes fácticos; 2) Un nuevo entendimiento sobre los derechos fundamentales que integre un catálogo amplio de derechos que cuente con garantías plenas de realización, principalmente respecto a los DESCA;

3) La democratización, transparencia, rendición de cuentas, eficiencia y eficacia de todas las instituciones del Estado; 4) La garantía plena de la supremacía constitucional y de los tratados internacionales, los que deberían aprobarse mediante referéndum; 5) Mecanismos de cumplimiento efectivo de los principios constitucionales mediante un nuevo Derecho Procesal Constitucional pensado para dotar a los ciudadanos de legitimidad procesal para promover acciones de inconstitucionalidad; 6) Establecimiento de mecanismos anticorrupción que impidan la impunidad que prevalece en el país y sancionen a las autoridades y particulares que participan en conductas corruptas; 7) Inclusión en los tres niveles de gobierno del mayor número de medios de democracia participativa y deliberativa; 8) Recuperación del patrimonio de la nación —sus recursos naturales— y de su explotación por el Estado; 9) Defensa de la soberanía nacional; y, 10) Cambios al modelo económico neoliberal para poner la economía al servicio de las mayorías.

## Bibliografía

Bernays, Edward, (2016), *Propaganda. Cómo manipular la opinión en democracia*, Buenos Aires, Editorial Melusina, Libros del Zorzal, 226 páginas.

Bobbio, Norberto, (2003), *Teoría General de la Política*, Madrid, Trotta, 769 páginas.

Cárdenas Gracia, Jaime, (2014), *La crisis del sistema electoral mexicano. A propósito del proceso electoral 2012*, México, IIJ-UNAM, 300 páginas.

Cárdenas, Jaime, (2011), "La construcción del Estado Constitucional en México", en Molina Piñeiro, Luis y otros, *¿Constitucionalizar democratiza!,* México, Porrúa-UNAM, 2011, pp. 82-105.

Cárdenas Gracia, Jaime, (2019), *Las trampas de la publicidad oficial,* México, IIJ-UNAM, 229 páginas.

Cárdenas Gracia, Jaime, (2022) "Análisis crítico de la aplicación de la revocación de mandato en México", *Revista Crítica Jurídica. Nueva Época*, México, número 4, pp. 122-171.

Cárdenas Gracia, Jaime, (2022), "La iniciativa de reforma constitucional electoral promovida por el presidente de la República", *Revista Hechos y Derechos*, IIJ-UNAM, número 68, marzo-abril (revista electrónica).

Cárdenas Gracia, Jaime, (2023), "La reforma electoral: las objeciones del Senador Monreal al Plan B"", *Revista Hechos y Derechos*, IIJ-UNAM, número 73, enero-febrero (revista electrónica).

Comisión Interamericana de Derechos Humanos, "Principios sobre la Regulación de Publicidad Oficial en el Sistema Interamericano de Protección de los Derechos Humanos", 2011, párrafo 33.

Esteinou Madrid, Javier y Alva de la Selva, Alma Rosa (coordinadores), (2009), *La "Ley Televisa" y la lucha por el poder en México*, México, Universidad Autónoma Metropolitana, 655 páginas

Faúndez Ledesma, Héctor, (2004), *Los límites de la libertad de expresión*, México, IIJ-UNAM, 803 páginas.

Gaceta Parlamentaria de la Cámara de Diputados de 28 de abril 2022 (número 6012-XI).

Sosa Plata, Gabriel, (2019), "Radio, televisión y telecomunicaciones en 2019", en *SinEmbargo*, 1 de enero.

Weston, Anthony, (1998), *Las claves de la argumentación*, Barcelona, Ariel, 153 páginas.

# REFORMA CONSTITUCIONAL EN MATERIA DE JUSTICIA LOCAL, UNA VISIÓN DESDE LA EFICACIA Y LA EFICIENCIA DE LA JUSTICIA

DAVID ULISES GUZMÁN PALMA[69]

*"La actuación del Poder Judicial [...] debe ser sujeto de evaluación crítica por parte de la ciudadanía. La transición requiere extender el control ciudadano, no sólo al funcionamiento de los partidos políticos y de los poderes Ejecutivo y Legislativo, sino también al de la Judicatura".*[70]



## I. INTRODUCCIÓN

Tenemos que precisar en un breve espacio la iniciativa de reforma constitucional en materia de justicia local, conceptualizarla, analizarla y hacer propuestas, es todo un reto, pero lo intentaremos.

---

69 Doctor en Derecho y docente en la Facultad de Estudios Superiores Acatlán UNAM.

70 COURTIS, Christian, "LA LEGITIMIDAD DEL PODER JUDICIAL ANTE LA CIUDADANÍA", en Vázquez Rodolfo (coord.), Corte, jueces y política. 2da Edición, México, Editorial Fontamara, 2012, p. 51

El método que vamos a utilizar para analizar la iniciativa de Reforma Constitucional presentada el pasado 5 de febrero del 2024 por el Presidente de la República en su tópico de Justicia Local, es la crítica inmanente de la escuela filosófica de Frankfurt, ¿por qué hay que precisar que tiene un desarrollo científico jurídico este análisis? Porque la crítica seria, debe estar fundada en un método y para ello anuncio el método a fin de despolitizar mi participación y buscar objetividad.

Esta metodología de la crítica inmanente nos llevará a revisar los elementos teóricos jurídicos, políticos, filosóficos y fácticos que están en el contexto en México en torno a la iniciativa en análisis, así como, los datos públicos emitidos por instituciones reconocidas en torno al funcionamiento de la justicia local en México. Después de ello, se analizará el contenido de la iniciativa en materia de Justicia Local desde el parámetro de la eficacia y eficiencia del derecho, para concluir con diversas propuestas que tienen por objetivo hacer la resolución del fondo de un conflicto en litigios más pronto y expedito.

Lectores, estén seguros que la combinación de elementos políticos, administrativos, jurídicos y sociales que se engloban en este ensayo permitirá que sea del interés de personas no necesariamente doctas en el mundo del derecho, esto se resalta por que la voz tiene la convicción que la justicia no está reservada a los abogados, sino debe ser cada vez más socializada para que las personas estén informadas del actuar y los criterios generados en los tribunales, cerrando así el circulo de la función judicial con legitimidad social.

Entrando en materia es importante preguntarnos: ¿Cuál es el objetivo de la reforma judicial en términos de la exposición de motivos de la propia iniciativa?

a) La democratización de los órganos de justicia como medio para la legitimación del Poder Judicial;

b) Acabar con la corrupción y el nepotismo;

c) Aplicar la austeridad republicana; y,

d) Alcanzar justicia pronta y expedita.

En materia local se busca sustituir a los Consejos de la Judicatura Locales por Tribunales de Disciplina Locales y órganos de administración locales.

Las legislaturas locales son las que establecerán las condiciones que garanticen la independencia de sus jueces y magistrados. La candidatura y elección de jueces será conforme se apruebe en la Constitución Política de los Estados Unidos Mexicanos, es decir en materia de elección, "la suerte de los federales, la siguen los locales".

Respecto a la Justicia local se queda corta la iniciativa porque sólo establece un parámetro constitucional sobre la elección de Magistrados y Jueces, pero no sobre la eficacia y eficiencia de la justicia; por ello, "es nuestra oportunidad de proponer", ya que si hay un tópico de esta reforma constitucional en la que se puede construir, es en el tema de Justicia local por la ausencia de contenidos en la propia iniciativa.

## II. EL TÉRMINO JUSTICIA Y VOCES DE ALERTA PREVIAS A LA INICIATIVA DE LEY DE REFORMA CONSTITUCIONAL EN MATERIA JUDICIAL

### II.1. UNA HIPÓTESIS PARA PROPONER LA ELECCIÓN DE JUECES POR VOTO POPULAR

Las voces de alerta respecto a deficiencias y excesos del Poder Judicial Federal y la Suprema Corte de Justicia de la Nación datan de hace más de una década, en el año 2007 Ansolabehere[71] afirmó:

> *"Se ha creado una justicia más autónoma y poderosa externamente, pero no internamente; la Corte no cuenta con contrapesos importantes dentro del Poder Judicial y esto tendrá consecuencias en las decisiones que se tomen".*[72]
>
> *"Los arreglos institucionales construidos en paralelo al proceso de transformación política, nos ubican ante una Suprema Corte de Justicia que se ha convertido en un actor político, y esto tiene consecuencias para la política y para la justicia".*[73]

Continúa diciendo:

> *"El peligro radica en la incapacidad de la política y en la delegación de decisiones propias a otras instancias no representativas. Las decisiones políticas terminan tomándose por quienes no están legitimados para hacerlo, porque no cuentan con un mandato popular explícito para ello. En este sentido, para la política democrática este hecho puede verse como un autogol. Ante este escenario*

---

71 Karina Ansolabehere, IIJ-UNAM, Investigadora Titular "C" de tiempo completo Sistema Nacional de Investigadores: Nivel III.

72 ANSOLABEHERE, Karina. "SUPREMA CORTE: ÁRBITRO SIN CONTRAPESOS", en Vázquez Rodolfo (coord.), Corte, jueces y política. 2da Edición, México, Editorial Fontamara, 2012, pág. 76

73 Ibidem, pág. 79.

> *es deseable que tanto la política como la justicia intenten recuperar la capacidad para desempeñar el papel que les corresponde".*[74]

El rol político-jurídico que ha jugado de la Suprema Corte de Justicia de la Nación tuvo sus altas y bajas durante los gobiernos neoliberales, sin embargo, ante la llegada al Gobierno Federal de un régimen humanista autodenominado de izquierda, se generaron diversas confrontaciones con el Ejecutivo Federal derivadas de litis sobre políticas públicas gubernamentales que estaban acompañadas de su respectivo marco jurídico, como lo fue el caso de la Guardia nacional, mírese:[75] *"La Corte anula el control militar a Guardia Nacional. Con una mayoría calificada de ocho votos, el Pleno de la SCJN declaró la invalidez del decreto que ordenaba la transferencia administrativa y operativa de la Guardia Nacional a la Secretaría de la Defensa Nacional".*

Otro punto de confrontación fue el ejercicio de facultades de los jueces para emitir la suspensión de leyes, acción judicial fundada en interpretaciones y no en preceptos legales vigentes, suspensión o medida cautelar que de forma recurrente aplicó la Suprema Corte la Nación a leyes promovidas por el ejecutivo y el legislativo, normas que notoriamente les perjudicaban a los servidores públicos del Poder Judicial Federal, como lo fue el caso de la Ley de Remuneraciones, misma que prohibía que alguien ganará mayor sueldo que el Presidente de la República, véase:[76] *"Por mayoría de 3 votos, la Segunda Sala de la Suprema Corte de Justicia de la Nación (SCJN) determinó mantener la suspensión concedida en contra de la Ley Federal de Remuneraciones de los Servidores Públicos. Al conocer de los recursos de reclamación 91/2018-CA, 92/2018-CA Y 95/2018-CA derivados de la acción de inconstitucionalidad promovida por una minoría en el Senado, la Sala resolvió que, de revocarse la suspensión combatida, se podrían vulnerar de manera irreparable derechos fundamentales de los servidores públicos. Por ello, estimaron que la lectura constitucionalmente válida del último párrafo del artículo 64 de la Ley Reglamentaria de las fracciones I y II del Artículo 105 constitucional, lleva a sostener, como excepción, que es factible conceder la suspensión en aquellos*

---

74 Op. Cit. pp. 80-81.

75 Síntesis Informativa de la Suprema Corte de Justicia de la Nación, 19 de abril del 2023, https://www.scjn.gob.mx/sites/default/files/sintesis-informativa/2023-04/S%C3%ADntesisPDF-19abril2023.pdf

76 Comunicado de Prensa, Suprema Corte de Justicia de la Nación, no. 015/2019, Ciudad de México, a 13 de febrero de 2019, https://www.internet2.scjn.gob.mx/red2/comunicados/noticia.asp?id=5827

*casos en que se controviertan normas generales que impliquen o puedan implicar la transgresión de derechos fundamentales".*

Estas decisiones de la Suprema Corte de Justicia de la Nación sólo son una muestra representativa de muchas otras que la han envuelto en un debate de orden político-jurídico que hace prensar sobre la legitimidad de los jueces para acotar decisiones administrativas de política pública como la austeridad republicana (suspensión de la ley de remuneraciones) y el plan de seguridad pública (anulación de la transferencia administrativa de la Guardia Nacional).

Muchos años antes de estos conflictos políticos - jurídicos en el 2007 Courtis[77] ya advertía que:[78]

> *"Sumariamente, podría decirse que el foco de atención de la disputa entre activismo y autorrestricción judicial es la medida en que los tribunales confirman las decisiones y la actuación de los poderes políticos, o bien se apartan de ellas —revocándolas u ordenándoles actuar en otro sentido. Los partidarios de la autorrestricción judicial subrayan la necesidad de que los jueces se mantengan fuera de la toma de decisiones de carácter político, dado su carácter no electivo, la ausencia de mecanismos capaces de asegurar su responsabilidad política frente al electorado, y a la inadecuación del proceso judicial —o alternativamente, la falta de capacitación específica de los jueces— para la adopción de medidas de corte político, como las que impliquen asignaciones presupuestarias, priorización de objetivos, diseño de instrumentos para cumplir ciertos fines, o compromisos entre intereses igualmente legítimos pero en tensión."*

Por último, el autor citado concluye:

> *"La oscuridad o ausencia de fundamentación de las decisiones judiciales, las sospechas de cercanía con los poderes políticos y la notoriedad de la defensa de sus privilegios e intereses corporativos han resultado, tradicionalmente, en la deslegitimación de la actuación del Poder Judicial, y difícilmente podrán contribuir a mejorar su imagen ante la ciudadanía".*[79]

---

77 Christian Courtis es funcionario del Alto Comisionado de las Naciones Unidas para los Derechos Humanos e integra el equipo que trabaja sobre derechos humanos en la Agenda 2030. Desde 2010 se desempeña como punto focal de la Oficina del Alto Comisionado de las Naciones Unidas para los Derechos Humanos para el Grupo de Trabajo de Composición Abierta sobre el Envejecimiento de las Naciones Unidas, https://www.cepal.org/es/equipo/christian-courtis

78 COURTIS, Christian, "LA LEGITIMIDAD DEL PODER JUDICIAL ANTE LA CIUDADANÍA", en Vázquez Rodolfo (coord.), *Corte, jueces y política.* 2da Edición, México, Editorial Fontamara, 2012, pp. 60-61.

79 Ibidem, pág. 66.

Así, ante la falta de controles de los jueces o ejercicio interpretativo unilateral pro persona o pro homine (depende la óptica del lector), la Suprema Corte de Justicia de la Nación al introducirse con sus sentencia en el ámbito decisorio político administrativo abrió la mente a la pregunta ¿los jueces están legitimados para frenar o cambiar una política pública o una acción administrativa de exclusiva facultad de un ente de representación soberana como lo es el Poder Legislativo o el Poder Ejecutivo?, por otro lado los detractores de los jueces activistas político - jurídicos han planteado la hipótesis:

> "Si los jueces están facultados para suspender leyes aprobadas por la asamblea soberana (Poder legislativo) y cambiar actos administrativos de política pública de competencia del Poder Ejecutivo (electo por el pueblo), entonces los jueces para tener legitimidad también deben ser electos por voto popular".

## II.2. ¿QUÉ ES LA JUSTICIA?

Si nosotros estamos ante una reforma constitucional que intenta eficientar la justicia con un sentido social, o por lo menos así se plantea, es justo entender bajo un pensamiento humanista ¿qué es la justicia?

El término 'justicia', definido por la *Enciclopedia Jurídica OMEBA*: "se usa para designar el criterio ideal, o por lo menos el criterio ideal del derecho, en suma, la idea básica sobre la cual debe inspirarse el derecho".[80] En el mismo sentido, para Kant, "el derecho tiene la tarea de fijar las condiciones bajo las cuales el arbitrio de uno pueda armonizarse con el arbitrio de otro y de asegurar tal libertad de la persona humana".[81]

En Kelsen existen acepciones de justicia:

> *La justicia es, ante todo, una característica posible, pero no necesaria de un orden social. Sólo secundariamente, una virtud del hombre; pues un hombre es justo cuando su conducta concuerda con un orden que es considerado justo. Pero ¿cuándo un orden es justo? Cuando regula la conducta de los hombres de una manera tal que a todos satisface y a todos permite alcanzar la felicidad.*[82]

---

80 *Enciclopedia Jurídica OMEBA* (Tomo XVII). Argentina: Bibliográfica Omeba, 1997, p. 652.

81 Immanuel Kant. *Crítica de la razón pura*. México: Porrúa, 2005, p. 22.

82 Hans Kelsen *¿Qué es la justicia?* España: Editorial Elaleph, 2000, p. 2.

Aunado a lo anterior, para Platón "la justicia es la virtud fundamental de la cual se derivan las demás virtudes",[83] y para Aristóteles la justicia es la "expresión de la virtud total o perfecta, que consiste en medida de proporcionalidad de los actos, la cual representa el medio equidistante entre el exceso y el defecto".[84]

Entonces, la justicia se puede conceptualizar como la idea básica, sobre la cual se inspira el derecho, es un ideal una inspiración, lo ideal es que el derecho llegue a ser justo.

Sobre esta visión de justicia que muchos la entienden sólo como una legalidad nomológica[85] o racionalismo jurídico, hay un debate filosófico sobre si la ley derrotó[86] al derecho en nuestros sistemas de justicia actuales y que por ende se debe incorporar al sistema jurídico una forma de justicia tópica[87] basada en principios, como lo son los valores ordinarios y costumbres de nuestros pueblos originales (el sentido de comunidad y el trabajo colectivo para fines comunes, entre otros), este es un tema que se debe revivir para retomar la esencia de los órganos jurisdiccionales, esencia que desde mi perspectiva es: "impartir justicia y no sólo aplicar legalidad".

---

83 *Enciclopedia Jurídica OMEBA. Óp. cit.,* p. 621.

84 *Ibid.* p. 652

85 Categoría filosófica de un derecho basado en silogismos que utiliza la dialéctica para que se demuestre en un juicio quién tiene el mejor derecho respecto a su pretensión.

86 En el caso particular de México, el problema de la imposición-aplicación del derecho asumió tintes verdaderamente dramáticos, y modeló a una sociedad que aún hoy no acaba de entender el valor ni el papel de un derecho cuya creación le fue arrancada. El costo más alto lo debieron de pagar las comunidades rurales, particularmente los pueblos indios, así como una sociedad urbana tradicional anclada férreamente en concepciones del orden y de la justicia provenientes de una rica herencia familiar y religiosa de larga historia, mientras los nuevos juristas, abogados y notarios, deslumbrados por el "filosofismo" de dos siglos, construían y difundían en las aulas y en los tribunales, toda una mentalidad jurídica ajena a la realidad y a la historia, cargada de fórmulas gramaticales impuestas por el poder so pretexto de su incuestionable racionalidad y de ser expresión de la voluntad general. La historia del siglo XX se encargaría en demostrar cuán equivocados estaban, GARCÍA Luque, José Antonio y PETRUCCI, Aldo, José Antonio, "La crisis de la ley en la experiencia Jurídica Romana (Siglos IV-VI d.C.)" *en La Crisis de la ley, Memoria del II Encuentro de claustros docentes Pisa,2006.* Editorial Escuela Libre de Derecho, México, 2007, pp. 108-109.

87 La tópica jurídica parte de principios, doctrina, jurisprudencia y valores para abordar casos concretos.

Otra acepción útil de la palabra justicia es la eficacia y eficiencia para aplicar una norma al caso concreto, estas concepciones de justicia serán la base teórica para mi análisis y propuestas.

Entiéndase la eficacia como la capacidad para producir el efecto o resultado deseado,[88] la eficacia, en la búsqueda de alcanzar un objetivo, se relaciona con la eficiencia, que es la "relación que existe entre la cantidad de energía, tiempo o material que se invierte para producir o hacer algo y el resultado que se obtiene".[89]

Términos que son básicos para comprender que la justicia se debe impartir con prontitud, completitud y rapidez, recordemos que "justicia que llega tarde provoca una injusticia".

## III. EL HUMANISMO MEXICANO EN LA REFORMA JUDICIAL Y OTROS CONCEPTOS ÚTILES PARA DARLE SUSTENTO A LA INICIATIVA DE REFORMA CONSTITUCIONAL

### III.1. MARCO TEÓRICO DE LA INICIATIVA DE REFORMA CONSTITUCIONAL EN MATERIA JUDICIAL

A fin de encontrar una base teórica o ideológica[90] que nos permita explicar la motivación de la iniciativa de reforma constitucional en materia judicial, expondremos diversos conceptos que se interconectan por materia o época con el tema, estos son humanismo político mexicano, neoliberalismo, democracia y soberanía, palabras que están en la palestra política social y que son orientadoras para vislumbrar el sentido de la iniciativa de reforma constitucional.

Después de la conceptualización se expondrán las ideas de estructura y super estructura tradicionales en el pensamiento de Marx como sustento teórico para

---

88 Eficacia. Diccionario del Español de México, https://dem.colmex.mx/Ver/eficicacia.

89 Eficiencia. Diccionario del Español de México, https://dem.colmex.mx/Ver/eficiencia.

90 Se entiende por ideología "El conjunto de contenidos de una particular conciencia de la realidad, objetivados durante un determinado tiempo, espacio y circunstancias históricas, que han sido institucionalizados con quien ha tenido el poder para hacerlo y que se mantienen a través de las generaciones, mediante sistemas de controles sociales formales e informales", Sanchez, Augusto. Control Social en México, México, FES ACATLÁN UNAM, 1998, p.27.

modificar un sistema que se considera dominado y encaminado a la protección de intereses de una clase económica.

Describir el humanismo mexicano al analizar una iniciativa de reforma constitucional en materia judicial no tiene por objetivo politizar, sino comprender la ideología de quien la propone, al respecto Ackerman afirma que el pensamiento humanista del Presidente Andrés Manuel López Obrador "pretende mitigar los efectos más nocivos del desarrollo neoliberal en los sectores más pobres"[91] y Cárdenas, en la misma línea de pensamiento afirma que: "Las administraciones públicas mexicanas de las cuatro décadas anteriores alentaron y defendieron el modelo neoliberal, fueron anti humanistas"[92] y para la voz el humanismo mexicano "Es una toma de postura que se centra en el ser humano para tutelarlo y generarle un estado de bienestar", esta postura garantista del humanismo es la base de la crítica constructiva de este artículo, porque el mismo pretende recordar que una reforma de justicia debe tener presente a la justicia interpersonal, concreta y material de las personas, lo que implica la eficiencia y eficacia del derecho para quienes viven el fenómeno conflictual.

Del término ya explicado de humanismo mexicano, resalta su toma de postura contra el neoliberalismo, ya que concibe a la ideología neoliberal como "una imagen idealizada del libre mercado que estima que los individuos son seres descontextualizados que persiguen su interés y satisfacción mediante el consumo",[93] lo cual es opuesto al Estado de bienestar que propone el humanismo mexicano. Esto es importante para comprender que la ideología del humanismo mexicano observa a las estructuras creadas durante los gobiernos neoliberales mexicanos como algo que debe cambiar, ya que de seguir conservándose impediría que se

---

91 ACKERMAN, John M. "Del liberalismo al Humanismo Mexicano: ideología y transformación en el México actual", Cárdenas García, Jaime; Ackerman, John M.; Márquez Gómez, Daniel y Melgar Manzanilla, Pastora (coords.) Humanismo y Cuarta Transformación: Apuntes en torno al "Humanismo Mexicano". Tirant humanidades, México. 2024, pág. 64.

92 CÁRDENAS, Jaime. "El humanismo de la Cuarta Transformación" en Cárdenas García, Jaime; Ackerman, John M.; Márquez Gómez, Daniel y Melgar Manzanilla, Pastora (coords.) *Humanismo y Cuarta Transformación: Apuntes en torno al "Humanismo Mexicano"*. Tirant humanidades, México, 2024, pág. 44.

93 CÁRDENAS Gracia, Jaime. "Los fundamentos filosóficos, históricos, políticos y jurídicos de la cuarta transformación" en Alfredo-Sánchez-Castañeda, Sonia Venegas Álvarez, Pastora Melgar Manzanilla y Daniel Márquez Gómez (coords.) *Aportaciones para la construcción de una administración pública para la cuarta transformación*, Tirant lo Blanch México, 2021, pág. 20

cumplan los postulados del humanismo, porque las estructuras y superestructuras fueron diseñadas para la defensa de los intereses de las elites que se beneficiaron del sistema neoliberal.

Desde esta óptica la reforma judicial aprobada con el gobierno neoliberal de Ernesto Zedillo en 1994 generó a la Suprema Corte de Justicia de la Nación y al Poder Judicial Federal como una superestructura que tiene por objetivo proteger a una estructura económica inferior (que está conformada por los intereses de quienes controlan el capital y el poder en el sistema neoliberal), para explicar esto utilicemos el pensamiento de Marx quien sostiene:[94]

> *"El conjunto de las relaciones de producción constituye la estructura económica de la sociedad, o sea, la base real sobre la cual se eleva una situación jurídica y política y a la cual corresponden formas determinadas de la conciencia social".*

Es decir, la estructura económica de la sociedad es una base real que es protegida y elevada por otras superestructuras, así "la ideología en turno se impone por los grupos de poder a través de normas obligatorias para institucionalizar una determinada conciencia de la realidad y constituye un sistema que se madura con habituaciones, repeticiones y permanencias en el tiempo",[95] en otras palabras, la reforma del Presidente Zedillo al Poder Judicial del año 1994 fue una expresión la función judicial del grupo neoliberal en el poder, por ello los jueces son útiles para la estructura económica neoliberal y contraria al fin tuteador de la ideología humanista mexicana.

Siguiendo con la misma línea del pensamiento para explicar la motivación de modificar al Poder Judicial es relevante precisar que una superestructura, en Marx, es del orden jurídico, político o cultural que puede conformar instituciones que se interconectan con la estructura primaria para cuidar, conservar, proteger sus fines, aunque no están en la estructura original, sino en un segundo piso que se interconecta, se relaciona, pero tiene su propia vitalidad, dinamismo y rol, sin embargo, "las superestructuras ejercen una influencia sobre la base, aceleran o frenan el desarrollo de la sociedad",[96] lo que implica que la reforma judicial de 1994 es la materialización del neoliberalismo en una estructura judi-

---

94 Superestructura, ABBAGNANO, Nicola. "Diccionario de Filosofía". Actualizado y aumentado por Giovanni Fornero. Fondo de Cultura Económica, México, 2004, pág. 692

95 SÁNCHEZ, Augusto. Epistemologías y sociología jurídica del Poder, DGAPA, UNAM FES ACATLAN, México, 2012, pág. 64

96 Superestructura. Diccionario Filosófico Marxista (Traducido por M.B. Dalmacio), Ediciones Pueblos Unidos, Uruguay, 1946, pág. 25

cial y, desde el punto de vista del humanismo mexicano, es contraria al Estado de bienestar al que se propone en él.

Otros elementos útiles para encontrar la base teórica de la iniciativa de la reforma constitucional en materia judicial lo son los términos interrelacionados de democracia y soberanía.

Democracia: Gobierno publico fundado en la participación libre e igual de todos los adultos con derecho de designación mayoritaria de la magistradas o cargos públicos, en la que intervienen los ciudadanos con derecho de voto y libertad.[97]

Bajo esta conceptualización la democracia puede ser calificada como una virtud que en su praxis tiene la sociedad para designar a quienes ocupan cargos públicos, lo que da sentido a la propuesta de elección por voto popular de integrantes de Poder Judicial Federal y local.

Respecto al termino soberanía este tiene distintas acepciones, empero el que nos ilustra en este análisis es el que entiende a la *"soberanía como el poder supremo del Estado para organizarse como tal, dictar y modificar su Constitución Política, dirigir su desarrollo interno y sus relaciones con los demás Estados y organizaciones internacionales y proteger la existencia y los derechos de su población, la integridad de su territorio y la autonomía del ejercicio de sus poderes, sin hallarse sometido a ningún poder extraño. La soberanía sigue siendo el poder originario y supremo del Estado; es una e indivisible en su esencia y titularidad, aunque el ejercicio de sus funciones esenciales sea susceptible de repartirse en distintos órganos; es permanente porque su existencia es consustancial a la existencia del Estado".*[98]

Esta conceptualización de soberanía es acorde al marco jurídico constitucional en México, salvo en el sentido que muchas teorías de la soberanía le dan el poder originario y supremo al Estado y en el caso mexicano ese poder se le da al Pueblo (que es un elemento integral del Estado), vislumbremos el precepto constitucional mexicano:[99]

---

97 FAIRCHILD, Henry Pratt. Diccionario de Sociología. Trad de T. Muñoz, J. Medina Echavarría, J. Calvo. 2ª ed. Fondo de Cultura Económica, 1997, p. 86

98 RÍOS Álvarez, Lautaro. La soberanía, el poder constituyente y una nueva Constitución de Chile. Estudios constitucionales vol. 15, no. 2, Santiago de Chile, Chile, 2017. pp. 166-167

99 Artículo 39 de la Constitución Política de los Estados Unidos Mexicanos, TITULO, SEGUNDO, CAPÍTULO I., DE LA SOBERANÍA NACIONAL Y DE LA FORMA DE GOBIERNO (texto Original y vigente) Diario Oficial de la Federación del 05 de febrero de 1917.

> ***Artículo 39.*** *La soberanía nacional reside esencial y originariamente en el pueblo. Todo poder público dimana del pueblo y se instituye para beneficio de éste. El pueblo tiene en todo tiempo el inalienable derecho de alterar o modificar la forma de su gobierno.*

De esta norma constitucional correlacionada con el termino democracia es viable afirmar que el pueblo tiene el poder para alterar o modificar su forma de gobierno y elegir a sus poderes judiciales federal y local mediante voto democrático.

En síntesis, podemos afirmar que la iniciativa de reforma constitucional en materia judicial presentada por el Presidente de los Estados Unidos Mexicanos tiene por lo menos un sustento teórico basado en el humanismo mexicano que busca generar un Estado de Bienestar que se contrapone a las estructuras y super estructuras creadas bajo los gobiernos neoliberales en México y un fundamento constitucional que emana del poder soberano del pueblo para alterar o modificar su forma de gobierno en plena armonía al ejercicio del voto popular característico de un país democrático.

## III.2. ¿QUÉ ES EL ACCESO A LA JUSTICIA Y LA TUTELA JUDICIAL EFECTIVA?

Para la Organización de las Naciones Unidas "el acceso a la justicia es un principio básico del Estado de derecho. Sin acceso a la justicia, las personas no pueden hacer oír su voz, ejercer sus derechos",[100] esto se contempla en diversos tratados internacionales donde se busca proteger a las personas y sus derechos.

> PACTO INTERNACIONAL DE DERECHOS CIVILES Y POLÍTICOS
>
> Artículo 2
>
> 1. Cada uno de los Estados parte en el presente Pacto se compromete a respetar y a garantizar a todos los individuos que se encuentren en su territorio y estén sujetos a su jurisdicción los derechos reconocidos en el presente Pacto, sin distinción alguna de raza, color, sexo, idioma, religión, opinión política o de otra índole, origen nacional o social, posición económica, nacimiento o cualquier otra condición social.
>
> 2. Cada Estado Parte se compromete a adoptar, con arreglo a sus procedimientos constitucionales y a las disposiciones del presente Pacto, las medidas oportunas para dictar las disposiciones legislativas o de otro carácter que fueren necesarias para hacer efectivos los derechos reconocidos en el presente Pacto

100 Organización de las Naciones Unidas, "Acceso a la justicia", *La ONU y el Estado de derecho*, *https://www.un.org/ruleoflaw/es/thematic-areas/access-to-justice-and-rule-of-law-institutions/access-to-justice/*.

> y que no estuviesen ya garantizados por disposiciones legislativas o de otro carácter.
>
> 3. Cada uno de los Estados Parte en el presente Pacto se compromete a garantizar que:
>
> a) Toda persona cuyos derechos o libertades reconocidos en el presente Pacto hayan sido violados podrá interponer un recurso efectivo, aun cuando tal violación hubiera sido cometida por personas que actuaban en ejercicio de sus funciones oficiales.
>
> b) La autoridad competente, judicial, administrativa o legislativa, o cualquiera otra autoridad competente prevista por el sistema legal del Estado, decidirá sobre los derechos de toda persona que interponga tal recurso, y desarrollará las posibilidades de recurso judicial.
>
> c) Las autoridades competentes cumplirán toda decisión en que se haya estimado procedente el recurso.[101]

Bajo estas premisas, toda persona tiene derecho a una jurisdicción sin discriminación alguna, la institución de administración de justicia debe ser competente para que se ejerza un derecho subjetivo; todo esto debe estar contenido en el sistema jurídico vigente del Estado nacional.

Esto se traduce en que el Estado debe proporcionar un procedimiento efectivo, sencillo y rápido para que las personas solucionen su fenómeno conflictual, lo que implica la existencia de un órgano jurisdiccional competente que resuelva el fondo del conflicto.

La efectividad del recurso judicial, por tanto, debe cumplir con las siguientes condiciones:

- Debe estar contemplada en la ley;
- Debe tener figuras procesales para ejercitarse;
- Debe ser sencillo, pronto y expedito (por ende, eficaz y eficiente);
- Debe contar con la existencia de instituciones competentes para sustanciarlas y resolverlas;
- Debe tener la posibilidad de impugnar la resolución ante una instancia judicial; y,
- Tiene la obligatoriedad de cumplir las resoluciones emitidas por el órgano jurisdiccional.

---

101 Oficina del Alto Comisionado de las Naciones Unidas, 16 de diciembre de 1966, *https://www.ohchr.org/sp/professionalinterest/pages/ccpr.aspx.*

"Esta posibilidad de obtener protección judicial ante la afectación de los derechos fundamentales es lo que se conoce como derecho a la tutela judicial efectiva",[102] lo cual se desarrolla a través de autoridades judiciales.

Al respecto, la Convención Americana de Derechos Humanos establece en su artículo 25, Protección Judicial, lo siguiente:

> 1. Toda persona tiene derecho a un recurso sencillo y rápido o a cualquier otro recurso efectivo ante los jueces o tribunales competentes, que la ampare contra actos que violen sus derechos fundamentales reconocidos por la Constitución, la ley o la presente Convención, aun cuando tal violación sea cometida por personas que actúen en ejercicio de sus funciones oficiales.
> 2. Los Estados Parte se comprometen:
> a) A garantizar que la autoridad competente prevista por el sistema legal del Estado decidirá sobre los derechos de toda persona que interponga tal recurso.
> b) A desarrollar las posibilidades de recurso judicial.
> c) A garantizar el cumplimiento, por las autoridades competentes, de toda decisión en que se haya estimado procedente el recurso.

Con esto se ratifica que el acceso al recurso judicial es una obligación tutelada por el sistema jurídico del Estado, la cual únicamente agota su función hasta el cumplimiento de la resolución (materialidad de la solución). Con este propósito, la Corte Interamericana emitió la siguiente jurisprudencia:

> ...
> *III) Falta de efectividad del proceso de ejecución de sentencias, ausencia de medidas coercitivas y medidas para revertir los efectos de la privatización*
> *140. Ahora bien, como ya ha establecido esta Corte, tanto el cumplimiento como la ejecución de las sentencias constituyen componentes del derecho de acceso a la justicia y a la tutela judicial efectiva. De igual manera, la efectividad de las sentencias depende de su ejecución, debido a que el derecho a la protección judicial sería ilusorio si el ordenamiento jurídico interno del Estado permitiera que una decisión judicial final y obligatoria permanezca ineficaz en detrimento de una de las partes 153. La Corte considera, que para tal efecto, dentro del deber de garantizar los medios y mecanismos eficaces para ejecutar las decisiones definitivas, deben establecerse mecanismos de seguimiento e imposición del cumplimiento que estén disponibles y sean accesibles en la práctica [...] [como medidas coercitivas de distinta naturaleza, entre ellas,] las sanciones contra quienes dificultan el ejercicio efectivo de los derechos [...]154. Ello, contribuiría con hacer efectivo el derecho protegido por la decisión que se busca implementar.*[103]

---

102 Nash, Claudio, *La tutela Judicial Efectiva de Derechos Humanos*, México, Ubijus, 2015, *http://www.iej.cl/sitio/wp-content/uploads/2015/07/IEJ_NASH2015.pdf*, p. 8.

103 153. Cfr. Corte Interamericana de Derechos Humanos, "Caso Acevedo Jaramillo y otros vs. Perú", supra, párr. 219 y 154; Cfr. "Informe del Secretario General de Naciones Unidas sobre la cuestión del ejercicio efectivo, en todos los países, de los derechos económi-

Esto deja claro que el cumplimiento de las resoluciones, también conocido como efectividad del derecho, es parte integral del derecho humano a la Tutela Judicial Efectiva, por lo que la materialidad, la prontitud y rapidez de las resoluciones judiciales es intrínseca al concepto de recurso judicial efectivo (juicio).

Sobre el tema la CPEUM en el artículo 17 señala lo siguiente:

> ***Artículo 17.*** *Ninguna persona podrá hacerse justicia por sí misma, ni ejercer violencia para reclamar su derecho.*
>
> *Toda persona tiene derecho a que se le administre justicia por tribunales que estarán expeditos para impartirla en los plazos y términos que fijen las leyes, emitiendo sus resoluciones de manera pronta, completa e imparcial. Su servicio será gratuito, quedando, en consecuencia, prohibidas las costas judiciales.*

La justicia, por lo tanto, es un derecho humano constitucional y convencional que se alcanza a través de las instituciones jurisdiccionales y por medio de los procedimientos que las leyes señalen.

Esto queda claro en el siguiente criterio judicial:

> *TUTELA JUDICIAL EFECTIVA. EL ACCESO A UN RECURSO EFECTIVO, SENCILLO Y RÁPIDO, ES CONSECUENCIA DE ESE DERECHO FUNDAMENTAL*
>
> *El artículo 1o. de la Constitución Política de los Estados Unidos Mexicanos establece que todas las personas gozan de los derechos humanos reconocidos en la Constitución y en los tratados internacionales de los que el Estado Mexicano sea parte, así como de las garantías para su protección. Por su parte, el artículo 17 constitucional prevé el derecho fundamental a la tutela judicial efectiva, que supone, en primer término, el acceso a la jurisdicción, es decir, que el gobernado pueda ser parte en un proceso judicial y, en segundo, el derecho que tiene a obtener una sentencia sobre el fondo de la cuestión planteada y su cabal ejecución, que deberá ser pronta, completa e imparcial, lo cual se encuentra íntimamente relacionado con el principio del debido proceso, contenido en el artículo 14 del señalado ordenamiento, por lo que para dar cabal cumplimiento al derecho inicialmente mencionado, debe otorgarse la oportunidad de defensa previamente a todo acto privativo de la libertad, propiedad, posesiones o derechos, lo que impone, además, que se cumplan las formalidades esenciales del procedimiento. Por tanto, el acceso a un recurso efectivo, sencillo y rápido, mediante el cual los Jueces y tribunales tutelen de manera eficaz el ejercicio de los derechos humanos de toda persona que lo solicite, sustanciados de conformidad con las reglas del debido proceso legal, es consecuencia del derecho fundamental a la tutela judicial efectiva, en tanto que asegura la obtención de justicia pronta, completa e im-*

---

cos, sociales y culturales", Sr. Ban Ki-moon. UN Doc. A/HRC/25/31, 19 de diciembre de 2013, en Corte Interamericana de Derechos Humanos, *Caso Muelle Flores vs. Perú*, 06 de marzo de 2019, *https://www.corteidh.or.cr/docs/casos/articulos/seriec_375_esp.pdf.*

> *parcial, apegada a las exigencias formales que la propia Constitución consagra en beneficio de toda persona que se encuentre bajo su jurisdicción.*[104]

En cuanto a los derechos que emanan de la Tutela Judicial Efectiva resaltan los siguientes:

- **Derecho a la jurisdicción.** Entendida como la obligación del Estado para darle facultad a una autoridad de resolver controversias en un lugar y tiempo determinado;
- **Derecho a ser parte en un juicio.** Si la forma de acceder a la TJE es a través de los juzgados, el particular deberá ser parte en la causa, juicio o litigio que se aborde;
- **Derecho a obtener una sentencia sobre el fondo del conflicto.** La TJE no sólo implica el derecho a ejercer una acción y solicitar una pretensión; también incluye el derecho a obtener justicia sobre el conflicto planteado, es decir, uno que resuelva el fondo de la *litis* expuesta por las partes;
- **Derecho a la ejecución de la sentencia.** En este caso el derecho a la justicia no se agota cuando se emite una sentencia, sino cuando la efectividad es fruto de la materialidad de lo sentenciado, lo que procesalmente se denomina la ejecución de la sentencia;
- **Derecho al debido proceso.** Toda actuación judicial debe acompañarse de distintos derechos en favor de los gobernados, como el derecho a la garantía de audiencia, el derecho a la contradicción, el derecho a cumplir las formalidades procesales, entre otros que permitan que el gobernado se pueda defender en igualdad de condiciones con su contraparte;
- **Derecho a una justicia pronta y expedita.** Esta se obtiene siempre que el proceso judicial sea rápido y oportuno, es decir eficaz y eficiente e incluya la materialidad de sus sentencias y determinaciones; y,
- **Derecho a un recurso sencillo, efectivo y rápido.** El gobernado debe tener la posibilidad de impugnar las determinaciones judiciales de forma sencilla (con los menos formalismos posibles), así como de forma ágil en cuanto a su tramitación.

---

[104] Tesis II.8o. (I Región) 1 K (10a.). *Semanario Judicial de la Federación y su Gaceta*. Décima Época, Libro XIII, tomo 4, octubre de 2012, p. 2864.

Con base en ello, sólo cuando se tutelan y se alcanza la materialidad de estos derechos de forma eficaz y eficiente se dice que se tiene el derecho a la justicia mediante un recurso judicial efectivo.

Es así que como se argumentó la Tutela Judicial Efectiva en su vertiente de pronta, rápida y expedita es de carácter universal para todos los fenómenos conflictuales o litigios que se presentan en los juzgados, es por ello que una gran critica de esta iniciativa reforma constitucional en materia de judicial, es que sólo se preocupe por la prontitud de los juicios fiscales y no del resto de fenómenos conflictuales que siguen sin pronta o rápida sentencia por parte de los tribunales, dejando pendiente el problema de falta de rapidez de la justicia que afecta emocional, económicamente y a veces la libertad de las personas que lo viven.

## IV. DIAGNÓSTICO DE LA JUSTICIA LOCAL

En el presente capítulo se expondrá un breve diagnóstico sobre la justicia local en México que cree la voz justifica ampliamente la necesidad de una reforma constitucional al Poder Judicial para dotarlo de mayor eficacia y eficiencia y por ende de justicia pronta y expedita.

### IV.1. DIAGNÓSTICO ESTADÍSTICO

En el 2011 existían 6,490 juzgados en el país en materia local (penal, civil, familiar) y para el 2019 habían 4,388 y hoy no rebasan de 5,000; es decir, viene a la baja el número de juzgados locales en el país de acuerdo con los datos del INEGI.

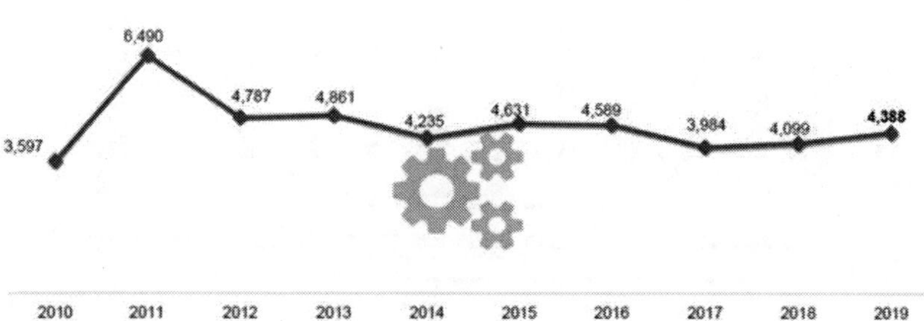


Gráfica elaborada por el Instituto Nacional de Estadística y Geografía, dentro del Censo Nacional de Impartición de Justicia Estatal 2020.

En materia penal "el comportamiento de las causas penales" fue 76,105 concluidas contra 164,256 por concluir, esta cifra demuestra que para el 2018 los Poderes Judiciales locales tenían un rezago del 50%, es decir, ya no eran eficientes para resolver anualmente la misma cantidad de asuntos que les ingresaban.

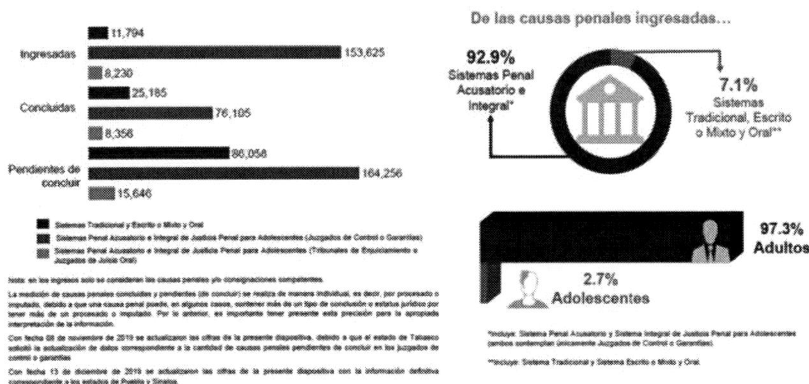


Gráfica elaborada por el Instituto Nacional de Estadística y Geografía, dentro del Censo Nacional de Impartición de Justicia Estatal 2020.

También, en materia penal, el censo del INEGI 2022 indica que en año 2010 hubo 194,370 resoluciones, determinaciones o conclusiones de asuntos penales y para el año 2022 fueron sólo 126,864, es decir, los juzgados locales cada vez emiten menos sentencias o conclusión de expedientes al año.

Gráfica elaborada por el Instituto Nacional de Estadística y Geografía, dentro del Censo Nacional de Impartición de Justicia Estatal 2023.

En 2022 existieron 2,154,768 asuntos ingresados, es decir, nuevos juicios en un año, contra 1,320,701 terminados con sentencias, sobreseimientos o concluidos.

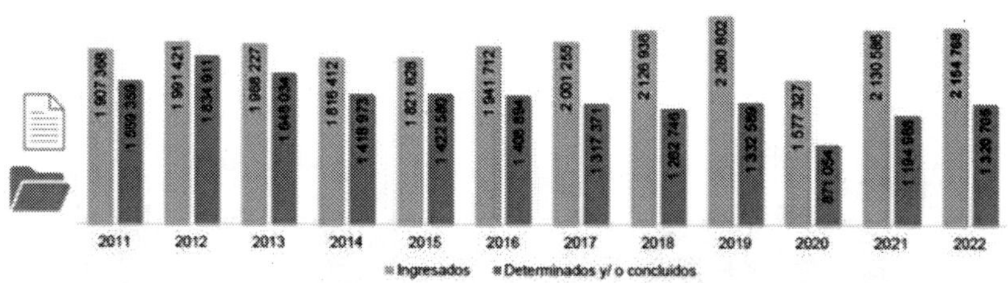


Gráfica elaborada por el Instituto Nacional de Estadística y Geografía, dentro del Censo Nacional de Impartición de Justicia Estatal 2023.

Datos del 2022 que confirman que los poderes judiciales locales están a menos del 50% de eficiencia anual.

En materia de presupuesto público en el año 2011 se invirtió en los poderes judiciales locales $17,000 millones de pesos y en el 2020 $39,000 millones de pesos, es decir, no se cumple la premisa de que “entre más presupuesto, más eficiencia”.

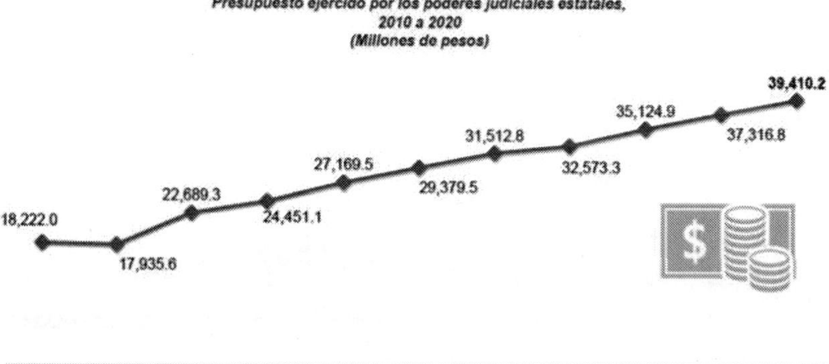


Gráfica elaborada por el Instituto Nacional de Estadística y Geografía, dentro del Censo Nacional de Impartición de Justicia Estatal 2021.

Otro dato útil para el diagnóstico es el nivel académico de los juzgadores locales, en términos del INEGI 2017 resulta que la mitad de los jueces y magistrados del país no tienen estudio de posgrados.

La mayoría de los jueces y magistrados locales del país sólo son licenciados (en el caso de los jueces el 60% y en el caso de magistrados el 50% tienen la licenciatura). Claro, no es obligatorio, empero se precisa que nuestros jueces y magistrados locales no se resaltan por su nivel de estudios.

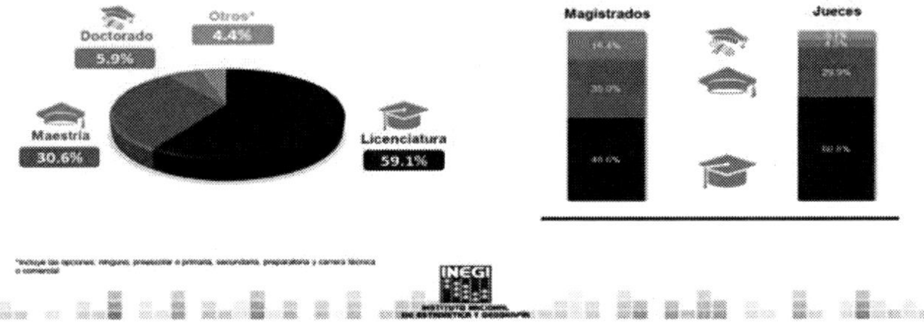


Gráfica elaborada por el Instituto Nacional de Estadística y Geografía, dentro del Censo Nacional de Impartición de Justicia Estatal 2018.

Otro parámetro para medir la justicia local lo es el Índice de Estado de Derecho en México en materia local elaborado por *World Justice Project*, este índice contempla los niveles de corrupción de los distintos poderes judiciales locales.

En este estudio se aprecia que los Poderes Judiciales Locales con más presupuesto ocupan los últimos lugares, véase:

| Posición | Estado | Puntaje* | Cambio 2022-2023–2023-2024 |
|---|---|---|---|
| 1 | Querétaro | 0.49 | 0.00 |
| 2 | Guanajuato | 0.47 | -0.01 |
| 3 | Aguascalientes | 0.47 | 0.00 |
| 4 | Yucatán | 0.46 | -0.01 |
| 5 | Sinaloa | 0.46 | 0.00 |
| 6 | Durango | 0.45 | 0.00 |
| 7 | Baja California Sur | 0.45 | -0.01 |
| 8 | Tamaulipas | 0.44 | 0.00 |
| 9 | Coahuila | 0.44 | -0.01 |
| 10 | Zacatecas | 0.44 | 0.01 |
| 11 | Chihuahua | 0.43 | -0.01 |
| 12 | Nuevo León | 0.43 | -0.01 |
| 13 | Hidalgo | 0.42 | -0.02 |
| 14 | Campeche | 0.42 | -0.02 |
| 15 | Nayarit | 0.41 | -0.02 |
| • | Promedio de los 32 estados | 0.41 | |
| 17 | Colima | 0.41 | 0.00 |
| 18 | Michoacán | 0.40 | 0.00 |
| 19 | Tlaxcala | 0.40 | -0.01 |
| 20 | Tabasco | 0.40 | 0.02 |
| 21 | Sonora | 0.40 | 0.00 |
| 22 | Baja California | 0.40 | 0.00 |
| 23 | Veracruz | 0.39 | 0.00 |
| 24 | Chiapas | 0.39 | 0.01 |
| 25 | Puebla | 0.38 | 0.00 |
| 26 | Jalisco | 0.38 | 0.00 |
| 27 | San Luis Potosí | 0.38 | -0.02 |
| 28 | Guerrero | 0.37 | 0.01 |
| 29 | Ciudad de México | 0.37 | 0.01 |
| 30 | Quintana Roo | 0.36 | 0.00 |
| 31 | Morelos | 0.35 | -0.01 |
| 32 | Estado de México | 0.35 | -0.01 |

*Los puntajes se redondean a dos puntos decimales.

Tabla elaborada por World Justice Project, dentro del *Índice de Estado de Derecho en México 2023-2024*.

Estado de México lugar 32 (ultimo del país), Morelos 31, Quintana Roo 30 y Ciudad de México 29, así nos damos cuenta de que contar con un elevado presupuesto no es sinónimo de combatir a la corrupción.

## IV.2. DIAGNÓSTICO JURÍDICO

La última parte del diagnóstico versa sobre el marco jurídico actual en materia de Tutela Judicial Efectiva, lo que tiene relación directa con la eficiencia de los jueces. Al respecto, el artículo 17, párrafo tercero de la CPEUM dice:

> *"Siempre que no se afecte la igualdad entre las partes, el debido proceso u otros derechos en los juicios o procedimientos seguidos en forma de juicio, las autoridades deberán privilegiar la solución del conflicto sobre los formalismos procedimentales".*

Se debe tener presente que solucionar el fondo del conflicto (también mencionado como núcleo o corazón del conflicto) es el objetivo de la Tutela Judicial Efectiva (TEE). Por lo tanto, el derecho humano a la TEE y a resolver el conflicto (fondo) son dos derechos humanos interconectados en un mismo sistema jurídico.

En base a este precepto constitucional ¿Qué sucede en el litigio jurídico de todos los días? Resulta que es de orden público buscar cómo desechar, sobreseer o declarar improcedente el juicio, más aún, hay jurisprudencias que así los sustentan, por ello, los jueces tienen por prioridad sobreseer el juicio y no resolver el fondo del conflicto, ¿Qué pasaría si fuera de orden público buscar cómo resolver el fondo del conflicto?

Para explicar esta idea es necesario precisar ¿qué es el orden público?, ¿qué es improcedencia? y ¿qué es sobreseimiento?

*El orden público no constituye una noción que pueda configurarse a partir de la declaración formal contenida en una ley. Ha sido criterio constante de la Suprema Corte de Justicia de la Nación que corresponde al juzgador examinar su presencia en cada caso concreto, de tal suerte que se perfila como un concepto jurídico indeterminado de imposible definición cuyo contenido sólo puede ser delineado por las circunstancias de modo, tiempo y lugar que prevalezcan en el momento en que se realice la valoración. En todo caso, para darle significado, el juzgador debe tener presentes las condiciones esenciales para el desarrollo armónico de la comunidad, es decir, las reglas mínimas de convivencia social; en la inteligencia de que la decisión que se tome en el caso específico no puede descansar en meras apreciaciones subjetivas, sino en elemento objetivos que traduzcan las preocupaciones fundamen-*

*tales de la sociedad, siempre buscando no obstaculizar la eficacia de los derechos de tercero.*[105]

Bajo esta conceptualización el orden público es un concepto tan amplio que es la base para desarrollar infinidad de argumentaciones que sustentan las causas de improcedencia, sobreseimiento que tiene sustento para concluir los juicios en trámite sin resolver el fondo del conflicto y, en consecuencia, no se alcanza la Tutela Judicial Efectiva a la que está obligada la autoridad judicial constitucionalmente.

Continuando con la exegesis se precisa los conceptos de sobreseimiento e improcedencia:

Sobreseimiento:[106] Procesal, terminación anormal del proceso que conlleva la conclusión eventual del mismo y el archivo de las actuaciones. No produce efectos de cosa juzgada. Terminación anormal del proceso.

Por otro lado, la Improcedencia es: *Gral. Falta de oportunidad, necesidad o fundamento.*[107]

En síntesis, *la eficiencia en la resolución de los litigios es una cuestión de gran relevancia, pues aquella es un ingrediente de la justicia, así, la justicia es consistente con la eficiencia.*[108]

La aplicación de un sobreseimiento o improcedencia derivado de la presencia de orden público, implica que no se estudie y resuelva el fondo del conflicto y la presencia de una causal de improcedencia tienen el mismo efecto (no se estudie y resuelva el fondo del conflicto), por ello el orden público que detona un sobreseimiento o improcedencia se convierte en un concepto que impide el cumplimiento de la Tutela Judicial Efectiva ordenada en el art. 17° de la Constitución Política de los Estados Unidos Mexicanos y el 8° de la Convención Americana de Derechos Humanos, circunstancia jurídica que a su vez es detonadora de la

---

105 ORDEN PÚBLICO. ES UN CONCEPTO JURÍDICO INDETERMINADO QUE SE ACTUALIZA EN CADA CASO CONCRETO, ATENDIENDO A LAS REGLAS MÍNIMAS DE CONVIVENCIA SOCIAL. 177560. I.4o.A.63 K. Tribunales Colegiados de Circuito. Novena Época. Semanario Judicial de la Federación y su Gaceta. Tomo XXII, Agosto de 2005, Pág. 1956

106 Sobreseimiento. Diccionario Panhispánico del Español Jurídico de la Real Academia Española, https://dpej.rae.es/lema/sobreseimiento

107 Improcedencia, Ibidem, https://dpej.rae.es/lema/improcedencia

108 Romero Araya, Carolina, Justicia y Eficiencia. Por un proceso sin dilataciones indebidas, Memoria, Pontifica Universidad Católica de Valparaíso. 2015, España, pág. 17

falta de eficacia y eficiencia de la justicia, ya que si bien los Poderes Judiciales pueden afirmar que dieron por concluido un litigio bajo las figuras de sobreseimiento e improcedencia lo cierto es que esa resolución no resolvió el fondo del conflicto y por ende no se obtuvo una justicia eficaz y eficiente.

## V. PROPUESTAS

**Ya hicimos un análisis sobre el estatus de la justicia local en México con datos y fundamentos jurídicos, ahora viene la parte constructiva: ¿cómo resolver el problema de ineficacia e ineficiencia en la justicia local?**

- **Primera propuesta.** Proponemos que exista una reforma de carácter sistémico entre la procuración y la impartición de justicia.

No se puede aspirar en materia penal a que los juzgados penales sean más eficientes si no se reforma la procuración de justicia. Si sólo se reforma la impartición de justicia sin tocar la procuración de justicia, se conservarán vicios en la mitad del sistema jurídico. Los jueces resuelven basados en los datos de prueba que presentan los Fiscales y los justiciables, por ello, se deber diseñar una reforma que abarque tanto la procuración como la impartición de justicia. Si no es así, en 5 años tendremos que debatir sobre una reforma a la procuración de justicia.

- **Segunda propuesta.** Consiste en abrir un debate constitucional profundo para reformar el artículo 17 de la Constitución en su parte de solución del fondo del conflicto, propongo cambiar a la redacción el siguiente párrafo tercero:

> *"Las autoridades deberán privilegiar la solución del conflicto sobre los formalismos procedimentales"*

Aquí surge la primera pregunta: ¿y qué hacemos con los temas de debido proceso y con la igualdad?

El debido proceso y el convencionalismo de los Derechos Humanos están ahí, hasta donde la voz ve no se tocan en el marco constitucional en esta reforma.

Actualmente en la práctica de litigio existen más causas de improcedencia o sobreseimiento de un juicio que hipótesis jurídicas para que proceda el juicio y además se desarrollan por la vía jurisprudencial otras más causas de improcedencia o sobreseimiento. Entonces, cuando recibes una sentencia de sobreseimiento y te dicen que es por "orden público", significa que no se entró a estudiar el fondo del asunto y por ende la justicia no fue eficaz o eficiente porque no resolvió el fondo del conflicto.

Debido a lo anterior, hay que cambiar el parámetro, para que por orden público se estudie el fondo del asunto, salvo que exista una violación tajante de Derechos Humanos que impida ello, pero no al revés y esto va a permitir agilizar la eficacia y eficiencia de los juicios.

- **Tercera propuesta.** La elección de personal judicial bajo el concurso de oposición público y abierto y universal.

Van a decir "no se está proponiendo nada nuevo, así se hace en los 32 estados de la república". ¿De veras? ¿O solamente participan los que aprueban el examen que califican los propios tribunales? Si ustedes, litigantes, docentes, estudiantes o investigadores, quieren aspirar a ocupar una plaza de Secretario de Acuerdos, no pueden porque no son miembros del Poder Judicial local.

Si nos empeñamos en generar concursos de oposición públicos, abiertos y universales en los que pueda participar alguna persona que no sea un servidor público del Poder Judicial, la historia va a cambiar, porque los servidores públicos judiciales tendrán que competir con personas externas que se preparen para alcanzar el puesto. Propongo que la batería de preguntas no salga de la escuela judicial local o por lo menos su calificación, para eso están las universidades y entre ellas la UNAM.

- **Cuarta propuesta.** La socialización de las sentencias.

Me parece que el mecanismo por el que los jueces se pueden legitimar es a través de sus sentencias. El problema es que las sentencias no las conocemos y si las conocemos no se entienden fácilmente, en consecuencia, los jueces viven en un mundo aparte y por ello "El hombre de la calle tiene razones para desconfiar si el derecho es ley, y si la ley es sólo un mandato abstracto de contenidos indiscutibles, pensado y querido en el lejano Olimpo de los palacios romanos del poder".[109]

Propongo crear la obligación de los jueces para socializar sus sentencias, lo que implica que en el Distrito judicial que corresponda el juez deba explicar su criterio públicamente, ¿por qué señaló un porcentaje del 15%, 20% o 30% de pensión alimenticia para una señora que tiene cinco hijos o por qué redujo a sólo el 10% el porcentaje de sueldo del deudor alimenticio ¿por qué?

---

[109] Grossi, Paolo, *Mitología jurídica de la modernidad*, trad. de Neira Manuel, Madrid, Trotta, 2003, p. 22.

La voz hizo un café jurídico para este artículo con varios amigos jueces y magistrados, les pregunté: ¿qué pasaría si tú tuvieras la obligación de socializar tus sentencias, de salir en un video de YouTube o en otra red social explicando porqué tomaste esa decisión? Los siete juristas a los que les pregunté me dijeron: "Tendría más cuidado en dictar mi sentencia".

- **Quinta propuesta.** La promoción de *Amicus Curiae* en todos los juicios.

El escuchar a las percepciones de grupos sociales o expertos técnicos siempre será útil en la búsqueda de la justicia por ello propongo que se autorice la figura de *Amicus Curiae* en todos los juicios y en todas las materias.

Para comprender esto, se recuerda que un Amicus Curiae es:[110]

> *La figura del amicus curiae o amigos de la corte o del tribunal, por su traducción del latín, constituye una institución jurídica utilizada, principalmente, en el ámbito del derecho internacional, mediante la cual se abre la posibilidad a terceros, que no tienen legitimación procesal en un litigio, de promover voluntariamente una opinión técnica del caso o de aportar elementos jurídicamente trascendentes al juzgador para el momento de dictar una resolución involucrada con aspectos de trascendencia social. Así, aunque dicha institución no está expresamente regulada en el sistema jurídico mexicano, el análisis y la consideración de las manifestaciones relativas por los órganos jurisdiccionales se sustenta en los artículos 1o. y 133 de la Constitución Política de los Estados Unidos Mexicanos, en relación con el diverso 23, numeral 1, inciso a), de la Convención Americana sobre Derechos Humanos.*

- **Sexta propuesta.** Reorientar el gasto público para crear más juzgados.

Propongo que los Poderes Judiciales Locales tengan una obligación por mandato de ley para aumentar más juzgados o sistemas de justicia en línea y que los recursos públicos que se les entreguen tengan por prioridad aumentar la eficacia y eficiencia del sistema judicial local.

- **Séptima propuesta.** Publicar un índice de dilación judicial por juez y sancionar la dilación judicial.

> *La dilación es el resultado de comparar lo que duran los procedimientos con lo que debieran durar. Este último valor es de difícil estimación, por el carácter*

---

110 AMICUS CURIAE. SUSTENTO NORMATIVO DEL ANÁLISIS Y CONSIDERACIÓN DE LAS MANIFESTACIONES RELATIVAS EN EL SISTEMA JURÍDICO MEXICANO. Tesis: I.10o.A.8 K (10a.), Décima Época Materia(s): Común, Gaceta del Semanario Judicial de la Federación, Libro 54, Mayo de 2018, Tomo III, página 2412

*singular de cada caso, pero puede aproximarse por lo que son las duraciones máximas de acuerdo con lo que establece la Ley.*[111]

La dilación judicial es uno de los problemas más graves de la justicia actual, "justicia que llega tarde no es justicia", además "la dilación es el origen de algunas formas de corrupción",[112] por ello propongo que la dilación judicial tenga un índice público individualizado por juzgador y sea un parámetro para sancionar a los juzgadores o para decidir su permanencia en el cargo.

- **Octava propuesta.** El abordaje sistémico del conflicto por medios de los Mecanismos Alternativos de Solución de Controversias.

Abordar el conflicto con una perspectiva sistémica implica el desarrollo de una estrategia con un previo diagnóstico que permita delinear la ruta para encontrar el mecanismo o mecanismos de las MASC idóneos para aumentar las posibilidades de solución autocompositiva.[113]

Esto implica:

a) El desarrollo de estrategias para el análisis y diagnóstico del conflicto que detecte el núcleo del conflicto y proponga modifica sus efectos;

b) El diseño de una estrategia para la generación de opciones para la solución;

c) El trabajo sistémico de diversos mecanismos de los MASC al implementar la estrategia diseñada; y,

d) El ejercicio multi y pluridisciplinario de diversas ciencias y técnicas en busca de la solución del conflicto de forma autocompositiva.

Esto implica permitir el derecho a la solución de conflictos de forma autocompositiva y el derecho a que se privilegie la solución del conflicto.

Hay que entender que "los MASC y las prácticas restaurativas en este tipo de situaciones permiten la sensibilización, concientización, creación de acuerdos, evitando confrontaciones y brindando un espacio de diálogo".[114]

---

111 Pietro Pastor Santos, Dilación, eficiencia y costes, Departamento editorial de la fundación BBVA. 2003, Madrid, pág. 17.

112 Ibidem, pág. 13

113 Para el desarrollo de este abordaje es esencial la fenomenología jurídica basada en la descripción del fenómeno conflictual y el desarrollo de la alteridad.

114 Sauceda, Brenda, y Martínez, Yahaira, "*Los MASC desde el sistema para el Desarrollo Integral de la Familia en México*", Revista de la Facultad de Derecho, No. 44, enero-junio 2018, p. 15. *eprints.uanl.mx/13565/.*

La mejor forma para que los tribunales se descongestionen y las relaciones interpersonales de los dueños del conflicto estén en armonía, es que los MASC generen posibilidades trascendentales para la solución de conflictos[115] y, en consecuencia, los usuarios promoverán a los MASC por tener en ellos experiencias de satisfacción y por ser eficientes y eficaces.

Los MASC son mecanismos útiles para trabajar en el abordaje de distintos fenómenos conflictuales, que van desde los interpersonales hasta los sociales profundos.

Cuando nos referimos al abordaje sistémico de conflictos por medio de los MASC se está pensando en un sistema del derecho autocompositivo que permita a las personas tener posibilidades trascendentales para la solución del conflicto que viven y con ello generar efectos pacificadores en la sociedad en la que se desenvuelven.

Es así como se proponen los siguientes elementos para la conformación de un sistema de abordaje de conflictos que genere efectos pacificadores:

1. El diseño de una política de pacificación en la que se diagnostique las causas que generan la violencia en una región determinada;
2. La restructura normativa para que los MASC puedan intercalar acciones entre ellos y otras ciencias ante los fenómenos conflictuales;
3. El desarrollo de un diagnóstico del conflicto para que mediante el diseño de una estrategia de abordaje al fenómeno conflictual se definan objetivos e indicadores de cumplimiento;
4. La recopilación de datos sobre cada fenómeno conflictual para interconectar fenómenos diferentes con las causas que le dieron origen; y,
5. La generación de acciones gubernamentales (políticas y administrativas) de carácter preventivo y preventivo encaminadas a modificar las causas y efectos que generan el fenómeno conflictual.

En este sentido, es importante precisar que el modelo sistémico de abordaje de conflictos busca atender el fenómeno conflictual a través de los MASC con contenidos jurídicos, afectivos, históricos, culturales, ideológicos, de creencias, profundos, organizacionales y todos aquellos que tengan una tipología del conflicto interconectada, es decir, el abordaje sistémico del fenómeno conflictual

---

115 Estas posibilidades trascendentales para la solución del fenómeno conflictual se alcanzan al suscribir un convenio.

tiene metas más amplias que los actuales centros de mediación o de justicia alternativa que desarrollan los poderes judiciales.

- **Novena propuesta.** Que las legislaturas estatales amplíen su reforma judicial a todo el sistema judicial para incluir Tribunales Administrativos y Defensorías Públicas.

En base a los elementos teóricos filosóficos, políticos y jurídicos expuestos en este ensayo "No existe justificación para excluir a los Tribunales Administrativos y Defensorías Públicas de los principios propuestos en la reforma judicial" y de no incluirse ellos en la reforma estarían coexistiendo dos sistemas que impedirían la uniformidad de las soluciones planteadas al sistema de justicia.

## VI. CONCLUSIONES

**Primera.** La iniciativa de reforma a la Constitución Política de los Estados Unidos Mexicanos en materia judicial presentada por el Ejecutivo Federal el 5 de febrero del 2024 responde a un conflicto derivado por las decisiones de los jueces del orden político-jurídico, problema que diversos teóricos ya habían alertado desde hace más de 15 años, pero que se agudizo al arribo de la izquierda al Poder Ejecutivo Federal y la mayoría que sustentan en el Congreso de la Unión.

Los retractores de este activismo jurídico-político judicial formularon la siguiente hipótesis:

> *"Si los jueces están facultados para suspender leyes aprobadas por la asamblea soberana (Poder legislativo) y cambiar actos administrativos de política pública de competencia del Poder Ejecutivo (electo por el pueblo), entonces los jueces para tener legitimidad también deben ser electos por voto popular".*

**Segunda.** La divergencia de objetivos entre las ideologías neoliberales y humanista mexicana conlleva que la ideología en turno en el poder vea como una necesidad cambiar la superestructura judicial creada por los gobiernos neoliberales, en busca de un sistema judicial que beneficie su objetivo de crear un Estado del Bienestar.

**Tercera.** El fundamento constitucional para el cambio de forma de gobierno se observa robusto en términos del artículo 39 de la Constitución Política de los Estados Unidos Mexicanos, mismo que prescribe que el pueblo tiene en todo tiempo el inalienable derecho de alterar o modificar la forma de su gobierno, robustez que aumenta bajo el principio de elección por sufragio efectivo popular, por ser esto propio de un Estado democrático.

**Cuarto.** La justicia es un derecho que debe Tutelar el Estado, derecho que sólo se puede entender cumplido si logra de forma pronta y expedita, por tanto, la eficacia y eficiencia de los órganos jurisdiccionales es un pilar que debe priorizarse en todo intento por mejorar la impartición de justicia.

**Quinto.** Se demuestra con datos oficiales públicos (INEGI) que la justicia local en México es ineficiente e ineficaz, más aún, a pesar de tener presupuesto público en aumento permanente y cronológicamente su ineficacia e ineficiencia no disminuye, sino que aumenta.

**Sexto.** En materia de justicia local la iniciativa en análisis deja en manos de los Congresos Estatales el debate de su propia reforma constitucional local y solo obliga a la elección de jueces y magistrados locales a más tardar para el año 2025, este vacío normativo permite generar propuestas para incluir en las reformas constitucionales locales elementos para alcanzar una justicia pronto y expedita, lo que implica la eficacia y eficiencia del derecho. Estas propuestas son:

- Que exista una reforma en la impartición de justicia de carácter sistémico entre la procuración y la impartición de justicia;
- Reformar el artículo 17 de la Constitución en su parte de solución del fondo del conflicto, propongo cambiar a la redacción el siguiente párrafo tercero: "Las autoridades deberán privilegiar la solución del conflicto sobre los formalismos procedimentales";
- La elección de personal judicial bajo el concurso de oposición público y abierto y universal;
- La socialización de sentencias;
- La promoción de *Amicus Curiae* en todos los juicios;
- Reorientar el gasto público para crear más juzgados;
- Publicar un índice de dilación judicial por juez y sancionar la dilación judicial;
- El abordaje sistémico del conflicto por medios de los Mecanismos Alternativos de Solución de Controversias, y;
- Que las legislaturas estatales amplíen su reforma judicial a todo el sistema judicial para incluir Tribunales Administrativos y Defensorías Públicas.

**Séptima.** El gran reto del nuevo sistema de justicia promovido por el humanismo mexicano será la generación un Estado de Bienestar con juicios eficaces y eficientes que no violenten los derechos humanos de las personas, demostrando así, que no se trató solamente de un cambio de grupos dentro del Poder Judicial mexicano.

**Octava.** La administración de justicia debe reflexionar entorno a retomar la tópica jurídica y reducir el racionalismo jurídico o nomológico en áreas del derecho con aspectos sociales como lo es el familiar, el agrario y comunidades indígenas.

## Bibliografía

Abbagnano, Nicola. "*Diccionario de Filosofía*". Actualizado y aumentado por Giovanni Fornero. Fondo de Cultura Económica, México, 2004, pp. 1103.

Ackerman, John M. "Del liberalismo al Humanismo Mexicano: ideología y transformación en el México actual", Cárdenas García, Jaime; Ackerman, John M.; Márquez Gómez, Daniel y Melgar Manzanilla, Pastora (coords.) *Humanismo y Cuarta Transformación: Apuntes en torno al "Humanismo Mexicano"*. Tirant humanidades, México. 2024. pp. 19

Ansolabehere, Karina. "SUPREMA CORTE: ÁRBITRO SIN CONTRAPESOS", en Vázquez Rodolfo (coord.), *Corte, jueces y política*. 2da Edición, México, Editorial Fontamara, 2012, pp. 12.

Corte Interamericana de Derechos Humanos, "*Cfr. 153. Caso Acevedo Jaramillo y otros vs. Perú*", supra, párr. 219 y 154; Cfr. "*Informe del Secretario General de Naciones Unidas sobre la cuestión del ejercicio efectivo, en todos los países, de los derechos económicos, sociales y culturales*", Sr. Ban Ki-moon. UN Doc. A/HRC/25/31, 19 de diciembre de 2013, en Corte Interamericana de Derechos Humanos, Caso Muelle Flores vs. Perú, 06 de marzo de 2019, ***https://www.corteidh.or.cr/docs/casos/articulos/seriec_375_esp.pdf***

Cárdenas, Jaime. "El humanismo de la Cuarta Transformación" en Cárdenas García, Jaime; Ackerman, John M.; Márquez Gómez, Daniel y Melgar Manzanilla, Pastora (coords.) *Humanismo y Cuarta Transformación: Apuntes en torno al "Humanismo Mexicano"*. Tirant humanidades, México, 2024. pp. 31.

Cárdenas Gracia, Jaime. "Los fundamentos filosóficos, históricos, políticos y jurídicos de la cuarta transformación" en Alfredo-Sánchez-Castañeda, Sonia Venegas Álvarez, Pastora Melgar Manzanilla y Daniel Márquez Gómez (coords.) *Aportaciones para la construcción de una administración pública para la cuarta transformación*, Tirant lo Blanch México, 2021. pp. 35.

CONSTITUCIÓN POLÍTICA DE LOS ESTADOS UNIDOS MEXICANOS [CPEUM], publicada en el Diario Oficial de la Federación el 5 de febrero de 1917, última reforma publicada DOF 15-09-2024.

Courtis, Christian, "LA LEGITIMIDAD DEL PODER JUDICIAL ANTE LA CIUDADANÍA", en Vázquez Rodolfo (coord.), *Corte, jueces y política*. 2da Edición, México, Editorial Fontamara, 2012. pp. 16.

*Diccionario del Español de México*, Colegio de México. Fecha de consulta 30 de septiembre de 2024.

*Diccionario Filosófico Marxista* (Traducido por M.B. Dalmacio), Ediciones Pueblos Unidos, Uruguay, 1946. pp. 309.

*Diccionario Panhispánico del Español Jurídico (DPEJ)* [en línea], Real Academia Española, España. Fecha de consulta 30 de septiembre de 2024.

*Enciclopedia Jurídica OMEBA (Tomo XVII).* Argentina: Bibliográfica OMEBA, 1997, pp. 963.

Fairchild, Henry Pratt. *Diccionario de Sociología*. Trad. de T. Muñoz, J. Medina Echavarría, J. Calvo. 2ª ed. Fondo de Cultura Económica, 1997. pp. 317

García Luque, José Antonio y Petrucci, Aldo, José Antonio. "La crisis de la ley en la experiencia Jurídica Romana (Siglos IV-VI d.C.)", en *La Crisis de la ley, Memoria del II Encuentro de claustros docentes Pisa,2006*. Editorial Escuela Libre de Derecho, México, 2007, pp. 48.

Grossi, Paolo, Mitología jurídica de la modernidad, trad. de Neira Manuel, Madrid, Trotta, 2003, pp. 96.

Instituto Nacional de Estadística y Geografía, Censo Nacional de Impartición de Justicia Estatal 2010

Instituto Nacional de Estadística y Geografía, Censo Nacional de Impartición de Justicia Estatal 2011

Instituto Nacional de Estadística y Geografía, Censo Nacional de Impartición de Justicia Estatal 2012

Instituto Nacional de Estadística y Geografía, Censo Nacional de Impartición de Justicia Estatal 2013

Instituto Nacional de Estadística y Geografía, Censo Nacional de Impartición de Justicia Estatal 2014

Instituto Nacional de Estadística y Geografía, Censo Nacional de Impartición de Justicia Estatal 2015

Instituto Nacional de Estadística y Geografía, Censo Nacional de Impartición de Justicia Estatal 2016

Instituto Nacional de Estadística y Geografía, Censo Nacional de Impartición de Justicia Estatal 2017

Instituto Nacional de Estadística y Geografía, Censo Nacional de Impartición de Justicia Estatal 2018

Instituto Nacional de Estadística y Geografía, Censo Nacional de Impartición de Justicia Estatal 2019

Instituto Nacional de Estadística y Geografía, Censo Nacional de Impartición de Justicia Estatal 2020

Instituto Nacional de Estadística y Geografía, Censo Nacional de Impartición de Justicia Estatal 2021

Instituto Nacional de Estadística y Geografía, Censo Nacional de Impartición de Justicia Estatal 2022

Kant, Immanuel. *Crítica de la razón pura*. México: Porrúa, 2005, pp. 544.

Kelsen, Hans, *¿Qué es la justicia?*, México, Éxodo, 2015. pp. 47.

Nash, Claudio, *La tutela Judicial Efectiva de Derechos Humanos*, México, Ubijus, 2015, pp. 303 *http://www.iej.cl/sitio/wp-content/uploads/2015/07/IEJ_NASH2015.pdf*

Oficina del Alto Comisionado de las Naciones Unidas, 16 de diciembre de 1966, *https://www.ohchr.org/sp/professionalinterest/pages/ccpr.aspx*

Organización de las Naciones Unidas, *"Acceso a la justicia"*, La ONU y el Estado de derecho, *https://www.un.org/ruleoflaw/es/thematic-areas/access-to-justice-and-rule-of-law-institutions/access-to-justice/*

Pietro Pastor Santos, *Dilación, eficiencia y costes*, Departamento editorial de la fundación BBVA. 2003, Madrid, pp. 134.

RÍOS Álvarez, Lautaro. *La soberanía, el poder constituyente y una nueva Constitución de Chile.* Estudios constitucionales vol. 15, no. 2, Santiago de Chile, Chile, 2017. pp. 35

Romero Araya, Carolina, *Justicia y Eficiencia. Por un proceso sin dilataciones indebidas, Memoria*, Pontifica Universidad Católica de Valparaíso. 2015, España, pp. 71

Sánchez, Augusto. *Epistemologías y sociología jurídica del Poder*, DGAPA, UNAM FES ACATLAN, México, 2012. pp. 229

Sauceda, Brenda, y Martínez, Yahaira, *"Los MASC desde el sistema para el Desarrollo Integral de la Familia en México"*, Revista de la Facultad de Derecho, No. 44, enero-junio 2018, pp. 31. eprints.uanl.mx/13565/

Síntesis Informativa de la Suprema Corte de Justicia de la Nación, 19 de abril del 2023, *https://www.scjn.gob.mx/sites/default/files/sintesis-informativa/2023-04/S%C3%ADntesisPDF-19abril2023.pdf*

Comunicado de Prensa, Suprema Corte de Justicia de la Nación, no. 015/2019, Ciudad de México, a 13 de febrero de 2019, *https://www.internet2.scjn.gob.mx/red2/comunicados/noticia.asp?id=5827*

Tesis I.4o.A.63 K. Registro digital 177560, Semanario Judicial de la Federación y su Gaceta. Tomo XXII, agosto de 2005, p. 1956.

Tesis II.8o. (I Región) 1 K (10a.). Semanario Judicial de la Federación y su Gaceta. Décima Época, Libro XIII, tomo 4, octubre de 2012, p. 2864.

Tesis: I.10o.A.8 K (10a.), Décima Época Materia(s): Común, Gaceta del Semanario Judicial de la Federación, Libro 54, Mayo de 2018, Tomo III, página 2412

World Justice Project, *Índice de Estado de Derecho en México 2023-2024*, México, 2024. pp. 93 *https://worldjusticeproject.mx/wp-content/uploads/2024/06/IEDMX2024_WEB.pdf*

# EFICIENCIA Y JUSTICIA EN LOS PROGRAMAS SOCIALES: ANÁLISIS DESDE EL IGUALITARISMO LIBERAL DE DWORKIN

Pastora Melgar Manzanilla[116]

Sumario: I. Introducción; II. Desigualdades justas e injustas de acuerdo a el igualitarismo liberal de Dworkin; III. Los instrumentos de igualación: efectividad para alcanzar objetivos y justicia de los programas de bienestar; IV. Conclusión; Bibliografía.

## I. INTRODUCCIÓN

El 5 de febrero de 2024, el presidente Andrés Manuel López Obrador presentó a la Cámara de Diputados un paquete de 20 iniciativas de reforma, 18 de ellas orientadas a modificar la Constitución y 2 al marco legal secundario. Las propuestas abarcan una amplia gama de temas, como derechos indígenas, reformas judiciales y ajustes al sistema electoral. Entre estas, destacan varias reformas enfocadas en abordar desigualdades socioeconómicas mediante programas sociales, bienestar y políticas de inclusión.

Estas reformas buscan garantizar derechos fundamentales relacionados con la salud, la vivienda, la alimentación y el empleo. Es de especial relevancia los programas sociales de transferencia directa y pensiones no contributivas, ya que son los más cuestionados. Las transferencias directas se refieren a ayudas monetarias o en especie entregadas directamente por el gobierno a personas o familias, sin intermediarios, con el objetivo de apoyar su ingreso y mejorar su bienestar. Estas transferencias pueden ser condicionadas o incondicionadas. En el caso de

116 Maestra y doctora en derecho por la Universidad Nacional Autónoma de México; licenciada en derecho por la Universidad de Quintana Ro y en psicología por la Universidad Tecnológica de México. Profesora de tiempo completo en la Facultad de Estudios Superiores Acatlán, UNAM. ORCID: 0000-0002-8258-0138
correo: pmelgarm@gmail.com. La autora agradece la colaboración de Braulio Esteban Dominguez Huerta y José Humberto Grimaldo Poblet, estudiantes de la Licenciatura en Derecho de la FES Acatlán y prestadores de servicio social en el Programa "Acatlán Contigo, Fomento a la Investigación.

las pensiones no contributivas, son beneficios otorgados por el Estado a personas que no han realizado aportaciones previas a sistemas de seguridad social, buscan garantizar un ingreso mínimo y reducir la pobreza de grupos desfavorecidos.

Ambos, los programas sociales de transferencia directa y pensiones no contributivas, son herramientas de igualación; sin embargo, esta orientación redistributiva ha suscitado cuestionamientos en la sociedad sobre dos aspectos fundamentales: la eficiencia de los programas para alcanzar sus objetivos y la justicia de la redistribución que implican.

Este trabajo examina los programas sociales propuestos en las reformas constitucionales de 2024 desde la perspectiva del igualitarismo liberal de Ronald Dworkin. Este enfoque resulta pertinente porque ofrece una estructura conceptual que distingue entre desigualdades que requieren intervención estatal, al originarse en circunstancias fuera del control de los individuos (suerte bruta), y aquellas que pueden ser consideradas moralmente justificables porque surgen de decisiones voluntarias (suerte opcional). Además, esta teoría permite interpretar los distintos debates en torno a la justicia redistributiva, al arrojar luz sobre las tensiones entre responsabilidad individual y desigualdades estructurales. Al emplear esta perspectiva, se facilita la comprensión de las diversas posturas presentes en la sociedad respecto a la intervención estatal en la corrección de desigualdades, proporcionando un marco coherente para analizar las críticas sobre la eficiencia y legitimidad de los programas sociales.

## II. DESIGUALDADES JUSTAS E INJUSTAS DE ACUERDO A EL IGUALITARISMO LIBERAL DE DWORKIN

El igualitarismo liberal aspira a equilibrar la libertad individual con la justicia social, proponiendo que una sociedad justa no necesita eliminar todas las desigualdades, sino asegurar que cualquier desigualdad existente sea moralmente justificable.

El igualitarismo liberal de Ronald Dworkin se centra en la distribución equitativa de recursos (que podemos considerar como igualdad inicial o de oportunidades), en lugar de buscar la igualdad de resultados. La clave de su teoría es proporcionar a cada persona una cantidad justa de recursos[117] para que puedan

117 No se discute en este trabajo la diferencia entre recursos, bienes básicos y oportunidades (según John Rawls), capacidades y funcionalidades (según Amartya Sen), u otros. Para

tomar decisiones informadas y responsables sobre sus vidas. Dworkin distingue entre desigualdades moralmente injustificables que deben corregirse y aquellas que pueden considerarse moralmente justificables, basándose en dos principios: el principio de responsabilidad y el principio de equidad. Estos principios permiten diferenciar entre las desigualdades aceptables y las que son injustas debido a factores fuera del control de los individuos, como el talento, el esfuerzo y la suerte.[118]

Para Dworkin, lo que se distribuye en una sociedad justa son los recursos, que incluyen no solo bienes materiales, sino también las oportunidades y capacidades que permiten a los individuos perseguir sus metas. En lugar de enfocarse en los resultados finales, su teoría se centra en garantizar una igualdad en los puntos de partida, permitiendo que las personas tomen decisiones sobre sus vidas. Este enfoque está basado en la premisa de que no es justo que las personas sufran desigualdades causadas por circunstancias que no eligieron, como las desigualdades derivadas de la suerte bruta.[119]

Dworkin aborda tres factores clave que influyen en las desigualdades: talento, esfuerzo y suerte.

- Talento: El talento natural se considera parte de la suerte bruta, ya que nadie elige nacer con más o menos capacidad o talento. Por lo tanto, las desigualdades que resultan directamente del talento no son justificables en una sociedad justa, y deben ser corregidas mediante la redistribución de recursos para evitar que se generen ventajas arbitrarias. Sin embargo, si una persona utiliza su talento para tomar decisiones deliberadas, como asumir riesgos o emprender proyectos, esas decisiones caen bajo la suerte opcional, y las desigualdades resultantes pueden ser moralmente aceptables.[120]

---

efectos de este trabajo se consideran a los recursos como todo lo necesario para una vida digna.

118 R. Dworkin. "What is Equality? Part 2: Equality of resources". *Philosophy & Public Affairs*, 10 (4), 1981, pp. 283-345. *http://www.jstor.org/stable/2265047*

119 C. Knight & Z. Stemplowska. "Responsibility and Distributive Justice: An Introduction", in C. Knight, & Z. Stemplowska (eds), *Responsibility and Distributive Justice*, Oxford, Oxford Académic, 2011, https://doi.org/10.1093/acprof:oso/9780199565801.003.0001

120 R. Dworkin. "What is Equality? Part 2: Equality of resources". cit.

- Esfuerzo: Aunque el esfuerzo parece estar bajo el control de los individuos, éste también puede depender de factores externos, como las condiciones físicas o mentales, que son el resultado de la suerte bruta. Las personas que tienen una mayor capacidad para esforzarse debido a ventajas genéticas o de crianza no deben beneficiarse desproporcionadamente. No obstante, las desigualdades que surgen del esfuerzo personal, cuando es el resultado de decisiones conscientes, pueden considerarse moralmente justificables.[121]
- Suerte: Dworkin distingue entre suerte bruta y suerte opcional. La suerte bruta incluye factores como el lugar de nacimiento, las capacidades innatas y las condiciones socioeconómicas iniciales, todos ellos fuera del control del individuo. Las desigualdades resultantes de la suerte bruta son injustas y deben corregirse mediante la redistribución. Por otro lado, la suerte opcional se refiere a las desigualdades que surgen de decisiones voluntarias y conscientes de los individuos. Estas desigualdades, según Dworkin, son moralmente aceptables porque reflejan elecciones responsables y no factores arbitrarios.[122]

El principio de equidad obliga a corregir las desigualdades derivadas de la suerte bruta. Dworkin sostiene que una sociedad justa debe compensar a las personas por las desventajas que no eligieron, redistribuyendo recursos para nivelar el campo de juego. De lo contrario, las desigualdades derivadas de la suerte bruta serían moralmente arbitrarias y perpetuarían la injusticia social.[123]

Por otra parte, el principio de responsabilidad en la teoría de Dworkin establece que las personas deben asumir la responsabilidad de las consecuencias derivadas de sus decisiones voluntarias, es decir, las que caen bajo la suerte opcional. Las desigualdades que resultan de estas decisiones no requieren corrección, ya que reflejan las elecciones libres de los individuos dentro de un marco de igualdad de recursos.[124]

---

121 C. Knight & Z. Stemplow. cit.

122 R. Dworkin. *Sovereign Virtue: The Theory and Practice of Equality,* Harvard University Press, Massachusetts, 2000. https://doi.org/10.2307/j.ctv1c3pd0r.1

123 R. Dworkin. "What is Equality? Part 2: Equality of resources", cit.

124 *Ibidem.*

De acuerdo a Pedersen,[125] Dworkin realiza una objeción a la teoría de Rawls en el sentido de que el principio de diferencia de Rawls no se pregunta sobre cómo los que están en la peor posición llegaron a esa peor posición, no se pregunta si son responsables de estar en esa posición. Por lo tanto, se puede subsidiar a "holgazanes" lo cuál no es moralmente correcto.

Por otra parte, para Dworkin, la mejor posición que alcanza una persona talentosa no se debe únicamente a su dotación natural de talento. De hecho, esa posición también depende de otros factores como la ambición y el esfuerzo. Un individuo talentoso que no ejerce sus capacidades no llegaría a esa posición favorable. Por lo tanto, el talento debe combinarse con otros elementos como la dedicación y la ambición para que una persona logre una mejor posición en la sociedad. Dworkin argumenta que una concepción justa de la distribución debe ser insensible a factores como la suerte o la dotación natural que las personas no controlan, pero debe ser sensible al esfuerzo y la ambición, ya que estos dependen de las decisiones de cada individuo.[126]

En suma, el igualitarismo liberal de Dworkin promueve la igualdad de oportunidades mediante una distribución justa de recursos iniciales. Las desigualdades moralmente justas son aquellas que resultan de decisiones voluntarias, bajo el principio de responsabilidad, mientras que las desigualdades derivadas de la suerte bruta, como el talento y el esfuerzo no elegidos, deben corregirse para garantizar una sociedad justa y equitativa.[127]

---

125 J. Pedersen. *Distributive Justice and Taxation,* Routledge, Londres, 202, Cáp. 3. *https://doi.org/10.4324/9780429316753*

126 G. Pereira. "Justicia Distributiva: Medios y Capacidades". *Diánoia,* 49 (53), 2004, pp. 3-32
*https://doi.org/10.21898/dia.v49i53.395.*

127 R. Dworkin. *Sovereign Virtue: The Theory and Practice of Equality,* cit.

**Desigualdades Moralmente Justas e Injustas: Análisis según Talento, Esfuerzo, Suerte Bruta y Suerte Opcional**

| | Definición | Desigualdades moralmente justas | Desigualdades moralmente injustas |
|---|---|---|---|
| Talento | Capacidades innatas o habilidades naturales que una persona posee sin haberlas elegido. | Desigualdades resultantes del uso deliberado del talento (suerte opcional). | Desigualdades derivadas de talentos innatos, parte de la suerte bruta. |
| Esfuerzo | Capacidad para trabajar o dedicar energía a tareas, que puede depender de factores externos como condiciones físicas o genéticas. | Desigualdades resultantes de esfuerzos voluntarios y decisiones responsables. | Desigualdades que provienen de la capacidad innata para esforzarse, parte de la suerte bruta. |
| Suerte bruta | Circunstancias que los individuos no eligen, como el lugar de nacimiento, las condiciones socioeconómicas o el talento natural. | Ninguna desigualdad que resulte de la suerte bruta es justificable. | Desigualdades basadas en factores fuera del control de las personas, como el lugar de nacimiento o el estatus social. |
| Suerte opcional | Resulta de las decisiones voluntarias y conscientes que los individuos toman con los recursos que tienen. | Desigualdades que surgen de decisiones personales, como tomar riesgos o emprender proyectos. | Ninguna desigualdad, ya que las personas eligen asumir riesgos. |

Fuente: Elaboración propia a partir de Dworkin, R. (1981). *What is Equality? Part 2: Equality of Resources. Philosophy & Public Affairs*; Knight, C., & Stemplowska, Z. (2011). *Responsibility and Distributive Justice.*

## III. LOS INSTRUMENTOS DE IGUALACIÓN: EFECTIVIDAD PARA ALCANZAR OBJETIVOS Y JUSTICIA DE LOS PROGRAMAS DE BIENESTAR

Los programas sociales de bienestar y de inclusión laboral implican transferencias directas y pensiones no contributivas y, quizás son los más controvertidos en México.

Las dos posiciones contrarias se pueden representar con lo señalado por el expresidente Fox y la respuesta de Riós al expresidente. Fox, llamó "huevones" a los beneficiarios de estos programas,[128] sugiriendo que al menos algunas herramientas de igualación o bienestar fomentan la flojera y la dependencia.[129] El sentimiento no es aislado, existe debate sobre si las desigualdades que las propuestas de reformas pretenden abordar son moralmente justas, más alla de si los programas funcionan para sacar a las personas de su estado de pobreza o desventaja.

## III.1. LOS INSTRUMENTOS DE IGUALACIÓN QUE IMPLICAN TRANSFERENCIAS DIRECTAS O PENSIONES NO CONTRIBUTIVAS: EFECTIVIDAD PARA ALCANZAR SUS OBJETIVOS

En cuanto a la efectividad para lograr los objetivos de los instrumentos de igualación que implican transferencias directas y pensiones no contributivas, una de las principales críticas es que pueden fomentar la dependencia de sus beneficiarios, creando un desincentivo para trabajar y mantenerse económicamente por cuenta propia. Este argumento sostiene que, al ofrecer transferencias monetarias regulares sin condiciones estrictas, los programas sociales eliminan la motivación para buscar empleo o aumentar la productividad. Críticos afirman que estos programas pueden generar una "trampa de pobreza", en la que los beneficiarios prefieren depender de las ayudas del Estado en lugar de buscar oportunidades laborales más sostenibles.[130]

Otro argumento común es que los programas sociales incentivan la flojera o la inactividad laboral, al otorgar beneficios a personas que, según esta crítica, podrían trabajar pero eligen no hacerlo porque encuentran más conveniente recibir asistencia estatal. Este tipo de crítica ha sido planteado en diversos países,

---

128 Se debe tomar en cuenta que estos programas ya existen en México y que las propuestas de reforma constitucional implican, no se creación, sino su refuerzo otorgandoles rango constitucional.

129 V. Corral. "Vicente Fox nos llama huevones, que trabajen, él quiere sus millones, es ladrón y sinvergüenza", Expresión Política con Víctor Corral, *YouTube*, https://www.youtube.com/watch?v=T3ANa1oCvLM, mins. 6:41-6:55.

130 L. Balcerowiks & M. Radzikowski. "The case for a targeted Criticism of the Welfare State" *Cato Journal*, 38 (1), pp. 7-16. 2018
https://www.cato.org/cato-journal/winter-2018/case-targeted-criticism-welfare-state
M. D. Tanner & C. Hughes, *The Work versus Welfare Trade-off: 2013*. Cato Institute, Massachusetts, 2013. https://www.cato.org/sites/cato.org/files/pubs/pdf/the_work_versus_welfare_trade-off_2013_wp.pdf

donde se alega que algunos beneficiarios prefieren mantenerse en empleos informales o evitar actividades que les harían perder el acceso a los subsidios.[131]

Por último, se argumenta que las ayudas sociales mal estructuradas pueden aumentar las dificultades para salir de la pobreza, ya que no se complementan con políticas que promuevan la autosuficiencia o la creación de empleos. Se argumenta que estos programas a menudo se enfocan más en paliar la pobreza de manera inmediata que en brindar herramientas a largo plazo para que las personas puedan integrarse al mercado laboral formal y dejar de depender de las ayudas.

En la literatura sobre instrumentos de bienestar se advierte que se ha examinado la efectividad y el impacto de estas iniciativas en diferentes contextos y poblaciones. Se puede encontrar literatura que sugiere que los programas de bienestar pueden tener beneficios significativos para las personas y las comunidades, al abordar desigualdades y promover un mayor nivel de bienestar general.[132] Esta literatura proporcionan evidencia empírica sobre los impactos positivos de los programas sociales o de bienestar en México y otros países latinoamericanos. Por ejemplo, Skoufias analizó los programas de transferencias de efectivo condicionadas, como el Programa Oportunidades en México (después conocido como Prospera), que proporcionaba apoyo económico a familias de bajos ingresos a cambio del cumplimiento de ciertos compromisos en áreas como la salud y la educación.[133]

---

131 Varios, "Debunking the Stereotype of the Lazy Welfare Recipient: Evidence from Cash Transfer Programs", *The World Bank Research Observer*, 32, (2), 2017, pp. 155–184. , https://doi.org/10.1093/wbro/lkx002

132 S. Cecchini, P. Villatoro & X. Mancero. "El impacto de las transferencias monetarias no contributivas sobre la pobreza en América Latina". *Revistas CEPAL*, 134, 2021, pp. 7-32. https://repositorio.cepal.org/server/api/core/bitstreams/25b6a515-182d-4a7d-8f68-87443adbaee9/content

E. Skoufias. "PROGRESA and its impacts on the welfare of rural households in Mexico". *Research Report of the International Food Policy Research Institute*, 139, 2005. https://core.ac.uk/download/pdf/6289672.pdf

J. Maluccio & R. Flores. "Impact evaluation of a conditional cash transfer program: the Nicaraguan Red de Protección Social," *Research reports of the International Food Policiy Research Institute,* 141, 2005. https://www.researchgate.net/publication/5056966_Impact_Evaluation_of_Conditional_Cash_Transfer_Program_The_Nicaraguan_Red_de_Proteccion_Social

133 E. Skoufias, "PROGRESA and its impacts on the welfare of rural households in Mexico", cit.;

Los programas de bienestar que se centran en el empleo y la capacitación, también han sido objeto de investigación. Estos programas buscan mejorar las habilidades y oportunidades laborales de las personas desempleadas o en situación de vulnerabilidad. Los resultados sugieren que estas intervenciones pueden tener efectos positivos tanto en términos de empleabilidad como de bienestar psicológico, al proporcionar a los participantes habilidades relevantes para el mercado laboral y aumentar su autoconfianza.

Por otra parte, Attanasio, Fitzsimons y Meghir, analizaron el Programa de Vales de Capacitación en Colombia y encontraron que los participantes tuvieron mayores tasas de empleo y ganancias laborales más altas en comparación con el grupo de control.[134] Por su parte, Card, Kluve y Weber, realizaron un meta-análisis y examinaron múltiples programas de empleo en Europa y encontraron que, en general, los programas de capacitación y empleo tienen efectos positivos en la probabilidad de empleo y las ganancias laborales de los participantes.[135] Mientras que Dehejia y Wahba, utilizaron técnicas de emparejamiento por puntaje de propensión para evaluar programas de empleo en Alemania y encontraron efectos positivos en la probabilidad de empleo y las ganancias laborales de los participantes.[136]

Por último, Kluve, Puerto, Robalino, Romero y Rother, realizaron una revisión sistemática de programas de empleo juvenil en países de ingreso medio y bajo y obtuvieron evidencia mixta sobre la efectividad de estos programas, pero

E. Skoufias & S. W. Parker, S. W. "Conditional cash transfers and their impact on child work and schooling: Evidence from the Progresa program in Mexico" *FCND Discussion Paper Brief of the International Food Policy Research Institute*, 123, 2001. https://ebrary.ifpri.org/digital/collection/p15738coll2/id/47979/

134 O. Attanasio, E. Fitzsimons & C. Meghir. "Long term impacts of vouchers for vocational training: Experimental evidence for Colombia" *National Bureau of Economic Research Working Paper Series* Núm. 21390, 2015. *https://socialprotection.org/es/discover/publications/long-term-impacts-vouchers-vocational-training-experimental-evidence-colombia*

135 D. Card, J. Kluve & A. Weber. "Active labor market policy evaluations: A meta-analysis" *The Economic Journal,* 120 (548), 2010, p. 452-477, https://doi.org/10.1111/4680297201002387

136 R. Dehejia & S. Wahba. "Propensity score-matching methods for nonexperimental causal studies". *The Review of Economics and Statistics*, 84 (1), 2002, pp.151-161. https://doi.org/10.1162/003465302317331982

en general encontraron resultados positivos en términos de empleo y salarios para los participantes.[137]

Otros estudios muestran resultados mixtos sobre su efectividad, por ejemplo, la evaluación de la Iniciativa de Trabajadores en Transición (TAA), implementada en los Estados Unidos, iniciativa que buscó proporcionar ayuda a los trabajadores que han perdido sus empleos debido a la competencia extranjera. El estudio del Government Accountability Office (GAO) en 2019 encontró que, si bien el programa TAA ofrecía servicios de capacitación y asistencia laboral, había limitaciones en la efectividad a largo plazo. Muchos de los participantes no lograron obtener empleo sostenible y no hubo una mejora significativa en sus ingresos. Ello debido a que no logró resolver algunos problemas como el de capital humano.[138]

De manera similar, otro estudio sobre el programa *Moving to Opportunity* (MTO), realizado en Estados Unidos, evaluó un programa que proporcionaba asistencia para el traslado a familias de bajos ingresos con el objetivo de mejorar su acceso a empleos y oportunidades. Los resultados a largo plazo del estudio indicaron que, si bien el programa MTO tuvo efectos positivos iniciales en términos de empleo y bienestar, los beneficios se desvanecieron con el tiempo. Se encontró que después de algunos años, los participantes no mostraron diferencias significativas en términos de empleo y resultados económicos en comparación con el grupo de control. Esto sugiere que los efectos positivos de los programas centrados en el empleo y la capacitación pueden ser temporales y que se requieren intervenciones adicionales para lograr resultados sostenibles.[139]

---

137 J. Kluve, & S. Puerto. "Do youth employment programs improve labor market outcomes? A systematic review" *IZA discussion paper Seriesn from the IZA Institute Of Labor Economics,* 10263, 2016
https://docs.iza.org/dp10263.pdf

138 L. Yager, *Trade Adjustment Assistance: Improvements Necessary, but Programs Cannot Solve Communities' Long-Term Problems:* Testimony Before the Senate Committee on Finance, Subcommittee on International Trade, 107th Cong. (2001) (statement of Loren Yager, Director, International Affairs and Trade).
https://www.gao.gov/assets/gao-01-988t.pdf

139 R. Chetty, N. Hendren, L.F. Katz, "The Effects of Exposure to Better Neighborhoods on Children: New Evidence From the Moving To Opportunity Experiment" *American Economic Review* Núm. 106 (4), 2015, pp. 855-902,
http://dx.doi.org/10.1257/aer.20150572

Los dos últimos estudios mencionados sugieren que los programas sociales y de bienestar centrados en el empleo y la capacitación pueden ofrecer beneficios a corto plazo, como la mejora de habilidades y la obtención de empleo. Sin embargo, también destacan limitaciones en términos de empleo sostenible, ingresos a largo plazo y calidad de los empleos obtenidos. Además, la correspondencia entre las habilidades adquiridas y las demandas del mercado laboral es un factor importante para determinar la efectividad de estos programas.

Regresando a las críticas a estos programas, mientras que algunos sostienen que estos programas pueden fomentar la dependencia y el desincentivo al trabajo, otros estudios sugieren que, con un diseño adecuado y complementado por políticas que promuevan la autosuficiencia, estas iniciativas pueden tener efectos positivos en la reducción de la pobreza y la mejora del bienestar social. Sin embargo, para que sean realmente efectivos, es fundamental que cuenten con un enfoque integral, que incluya seguimiento constante, evaluaciones periódicas, y una administración transparente. Solo así se podrán evitar los riesgos de generar efectos no deseados, como la dependencia, y asegurar que los programas logren sus objetivos de reducir desigualdades y mejorar las oportunidades para todos los beneficiarios.

Como se advierte, en los estudios mencionados la finalidad de los programas para corregir desigualdades, reduciendo la pobreza y mejorando el bienestar de los más desfavorecidos no es lo cuestionado, sino la efectividad de los programas y su diseño para lograr sus objetivos.

## III.2. LOS INSTRUMENTOS DE IGUALACIÓN QUE IMPLICAN TRANSFERENCIAS DIRECTAS O PENSIONES NO CONTRIBUTIVAS: JUSTICIA DE LOS PROGRAMAS DE BIENESTAR

Además del problema sobre la efectividad de los programas de bienestar para alcanzar sus objetivos, otro problema es respecto de la igualación de resultados moralmente justos o injustos con los programas de bienestar. Así, el reclamo del expresidente Fox ya mencionado parece recaer en una cuestión distinta a la efectividad de los programas de bienestar: no si los programas pueden reducir la pobreza y proporcionar bienestar a los más desfavorecidos, sino sobre la justicia de los programas. En el primer caso, se puede aceptar que las desigualdades en las que se buscan incidir son moralmente injustas, que se debe igualar, pero que las herramientas no son las apropiadas. La igualación que se busca se considera justa, es decir, no se cuestiona que el Estado busque igualar.

En el segundo caso, se cuestiona la justicia de la igualación que pretende realizar el Estado. Es decir, se cuestiona si las desigualdades en los que se buscan incidir son desigualdades moralmente justas (porque las desigualdades provienen de decisiones voluntarias y, por tanto, pueden ser justificadas), por lo que el Estado no debe igualar; o, son desigualdades injustas (provienen de factores arbitrarios y, por tanto, no pueden ser justificadas), por lo que el Estado debe de igualar.

Una respuesta, considerando las palabras de Fox parece ser que se tratan de desigualdades moralmente justas que provienen de la decisión y voluntad (suerte opcional) de los beneficiarios y que no deben ser igualados. De esta forma, al llamar "huevones" a los beneficiarios de los programas sociales de transferencia, se argumenta, ya sea implicitamente, que dichas personas se encuentran en una situación de desventaja por su voluntad y no por suerte bruta, por tanto son los responsables de su situación.

Ríos presenta la posición contraria a Fox, argumenta que en el caso de México, no es cierto que los beneficiarios de programas sociales sean flojos. Utiliza datos de la Encuesta Nacional de Ocupación y Empleo (ENOE) del Instituto Nacional de Estadística y Geogafía (INEGI) para mostrar que quienes reciben apoyo social trabajan o estudian casi el mismo número de horas que quienes no lo reciben. También argumenta que los programas sociales no fomentan la dependencia, sino que compensan desigualdades estructurales que limitan las oportunidades laborales de estas personas.[140]

En el argumento de Ríos destacan dos proposiciones: 1. los beneficiarios de los programas se esfuerzan (trabajan o estudian el mismo número de horas) del mismo modo que los no beneficiarios; y 2. los programas sociales compensan desigualdades estructurales que limitan las oportunidades laborales.

Como se advierte, es claro que en esta posición se está considerando que la desigualdad es moralmente injusta y, por tanto, el Estado debe igualar. En esta postura, las personas beneficiarias de los programas sociales no se encuentran en la posición desfavorecida por voluntad (suerte opcional) pues trabajan o estudian igual número de horas, es decir, se esfuerzan. La desigualdad es moralmente injusta ya que proviene de cuestiones estructurales (suerte bruta) que limitan las oportunidades. En este escenario, no puede hacérseles responsables de su posición desfavorecida, por tanto, el Estado debe igualar.

---

140 V. Ríos. "La mentira de que el pobre es flojo." *Milenio*, Septiembre, 2023. https://www.milenio.com/opinion/viri-rios/no-es-normal/la-mentira-de-que-el-pobre-es-flojo

Los programas de bienestar como las transferencias directas o pensiones no contributivas a personas con discapacidad, a adultos mayores y becas para estudiantes fueron introducidos en el artículo 4° de la CPEUM el ocho de mayo de 2020.[141] Con la propuesta de reforma constitucional se pretende establecer la progresividad en la asignación presupuestaria de dichos programas de bienestar. También, con las propuestas de reforma, además, se busca dar rango constitucional a los apoyos a jóvenes en desocupación laboral que no estudian (económicos) y a campesionos, productores a pequeña escala y pescadores a pequeña escala (económicos y/o en especie).

Los cambios constitucionales propuestos se muestran en la siguiente tabla:

**Propuestas de reforma en materia de programas de bienestar e inclusión laboral de jóvenes**

| Artículo de la CPEUM | Antes | Propuesta de reforma |
|---|---|---|
| 4o<br>se reforman el articulo 4° en sus párrafos décimo cuarto y decimoquinto, además se adicionan dos párrafos quedando como decimosexto y decimoséptimo y se recorren en su orden los subsecuentes. Se agrega un párrafo vigésimo primero. | ...<br>El Estado garantizará la entrega de un apoyo económico a las personas que tengan discapacidad permanente en los términos que fije la Ley. Para recibir esta prestación tendrán prioridad las y los menores de dieciocho años, las y los indígenas y las y los afromexicanos hasta la edad de sesenta y cuatro años y las personas que se encuentren en condición de pobreza. | **El Estado, la Federación garantizará la entrega de una pensión no contributiva a las personas con discapacidad permanente menores de setenta y cinco años, cuya entrega se hará en los términos que fije Ley.** |

141 DECRETO por el que se reforma y adiciona el artículo 4o. de la Constitución Política de los Estados Unidos Mexicanos, DOF:08/05/2020,https://dof.gob.mx/nota_detalle.php?codigo=5593045&fecha=08/05/2020#gsc.tab=0

| Artículo de la CPEUM | Antes | Propuesta de reforma |
|---|---|---|
| | Las personas mayores de sesenta y ocho años tienen derecho a recibir por parte del Estado una pensión no contributiva en los términos que fije la Ley. En el caso de las y los indígenas y las y los afromexicanos esta prestación se otorgará a partir de los sesenta y cinco años de edad. | **Las personas adultas mayores de sesenta y cinco años tienen derecho a recibir por parte del Estado una pensión no contributiva en los términos que fije la Ley.** |
| | | **El Estado garantizara la rehabilitación y habilitación de las personas que viven con discapacidad permanente. Tienen prioridad las personas menores de dieciocho años de edad, en los términos que fije la Ley.** |
| | | **A las personas con discapacidad permanente menores de sesenta y cinco años les corresponde la pensión contributiva por discapacidad, y a todas las personas mayores de esa edad les corresponde la pensión no contributiva de adultos mayores.** |
| | El Estado establecerá un sistema de becas para las y los estudiantes de todos los niveles escolares del sistema de educación pública, con prioridad a las y los pertenecientes a las familias que se encuentren en condición de pobreza, para garantizar con equidad el derecho a la educación | |
| | Toda persona tiene derecho a la movilidad en condiciones de seguridad vial, accesibilidad, eficiencia, sostenibilidad, calidad, inclusión e igualdad. | |

| Artículo de la CPEUM | Antes | Propuesta de reforma |
|---|---|---|
| | El Estado promoverá el desarrollo integral de las personas jóvenes, a través de políticas públicas con enfoque multidisciplinario, que propicien su inclusión en el ámbito político, social, económico y cultural del país. La Ley establecerá la concurrencia de la Federación, entidades federativas, Municipios y demarcaciones territoriales de la Ciudad de México, para esos efectos. | |
| | | **El Estado destinará anualmente los recursos presupuestarios suficientes, oportunos y adecuados, conforme al principio de progresividad y no regresión, para garantizar el ejercicio de los derechos establecidos en este articulo que impliquen la transferencia de los recursos directos a la población. El monto de los recursos asignados no podrá ser disminuido, en términos reales, respecto del que se haya asignado en el ejercicio fiscal anterior.** |
| 27<br>Se adicionan a la fracción XX del párrafo décimo un párrafo tercero, con tres incisos y un párrafo cuarto. | XX.- El Estado promoverá las condiciones para el desarrollo rural integral, con el propósito de generar empleo y garantizar a la población campesina el bienestar y su participación e incorporación en el desarrollo nacional, y fomentará la actividad agropecuaria y forestal para el óptimo uso de la tierra, con obras de infraestructura, insumos, créditos, servicios de capacitación y asistencia técnica. Asimismo expedirá la legislación reglamentaria para planear y organizar la producción | **XX.- El Estado promoverá las condiciones para el desarrollo rural integral, con el propósito de generar empleo y garantizar a la población campesina el bienestar y su participación e incorporación en el desarrollo nacional, y fomentará la actividad agropecuaria y forestal para el óptimo uso de la tierra, con obras de infraestructura, insumos, créditos, servicios de capacitación y asistencia técnica. Asimismo expedirá la legislación reglamentaria para planear y organizar la producción** |

| Artículo de la CPEUM | Antes | Propuesta de reforma |
|---|---|---|
| | agropecuaria, su industrialización y comercialización, considerándolas de interés público. El desarrollo rural integral y sustentable a que se refiere el párrafo anterior, también tendrá entre sus fines que el Estado garantice el abasto suficiente y oportuno de los alimentos básicos que la ley establezca | **agropecuaria, su industrialización y comercialización, considerándolas de interés público. El desarrollo rural integral y sustentable a que se refiere el párrafo anterior, también tendrá entre sus fines que el Estado garantice el abasto suficiente y oportuno de los alimentos básicos que la ley establezca**<br>**El Estado garantizara en los términos de Ley, la entrega de:**<br>**• Un jornal seguro, justo y permanente a campesinos que cultiven sus tierras sembrando arboles frutales, maderables, y especies que requieren ser procesada, conforme a las disposiciones aplicables.**<br>**• Un apoyo anual directo y fertilizantes gratuitos a productores de pequeña escala, y**<br>**• Un apoyo anual directo a pescadores de pequeña escala,** |
| | | **Además, se mantendrá precios de garantía para la compra de maíz, frijol, leche, arroz y trigo harinero y panificable, en los términos y disposiciones aplicables.** |
| 123<br>Se adiciona un segundo párrafo al artículo 123 Constitucional, recorriéndose todos los subsecuentes. | Toda persona tiene derecho al trabajo digno y socialmente útil; al efecto, se promoverán la creación de empleos y la organización social de trabajo, conforme a la ley. | |
| | | **Estado otorgará un apoyo económico mensual equivalente al menos a un salario mínimo general vigente a jóvenes de entre 18 y 29 años que se encuentren en desocupación laboral y no estén** |

| Artículo de la CPEUM | Antes | Propuesta de reforma |
|---|---|---|
| | | **cursando en alguno de los niveles educativos, a fin de que se capaciten para el trabajo por un periodo de hasta 12 meses en negocios, empresas, talleres, tiendas y demás unidades económicas, en los términos que fije la ley.** |

Fuente: Elaboración a partir Iniciativa del Ejecutivo federal, Con proyecto de decreto, por el que se reforman y adicionan diversas disposiciones de la Constitución Política de los Estados Unidos Mexicanos, en materia de bienestar, Gaceta Parlamentaria, Año XXVII, Número 6457-7, 5 de febrero de 2024, https://gaceta.diputados.gob.mx/PDF/65/2024/feb/20240205-7.pdf e Iniciativa del Ejecutivo federal. Con proyecto de decreto, por el que se adiciona un segundo párrafo al artículo 123 de la Constitución Política de los Estados Unidos Mexicanos, Gaceta Parlamentaria, Año XXVII, Número 6457-17, 5 de febrero de 2024, https://gaceta.diputados.gob.mx/PDF/65/2024/feb/20240205-17.pdf

Desde la perspectiva teórica propuesta, la pretensión de igualación es justa si las personas están en la situación desfavorable por cuestiones en los que no tuvieron control, es decir, ajenas a su decisión o voluntad; por otra parte la desigualdad es justa y la pretensión del Estado de igualar injusta si la persona se encuenta en la situación desfavorable por su decisión o voluntad. Esta aproximación teórica proporciona un marco útil para explorar cómo se estructuran los argumentos a favor y en contra de los programas sociales en México, reflejando debates que no solo tienen lugar en foros académicos y en las aulas, sino también en conversaciones cotidianas.[142] Estos intercambios ponen de relieve la tensión entre la responsabilidad individual y las desigualdades estructurales, y la forma en que estas ideas se manifiestan en la política pública.

## III.2.1. LAS BECAS PARA ESTUDIANTES E INCLUSIÓN LABORAL

En el caso del sistema de becas para estudiantes, con prioridad a los pertenecientes a familias que se encuentran en condición de pobreza, se podría argumentar que los que son menores de edad, de ninguna manera podría atribuirles responsabilidad de su condición de pobreza, además que su situación socioe-

---

142 Agradezco especialmente a todas y todos mis alumnos y asesorados de la FES Acatlán que participaron en distintos momentos en las aulas cuando se discutieron los temas presentes.

conómica representa una desigualdad moralmente injusta que el Estado debe igualar. En el caso de los estudiantes mayores de edad, se podría argumentar que al estar estudiando están tomando la decisión de esforzarse, no se les puede atribuir responsabilidad por su situación socioeconómica (ya que están saliendo de la niñez) y, por tanto, la desigualdad (inicial) en la que se encuentran es moralmente injusta y debe ser igualada.

En el caso de que se estableciera la beca para estudiantes que no provienen de familias en condición de pobreza, se podría argumentar que tampoco son responsables de su condición socioeconómica pero que la desigualdad (en donde se encuentran en una mejor posición) es moralmente no justificable y al recibir más apoyo están obteniendo más suerte bruta, por tanto es moralmente injusto.

Estos mismos argumentos pueden tomarse en cuenta para el caso de los apoyos a jóvenes que se encuentran en desocupación laboral y que no están cursando algún nivel educativo. En primer lugar, puede argumentarse que no se esfuerzan, pero dado que difícilmente se les puede responsabilizarse incluso de esforzarse (o de haber aprendido a esforzarse o no) mientras fueron menores de edad, la pretensión de igualar parece moralmente justificable. El problema sería responder a la pregunta: ¿hasta cuando se les podría atribuirles responsabilidad? En esté caso, si tomamos en cuenta que el programa se establece para jóvenes de entre 18 y 29 años podríamos concluir que, desde la perspectiva estatal, es a los 30 años cuando se les responsabiliza de su situación.

### III.2.2. LAS PENSIONES NO CONTRIBUTIVAS

En cuanto a la pensión no contributiva, el caso de las personas que tiene una discapacidad de nacimiento (producto de la suerte bruta), pero que posee mucho talento y se esfuerzan, logrando una posición elevada en la sociedad, plantea un dilema en términos de justicia distributiva y equidad. Si la discapacidad es de nacimiento, se considera que proviene de circunstancias arbitrarias y fuera del control de la persona. En tal caso, estas desigualdades de inicio deben ser compensadas a través de mecanismos redistributivos, como una pensión. Sin embargo, si la persona con discapacidad ha sido capaz de desarrollar su talento y esforzarse, logrando alcanzar una alta posición socioeconómica, se podría argumentar que ha superado las limitaciones impuestas por la mala suerte bruta. Desde este punto de vista, su éxito está basado en el mérito individual y su capacidad para aprovechar las oportunidades disponibles, pero, se podría cuestionar la necesidad de otorgarle una pensión destinada a compensar una desventaja estructural que ya no parece afectar su bienestar.

Otro análisis es pertinente cuando la discapacidad es consecuencia de decisiones personales arriesgadas, como la participación sin necesidad en actividades peligrosas, por ejemplo, manejar en estado de ebriedad o sin el cuidado debido. El resultado de tal discapacidad se ubica dentro de la suerte opcional. Desde el marco teórico propuesto se puede argumentar que las desigualdades derivadas de las decisiones voluntarias no requieren el mismo nivel de corrección que aquellas causadas por factores arbitrarios. Por ejemplo, una persona que sufre una discapacidad tras escalar una montaña en condiciones peligrosas ha asumido los riesgos de esa elección, y la desigualdad resultante puede no justificar una redistribución de recursos estatales. En estos casos, la intervención estatal para igualar podría considerarse injusto, ya que la persona debe ser responsable de las consecuencias de sus decisiones.

Respecto a las pensiones para personas con discapacidad pueden justificarse en función de si la discapacidad deriva de la suerte bruta o de la suerte opcional. Si la discapacidad es resultado de circunstancias fuera del control del individuo, la intervención del Estado a través de pensiones es moralmente justificada para corregir las desigualdades que surgen de factores arbitrarios. Sin embargo, si la discapacidad proviene de decisiones voluntarias y riesgosas, como la participación en actividades peligrosas, ¿la redistribución podría no ser necesaria, ya que esas desigualdades derivan de la responsabilidad personal?

Desde la perspectiva teórica propuesta, las pensiones para personas adultas mayores también deben analizarse con base en la responsabilidad individual y la distinción entre desigualdades que resultan de suerte bruta (circunstancias fuera de control) y suerte opcional (decisiones personales). En este contexto, el talento y el esfuerzo juegan un papel importante para determinar cuándo es moralmente justificable ofrecer una pensión.

Si una persona mayor aún posee la capacidad física o mental para trabajar y sigue generando ingresos suficientes para mantenerse, no sería necesario que el Estado le otorgue una pensión. En este caso, la persona está utilizando sus habilidades y su esfuerzo para seguir siendo económicamente activa, lo que significa que no enfrenta una desigualdad estructural o limitación derivada del envejecimiento que requiera corrección. Esta situación se podría ver como un ejercicio de responsabilidad individual dentro de un marco de suerte opcional, ya que la persona sigue eligiendo trabajar y generando ingresos con los recursos que posee.

Por otro lado, si debido al envejecimiento la persona ya no tiene la capacidad de seguir trabajando, ya sea porque ha perdido su habilidad física o mental (lo que es un claro caso de suerte bruta), entonces sería moralmente justificable que el Estado le otorgue una pensión. La incapacidad para seguir ejerciendo su talento o esfuerzo no sería una elección voluntaria, sino una consecuencia del envejecimiento, y en este sentido, una pensión estaría destinada a corregir la desigualdad derivada de esa condición no opcional.

Sin embargo, se puede hacer una distinción entre desigualdades derivadas de la suerte bruta y aquellas que resultan de decisiones individuales. Si una persona mayor, durante su vida laboral, pudo haber ahorrado, pero eligió no hacerlo, esta decisión entraría dentro de la categoría de suerte opcional. En este caso, la falta de ahorros no sería el resultado de circunstancias fuera de su control, sino de elecciones deliberadas. Se podría argumentar que en casos como este, las personas deben asumir la responsabilidad por las consecuencias de sus decisiones. Por lo tanto, si una persona no ahorró cuando tuvo la oportunidad de hacerlo, la redistribución de recursos a través de una pensión podría no estar moralmente justificada, ya que estaría corrigiendo una desigualdad derivada de la responsabilidad individual y no de una limitación fuera de su control.

Si una persona mayor aún puede trabajar y generar recursos, no sería necesario que reciba una pensión, ya que su situación económica depende de su propio talento y esfuerzo. Si, por el contrario, el envejecimiento le impide seguir trabajando, entonces una pensión sería justificable como una forma de corregir la desigualdad causada por la suerte bruta. No obstante, si la persona no ahorró por elección cuando tuvo la oportunidad de hacerlo, podría considerarse que debe asumir la responsabilidad por esa decisión, y la redistribución de recursos a través de una pensión podría no ser moralmente justificada, ya que sería resultado de la suerte opcional y no de una desventaja estructural que necesite corrección.

El objetivo de estos apoyos, que es corregir desigualdades estructurales y promover una mayor equidad económica, puede ser moralmente justificado o no, dependiendo de la naturaleza de las circunstancias que generan esas desigualdades.

### III.2.3. APOYOS A PEQUEÑOS AGRICULTORES Y PESCADORES

La suerte bruta incluye todos aquellos factores que los individuos no pueden controlar, como el lugar de nacimiento, el acceso a recursos naturales limitados, o las condiciones climáticas que afectan la producción agrícola y pesquera. En el caso de muchos campesinos, productores y pescadores de pequeña escala, es común que enfrenten desigualdades estructurales debido a su ubicación geográfica, la volatilidad de los mercados o la falta de infraestructura adecuada. Estas circunstancias constituyen desigualdades provenientes de suerte bruta, ya que las personas no eligen nacer en un entorno desfavorable o sufrir los efectos de factores externos, como los cambios climáticos o las políticas económicas que afectan los precios de sus productos.

Por ejemplo, la suerte bruta se da al momento en que un pescador de pequeña escala que trabaja en una región donde los recursos pesqueros han disminuido debido a la contaminación de las aguas, es decir, las consecuencias se dan por un factor fuera de su control. A pesar de su esfuerzo y talento, el pescador no puede aumentar sus ingresos debido a estas circunstancias ambientales adversas. Este caso sería un ejemplo de suerte bruta, donde el pescador no es responsable de la disminución de los recursos que afectan su subsistencia. Desde la perspectiva de Dworkin, se podría argumentar que sería moralmente justificable que el Estado intervenga para compensar estas desventajas, ya sea mediante apoyo financiero, acceso a tecnología o facilitando la venta de sus productos en otros mercados.

Por otro lado, puede haber situaciones donde las condiciones económicas de campesinos, productores o pescadores a pequeña escala no se deban a factores externos, sino a sus propias decisiones. Por ejemplo, un campesino que tiene acceso a su propia tierra y a la posibilidad de mejorar su productividad mediante inversiones en maquinaria o tecnología más avanzada, pero decide no hacerlo, estaría tomando una decisión dentro del marco de la suerte opcional. Si este campesino, a pesar de tener las herramientas para mejorar su situación, elige no invertir en mejorar sus condiciones, se podría argumentar que la desigualdad que enfrenta no requiere corrección por parte del Estado, ya que es el resultado de decisiones voluntarias.

En estos casos, el Estado no estaría moralmente obligado a intervenir, dado que las desigualdades no provienen de circunstancias incontrolables, sino de la responsabilidad individual de las personas por sus elecciones. En otras palabras, cuando un campesino, productor o pescador decide no aprovechar las oportunidades disponibles para mejorar su situación, no se justifica moralmente una intervención redistributiva del Estado, pues las desigualdades resultantes son producto de la suerte opcional.

### III.2.4. CRÍTICAS AL IGUALITARISMO LIBERAL DE DWORKIN

La teoría de justicia de Dworkin es útil ya que recoge varios de los argumentos que se vierten alrededor de los programas sociales. Sin embargo, es importante poner atención a las criticas. Por ejemplo, Elizabeth Anderson argumenta que la teoría de Dworkin es insuficiente porque prioriza la distribución de recursos sobre las relaciones sociales igualitarias. Según Anderson, tratar de corregir solo las desigualdades resultantes de la "suerte bruta" sin atender cómo las personas se tratan entre sí, reduce la igualdad a un cálculo puramente económico y descuida dimensiones esenciales de la justicia social, como el respeto y la dignidad.[143] Otra crítica es que esta teoría puede crear problemas al responsabilizar a las personas por las elecciones bajo condiciones que no son plenamente controlables. Samuel Scheffler señala que la teoría de Dworkin sobre suerte opcional implica una visión simplista de la responsabilidad, que no siempre refleja la complejidad de las elecciones en la vida real, ya que las elecciones están influenciadas por contextos estructurales y sociales más amplios.[144]

Al respecto, se puede afirmar que estas críticas resaltan la necesidad de matizar la distinción entre suerte bruta y suerte opcional, reconociendo que las decisiones individuales no ocurren en un vacío, sino que están moldeadas por contextos estructurales, sociales y económicos. La teoría de Dworkin, aunque valiosa para discutir la justicia distributiva, enfrenta limitaciones al aplicar una noción rígida de responsabilidad individual que no siempre refleja la complejidad de las trayectorias personales y las oportunidades reales disponibles. Esto sugiere que una política de bienestar eficaz debe equilibrar la redistribución con el reconocimiento de las circunstancias y limitaciones estructurales, evitando interpretaciones simplistas de las decisiones individuales.

## IV. CONCLUSIÓN

Los programas sociales que implican transferencias, pensiones y apoyos productivos, entre otros, representan herramientas fundamentales para combatir la pobreza y promover la igualdad. Sin embargo, como ocurre en cualquier política pública, es necesario reconocer las inquietudes y críticas que surgen tanto en torno a su eficacia como a la justicia de la redistribución que promueven. Por un lado, los debates sobre su eficiencia plantean la necesidad de asegurar que estos programas logren los objetivos propuestos sin generar dependencia o desincentivar la participación económica. Por otro, las discusiones sobre la justicia distributiva reflejan preocupaciones sobre en qué medida es legítimo redistribuir re-

---

143 E.S. Anderson. "What is the point of equality?" *Ethics,* 109 (2), 1999, pp. 287-337. https://doi.org/10.1086/233897

144 S. Scheffler. "Choice, circumstance, and the value of equality." *Politics, Philosophy & Economics,* 4, (1), 2005, pp. 5-28 https://doi.org/10.1177/1470594X05049434

cursos cuando las desigualdades pueden estar vinculadas tanto a circunstancias ajenas al control individual como a elecciones voluntarias.

Más allá de las posturas a favor o en contra, este análisis busca visibilizar las diferentes perspectivas que coexisten en la sociedad respecto al papel del Estado en la corrección de desigualdades. En este sentido, el éxito de estos programas depende de un diseño cuidadoso que armonice justicia social y responsabilidad individual, y de políticas complementarias que fomenten la autosuficiencia sin abandonar la solidaridad. Con una evaluación continua y una administración transparente, estos esfuerzos pueden contribuir de manera significativa a la construcción de una sociedad más justa y equitativa.

## Bibliografía

Anderson, E. S. "What is the point of equality?" *Ethics*, Núm 109 (2), 1999.

Attanasio, O., Fitzsimons, E., & Meghir, C. "Long term impacts of vouchers for vocational training: Experimental evidence for Colombia." *National Bureau of Economic Research Working Paper Series*, Núm. 21390, 2015.

Balcerowiki, L. M., & Radzikowski. "The case for a targeted Criticism of the Welfare State." *Cato Journal*, Núm. 38 (1), 2018.

Banerjee, A., Hanna, R., Kreindler, G. & Olken, B. A. "Debunking the Stereotype of the Lazy Welfare Recipient: Evidence from Cash Transfer Programs." *The World Bank Research Observer*, Núm. 32,(2), 2017.

Card, D., Kluve, J., & Webër, A. "Active labor market policy evaluations: A meta-analysis." *The Economic Journal*, 120, (548), 2010.

Cecchini, S., Villatoro, P., & Mancero, X. "El impacto de las transferencias monetarias no contributivas sobre la pobreza en América Latina." *Revistas CEPAL*, 134, 2021.

Chetty, R., Hendren, N., & Katz, L. F. "The Effects Of Exposure to Better Neighborhoods on Children: New Evidence From the Moving To Opportunity Experiment." *American Economic Review*, 106 (4), 2015.

Dehejia, R., & Wahba, S. "Propensity score-matching methods for nonexperimental causal studies." *The Review of Economics and Statistics*, 84, 2002.

Dworkin, R. "What is Equality? Part 2: Equality of resources." *Philosophy & Public Affairs*, 10 (4) 1981.

Dworkin, R. *Sovereign Virtue: The Theory and Practice of Equality*. Harvard University Press, Massachusetts. 2000.

Kluve, J., & Puerto, S. "Do youth employment programs improve labor market outcomes? A systematic review." *IZA Discussion Paper Series*, Núm. 10263. 2016.

Knight, K., & Stemplowska, Z. *"Responsibility and Distributive Justice: An Introduction", in C. Knight, & Z. Stemplowska (eds), Responsibility and Distributive Justice,* Oxford, Oxford Académic, 2011.

Maluccio, J., & Flores, R. "Impact evaluation of a conditional cash transfer program: the Nicaraguan Red de Protección Social." *Research Reports of the International Food Policy Research Institute*, 141, 2005.

Pedersen, J. *Distributive Justice and Taxation*. Routledge, Londres. 2021.

Pereira, G. "Justicia Distributiva: Medios y Capacidades." *Diáonia*, 49, (53), 2004.

Scheffler, S. "Choice, circumstance, and the value of equality." *Politics, Philosophy & Economics*, 4 (1), 2005.

Skoufias, E. "PROGRESA and its impacts on the welfare of rural households in Mexico." *Research Report of the International Food Policy Research Institute*, Núm. 139, 2005.

Skoufias, E. "Conditional cash transfers and their impact on child work and schooling: Evidence from the Progresa program in Mexico." *FCND Discussion Paper Brief of the International Food Policy Research Institute*, 123, 2001.

Yager, L. "Trade Adjustment Assistance: Improvements Necessary, but Programs Cannot Solve Communities' Long-Term Problems: Testimony Before the Senate Committee on Finance, Subcommittee on International Trade." 107th Cong. (statement of Loren Yager, Director, International Affairs and Trade). 2001.

PREPARACIÓN AL ESTUDIO DE LA

# FANTASÍA HUMANA

BAJO EL DOBLE ASPECTO DE
LA REALIDAD Y DEL ENSUEÑO

**Mario Roso de Luna**

*Doctor en Derecho, Licenciado en Ciencias Académicas,
C. de la Historia y Caballero de Varias Ordenes*

Editorial Dagón

*Mario Roso de Luna*

*Preparación al estudio de la Fantasía Humana bajo el doble aspecto de la Realidad y del Ensueño*
de Mario Roso de Luna

**Línea Editorial «Roso de Luna»**

Edición original Editorial Mahón, 1902-1903
*Revista de Extremadura*

Edición en español: 2023
Impreso en España por: Editorial Dagón
https://www.editorialdagon.es
Editor, y maquetación de esta edición:
José Rubio Sánchez: *jrubio@editorialdagon.es*

Reconstrucción partitura Roso: *Domingo González*
Imagén portada y contraportada: *Adobe Stock*

ISBN: 978-84-19540-64-5
Depósito Legal: V-4124-2023

Ésta obra se escribió en 1902. La copia presente pretende ser lo más fiel posible al original, aunque hemos arreglado muchos errores tipográficos del «Establecimiento Tipográfico de B. Fábregues». En el Libro II de la versión original, ya se reconocen muchos errores del Libro I, que nosotros hemos subsanado.

*El Editor*

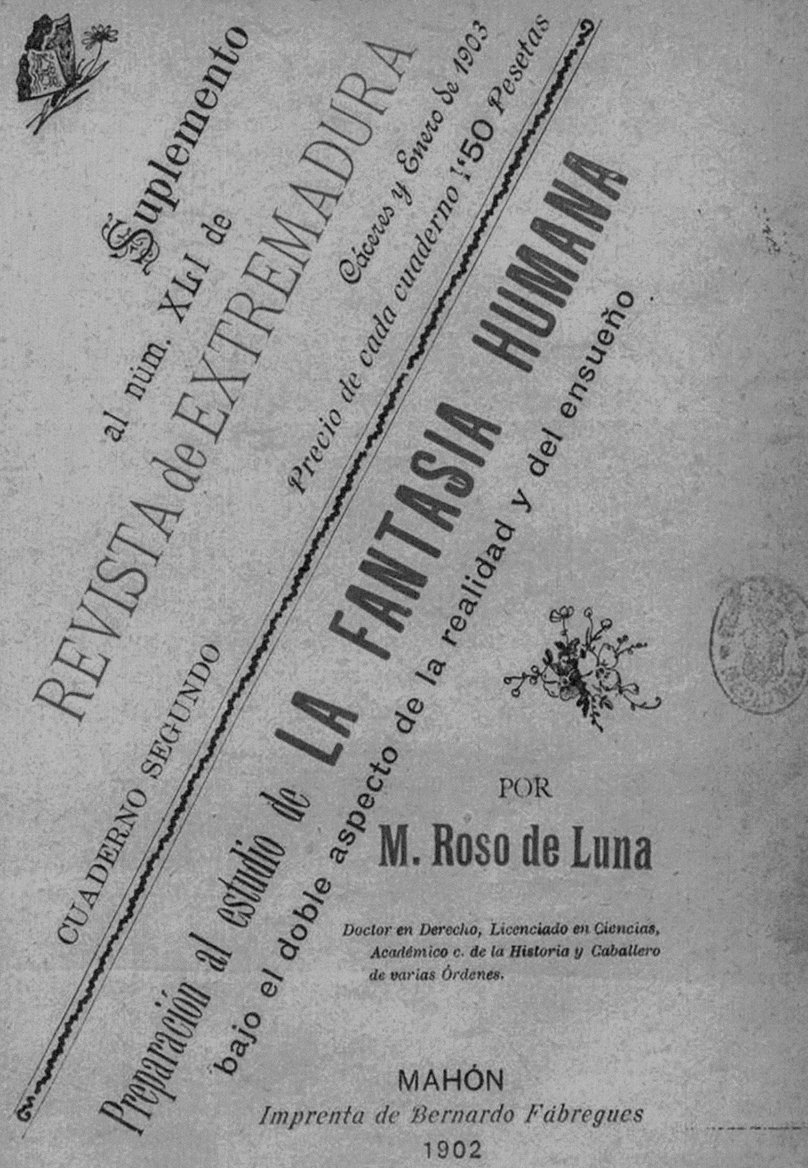



Suplemento al núm. XLI de

REVISTA de EXTREMADURA

Cáceres y Enero de 1903

Precio de cada cuaderno 1'50 Pesetas

CUADERNO SEGUNDO

# Preparación al estudio de LA FANTASIA HUMANA

bajo el doble aspecto de la realidad y del ensueño

POR

**M. Roso de Luna**

*Doctor en Derecho, Licenciado en Ciencias, Académico c. de la Historia y Caballero de varias Órdenes.*

MAHÓN
*Imprenta de Bernardo Fábregues*
1902

# PRÓLOGO

Emular a «Don Mario Roso de Luna» es tarea imposible para un «simple mortal» en cualquier faceta de su obra, conociendo la envergadura del personaje. Pero, hay que ser osado, y emprender la empresa que el hado me otorga, aun tomándola como prueba.

Por otro lado, diría el doble de osado, ya que, prologar este libro, sin ser psicólogo o estudioso de psicología, o siquiera saber, si la psicología es ciencia... ha de parecer un absurdo a cualquiera. Pero lo que pretendo es, por medio de esa facultad que es la fantasía y también por la imaginación, alcanzar esas imágenes del pasado y presentarlas a los lectores de esta obra, con referencia a su autor. Cosa que sería el logro de mi ordalía.

Mi nexo con Don Mario es la Teosofía. Pero él ya nació teósofo –sin descubrirlo hasta 1902, y que, por vocación y profesión, ejerció desde 1909 hasta su muerte, el 8 de noviembre de 1931–, y el cuitado que prologa es un aprendiz de sus obras teosóficas y las de su «Maestra» H.P. Blavatsky. Y digo Maestra, pues fue lo que él expresa:

> Elena P. Blavatsky me había revelado un mundo completamente nuevo, tras mis dieciocho años de estudios universitarios, allá en 1902. Convencido entonces de mi ignorancia ilustrada, puedo asegurar que, desde aquel día de marzo, una nota secreta, constante como un mantram, dulce y augusta como música pitagórica, avasalladora e indeclinable como kármica voz del Destino, resonaba en lo más profundo de mi

ser, al modo de aquella otra que al Judío Errante de la leyenda le musitase siempre al oído: «¡Anda, anda, anda!»

Caminé lo mejor que pude, y en los siete primeros años de aprendizaje teosófico, la Noche Espiritual se cernió sobre mí. Una noche verdaderamente hiperbórea, iluminada apenas por las fugaces auroras polares nacidas de mí corazón de impenitente idealista. En lo que podía apreciar, estaba solo, completamente solo.

Bien o mal, cumplí mi deber. Estudié, conviví la vida teosófica; busqué a mis hermanos; di conferencias; escribí cuanto pude en periódicos, revistas y libros, para comunicar a los demás el santo fuego que en mi pecho ardía. Mas, todo en vano. Como teósofo fracasé en mi pueblo, entre los míos; fracasé en Extremadura, mi región querida, y casi me tenía por fracasado en la propia capital de mi patria, donde podía continuar parafraseando al poeta, cuando dijo:

Mi vida es un erial;
flor que toco, se deshoja,
y en mi camino fatal
alguien va sembrando el mal
para que yo le recoja.

...«Mi ciencia, que estaba muerta, tomó vida», como tan bien lo expresa. Había conocido la Teosofía, uniéndose a la Sociedad Teosófica de Adyar (Londres) en 1904, y cuyo título de miembro lleva la fecha de 25 de junio, con la firma de Annie Besant.

Mario Roso de Luna se convirtió en el «insigne teósofo español» y escritor, que llevó a cabo –aunque no la completó–, la noble tarea de esparcir con sus libros y conferencias, las enseñanzas de la Teosofía de Helena P. Blavatsky y su «Doctrina Secreta», por todos los pueblos y naciones de habla hispana.

(Lamentar... que todavía haya «manuscritos» que no se han publicado, quizá ocultos o perdidos, al igual que ocurriera con Blavatsky..., que sorprenden cuando salen a la luz, si «Karma» así lo providencia. En concreto, los «Comentarios a las Estancias de Dzyan», raíz que vivifica y hace que germine ese «Gran Árbol» que es la «Doctrina Secreta», y que Don Mario, también, tuvo a gracia comentar.

* * *

Don Mario es el personaje más erudito y polígrafo de su época, dentro y fuera de la Sociedad Teosófica, y del «Ateneo Artístico, Literario y Científico» de Madrid, donde daban sus conferencias y acudían a escucharlas, los eruditos de la cultura de toda España; siendo, casi, una cátedra para la exposición de los estudios realizados por profesores universitarios, o estudiosos del arte y la música; y considerado sabio, y mago, por quienes le conocieron y con él se relacionaron. Destacaré una –que Don Mario conferenció sobre «Teosofía de la cuarta dimensión»–, siendo Presidente de la Junta del Ateneo, el «Novel», Dr. Santiago Ramón y Cajal... Asistía a las famosas tertulias en la «Cacharrería», lugar de citas de literatos, filósofos y artistas de la época, Valle-Inclán, Unamuno, es decir la «generación del 98».

Una prueba de su poligrafía, de la magnitud de conocimientos que atesoraba y de su prodigiosa memoria, la dejó patente en no menos de una treintena de libros. Además, hay que destacar sus trabajos sobre estudios de geología, arqueología, paleografía, paleontografía e historia de su amada Logrosán, su comarca, y su Extremadura natal, que le valieron distinciones nacionales e internacionales y la admiración de la Real Arqueológica de Bruselas, y de la Universidad de Burdeos, que se ocupaba de la protohistoria ibero-romana. Entre sus hallazgos destacan, entre un centenar de losas y sus citanias luso-íberas, una piedra con caracteres de escritura ógmica, cazoletas, que fue el primero en descubrir en España, y su estudio: «Un folio del códice ogámico de Bellimote».

En otra de sus aficiones, estudios y conocimientos, lo apreciaremos y percibiremos como astrónomo. En la madrugada del 5 de julio de 1893, retornando de un pueblo donde atendía como abogado un juicio de faltas, montado sobre un borriquillo y a poco de llegar a Logrosán, apercibió un punto luminoso, donde antes no existía, entre el grupo de estrellas del Cochero (Auriga). Evento que comunicó al observatorio de Madrid, pero que la noticia llegó también a París, Bruselas y Kiel. Este evento, también fue registrado con posterioridad por Flammarión en París, y más tarde por Quenisset en Estados Unidos. Cosa que le valió que el tal «Cometa» llevara el nombre de Roso de Luna. (A lo largo de su vida descubrió estrellas temporarias y estudi*ó* algunos eclipses totales de Sol. Uno de ellos, en Cacabelos, será el inicio de su libro «El Tesoro de los Lagos de Somiedo»).

Pero es conveniente, aun siendo breve, escuchar de D. Mario algunos relatos personales, para comprender como se alinean eventos en el transitar de su vida:

> Nací enfermizo, anémico y como raquítico. No hubo enfermedad por la que no pasase, con constante zozobra de los míos que temieron más de una vez por mi vida. Todavía en el fondo de mis recuerdos creo ver las terribles visiones astrales de mis días de peligro y así continué hasta la horrible y decisiva crisis que padecí a los 17 años y que hubo de cambiar radicalmente mi naturaleza física y moral haciéndome desde entonces un hombre fuerte, robusto, sufrido y grueso.
>
> Muchos años después, en 1889, caí enfermo con una especie de meningitis que puso en grave riesgo mi vida. Los médicos aseguraban un desenlace fatal. Las veces que podía

salir de paseo solía mi padre llevarme por aquellos sitios y, cierta tarde de diciembre, al cruzarlos, una de mis frecuentes alucinaciones, hijas de mi dolencia, me hizo ver, tendido en la cuneta de la carretera, a un singular mendigo sin cabeza. El efecto que semejante alucinación me produjo fue inmenso; pero mi triste estado no me permitía hacer consideraciones mentales acerca de lo que veía, ni menos comunicárselas a mi padre.

Pocos días después, en circunstancias análogas, paseando nuevamente con mi padre, vimos ambos que avanzaba por la carretera, en dirección a nosotros y con el paso tan gallardo que parecía no tocar en el suelo, un joven hermosísimo, rubio y de excelentes colores. Cubrían su cuerpo unos andrajos singulares, parecidos a los del cuerpo de la alucinación anterior, pero en manera alguna repugnante. Su edad parecía ser la mía: unos diecisiete años.

Lo que acaeció entonces no he podido jamás explicármelo. Pedí dinero a mi padre para darle una limosna, como lo hice. El mendigo pasó junto a mí sin decir palabra, cautivándonos con su hermosura. Ni a mi padre ni a mí se nos ocurrió el volver la vista atrás para seguirle; pero nos miramos fijamente entrambos, rompiendo simultáneamente a llorar, llenos de ternura. Una exclamación misma salió al par de nuestros labios: «¡Parece el ángel de Tobías!», dijimos.

Aquel momento marcó, sin duda, una crisis en mi enfermedad, hasta el punto de que, desde entonces se inició una convalecencia tan inesperada como rápida. En unos siete días me encontré curado.

Falta, sin embargo, lo más notable:

Habían pasado cuatro años y medio de esto, cuando, en 1893, y previa no sé qué especie de premonición poco definida, cruzaba por aquellos lugares y descubrí un astro nuevo, de cuarta magnitud... ¡Era el cometa que lleva mi nombre!

Roso de Luna es un experto matemático, geómetra y músico. Seguidor de Pitágoras, quien en el frontispicio del Templo había escrito: «Nadie entre que no sepa matemáticas»... Y Platón añadió: «No entre tampoco aquel que no supiere música». Tiene su trabajo-profecía sobre «Música pitagórica», y, su obra «Wagner, mitólogo y ocultista», uno de cuyos capítulos se titulado «Beethoven teósofo», además de ser un amante de la guitarra clásica y la pianola, que los tocaba. (Sus dos hijos, Sara con 17 e Ismael con 15 años, habían ya cursado los 11 años de piano.)

Don Mario también se interesó por la sociología y la psicología. Realizó estudios sobre la «Salud e higiene integral», «Método de instrucción y educación para ciegos y sordomudos», los «Sueños», etc. Además de recopilar leyendas y mitos, o sucesos paranormales allá por donde fuese.

Nacido el 15 de marzo de 1872, en 1886 inicia sus estudios de «Derecho» que acabó en 1890, licenciándose en 1891 y doctorándose en 1894. Además, en 1891 inicia el estudio de «Ciencias fisicoquímicas» que terminará en 1901. En su época era permitido el estudio libre de enseñanza, por lo que él estudió por su cuenta y acudía a Madrid en pequeñas temporadas y para los exámenes. De espíritu inquieto y mente preclara e intuitiva, se interesaba por todo saber, y todo lo que le llamara la atención lo intentaba estudiar con método científico.

Estas palabras suyas ayudarán a comprenderlo, pues dejó de ejercer de abogado, lo poco que lo hizo, cuando vislumbró el «cometa»:

> ¡Qué doloroso y constante el conflicto entre la moral nueva y el derecho arcaico, entre lo intuido por recto criterio sintético y lo probado mediante la amenaza caciquil, el engaño o el soborno!; la astronomía y los cielos me dieron entonces lo que me negara la tierra: la dicha inenarrable de un descubrimiento científico.

Y estas otras, por sus estudios de Ciencia Fisicoquímicas y Naturales, pero conocedor del «latín», los filósofos clásicos, las matemáticas y la música:

> Siempre creí –empieza diciendo–, a fuer de poeta, en la pitagórica Música de las Esferas; pero jamás confié en poderlo apreciar experimentalmente, por aquel principio sabio de que la realidad científica va más allá siempre que el más bello de los ensueños.

Pero esto no quita que los seres humanos atravesemos crisis periódicas, y Don Mario no se libró de ellas tampoco, sólo que, intentó analizarlas y estudiarlas bajo un método científico, en sus propias vivencias:

> Hasta los treinta y tres o treinta y cinco años, la psiquis del hombre no está completa. Es, pues, la edad de la plena pubertad transcendente. Por eso se llama también edad del Cristo.

Debe ser «causalidad» que, en 1902, se alineasen en su vida, cual planetas a la tierra, otros cuatro acontecimientos al menos –como él lo expresaría como astrónomo–, o sea, eventos importantísimos que cambiarán el rumbo de su vida: 1) Conocer a Blavatsky. 2) Publicar éste, su primer libro. 3) Ser padre de su segundo hijo, Ismael. 4) Irse a vivir a Miajadas, de donde era su esposa, Trinidad Román, dejando Logrosán.

No obstante, mi osadía para continuar me lleva a invocar la ley de analogía o afinidad, y pedir la gracia... puesto que no soy merecedor de tal empresa, y tengo memoria de grillo, por lo tanto, sin memoria no puede haber recuerdos, ... ni imagen alguna que traiga al presente «conocimiento». No cabe, sino utilizar esas facultades del espíritu o del alma que son la fantasía y la imaginación, (aptitudes, potencias morales o físicas, o sea, basado en el entendimiento o la conciencia, o bien, en los sentidos) para situar a Roso de Luna en 1902, justo el año en que publicó este libro.

Cabe decir que, en el año 1897, y en los años 1898-99, siguiendo un fuerte impulso y arrastrado por el «Destino», se traslada hasta París, y allí enseñará matemáticas y lengua española en «Mairie de la Banque», haciendo una excursión a Londres. Siendo el segundo viaje, llevado por Armand Colin, para con el sabio Toro y Gómez hacer un diccionario. Visita Londres y Bruselas. Pero en París conocerá el espiritismo de Alan Kardec, el esoterismo de Flammarión (además de astrónomo), la corriente teosófica, etc.... Se instaló en una habitación en Montmartre, que le cedió un catalán llamado Rosell (quien le prestará dinero para regresar a España), y pasará verdaderos apuros para sobrevivir, haciéndose cargo de un «murciano» del que se apiadó. Nos dice que tuvo que empeñar las dos «medallas» que le concedieron a sus méritos y trabajos: la de «Isabel la Católica» y la de «Carlos III».

Hay que ensoñar e imaginar con la fantasía al «bohemio» Mario, sin ser «bebedor ni mujeriego», vivir en el barrio de la «bohemia» de París, que acogió a los genios de la pintura, poesía; artistas y escritores rompedores con el academicismo y la moral social de la época. Los ambientes quizá visitados de Montmartre, del Montparnasse, el Moulin de la Galette, o el Gato Negro, tan genialmente retratados por Toulouse-Lautrec, Renoir, Van Gogh, Matisse, o Pissarro. Sin embargo, pasaba muchas horas dedicado a repasar las galeradas y corrección de textos para poder subsistir –hasta 800 páginas en un solo día.

En su segundo viaje a París, Don Mario ya había conocido a la que sería su esposa, Trinidad Román, y el 6 de noviembre de 1899 se celebró la boda. En 1900 nace su hija Sara. Trabaja como contable y cobrador en el negocio de su suegro, José Román, propietario de un Bazar que surtía de mercancías a los pueblos de alrededor, y dedicado a recaudar deudas por liquidación del negocio. No sin cierto humor, lo llevaba a: «compararse con Mahoma, casado con Jadicha y haciendo otro tanto».

Pero, por alguna necesidad perentoria, ya iba rondándole por su mente este estudio –cosa que logró concretar en este libro. Estudio que, en esa época, la Psicología no había profundizado, o bien, no encontró las respuestas a todas las preguntas que sus «vivencias» le sugerían que debía encontrar, dando las explicaciones científicas razonadas. (Era un hombre de ciencia). Motivo que debió llevarle a estudiar por su cuenta, como estaba acostumbrado desde su niñez, en todos los libros que al respecto encontrara en su camino. En él se haya su forma de percibir la ciencia, pero también el alma y espíritu que empuja al hombre. En él se encuentra, desbordante, toda la «Síntesis Científica» que él solo sabe unir, describiendo todas las facetas de esa materia-espíritu, o fuerza-materia que no sólo nos rodea, sino que también nos conforma, y que sus leyes son las mismas leyes que nos rigen, que rigen la Naturaleza y la naturaleza de nuestro Ser.

Para poner fin a este prólogo, en el que apenas se ha podido perfilar la envergadura del personaje, cabe decir, más física que moral, más por sus conocimientos que por su sabiduría; agregaré una frase suya que denota un sentimiento de soledad, compasión y amor hacia la humanidad:

> La mayor amargura de mi vida la sufría al convencerme de que yo no era comprendido...

*Cual Cometa portador de Vida y Luz,*
*En el 92 aniversario de su fugaz y luminoso*
*Tránsito por este mundo.*

Alzira, 8 de noviembre de 2023.
*Alberto Peris*

# LIBRO PRIMERO

Suplemento al Nº XVIII de la Revista de Extremadura.
Cáceres, agosto 1902

Al muy ilustre, señor

# Don Gumersindo de Azcárate.

*Maestro mío, respetabilísimo*

*Dos años hace, cuando los ardores de mi investigación sobre el obscuro problema de la fantasía humana, parecían llevarme demasiado lejos, sentí el temor de lo desconocido, e igual que el pequeñuelo busca en su madre arrimo para sus travesuras, busqué en su saber indiscutible un apoyo moral; un severo juicio; una desilusión o un estímulo.*

*Vd., que es bueno, no tardó en acudir a mi cuita. Pecó de benévolo en la crítica de mi trabajo, todo lo que, respecto de sí, pecara de severo, pretendiendo declararse incompetente en tales estudiosos, y aquí hoy la consecuencia de su pecado; el recibir la dedicatoria de este ensayo, preparador de una más honda investigación sobre tan misteriosa facultad humana, emplazada en los confines del cuerpo con el espíritu, y llamada, por ello, a ulteriores destinos científicos, unificadores o de síntesis, que hagan luz en el sempiterno dualismo de la tradicional psicología.*

*Dígnese aceptar benévolamente este modesto óbalo de gratitud de su discípulo y respetuoso amigo.*

*El autor*

# I

## NECESIDAD DE EMPLEAR NUEVOS MÉTODOS EN LA INVESTIGACIÓN PSICOLÓGICA

PELIGROSO es hoy el escribir sobre materias relacionadas con la Psicología, ya que, como dice nuestro profundo González Serrano, en cantidad y calidad excede la literatura psicológica a las demás manifestaciones del pensamiento, acaso por lo mismo que ciertas enfermedades cuentan con variadísimos medios terapéuticos por la sencilla razón de que no llega a curarlas radicalmente ninguno.

La moderna Psicología no debe olvidar, con las naturales reservas, el dicho de Dalembert, en su discurso preliminar de la Enciclopedia: la metafísica no es, en efecto otra cosa que la Física experimental del alma.

¡Cuántos hay que no merecen el título de filósofos sino por el desventurado talento de obscurecer, con mucha sutileza, las ideas claras, y de preferir, en las nociones que ellos se forman, lo extraordinario a lo verdadero, que es siempre sencillo.

Nosotros, en el presente trabajo, hemos sido, como para siempre, empujados por la misma realidad. Primero nos preocuparon hondamente las aberraciones del ensueño; de éstas pasamos, sin sentir, al estudio de los ensueños mismos, lo que pronto nos llevó más lejos: a un estudio analítico de facultades, sobresaliendo entre ellas la facultad menos psicológicamente tratada; la que opera representaciones pictóricas ante el yo; la atesoradora de las impresiones de los sentidos; la compañera insustituible de toda labor del espíritu y clave de sus anheladas síntesis, la despreciada por los sabios; en fin, la soñadora fantasía, motejada doquier como perturbadora de las labores intelectivas; como enemiga de 1a lógica y de la observación; como burlona eterna de la crítica; como prisma cuyo iris borra las radicales diferencias entre la realidad y la quimera, la verdad y la mentira, cobijadas bajo el manto semi-infinito de sus bellezas; como *loca de la casa,* en una palabra, cuando la loca fuera siempre la ciencia psicológica, que no se dignara dirigirla una mirada siquiera, infatuada como ha estado primero con el erróneo criterio tradicional escolástico, que identificara el alma o espíritu con la inteligencia, y después con el criterio organicista, que, por paralelo error nacido de interpretar mal las ciencias de observación, la identificara con el cerebro, dejando fuera las funciones fisiológicas de lo inconsciente y las psicológicas del sentimiento, más respetables aún que el pensamiento mismo.

Acaso no exista, en efecto, ciencia alguna donde domine tanto el rancio espíritu de rutina como domina en la Psicología.

Desde los tiempos de Thales, Platón, Aristóteles y Pitágoras pueden contarse por cientos los pensadores ilustres que han agotado sus fuerzas intelectuales en profundizar el gran problema de la existencia del alma, de sus facultades o modos de obrar y de explicar por diversas teorías esa unión incomprensible del espíritu y el cuerpo, tomando por única base la vida real o la vigilia, y por únicos métodos los de abstracción y generalización, como si a las débiles fuerzas del solo raciocinio les fuera dable resolver, sin ninguna otra ayuda, ese complejo microcosmos que se llama hombre, donde se reúnen en asombrosa síntesis las leyes todas del mundo inorgánico, orgánico y biológico con las del mundo invisible, tan inextricables y tan obscuras da suyo.

Sobre los hermosos estudios, de los filósofos platónicos y aristotélicos cayó en la Edad-Media el aluvión de sutilezas y distingos con el gran instinto científico de los escolásticos pretendió explicar los fenómenos psíquicos, logrando sin duda llegar hasta donde llegarse podía por aquel camino de método imperfecto, que despreciaba a las ciencias de observación y experimentación, como si nada tuviera que ver con ellas el alma, quien, al cabo de unos cuantos lustros de esclavitud corpórea, había de emanciparse eternamente de su frágil envoltura.

Reaccionando contra este modo de investigar, el renacimiento filosófico iniciado por Descartes y Leibnitz, tenía que presentarse y se presentó desde luego, como rival temible de aquellas teorías que, a fuer de preocupadas con la inteligencia olvidaban la sensación, al querer enaltecer al espíritu despreciaban el cuerpo del hombre, la obra maestra del mundo visible, y al admirar los grandes destinos de aquel allende la tumba, prescindían de los únicos procedimientos capaces de guiar al raciocinio en el estudio de él durante su vida terrestre, como si el fondo del problema psicológico, que es a la vez subjetivo y objetivo, fuera, no un edificio alzado ya por la mano del Creador y que detalle tras detalle había que estudiar, sino un sistema lógico, inventado por la razón humana, a la manera de las ciencias lógico-matemáticas, hijas unigénitas del raciocinio.

Por eso Locke y Condillac opusieron a los escolásticos su teoría de *sensaciones transformadas,* que tomara a la Fisiología por pretexto. Por eso otras teorías, más empapadas en los métodos de las ciencias naturales, negaron ya hasta la misma existencia del alma, entre las cínicas risotadas de Rabelais y Voltaire, de Swift y de Guefroid, mientras por otro 1aclo Kant la desvaneció con su abstracción y Fíchte, Schelling y Hegel, no sabiendo en realidad qué hacer con ella, la arrojaron, como gota de agua, en el piélago del Sér Infinito, al par que los fundadores del espiritismo la condenaran a esclavitud perpétua, destinándola a recibir, de astro en astro y de tiempo en tiempo, las cadenas de la materia que, aherrojándola durante largos siglos, fueran por fin fundidas con el fuego purificador de las torturas de sus múltiples vidas.

Un dilema temible, tristísimo, que desde entonces no fuera atacado con bríos, obstruye el paso progresivo de la ciencia, en cuyo campo, asolado por la guerra intestina de escuelas, no se puede pisar sin ampararse a una bandera que no siempre a la gloria conduce: el que se atreva a ser observador naturalista casi ha de renunciar a las doctrinas más o menos escolásticas, en cuyo fondo brilla la indiscutible sublimidad del Cristianismo, o ha de ser filósofo espiritualistas de esta o la otra creencia, pasando quizá por el ridículo, e inutilizando aquella fuente cupiosísima de la investigación experimental que ha inundado de verdades los campos de todas las ciencias.

Además, al intentar el primer paso en Psicología y queremos dar cuenta de la verdadera difcrenciacicín de las llamadas facultades del espíritu, tócase en el escollo donde todas las escuelas zozobraran, porque lo que empezara en ellas cual conatos de observación, pasa muy pronto a ser puro raciocinio, y la razón del hombre, hasta el presente, sólo ha podido encadenar en absoluto los meros raciocinios, para construir edificio inconmovible, en las ciencias que, como dice Vico, son creación y obra exclusiva suya, esto es, en la lógica y en las matemáticas, y el error inveterado en Psicología, hijo de aquellos tiempos en que las ciencias naturales no existían, ha sido el creerla hermana gemela ele la lógica, bajo pretexto de que la una era ciencia de todas las facultades anímicas y la otra ciencia encargada de guiar la marcha ordenada de una de ellas, que es el raciocinio.

Y en verdad, aunque sea innegable que entrambas ciencias mantienen relaciones muy íntimas, ésto nada tiene de extraño, ni autoriza para considerarlas gemelas y someterlas a los mismos métodos, como hasta hoy se ha hecho, porque no debe perderse de vista que la lógica, la ciencia matriz, el *organum* de los sabios antiguos, es el nervio de las ciencias de la cantidad, de la extensión y de la fuerza, que integran el gran tronco matemático, y el nervio también de las investigaciones naturales y físico químicas, ni más ni menos que de las especulaciones morales, sociológicas y ontológicas, sin que por ello se haya pretendido nunca someterlas a la misma disciplina científica.

Nadie pondría hoy en duda, aunque si se puso en otros siglos, que la Ciencia biológica es genuinamente natural o experimental, pues todas sus riquezas y sus glorias todas las ganará con la experimentación, y es la misma Ciencia biológica la llamada a traer a su debido lugar la descarriada Psicología.

Resaltando en los tratados de Patología humana vénse las enfermedades nerviosas, que en su gran mayoría hacen tanta referencia al espíritu como al cuerpo. De la anemia cerebral, la epilepsia, la eclampsia, las afecciones de la médula, el histerismo, etc., bien puede decirse casi siempre, que son enfermedades contraídas por el cuerpo, pero sufridas por el espíritu, porque cuerpo y espíritu se identifican, hasta donde lo permite su naturaleza distinta, en esos senos recónditos de las masas encefálicas, donde el mismo instinto natural y el común sentir de los hombres pretenden referir al segundo.

A todas las grandes aberraciones del espíritu, evocadas por los nombres funestos de locura, insensatez, idiotismo y manías, si bien se investiga, las sigue de cerca una perturbación morbosa que radica en el organismo. Por otro lado, es bien notorio que en la vida normal, a la manera de como el cerebro simpatiza con el estómago, y el corazón simpatiza con el cerebro, el espíritu refleja en el cuerpo, y le afecta, como viceversa el cuerpo forma un todo integrante con el espíritu.

La misma Ontología, desde las alturas de la Metafísica, coincidiendo en ésto con las ciencias antropológicas, no se cansa de estudiar el supuesto o persona bajo aspecto tan integral, como científico, por encima de la dualidad hoy poco discutible de lo psíquico con lo físico.

Nunca vemos, pues, al cuerpo sin hallar la huella del espíritu, que a él íntimamente se liga, y no obstante de que algo muy esencial, que no es para pasado de ligero, los reúne, intentad poner una al lado de otra la Ciencia biológica que se refiere al cuerpo vivo y la Psicología de hoy, mejor dicho, la de ayer, que toma por mera base de investigación al espíritu y os resultará imposible, porque la contraposición de sus métodos no os consentirá que salvéis el abismo que media entre las dos.

La una observa, experimenta, analiza y, generalizando luego, sienta hipótesis que pronto tiene que desechar o que ascienden más tarde, con el progreso de la investigación, a la categoría de verdades indiscutibles. Nunca se detiene, siempre avanza, pero jamás termina, y sólo después de atesorar mil y mil observaciones los ataca prudente con las fuerzas del raciocinio.

La otra, en cambio, desde luego, como si la inteligencia humana que ha de investigarla no fuera la misma que allá, en ciencias más fáciles, todo lo necesita, cierra los ojos; se tapa los oídos; no quiere ver delante ni aun a la misma imaginación, con sus *fantasmas sensibles*, que por algo, aunque ella los crea un mal, se le presentan siempre en las operaciones intelectivas, y allí, sin memoria, sin fantasía, sin las demás potencias integrales del alma, frente a frente de la nada, en los ámbitos vacíos de un santuario mentido, que en momentos de orgullo se alzara para prueba de su propia impotencia, se halla el rincón obscuro, único sitio donde, para elaborar la falsa Psicología, puede trabajar un tanto el lento y perezoso raciocinio.

No son éstos, no, los verdaderos métodos psicológicos, al empezar la investigación al menos.

Si el espíritu es algo distinto del cuerpo durante su unión con él, integrando el todo que se llama humano ser, sus leyes deben ser *integrales,* es decir, comunes a entrambos, y si la característica del hombre es la vida, la Psicología debe antes que nada ser ciencia biológica y debe, como tal, recibir sus primeras nociones de la Histología, que evidencia la más íntima disposición anatómica, ya normal, ya patológica, de los elementos vitales (célula, tejido, órganos, aparatos y sistemas); de la Fisiología, que patentiza las funciones vitales concordantes de los mismos; de la Química biológica, y sus preliminares de Química orgánica e inorgánica, que con el estudio de las complejísimas moléculas que integran a las diversas células viene a ser para la Histología, algo de lo que ésta simboliza en el estudio anatómico, algo que, si vale el pleonasmo, podemos llamar Histología estequiológica o de los elementos celulares al par que Fisiología estequiológica en lo relativo a sus reacciones.

Si, por el contrario, y elevándonos muy por cima de los actuales sistemas, el tradicional dualismo de cuerpo y espíritu estuviera desprovisto de intrínseca realidad científica, como tantos otros dualismos, meramente provisionales dentro de la pobreza de nuestra ciencia actual, y entrambos no fuesen otra cosa que modalidades de la vibración universal en sus manifestaciones externas (físicas) y condensaciones diversas de la substancia universal prístina (prohidrogenios, éter, materia radiante o cosa así), o bien, si llegase el caso supremo de la ciencia, de tener que explicar la materia por el espíritu, más fácil, según H. Spencer, que la explicación inversa de éste por aquella: la enormidad de partir de métodos antagónicos para el estudio de entrabas realidades subida de punto, demostrando lo vano de cuantos esfuerzos ha realizado la humanidad desde los griegos para resolver un problema por caminos opuestos a los que su solución facilitan. Y de dualismos o pluridualismos (antagonismos) ya felizmente desterrados de las ciencias, tenemos ejemplos infinitos, *v.g.*: la pluralidad de fuerzas físicas (calor, luz, electricidad, etc.), ya sustituida por el concepto unitario de modalidades de vibración de una fuerza única; el dualismo electro-químico de los cuerpos simples (metaloides y metales), sustituida por el unitarismo fundado en la dinamidad; el de la materia mineral y orgánica, desterrado con las síntesis de Perthellot, que hacen de ambas químicas una sola, sobre todo si se llega a crear por fin la desconocida química del silicio, verdadera organizadora del reino mineral geológico; el dualismo de calor y movimiento; el de los animales, las plantas y los seres intermediarios (amibos, microbios, mónadas, esporos, etc.), respecto a la absorción o el desprendimiento en ellos de oxígeno, si se exceptúa en las plantas la función sintética de la clorofila; el dualismo morfológico entre las células nerviosas motrices y las sensitivas, entre los ganglios simpáticos y los centros céfalo-raquídeos; el pluralismo de los diversos cuerpos simples, que va cesando ante las demostraciones de la unidad de la materia, hasta el punto de que se habla ya de equiparar la evolución astronómica, laplaciana y la evolución química, correlativa en el tiempo con aquella y generadora de los sucesivos cuerpos, tenidos hoy por simples, etc., etc.

El dualismo es un criterio científico importantísimo dentro de nuestra limitación, como único medio de hacer resaltar en los objetos que se estudian modalidades o atributos contrapuestos en apariencia, pero todo buen dualismo debe terminar en acabado unitarismo, coronador de toda labor sintética perfecta. Si Dios es uno, el Universo es uno también: una su materia; uno su plan; una su fuerza; una su ley y uno su destino.

Nosotros, sin querer prejuzgar el problema, todavía falto de datos previos, de la distinción o unificación entre cuerpo y espíritu, pues haríamos un trabajo de escuela, emplearemos estos conceptos como diferentes en el curso de la obra, tanto por el estado actual de la ciencia, que está muy lejos de poder equipararlos, como porque tal dualismo, aparente o real, entraña en sí un principio de análisis de suma importancia para la investigación.

Terminemos consignando la necesidad hoy sentida: de operar la *selección intelectual,* precedente obligado de la gran síntesis psicológica que se anuncia, diciendo con González Serrano para completar el cuadro de la ciencia

«Ha sustituido a la consideración descriptiva de los fenómenos empíricos (Psicología escocesa), y a la producción externa en serie de estos mismos fenómenos (Psicología de la asociación), el examen minucioso y detallado de la Psiquis... De tal evolución son elementos integrantes... los valiosos estudios acerca de las manifestaciones de la energía anímica en el hombre prehistórico y salvaje (Lubbock y Tailor), los rudimentos iniciales de fenómenos semejantes en los irracionales (Psicología de las bestias de Reimarus), más acentuados en la infancia del hombre (Psicología de los niños de Kausmal, Taine, Egger, y B. Pérez), más complejos en el *consensus* que supone la diversidad de factores de las razas humanas (Psicología etnográfica de Waitz, Gerland, Gobineau y C. Royer) y por último más condensados en la síntesis, inherente al espíritu colectivo (Psicología de los pueblos de Stheintal y Lazarus). Cual remate y cúpula de esta idea dinámica y de este *processus* vivificador del mecanismo estático, que con su error primitivo detuviera por tiempo indefinido los progresos psicológicos, se anuncian en el momento que corre, intentos muy dignos de ser mencionados, en lo que toca al génesis que sirve de eje principal el desarrollo de la Psiquis (Psicogenia de Siciliani)... Movimientos concurrentes que no pueden pasarse en silencio son... la Psicología matemática de Herbart, con su Estática y Dinámica espirituales, la Psicología fisiológica y médica de Lotze, recuerdo lejano de la Monadología de Leibnitz las Monografías de la Psico logia mórbida (Enfermedades de la memoria, de la voluntad y de la personalidad de Ribot, El sueño y los sueños de Maury y El dolor, los venenos de la inteligencia, el histerismo y los endemoniados de Richet), la Psicología del éxtasis de H. Mayo, la del esfuerzo de A. Bertrand (eco de la Filosofía con anhelos dinámicos de Maine de Biran), la ciencia del carácter o Etología de St. Mill, la Fisiología de las pasiones de Letourneau, la Psicología del genio de H. Joly, la Fisiognómica de Lemoin y Darwin y la Psicología estética de Benard y M. Schasler. A veces desviada y en ocasiones en completa coincidencia con estas direcciones, marcha la imbuida en un sentido mecánico por la Psicología realista (Hartsen y Sierebois), hasta terminar en la Fisiología del espíritu (Mansdley) en la Psicología como ciencia natural (automatismo de Delbœuf), en la Psicología celular (O. Smith y Hæckel) y por último en la paradoja de la Psicología sin alma, Física del alma o Antropometría (Mantegazza y Quetelet). Campo neutral y punto de cita para todos estos obreros del progreso psicológico están siendo hasta ahora cuanto se escribe... bajo la denominación genérica de Psicofísica (Weber, Fechner, Duhring, Delbœuf, y Tannery). De toda esta vegetación frondosa y tropical en que aparece la literatura psicológica, surgen, como residuos condensados, las audacias geniales de las nuevas inducciones, basadas en lo inconsciente, que son el punto de partida de la Metafísica empírica del Monismo (Hartmann, Hæckel y Wundt).»

# II

## OBSERVACIÓN PSICOLÓGICA Y ESBOZO DEL MÉTODO DIALÍTICO

LAS rápidas consideraciones que preceden, revelando la posibilidad de nuevos métodos, hasta hoy poco o nada aplicados en la ciencia psicológica, mueven el ánimo a preocuparse seriamente de si existen medios hábiles para utilizarlos de lleno y con fruto en la observación e investigación de los graneles problemas del espíritu, como parece presentirlo ya el movimiento filosófico contemporáneo, que tiende a emplear procedimientos experimentales en las ciencias del espíritu.

Dando por buena la demostración que habrá de venir a su tiempo, sentemos el postulado de que semejante aplicación sea factible. La manera de proceder no será nueva ni difícil, porque en las ciencias naturales estamos aprendiéndola a diario, y es la misma a que dieran la preferencia Newton, Linneo, Cuvier y demás grandes observadores de las ciencias del Universo sensible.

Atesorar hechos por la observación atenta y minuciosa es lo primero: lo segundo es analizar esos mismos hechos al tenor de los severos principios de la lógica; empleando, hasta donde las dificultades lo permitan, el método más perfecto de análisis y clasificación que se conoce, método que opone *el sí al no*, lo subjetivo a lo objetivo, lo directo a lo reflejo, 1a luz a las tinieblas, lo positivo a lo negativo; método de contraposición o dualista llamado también dicotómico o dialítico, que el matemático Sylvester aplicara a resolver ecuaciones eliminando las sucesivas potencias de la incógnita, que el botánico Lamarck empleara para cimentar una taxonomía vegetal que permite identificar en brevísimo tiempo la planta más rara; procedimiento, en fin, que permitiera a Bercelius con un elemental aparato del que el método toma su nombre, dar cima a los problemas más difíciles de la Química orgánica, con las sucesivas separaciones de substancias, para cuya disociación los demás medios de análisis resultaran inútiles.

Los pensadores que más apartados se hallan del positivismo no tienen inconveniente en admitir lo que pudiera llamarse *jerarquía de facultades,* que empieza en el sentido del tacto terminando en la inteligencia; y si esto fuere así cabe hallar momentos especiales en la vida en los que, por causas diversas, pueden sorprenderse en actividad algunas facultades, mientras reposen otras; tropezar con facultades en alguna ocasión objetivadas, y con facultades esencialmente subjetivas, dándonos el criterio de una primera diferenciación indiscutible, y fijándose un jalón en la serie de las investigaciones sucesivas.

Algo de esto es lo que hace el químico con la destiladora, que le permite separar sin violencia substancias íntimamente unidas en un mismo material, y con el dializador que le aparta con singular esmero y por su orden las substancias cristaloides de las coloides, y algo también semejante verifica el geómetra cuando estudia las formas inaccesibles del espacio por sus proyecciones sobre el plano de observación. Colocados frente a frente, en el Universo, la materia y el espíritu, nada tiene de extraño el que cada uno refleje a su modo algo del otro.

Seductora es en alto grado la idea de la observación directa y consiguiente experimentación indirecta de las facultades en los felices momentos en que funcionen con relativa separación.

Poco o nada práctico sería observar para ello la sola realidad, que observándose viene poco o mucho desde el primer día de la ciencia, sin lograrse el fruto que había derecho a esperar, ya que éste no ha siclo otro que la discordia y la duda. Además, tratándose de la sola realidad, faltaría todo criterio comprobador que no fuera de la realidad misma emanado.

La observación humana no deja de tener sus dificultades, tanto en el ensueño como en la vigilia, pues, como dijo Voltaire, para nada se necesita más filosofía que para observar los fenómenos que a diario se realizan en nosotros mismos.

Durante la vigilia la tarea de las facultades humanas es sintética, y como tal menos adecuada para los trabajos analíticos.

Desde que dejamos el lecho hasta que a él volvemos, ávidos de descansar de las fatigas del día, no pasa un momento sin que entren a la vez, por las puertas de los sentidos, múltiples impresiones que ponen en juego al mismo tiempo la fantasía, el raciocinio, la memoria y la voluntad. Es tan rápido el girar de las ruedas y engranajes del alma que la vista escrutadora de la ciencia no puede seguirlas en su raudo movimiento. A la manera como e momento menos oportuno para hacerse cargo de una moderna *rotativa* es aquel en que, vertiginosa, realiza la tirada de los miles de ejemplares de un diario, la ocasión más desfavorable para un análisis detenido y perfecto del misterioso mecanismo del espíritu es, sin eluda, aquella en que todas las facultades, siguiendo una ley natural, se preocupan por asimilarse, en sus respectivas esferas de acción, cuanto emana de 1a realidad exterior.

Cuando las ideas se agolpan al cerebro y la voluntad está solicitada por los sentidos, por los nervios y por la acción general psicofísica, cuando el aleteo de mariposa de la inquieta fantasía lleva aquí y allá al espíritu, sin darle tregua ni descanso, no es la hora de analizar, sino de sintetizar lo antes analizado, para comprobarlo; y si, con el fin de eludir la dificultad, se opta por abstraer y generalizar, apartando por inútiles facultades y sentidos a cual más preciosos para el propósito perseguido, ya no es la realidad exterior, pura y genuina, la observada, es una realidad irremisiblemente falsa, porque para remover el obstáculo de la investigación, en vez de hacerlas cooperar a todas, ha rechazado con desdén el valioso auxilio de las múltiples palancas del espíritu, ha dejado una facultad sola, y hasta va en contra de las mismas leyes naturales, porque, aunque quiera, jamás se le quita de delante la fantasía a quien en vano, con esfuerzos violentos, tratara de encadenar.

Cosa bien distinta sería traer primeramente de otra parte que no fuera la vigilia, esto es, del ensueño, la materia de investigación, apurar su análisis, y una vez apurado, parangonar en lo posible éste con aquella, intentando su propio análisis que, como superior, a primera vista nos resulta imposible, y lo fuera o no, emprender valerosamente los trabajos sintéticos, que de mostrarse concordantes con los de análisis darían a los resultados firmeza lógica indestructible.

A cambio, en efecto, de lo que sucede en la vigilia, el ensueño –*le rêve* de los franceses– con sus facultades dormidas y sus facultades medio despiertas, con sus ideas y voliciones a su manera, pero delicadas, características y aisladas de la realidad exterior que lucha con las manifestaciones puramente psíquicas, ha de proporcionar, como se alcanza a primera vista, ocasiones sin iguales para la observación.

Ha de ser a la manera de la destiladora y el dializador antes dichos esta observación, por cuanto desde el reposo absoluto, en que no se desarrolla otra vida que la vegetativa, hasta d último ensueño de la mañana, o el violento sacudir de terrorífica pesadilla, median infinitos grados en los que, ora se siente, ora se conciben ideas, ya, en fin, se reproducen escenas de la vida real, más o menos alteradas por la falta de contrapeso de la realidad o por la atonía de cualquiera de las diversas facultades o modalidades del alma.

Así, siguiendo el símil, un ensueño ligero, de esos de delicados perfiles que se borran más pronto que desvanecerse pueda en el aire el azulado humo de un cigarro, y en el cual las facultades activas parecen ser las más inmateriales, es a modo de una substancia volátil, la menos ligada, la primera en separarse del *material* de aquella observación. Si con esmero pudiéramos apreciarle, sin que ni un detalle se nos perdiese, acaso allí veríamos al alma en los ámbitos infinitos de la eternidad, muda, sola, casi muerta, si morir pudiera para la vida suprasensible, porque sus remos activos de imaginación, memoria, afectos etc., están esclavizados por el cuerpo y cual él dormidos, escapándose apenas de sus prisiones a modo de tenue surtidor de un éter que vuela al espacio en los primeros instantes de la destilación.

Otro sueño más significado, más pasional o movido, si cabe decirlo así, al detallar mejor sus perfiles como objeto muy iluminado ante la cámara obscura de nuestras investigaciones, se suele humanizar también muchísimo más, asemejándose a la realidad viviente y, valga la frase, como menos volátil destila con más dificultad, más de tarde en tarde, y cual aquella operación química para sustancias fijas, necesita más actividad en el fuego, un sacudimiento más fuerte que el ensueño normal, por ser más intensa su acción y afectar a mayor número de facultades antes en reposo. Ensueños, por fin, ha podido comprobar todo hombre, tan rayanos ya en la realidad, que cuesta relativo trabajo discernirlos de ésta, y en los cuales acaso falta sólo, como en el automóvil pronto a reanudar la marcha, vencer su inercia, mediante un impulso pequeñísimo.

Estos principios generales, aquilatarse pueden con ensueños normales o anormales, y aun con los delirios y fantasmas de calentura, pero aquí no sólo sería inútil sino hasta perjudicial a nuestro plan, que es el de ligar el raciocinio al hecho, el texto al comentario, hecho y texto que habremos de obtener apoyados en las observaciones de los fenómenos del ensueño, procurando concordarlos con los apreciados en la vigilia.

# III

## DETALLES INDISPENSABLES PARA UNA BUENA OBSERVACIÓN SOMNOLÓGICA

> Estos fenómenos –los ensueños– tan comunes y al propio tiempo tan extraordinarios, se conocen no obstante todavía poco,
>
> La culpa la tienen las personas doctas, que aún no han presentado un tratado completo de observaciones sobre la materia. Con el transcurso del tiempo tendremos esta obra indispensable y con ella conoceremos mejor la naturaleza dupla del hombre.
>
> *Brillat-Savarin.* FISIOLOGÍA DEL GUSTO
> *Meditación XIX. De los ensueños.*

INDICADA ya en capítulos anteriores la conveniencia de dar nuevos métodos a la vieja Psicología que de algún modo la aproximen a las ciencias naturales, y en especial a la Fisiología de quien es hermana gemela y con quien forma la rama primera del gran tronco antropológico y ensalzados aún menos de lo que merecen los métodos lógicos do observación y diálisis, es tanto más oportuno detallar la parte práctica indispensable para que el lector pueda por sí comprobar la certeza de nuestro estudio, y aun ampliarle, cuanto más difícil de apreciar es y peor interpretado ha sido el fenómeno de los ensueños, fenómeno por el cual, según lo demostrado, y merced a su carácter menos sintético que la vigilia, debemos empezar nuestras tareas analíticas.

Preocupémonos en serio, acaso por primera vez, de recoger un ensueño que momentos antes de despertar nos pareciera la misma realidad exterior y que tan propensos estamos luego a olvidar como la cosa más despreciable y absurda.

Salvo cuando se trate de sueños muy especiales, semejante tarea no resulta para todos factible y menos lo es el que puedan lograrlo con la exactitud debida, aquellas personas que, poco acostumbradas a las labores de leer y escribir de *cuenta propia*, no se suelen dar cabal razón de un fenómeno interno, hasta el punto de poder describirle, cual da fe un notario honrado de un acto que pasa ante él, sin añadir, quitar, ni cambiar cosa alguna.

La operación de reconstituir de un modo habitual lo soñado con esa paciencia benedictina que exigen las ciencias de observación, paciencia, de la que Herschell nos diera gran ejemplo con sus 28 años de observar al sol día por día, resulta muy difícil, porque no se trata de recordar, tal o cual el sueño de mucho relieve escénico, que rara vez se presenta, sino de formar un cuerpo general de recordación de las escenas a que parece asistir el yo, desde el momento en que termina el reposo absoluto, hasta aquel otro en que comienza la vigilia (escenas que resultan casi siempre envueltas en las brumas de su propia insignificancia), escribiendo luego con ellas un diario minucioso, discreto, y sobre todo exacto, algo así como un cuaderno de bitácora de la nave del alma, cuando surca el piélago del misterio con rumbos inciertos y desconocidos, cuaderno tanto más importante, cuanto que el timón y la brújula de la voluntad, se perdieran a poco de salir del puerto.

Por fortuna, en esta como en todas las operaciones intelectivas o materiales, la firmeza de la voluntad y la fuerza de un hábito bien encaminado que no tarda en adquirirse, facilitan los esfuerzos mnemónicos necesarios y hasta suministran reglas que son para tenidas muy en cuenta.

En el momento del despertar, revelado por la aparición de los actos voluntarios y de la conciencia personal frente al mundo objetivo, el primer cuidado del buen observador es hacerse perfecto cargo de que está despierto, intentar enseguida recordar sin violencia, pero con calculada energía, los puntos culminantes del ensueño y desechar la idea de que va a recordar una cosa fingida, sino más bien cual si tratase de representarse actos de la vigilia.

Es lo general que esta primera labor se haga, no por la pura memoria, sino por la fantasía misma, quien a poco nos pinta algún sitio de los que acaba de visitar el espíritu en sus pretendidas escenas, que tan verdaderas nos parecieran entonces. Si la recordación se hace con normalidad lo que antes era un punto luminoso e inquieto, se va extendiendo como mancha, de aceite, y la escena se nos suele presentar a los pocos segundos de la misma manera y con igual perfección que se representan en la fantasía las escenas do una realidad reciente.

Aun, con todo, las recordaciones del ensueño se resienten del carácter general de estos fenómenos, que es el haber sido independientes de la voluntad en absoluto. Por eso no deja de ser frecuentísimo el que, tras largo rato empleado en esfuerzos de recordación tan penosos como vanos, se presente instantáneamente el ensueño cual un paisaje pintado con todas sus tintas en la fantasía[1].

---

1. Tan importante son estos nimios detalles, que de ponerlos o no en práctica, depende casi siempre la representación de lo soñado, hasta el punto de habernos demostrado la experiencia que, si en el momento

En el momento de la recordación, que es muy culminante y característico, nótase una inercia para la memoria, una fuerza invasora tan grande por parte de la vida real en el campo de los ensueños, que cuesta a veces ímprobo, trabajo de repulsión de ella el lograr que las impresiones que la realidad nos aporta, invitándonos a sentir y a pensar, no borren el completo cuadro del ensueño que se ha ofrecido de nuevo a los ojos, y cuyas tintas pretendemos retener. Siempre, por mucho que se combatan tales impresiones externas, con la reconcentración del ánimo, se borran perfiles delicados, que de no ser así llenarían frecuentemente las soluciones de continuidad que resultan al consignar el ensueño, presentándose los de cada noche separados y fragmentarios.

Valiéndonos de un símil que creemos exactísimo, diremos que el conjunto de lo soñado parece encerrarse en una placa fotográfica y que ha sufrido durante algunos segundos la acción de la luz en la cámara oscura de la fantasía. Al instante de despertar nada presenta aquella, pero los momentos que subsiguen y durante los cuales el cuerpo despierta con cierta lentitud, trata de aparecer el ensueño con igual suavidad que las tintas de la placa aparecen al tiempo de la revelación. Si entonces, que es cuando la conciencia del yo también se despierta, no se cuida de fijar el ensueño, ya representado, con el auxilio de la atención y de la memoria, oponiendo al par las fuerzas de la voluntad a los embates, cada vez más a avasalladores que lle-

---

de despertar abandonamos prontamente y sin pereza el hecho, los ensueños son escasísimos o nulos. Nadie habrá, en efecto, por propenso que esté a los ensueños, que asegure sueña todos los días, y no obstante las observaciones preparatorias de esta obra no revelan en 18 meses solución de continuidad alguna, a pesar de recogerse sin preocupaciones, en perfecta salud e integridad psíquica y, como puede colegirse, en circunstancias bien distintas de la vida, pues durante el tiempo de observación hemos verificado viajes, estudios fatigosos, tenido cansancio, inactividad, diversiones, sentimientos diversos, etc., etc.

gan desde fuera, el fantástico cuadro se borra como cliché que se ennegrece al recibir la acción intempestiva de la luz. Sí, por el contrario, conseguimos fijar el ensueño, aunque solo sea en sus puntos capitales, es tarea relativamente fácil reconstituirle con esmero singular y ya, una vez que ha pasado de la vida fantástica interna a formar parte de un recuerdo integrado en la plena vida real, puede exponerse el cliché a la luz, es decir, pueden evacuarse otras atenciones de la naciente vigilia, aunque así como aquel no queda fijado por completo, si no se le lava para quitar todo el resto de capas sensible no herida, estos recuerdos y escenas corren peligro de adulterarse o perderse sino se consignan pronto, hasta el punto de que sería imposible en la mayoría de los casos, el reconstituir nada de vigilia a vigilia, a menos de repasar con frecuencia el recuerdo, como un niño la lección que ha de dar en la escuela. Y aún diríase que entre el ensueño y la realidad que subsigue, reina tal antagonismo, que esta parece determinar hacia aquel un profundo desprecio en el espíritu, desprecio que califica ignorantemente como frívolo, o *tonto* su estudio y comparable al que siente el joven hacia la ropa que vistiera en la infancia, o al del hombre ya sano, hacia el lecho, donde convaleciera, como si el fenómeno somnológico se encaminara a despojar la fantasía de un detritus de ya rancias realidades, corteza del árbol de la vida que el progreso biológico desecha por inútil, sustituyéndola por una nueva corteza.

Al emprender con científica fe el estudio de los ensueños todos nos parece confuso.

Tan inveterada es la rutina de considerar sus fenómenos, aunque naturales, misteriosos, que pensadores bien ilustres han retrocedido llenos de pavor ante la densidad de sus tinieblas que contrastan con las alegrías del ánimo sereno en la vigilia. Otros han rechazado con desdén su estudio, creyéndole en alto grado baladí, y solo algunos fisiólogos y alguno que otro cultivador de la ciencia espiritista han tenido buen acuerdo de ocuparse de ellos, considerándolos dignos de meditaciones, pero al llevar ciertos prejuicios de escuela y emplear métodos poco sistemáticos, se han visto extraviados en sus loables investigaciones[2].

Los escasos frutos hasta kilo grados demuestran que existen sobre el particular grandes dificultades para pasar el puente que lleve al filósofo desde los disparatados conjuntos que resultan de los ensueños cuando el papel se los traslada, a las puras esferas de los principios científicos.

Luego de recordar los sueños, ¿cómo disponemos, pues, para una fructuosa observación que sirva de material para los análisis?

Dada la fuerza absorbente de la realidad sobre los ensueños, desde el momento en que despertamos comienzan a borrarse, con análoga rapidez que la luz borra un cliché revelado y no fijado aún. Inútil es encarecer al observador que proceda a consignarlos por escrito a poco de levantarse, antes de que la mente los olvide por preocuparse con objetivos distintos[3].

---

2. Uno de los que mejor han estudiado en nuestros días algunos de los singulares fenómenos de los ensueños ha sido Ph. Tissié en su obra *Le rêve*. Distingue el ensueño en fisiológico, patológico e hipnótico. Parte de la distinción poco biológica de *yo sensorial* y *yo esplánico*, parecida a la distinción entre lo consciente y lo inconsciente que más adelante nos sirve de base para la diálisis de la intuición y el raciocinio. Dicho libro, muy deficiente bajo el aspecto psíquico de los fenómenos del ensueño, es, en cambio, un precioso tratado de los mismos bajo el aspecto puramente orgánico y atesora numerosas observaciones que hemos podido ver comprobadas con las nuestras, practicadas antes de su lectura, al echar las bases del presente libro. El autor se hace cargo de las diversas y fingidas representaciones visuales, auditivas, etc., de las asociaciones somnológicas de ideas, mediante analogías ya de palabra, ya de lugar, tiempo y espacio, e igualmente de las influencias que de la confusa sensibilidad interna pueden comprobarse sobre el argumento del ensueño, hasta el punto de poder determinar, sin otra causa, verdaderas alucinaciones. El efecto capital del libro es, a nuestro juicio, no elevarse sobre el nivel de sus observaciones, haciendo cuerpo de doctrina, y resentirse por tanto de organismos que diría González Serrano.

3. En efecto, siempre que nosotros hemos dejado de hacerlo así

Del mismo modo que con las demás ciencias naturales, debe llevarse un diario de observaciones[4]. En él, consignada la fecha de la noche observada, conviene expresar, para juzgar cuando sea preciso, del estado presunto del cuerpo y del espíritu durante el fenómeno, cuáles han sido las tareas predominantes del día, en especial las de la noche, la clase de alimentos consumidos en la cena, el estado general del ánimo y la hora en que se ha despertado el observador. Conviene también consignar el estado atmosférico, entre otras razones de alta importancia, para apurar bien las apariencias de la luz, inseparables como veremos luego de las nociones del tiempo y del espacio durante los ensueños, y que parece relacionarse con la presión atmosférica.

Después, en párrafos numerados, cuya separación se determina como en el teatro por los cambios de lugar, de personas u otros análogos, se trascribirá el ensueño en la forma más exacta y más detallada posible, sin olvidar ni las semínimas, haciéndolo de tal modo que, si llegar pudiera a manos de un artista, encontrase todo lo necesario para trasladarlo al lienzo,

En esta misma labor nótase enseguida que el ensueño, como todo suceso real o imaginado, es eminentemente sintético respecto de sus descripciones por escrito, no obstante ser, según pronto veremos, eminentemente analítico respecto de las anteriores vigilias, cuyos recuerdos baraja a su manera. Esta especie de análisis del ensueño que, por modo inconsciente viene a hacerse cuando se les describe, en lugar de perjudicar, como en otros estudios, perjudicaría, favorece las ulteriores investigacio-

---

por circunstancias del momento, los hemos visto perder su relieve, olvidándose algunos por completo después de bien recordados a su tiempo, sin que dieran resultado los más empeñados esfuerzos de recordación,

4. Este diario ha de ser sincero y reservado por razones sociales fáciles de comprender.

nes de un modo extraordinario, porque al separar las partes del mismo, que antes se mostraban inseparables en la mente, viene a resultar, como el microscopio, una considerable amplificación de las imágenes, con lo que se revelan detalles interesantísimos macroscópicamente invisibles. Pero, como a veces el fraccionamiento del ensueño general de la noche en párrafos distintos, pudieran no responder a su propia índole o a sus naturales observaciones, conviene no abusar del procedimiento de división, y consignar frases que puedan revelar las conexiones, siempre que se muestre algún indicio de continuidad entre ellos[5].

---

5. Da excelentes resultados encerrar entrecomillas el relato o descripción del ensueño, intercalando en él cuántas ideas aclaratorias se ocurran, con tal que se cuide de diferenciarlas, por medio de incisos o paréntesis, de aquellas otras ideas o detalles procedentes del periodo del sueño que se transcribe.

El papel del cuaderno debe llevar dos márgenes, uno ancho para consignar las referencias de uno a otro sueño, su carácter distintivo, las ideas sueltas, inspiradas por ellos, etc. y otro margen estrecho, imprescindible, donde con números pueden apuntarse enseguida las referencias bien caracterizadas que el contexto del ensueño tenga con la realidad exterior, ya que la parte principal de él es siempre una miscelánea de recientes vigilias.

Nada más práctico que representar estas referencias por números. Así, la cifra (1) expresará que, en la frase del ensueño al lado transcrita se ha identificado el recuerdo de una imagen, una idea (un detalle, del día que precediera a la noche del ensueño transcrito); la cifra (2) indicaría que esta imagen o está idea es de dos días de fecha retrospectiva y así sucesivamente. Más, como pudiera ocurrir que la realidad exterior saltase de un modo parcial e inadvertido la barrera del ensueño, de aquí la cifra (O) para indicar que se trata de una referencia simultánea del ensueño (reflejo inconsciente); también puede diferenciarse si se quiere el día de la noche que antecede a la observación con el símbolo (1/2), aplicado a esta última.

Una vida metódica y bien calculada, facilita sobremanera estas operaciones de confrontación del ensueño y de las vigilias que le anteceden.

Por modo, tan sencillo, las observaciones quedan en disposición de recibir tarde o temprano el método analítico, porque de un lado se ha fotografiado, valga la frase, el ensueño, y de otro se ha deshecho en lo necesario la burda trama de sus quimeras, que tanto le hicieran desmerecer a los ojos de todos, y se lleva cada vigilia anterior lo que de hecho la pertenece reservando a la luz de la ciencia, que ha de venir luego a iluminar sus tinieblas, el atento estudio de aquellas conexiones, tan en pugna con los sucesos naturales de las vigilias que le precedieran, para, en definitiva, poder preguntar con imperio al espíritu, por qué ha combinado sus momentos de aislamiento de todo lo externo, cosas tan heterogéneas y de tan múltiples referencias, y cuál sea la causa de que él, que tan ordenado es cuando la realidad objetiva le sujeta, es tan desordenado, al parecer, cuando se le deja abandonado a sí propio, como si sus leyes, no solo fueran distintas en una y otra ocasión, sino que tuviera especial prurito en emanciparse de la noción del tiempo durante el ensueño, esclavizándose, en cambio, a las nociones del espacio.

# IV

## EL SOL Y EL ESPÍRITU.–LA VIGILIA. EL REPOSO.–SUS CREPÚSCULOS

EL orden con que se suceden el día y la noche sobre la superficie de nuestro planeta, parece tener en la vida del hombre una admirable correspondencia, ya que no en vano el Sol es principio vital del Universo.

Cuando despertamos tras un sueño tranquilo, todas nuestras facultades renacen; los últimos recuerdos de la noche se disipan como las brumas de la montaña, cediendo su puesto a las esperanzas del naciente día; el cuerpo está ágil después del descanso, el espíritu, como el pájaro que salta de rama en rama saludando al nuevo sol con sus trinos, deja las regiones de la quimera, tiende sus alas en los horizontes de la vida, recibiendo raudas impresiones de los sentidos que hace poco dormían, y el hombre reanuda sus trabajos habituales, como la Naturaleza entera parece reanudar los suyos, bajo los rayos del gran astro que derrama sobre ella sus inagotables energías mecánicas, físicas y químicas.

El Sol avanza en su carrera y con él las tareas del día; acercase a su ocaso, desaparece luego extendiendo la noche su manto, y la vida de los vegetales, como la de casi todos los seres del reino animal, parece que se aletarga al faltar las excitaciones de la luz. Los animales nocturnos empiezan entonces las suyas y de aquellos seres que ha poco se alegraran con la aurora del nuevo día, sólo queda en pie el hombre, imagen de la Divinidad, que puede aun alzar su frente a los cielos, para admirar las sublimes tristezas del crepúsculo vespertino y extasiarse luego ante las miríadas de los soles del abismo cerúleo.

También el hombre precisa rendirse al fin a las leyes de la vida ya que, cual las cantidades variables matemáticas, ha de tener sus máximos y mínimos. La necesidad cada vez más apremiante del reposo le paraliza los nervios, le embota los sentidos y se le impone con fuerza avasalladora.

Pero el alma humana, más admirable en su pequeñez que el astro rutilante del día, tampoco puede sepultarse en el sueño, ni reaparecer puede sin crepúsculos. A la manera de una revelación misteriosa que le hiciese comprender que ella no muere como muere el día, su crepúsculo vespertino, que al reposo completo la conduce, nada tiene de triste, sino que es tranquilo, cuando ella está tranquila, acompañándole dulce sensaciones de bienestar, tanto mayor cuanto más intensas han sido las fatigas del día.

Cuando el hombre se entrega al descanso no tardan en relajarse todos sus músculos, y esta relajación va interesando a los nervios periféricos, tanto motores como sensitivos, con esa especie de anestesia natura1, suave beleño de los poetas. Los párpados se cierran; la obscuridad impone a entrambos nervios ópticos inanición forzosa, pues que cumplieron ya su cometido en la vigilia, como los del olfato y los del gusto; el tacto se desvanece con cierta general voluptuosidad, apenas si vigila un momento más el oído, que por breve tiempo hace la centinela, se recuerda poco, ya no se raciocina, y las impresiones culminantes del día, atesoradas en las profundidades del cerebro, fluyen suaves, casi desvanecidas en sus perfiles, como si la voluntad, que antes les encadenara poco o mucho, empezara a perder su influjo sobre ellas entregándolas después, a sí mismas. Incolora e indescriptible neblina embarga todo el ser... es un poquito de humo de la fantasía que se desvanece la última: ... un instante después el hombre está dormido.

¿Qué es entonces la persona humana? ¿Ha muerto un momento para la vida, remedando el día acaso no remoto del eterno sueño? Dormidos los sentidos, dormida al parecer la mente, con su razón, su memoria, su voluntad y su fantasía, dormido, en fin, todo lo que en el hombre no vejeta y hasta postrada un tanto la vida vegetativa, ¿es el cuerpo una planta cuya savia sanguínea circula en un tronco casi inerte del que ha poco irradiaran supremas energías psíquicas? ¿Es un ser el más bajo en la escala zoológica del que puede decirse que existe y que casi no vive, o es el augusto santuario del alma velado al exterior por la pasajera postración de los sentidos y al exterior por genuinas atonías de las facultades superiores, del cuerpo dependientes, o al cuerpo encadenadas?

* * *

Respetemos por el momento esa inanición *sui géneris* en que yace el hombre cuando duerme, verdadera noche de su espíritu bastante más breve que la noche del día. Siguiendo nuestra general ojeada vemos iniciarse a las pocas horas una reacción en diverso sentido.

Semejante a una nueva creación, de los ámbitos misteriosísimos de la nada y del no ser vagos e inconexos perfiles resurgen ante el alma, a quien siempre encuentran despierta, aunque inactiva. Las facultades psíquicas, que aparecieran en el sueño perdidas y amontonadas en la vigilia, se desdoblan entonces, encontrándose frente a frente el *yo* y la fantasía, mónada, simplicísima el primero, mundo gigante la segunda donde no tardan en desarrollarse gradualmente escenas tan ficticias como verdaderas resultan a los ojos del espíritu, a quien, faltándole todo lo que en la vida real le caracteriza, nada le falta en los imaginarios argumentos del ensueño que le absorbe y le domina...

He aquí el crepúsculo matutino del alma, que suele anticiparse a la aurora sonriente del día tiñendo de arreboles los cielos de la fantasía y difundiéndose por el organismo cual los rayos del sol material que ya se acerca tiñen las altas regiones de la atmósfera, esparciendo en la naturaleza la luz y la alegría.

Como el día nace al fin de la lucha de esta luz que llega con las tinieblas que huyen, la vida real no tarda en resultar tras las excitaciones generales que engendra esa especie de antagonismo del yo con la fantasía que lentamente va interesando a todas las facultades dentro del organismo aun velado a las impresiones exteriores. La barrera, antes infranqueable entre ellas y la realidad objetiva, empieza a quebrantarse por un lado bajo los embates de las investigaciones motoras, que de dentro él fuera determinan las exigencias de la escena ficticia que se desarrolla en los grandes centros nerviosos y merced por otro al oleaje de impresiones sensitivas que llegan de fuera, ya por el nervio acústico que se va afectando más y más por los crecientes ruidos, ya mediante los nervios sensitivos del tacto, ya, en fin, por el mismo nervio óptico, a cuya retina llegan furtivos rayos de luz.

El hombre ha despertado: torna a ser el que fuera antes de dormirse y su conciencia psicológica tremola victoriosa, dominando con la voluntad puesta ya en juego, sobre unos sentidos reconfortados y unas facultades activas.

# V

## EL FENÓMENO DEL ENSUEÑO EN GENERAL Y PRIMERA DIÁLISIS DE LAS FACULTADES DEL ESPÍRITU

VANA tarea sería la de pretender encerrar en un acabado conjunto la descripción de esos horizontes misteriosos de los ensueños, donde el espíritu, terminado el período culminante del reposo y aprovechando las horas que aún restan de postración al cuerpo, empieza a vivir una vida muy suya, por cuanto de él nace al parecer, para él es y en él revierte.

Tras ligeras molestias con que de ordinario reflejan las masas encefálicas los primeros movimientos del ensueño[6] un encan-

6. Estas ligeras molestias son comparables a las que se nos insinúan cuando pasamos de una posición cómoda a otra que no lo es tanto. Por su insignificancia y profundidad suelen pasar inadvertidas, pero pueden llegar a dejar la huella de un recuerdo, cuando por cualquier causa el cansancio cerebral y su postración son mayores, cuando el cerebro está medio dolorido, como sucede también a los demás órganos fatigados sí se los obliga a nuevo ejercicio. Coincidiendo con estas primeras molestias iniciase el ensueño con ciertos asomos de abstracción y de raciocinio, sobre todo cuando las preocupaciones de la anterior vigilia han sido sobre materia abstrusas, en las que ha jugado poco la fantasía, facultad que sólo en segundo término y como para dar fondo al cuadro

tado velo empieza a descorrerse insensiblemente ante el espíritu para quien nada es en aquel instante el tiempo que acaba de trascurrir y que le hallara sumido en especial atonía.

Es un ser nuevo, antes desconocido, el espíritu, ser que, con ojos que no son los ojos del cuerpo, mira y advierte en derredor suyo un mundo exterior, verdadero en apariencia, más en verdad fingido, que espontáneamente se mostrara con casi todos los detalles de la vida real. No se detiene el espíritu a interrogarse con ese –«¿Dónde estoy?»– que caracteriza a las turbaciones del ánimo en momentos anormales, sino que el resultar envuelto en la escena del ensueño nunca llega a extrañarle. Se encuentra en ella porque sí, como la cosa más natural del mundo, cual si se hallase realizando interesantes diligencias, ni más ni menos que en la circunstancias ordinarias de la vigilia, y sin darse cuenta asiste a su propio desdoblamiento.

No es un mero cuadro mejor o peor pintado el que tiene delante el espíritu en el ensueño, es un remedo, a veces perfectísimo, del mundo exterior en el que toma siempre parte muy activa y a cuyo trabajo no han sido las apariencias visuales las únicas en concurrir desde fuera, sino cuantas representaciones resultan atesoradas allá dentro con cargo a todos los sentidos exteriores y a todos los sentimientos anímicos. Hay, desde luego, un espacio con objetos reales de plástico relieve, con las tres dimensiones geométricas, nota característica de una completa

---

*estereotipa* un sitio cualquiera, donde parece nos hallamos entregados a nuestras propia abstracciones; pero el trabajo somnológico de entonces es vago, inconexo, heterogéneo: operación sin operar nada; acción como de meditar sin nada en que ejercerla, único fruto de tal tensión, que si se hace más intensa llega a despertar fatigosamente al individuo y que normalmente marca en las personas de edad madura el primer período del sueño. Lo ordinario es que terminen sin que el individuo llegue a despertar y entonces el ensueño se acentúa y toma caracteres definidos, desplegándose el rico manto de la fantasía.

perspectiva, mejor que la que representar pueda el pincel más experto. Una conciencia personal, vaga noción bastante diferenciada de la que se ofrece en la vigilia, parece absorta. y embobada, consagrándose con todas sus fuerzas a percibir las ficticias impresiones de la escena para apropiárselas fatalmente en el acto, sin las vacilaciones ni distingos propios de la libérrima acción de la voluntad en la vida normal, é identificándose hasta tal punto con ella que si es agradable puede alcanzar las deliciosísimas titilaciones del éxtasis y si desagradable jamás llega a conseguir la realización ilusoria de los actos instintivos ordinarios en la vigilia, de pretender cerrar los ojos, taparse los oídos, escudarse con algo o huir, lo que en ciertos momentos de pesadilla determina angustias tan horribles que difícilmente se la igualan los más desgarradores sufrimientos del cuerpo. De seguir así el individuo algunos instantes más sin despertar para cerciorarse de la quimera, la muerte más irremediable sobrevendría.

Las perspectivas son tanto más perfectas cuanto que siempre las acompaña la luz. Ora es la de un hermoso día de sol, ora la de un día nublado y melancólico. Tan pronto se esparcen por los ámbitos del fingido espacio las últimas tintas del crepúsculo, como es la luz artificial la que alumbra la escena, desvaneciéndose suavemente en las tinieblas, o es en fin el difuso resplandor de las estrellas. Rara vez, también, un efluvio violáceo, *sui-géneris*, indescriptible, brota al parecer de hacia los centros encefálicos, envolviendo al ser, por él engrandecido, en los arreboles de una aureola de gloria e inmortalidad de la que participan reflejamente todos los objetos circunvecinos.

Que en las representaciones del ensueño hay algo que se refiere al sentido de la tercera dimensión geométrica, o sea al tacto, se desprende a primera vista de las innúmeras acciones que durante el mismo creemos ejecutar.

Aquí pretendemos ordenar unos papeles; poner en su lugar las sillas; alargar una mano al amigo que llega con su fisonomía habitual y sonriente. Allí escuchamos que nos llaman desde fuera; remontamos una escalera o la falda de una montaña; doblamos una esquina, tomando por otra calle perfectamente conocida; nos cobijamos bajo un árbol o bajo un paraguas, para preservarnos del sol o de la lluvia; participamos gozosos de éste o aquel banquete; aplastamos con el pie un insecto, o cogemos entre la hierba del campo la más diminuta florecilla. Acullá perseguimos a todo correr supuestos enemigos ya vencidos; cruzamos en ferrocarril una comarca entera o nos vemos sorprendidos con el don de volar como las aves, hendiendo el aire con dulce y pasmosa velocidad; y en todas partes de la escena personas que llegan para decirnos cosas, ya sensatas, ya inverosímiles, y personas que se retiran; seres queridos y rivales odiados; cosas, sucesos que nos llaman la atención de un modo poderoso, mientras otros desfilan incidentalmente y como en penumbra.

El riguroso análisis de tales fenómenos los muestra como un extravagante mosaico de las impresiones sensitivas, imágenes, ideas y recuerdos de días anteriores. Considerando punto por punto los detalles de él, todos, absolutamente todos, tienen exacta concordancia con mociones análogas experimentadas en diversas vigilias. Su exactitud es de detalle, su extravagancia resulta del conjunto, como si los diversos músicos de una orquesta, bajándose el director de su puesto, comenzaran a ejecutar con todo esmero y simultáneamente cada cual composiciones distintas, que si en detalle resultarían exactas y adecuadas, juntas formarían incoherente desarmonía.

Ningún día deja de traducir alguna impresión externa en los ensueños subsiguientes y por otra parte nada, ni el detalle más nimio, deja de tener en la realidad anterior concordancias adecuadas, como lo hemos visto comprobado en largos meses de observaciones asiduas.

De aquí se desprende el teorema de que el ensueño es reproducción fiel, exacta y fragmentaria, pero eminentemente desordenada y compleja de anteriores vigilias.

Sentado esto debemos fijarnos en cuales de las anteriores vigilias son las elegidas por el ensueño, y dentro de ellas qué criterio de selección de éste o de aquel detalle en ellos preside.

Consultada la estadística de las anotaciones numéricas que, según antes aconsejamos, corren al lado de las observaciones de los ensueños en nuestro cuaderno diario, resulta en un promedio de 200 referencias:

12 simultáneas con el ensueño (influencias directas de la realidad en él) tales como reflejos inconscientes.
75 de un día fecha.
30 de dos id.
24 de tres id.
12 de cuatro id. y las restantes de más fecha.

La progresión es decreciente, por cierto, con una o dos referencias retrospectivas de un año fecha.

Vénse pues muy numerosas, casi absorbentes las referencias de un día a cuatro o cinco días fecha retrospectiva, no pocas de 6 a 10 días, bastante raras las de 10 a 30 y rarísimas las de fecha más remota, dándosc alguna extraña referencia anua, porque la repetición de fenómenos generales característicos de cada época, pueden determinar alguna que otra vez inconscientes recordaciones. Las referencias que el sueño tiene respecto de la vigilia son más numerosas, por tanto, mientras más recientes, pudiendo afirmarse que *a medida que los días pretéritos distan del momento del ensueño como los términos de una progresión aritmética, sus referencias en* él *disminuyen en progre-*

*sión geométrica*[7]. Ya haremos notar una importante excepción cuando se cambia de género de vida y de localidad, sobre todo.

La rápida descripción que antecede del fenómeno general del ensueño demuestra que durante él el espíritu asiste a su propio desdoblamiento, por cuanto, aislado en absoluto de cuanto acontece fuera por la postración sensitiva que al dicho periodo caracteriza, parte de él sigue haciendo el papel subjetivo, como en la vida real, mientras otra parte, que durante el día parecía integrarle por ser sus tareas, asimismo subjetivas en la vigilia, resulta a la sazón *perfectamente extraña y objetiva, respecto del yo donde antes se la creería*.

El ensueño todo, sea cual fuere, parece agruparse entorno de dos polos opuestos, *objetivo, el uno, subjetivo el otro*, dializado por él, a la manera de aquel precioso aparato de Química orgánica.

---

7. No puede objetarse que estando los hechos recientes más presentes en la memoria que los remotos, es natural se encuentren con más dificultad las oportunas referencias en é stos que en aquellos, pues para las doscientas referencias citadas como ejemplo apenas hemos hallado tres detalles desprovistos de ella, y cantidad tan exigua bien puede atribuirse a naturalísimas deficiencias de las recordaciones de las anteriores vigilias y a un parcial desdoblamiento de la fantasía, fenómeno que pronto habrá de ocuparnos.

El criterio irrecusable de estas referencias estriba principalmente en los detalles de luz, orientación, personajes, impresiones, sentimientos y otras mociones análogas, que no permiten abrigar la menor duda acerca de su recuerdo concreto con referencia a tal o cual vigilia. Algunas muy raras, que acaso no podrían demostrarse irrefragablemente, tienen su apoyo en la compleja vida íntima del yo y en esos mil detalles casi inapreciables de la existencia; están basadas en el pleno testimonio del sentido íntimo o conciencia.

Tal es la firmeza de semejante convicción que la más leve duda no es admisible a nuestro juicio. Al principio los únicos detalles que sugieren ligeras vacilaciones son los de aquellos ensueños cuyo argumento se forma, no por escenas de la vigilia sino por ideas de ella, puestas en acción durante el ensueño, lo cual sucede con gran frecuencia.

En el primero no es difícil reconocer la prodigiosa facultad pictórica, que suele llamarse imaginación o fantasía, encargándose de la tarea de objetivar, desarrollando escenas ante los ojos del yo y supliendo tan acabadamente las funciones del mundo exterior en la vigilia, que viste con el ropaje de la verdad sus quimeras absurdas.

En el segundo, adviértese aún la parte afectiva del yo, *la psiquis*, encargada de percibir estas ficciones, salpicándolas aquí allí, amén de alguna idea suelta, con sentimientos de placer, dolor, simpatía o antipatía, egoísmo y altruismo. Las demás facultades que de ordinario suelen admitirse de memoria, raciocinio perfecto, voluntad, etc., juegan un papel muy secundario en el ensueño, que puede darse y se da casi siempre sin ellas.

*Luego la fantasía*, representando ante el yo animadas escenas exteriores con apariencia de algo real, que a la sazón se desarrolla entre nosotros durante el sueño, *viene a servir de objeto y es una facultad entonces objetiva a los ojos del yo.* Por el contrario, en la realidad, cualquiera que sea el objeto contemplado, parece que va grabando en sí y haciéndose cargo de cuantas impresiones recoge de los sentidos, ya sean encantadas perspectivas, ya sonoras armonías, ya, en fin, aromas y sabores, *siendo entonces respecto de nuestro yo o psiquis*[8] *una facultad eminentemen-*

8. Para introducir en nuestro lenguaje la indispensable precisión propia de toda investigación científica, convendremos en llamar *psiquis* o *yo* a la facultad más íntima de nuestro ser, caracterizada por ser atesoradora de sentimientos, lazos de unión de la inconsciencia y la conciencia, y elemento genuinamente subjetivo, tanto en la vigilia como en el sueño, lo que la diferencia tanto de la *fantasía*, que en este aparece objetivada, como del *raciocinio*, que yace postrado en el ensueño. Las palabras *espíritu* y *alma*, en extremo vagas a fuer de manoseadas por las escuelas, solo las emplearemos indistintamente para designar *todo el conjunto de humanas facultades*, y aún en ello, se notará la impropiedad de su uso, por cuanto dos de estas (fantasía y raciocinio), son por lo menos facultades órgano-psíquicas.

*te subjetiva.* Su papel psicológico en el sueño parece, pues, ser completamente distinto, *sufriendo una verdadera inversión o cambio de signo*, que la transforma, de subjetiva, que era en la vigilia, en objetiva durante el ensueño, para tornar, en el momento de despertar, otra vez a subjetiva.

De aquí, podemos deducir que hay una o varias facultades en el hombre que son *subjetivas siempre*, esto es, en el ensueño y en la vigilia, y otras, como la fantasía, que *alternativamente hacen el papel de objetivas y de subjetivas.* O más concretamente, que son lo primero respecto de aquellas y los segundos respecto a la realidad Exterior. Por decirlo así, son espíritu para el cuerpo, son cuerpo para el espíritu, moviendo por el momento al ánimo a una consideración trina en el ser humano, a diferencia de la concepción dualista de alma y cuerpo establecida hasta aquí.

Mecánicamente considerada esta inversión o cambio de signo de la fantasía debe tener su cero, como así es, pues toca en él la vez primera al dormirse el individuo, en cuya ocasión ella, como todas las demás, se paraliza, constituyéndose en reposo absoluto, y la segunda en el momento del despertar normal, en el que se adquiere plena conciencia de la vida exterior.

Como la fantasía ya despierta cesa en su fuerte faena de objetivación al tocar [por] segunda vez en el cero, suelen pasar, como ya en otro capítulo dijimos, algunos segundos o minutos hasta poder iniciarse la recordación del ensueño, porque para volver a colocarse en circunstancias objetivas análogas, precisa un esfuerzo, dado que, por ley natural del despertar, está impulsada a verificar lo contrario. De aquí el trabajo que supone siempre el recordar los ensueños que acaben de tener lugar, porque la voluntad y 1a realidad exterior se encuentran en abierta pugna. La primera ordenando una representación a la fantasía para la que tiene de nuevo que objetivarse, y la segunda exigiendo con imperio que se coloque en su actitud subjetiva para atesorar debidamente las nacientes impresiones exteriores que en rauda corriente llegan al espíritu por conducto de los sentidos reconfortados por el descanso y ansiosos de emprender la vida del nuevo día. De aquí también que en los primeros instantes que subsiguen al despertar se crea casi siempre no haber soñado nada durante la noche que acaba de trascurrir, al no encontrar nada concreto, porque para hallarlo precisa cambiar otra vez de signo la fantasía, como si parcialmente se retornara al estado del ensueño, cuya desaparición ha decretado ya la necesidad orgánica de volver a la vida.

Este movimiento mutuo y recíproco de la fantasía, que normal y orgánicamente se verifica todos los días en los dos confines del descanso con la vigilia, se presenta también en la vida real, a veces de un modo espontáneo, a veces, por el contrario, merced a las órdenes de la voluntad.

Hay, en efecto, momentos en la vida, tan normales como los que más, en que parece sobrevenir al cuerpo súbito reposo, postración que nada tiene de morbosa ni de desagradable; se debilita sobremanera la acción de los sentidos y se relajan las fuerzas de la voluntad. Mírase sin ver, se oyen vagamente los mil ruidos del exterior, se piensa nada o muy poco y al azar; el organismo es presa de esa extraordinaria laxitud llamada *dolce far niente* por los italianos. Entonces recaba su acción objetiva la fantasía y sus mágicas alas empiezan a surcar el infinito de su propia indeterminación, lleno de luces y de sombras, de encantos y melancolías; mientras el espíritu, dulcemente obsesionado con sus panoramas encantadores, empieza a soñar despierto, porque, abstraído, sólo de un modo confuso. precia la realidad exterior, dejándose guiar por la acción que a sus ojos va desarrollando esa calumniada *loca de la casa* en plena labor objetiva.

Sorprended en aquel momento al ser que yace envuelto en los pliegues de la fantasía objetivada y veréis experimentar una conmoción brusca, un choque o sacudida, como locomóvil a quien se imprime de pronto un cambio de dirección en la marcha. Hay algo que vuelve en sí y como que se invierte, colocándose en opuesta actitud, y ese algo no son los sentidos, porque estos siguen antes y después igualmente impresionados por las sensaciones externas; tampoco es el espíritu en sí mismo el que cambia, porque a éste le es tan frecuente como grato el cambiar de objetos; es tan sólo que *el balancín de la fantasía* ha dado una vuelta completa, cayendo del lado de los elementos subjetivos del yo, para continuar en el equilibrio que exige la vida; es la aguja de la vía férrea, que antes estaba en una posición para dar entrada al tren que ya ha llegado, y tiene que tomar otra distinta posición para evitar que con él choque el otro que, por opuesto lado, a toda máquina se aproxima al andén.

Ahora se empieza a comprender el papel fundamental y regulador que en la economía de la vida representa esta preciosa facultad emplazada en los dudosos confines del cuerpo con el espíritu. ¿Hay en un momento determinada necesidad de observar un fenómeno exterior interesante? ya la tenéis a la manera de un *reporter* tomando nota de los detalles más nimios, empapándose en la misma atmósfera que al suceso rodea. ¿Hay necesidad de estudiar y meditar sobre aquel fenómeno?, ya está como el *reporter* en la mesa de redacción: presentando fielmente al yo cuanto momentos antes atesorara, absorbiendo y paralizando el funcionamiento de los sentidos que sean al efecto inútiles, colocándose ella bajo las órdenes inmediatas de la voluntad, dúctil y maleable en sustitución del objeto; dispuesta a repetir cien veces lo que viera; a representarlo ya en detalle ya en conjunto; a engrandecerlo o empequeñecerlo, adjudicando a voluntad cualquier medida, porque la unidad de medida está en ella y ella es en sí arbitraria, según lo que se la exija, hallándose propicia a reunir lo distanciado por el espacio o por el tiempo, a combinar o descomponer. Poco importa por el momento que ella combine o descomponga o que esto venga a verificarlo distinta facultad. Nunca será cuestionable que ella da los materiales, la masa, blanda más que la cera, para que tomen forma los trabajos del espíritu; facultad auxiliadora y analizadora de los materiales sobre los que el espíritu trabaja a la sazón, objetivando respecto de otra facultad o facultades genuinamente psíquicas y subjetivándose para adquirir caudal mayor a costa de las impresiones q ue recoge de los sentidos.

Pero la fantasía en acción es avara en la vigilia, como todo órgano y toda facultad llamada a funciones esenciales en la vida. Asimismo, como hija primogénita que es del espíritu en su vida corpórea, y del cual no se separa desde que comienza la existencia hasta que termina, no reconoce fronteras: ve el espacio real y concibe o crea su propio espacio imaginario, trasunto infiel de lo infinito; aprecia por modo singular la sucesión del tiempo y le concibe prolongado en inacabables siglos, imagen pobrísima de la misteriosa eternidad. Hija la fantasía del comercio continuo del espíritu con el mundo, es el símbolo vital por excelencia. Presiente, en su delicada contextura órgano-psíquica, los altos destinos de espíritu a quien acompaña siempre en esta vida y a quien acompañaría después de ella si fuere preciso, allende el tiempo –en la eternidad– allende el espacio –en lo infinito– pero sus ojos ciegos para una luz que no habrá de ver nunca; sus oídos sordos a las inefables armonías de una vida futura, sin sombras ni confines, halla consuelo fingiendo indefinidamente alejado los límites del espacio en el Universo y en sí propia los límites del tiempo.

# VI

## CORRELACIÓN FISIOLÓGICA DE LA DIÁLISIS ANTERIOR

PARA que esta primera diálisis de las facultades psíquicas suministrada por el ensueño sea completa, busquemos su equivalente fisiológico, demandando luces a la biología.

Sometido el cuerpo humano a la ley general de toda substancia organizada, que tarde o temprano ha de desintegrarse en sus elementos minerales, todas sus funciones nutritivas, encargadas de reponer sus pérdidas, tienen como fin último la conservación del sistema nervioso, cuyos centros, encerrados en las cavidades del cráneo y de la columna vertebral, irradian a todas las partes del cuerpo una vasta y finísima red de innúmeras ramificaciones encargadas de dar excitación vital a los miembros.

Por encima de las labores especiales y analíticas, por decirlo así, de los demás sistemas, el sistema nervioso realiza la gran síntesis de la vida y el órgano que, por diversos accidentes, se ve privado de su comunicación con él queda pronto fuera del comercio general con los demás, siendo perfectamente inútil y acarreando la muerte si sus funciones fueran insustituibles y esenciales.

El sistema o aparato digestivo suministra a la sangre elementos reparadores de las pérdidas sufridas por el continuo desgaste del organismo, y vertidos estos elementos en él torrente circulatorio llegan a los tejidos, donde se asimilan, para ser eliminados más tarde por las secreciones; el sistema óseo, por sí, da la estabilidad necesaria al cuerpo y asociado al sistema muscular, le pone en actitud de ser movido, pero todo el gran conjunto corpóreo yacería inerte si la misteriosa corriente vital, arrancando de los centros nerviosos, verdadera red telegráfica, no se encargara de poner en juego el sublime mecanismo, dando a cada sistema el impulso y las excitaciones precisas, por virtud de las cuales el corazón late: la sangre circula: el aparato respiratorio elimina el vapor de agua y el anhídrido carbónico, suministrando oxígeno: el riñón elimina la urea: el tubo digestivo verifica sus naturales movimientos y realiza sus operaciones químicas: los músculos se contraen o distienden, y, por cima de toda esta admirable maquinaria, el hombre se pone en relación con el mundo objetivo, mediante las sensaciones, y se eleva sobre él, merced a sus voliciones, ideas y sentimientos.

Por esa misma función sintética que el sistema nervioso está llamado a desempeñar en el organismo, ningún buen estudio psicológico de observación puede menos de dar por él comienzo a sus tareas. Vano sería buscar ese fuego divino del pensamiento, que la mitología creyera robado al mismo cielo, entre las materializaciones de los demás sistemas, encargados del mero entretenimiento del cuerpo; pero no menos vano es buscarle, como se le ha buscado durante siglos, en las vagas tenebrosidades de una abstracción sin límites, lejos, muy lejos del cuerpo, en las regiones ideales de una incomprensible metafísica.

Si es axiomático que la voluntad humana es ciega sin la inteligencia y la inteligencia a su vez, nada tampoco sin las impresiones sensibles, como éstas no existen sin los conductores nerviosos, necio es hablar de la voluntad, la sensibilidad, ni la inteligencia, sin que antes nos fijemos atentamente en el conjunto general de un sistema que puede no ser la. esencia del hombre, pero que es tal su naturaleza, que sin él la esencia y las operaciones del alma no pueden concebirse .

A primera inspección se nos presenta el sistema como una vasta red periférica extendida por todo el organismo, teniendo como centros las masas encefálicas y la médula espinal. Las raicillas nerviosas que se pierden en las fibras contráctiles de los músculos van de fuera a dentro reuniéndose con otras, sin perder su propio aislamiento e independencia, a manera de los hilos de un cable trasatlántico y así, aumentando su espesor por incorporación de otros nervios vecinos, forman troncos que, salvo los de la cabeza y algún otro, penetran por los lados de las diversas vértebras espinales, en cuyo interior se halla la médula espinal, que se enlaza con los hemisferios cerebrales.

Las funciones generales de los nervios son de dos clases: conscientes e inconscientes, llamadas así porque las primeras están bajo 1a dependencia de la voluntad, a diferencia de las segundas, las cuales pasan en absoluto inadvertidas para la conciencia psicológica. Además, por su manera de actuar, se clasifican los nervios, en nervios de trasmisión centrípeta, o de fuera a dentro, y nervios de trasmisión centrífuga, o de dentro a fuera. Por los primeros o centrípetos el mundo exterior y las porciones del cuerpo por donde están distribuidos, ejercen su acción sobre los centros nerviosos; por los segundos o centrífugos pueden estos mismos centros, inversamente, influir sobre los diversos órganos del cuerpo y por su mediación sobre el mundo exterior.

Hay pues nervios centrípetos y nervios centrífugos inconscientes y los hay también centrípetos y centrífugos de índole consciente. Su distinta manera de funcionar proviene de que en los nervios inconscientes la corriente centrípeta termina en los ganglios de la médula y de allí toma origen enseguida la corriente centrífuga correspondiente que, sin intervención alguna de los centros cerebrales, trasmite a su vez una moción inconsciente al órgano adecuado; mientras en la inervación consciente (o voluntaria, pues su acción depende sólo de la voluntad), la corriente centrípeta o sensitiva no se detiene hasta que llega al cerebro mismo, por o sin mediación de la médula espinal, según sea su procedencia, y de1 cerebro, a su vez, parte la moción o corriente centrífuga motora, que determina la ejecución de los movimientos voluntarios.

Son, por ejemplo, nervios inconscientes los que, sin nosotros advertirlo, mueven constantemente el corazón en su prodigioso latir desde que nacemos hasta que morimos, los consagrados a las funciones digestivas y secretorias, y gran parte de los del aparato respiratorio etc. y son nervios conscientes los que trasmiten al cerebro las impresiones de los sentidos, como los dos nervios ópticos, los acústicos, los del olfato y gusto y los del tacto. También son nervios conscientes de la clase de centrífugos los que desde el cerebro, mediante la voluntad, mueven los párpados, la lengua, las piernas y los brazos.

Así, cuando los alimentos son ingeridos en el estómago, los nervios centrípetos que arrancan de 1a mucosa de esta víscera, trasmiten a la médula la impresión inconsciente que causan aquellos al ser introducidos, y en la médula se refleja enseguida la corriente motora inconsciente, que hace que las mismas mucosas segreguen el jugo gástrico necesario para la digestión, En nada de esto participa el cerebro, a pesar de tener un hilo directo por decirlo así con el estómago mediante el nervio neumogástrico, y tampoco interviene la voluntad que no puede jamás suspender esta recíproca acción. Tal sucede en los fenómenos conscientes en los cuales, lo mismo la impresión sensitiva que viene de fuera al cerebro, como la instigación motora que dentro de él se origina pueden ser determinadas o suspendidas por la voluntad, de quien dependen siempre.

Las células que integran el tejido nervioso, tanto céfalo-raquídeo como del simpático, no se diferencian morfológicamente en nada. La Histología nos enseña que son corpúsculos pequeñísimos, ya que sus dimensiones oscilan entre 7 y 70 milésimas de milímetro, generalmente estrellados y provistos de largas expansiones ramificadas, una de las cuales, mucho más larga que las otras, tiene por objeto poner a la célula en relación dinámica con otras células nerviosas o con las de los tejidos subordinados. Las primeras expansiones, análogas a las raíces del vegetal, se llaman *expansiones protoplásmicas*; la otra, semejante al tallo de la planta se denomina *cilindro-eje*: las unas son de *corriente celulípeta* (transmisión de las raicillas al núcleo); el otro es de *corriente celulífuga* (del núcleo al tallo).

Examinadas al microscopio las expansiones nerviosas sensitivas muestran siempre análoga disposición. En la membrana olfatoria existe, por ejemplo, gran número de células de la clase de *bipolares*, o de dos prolongaciones: por la una, la de las raicillas protoplásmicas que tocan al exterior, dichas células se impresionan con las emanaciones gaseosas de los cuerpos olorosos o por su tallo o cilindro-eje trasmiten la impresión hacia el bulbo olfatorio, en la base esfenoidal del cerebro, donde las expansiones varicosas de dicho tallo se ponen en contacto con las raicillas de las *células mitrales*, a ellas yuxtapuestas, y éstas, a su vez, mediante sus cilindros-ejes respectivos, trasmiten la impresión a las células grises de la corteza del cerebro. De análoga manera se reciben en la *lámina gris* de la base del cerebro las impresiones visuales, acústicas, gustativas, y táctiles, cual si dicha lamina fuese, como cree el Dr. Luys, un gran receptáculo sensitivo, compuesto de un centro anterior u olfatorio, otro medio u óptico, otro subsiguiente destinado a la vaga sensibilidad que a veces caracteriza a las funciones inconscientes del corazón, estómago, etc. y un centro posterior o acústico, conexionado con la tercera circunvolución frontal del lenguaje, como los demás lo están sin duda con otras circunvoluciones de los hemisferios cerebrales.

De la corteza cerebral parten asimismo las instigaciones motoras, y su corriente centrípeta se origina en las llamadas *células psíquicas o de Cajal,* término de la vía sensitiva y que extienden por la misma superficie gris de las circunvoluciones los cilindros-ejes de sus núcleos, desprovistos, cosa singular, de expansiones protoplásmicas. Las células psíquicas vénse tendidas paralelamente entre las prolongaciones protoplásmicas, o raicillas de las *células de las pirámides* y de las *poligonales,* como los hilos del telégrafo entre el ramaje de los árboles. Las células de las pirámides interesan de paso a las *células polimorfas* del piso interno de la substancia gris; prolongan sus cilindros-ejes descendentes y forman con sus bifurcaciones las fibras nerviosas del *cuerpo calloso* y las de la *substancia blanca,* cuyos tubos van a buscar otros órganos ya encefálicos, ya raquídeos, ya exteriores. Las diversas circunvoluciones de entrambos hemisferios mantienen íntima solidaridad entre sí, mediante el cambio recíproco de los cilindros ejes de las llamadas *células de asociación* y cosa análoga sucede con e1 cerebelo, donde las bifurcaciones nerviosas superficiales y paralelas de las *células de los granos,* equivalen a la red telegráfica de las células psíquicas del cerebro: las *células de Purkinje*, a las de las pirámides etc., etc. Respecto a la médula espinal, una no interrumpida, pero algo compleja, continuidad por el estilo, enlaza las células *por pisos*, formando así con los cilindros ejes de unas, yuxtapuestas a las expansiones pratoplásmicas de las otras, las *vías piramidales descendentes o motrices* (directa y cruzada) los *fascículos cerebo-*

*losos ascendentes, los cordones antero-laterales,* etc., mereciendo especial atención las *células de transición o sensitivo-motrices,* clave de los reflejos nerviosos inconscientes que se operan en la médula, como prolongación de la masa encefálica, para todas las funciones de la vida vegetativa[9].

Como se ve, la morfología de la célula nerviosa nada nos enseña en pro de nuestra anterior diálisis de facultades. Vayamos, pues, más lejos, hasta las reacciones químico-biológicas que se operan en el interior de sus protoplasmas.

La célula orgánica está casi siempre compuesta de una cubierta albuminosa, conteniendo una masa fluida; el *protoplasma,* y un *núcleo.* La materia protoplásmica es granulosa, blanda, coherente y extensible, con un 75 a un 85 por ciento de agua en las células adultas de los animales y suele estar condensada en torno del núcleo, a modo de espeso tapiz o red de *plasma* (especie de albúmina). Esta red contiene un jugo albuminoso soluble, especial (*citoquimo*), que en las células grises nerviosas es pálido, no reductor y aún desconocido, pero *débilmente* ácido, mientras que en las fibras de la parte blanca es *muy reductor* y *ligeramente* alcalino: más rico en *cerebrina* y en productos de secreción celular, tales como la *colesterina* y las *grasas.*

Merced a las excitaciones más diversas: electromagnéticas, luminosas, mecánicas, etc., el protoplasma se altera, al modo de los seres inferiores *(amibos)*: se retrae, emite prolongaciones, modifica su refringencia y se llena de vesículas, al par que sus granillos, cual ínfimos glóbulos rojos de esa pseudosangre protoplásmica, inician una especie de movimiento circulatorio. Dichas vesículas encierran un líquido *siempre* ácido, mientras que la masa protoplásmica es *siempre alcalina* y mediante las leyes de la presión osmótica o difusión de líquidos distintos

9. Todos estos detalles pueden estudiarse más al pormenor en las monumentales obras de nuestro Cajal.

a través de membranas orgánicas, se acumulan por secreción en ellas sales, agua, ácido carbónico y otros, materias colorantes, grasas, almidón, azúcares, diastasas, urea, ureidos, glicógenos, leucomanas, fermentos, etc. (Gautier), sustancias muchas de ellas de organismo químico todavía bastante complejo, pero más simplificado que los componentes fundamentales nerviosos que los dan origen, componentes que alcanzan construcciones atómicas verdaderamente sublime, tales como el *protagón* suministrado por la sangre. Sentimos no poder dar una idea de tales edificios portentosos, verdaderos centros de la vida, invisibles ya para los mejores microscopios, por ser muchísimo más pequeños que la milésima de milímetro, pero adivinados por la química; baste decir que las *lecitinas,* uno de los integrantes del *protagón,* están compuestas de ácido *oleico* y *margárico*, ácido *fosfoglicérico* y *neurina* o bien *colina* de muy complejas moléculas, pues la complejidad de esta última ya lo revela su nombre analítico: *¡hidrato de trimet il-hidroxetilen-amonio!*

Las reacciones químico-vitales de dentro y fuera de la célula nerviosa tienen aún muchos misterios que aclarar, pero lo apuntado basta para establecer el teorema final de nuestra larga expedición fisiológica, de que la reacción del nervio vivo en reposo es alcalina o neutra, y ácida desde que entra en actividad: más alcalina hacia el cilindro-eje y más ácida hacia las raicillas protoplasmáticas, o en otros términos: durante la actividad nerviosa de los sentidos (vigilia) hay corriente osmótica centrípeta, productora de secreciones ácidas, disociadoras de los grandes edificios químico-celulares. Como tras el descanso estos nervios vuelven a encontrarse en condiciones de nueva actividad, es evidente que se han repuesto por secreción extracelular, y que para ello ha tenido que determinarse, durante la postración de los sentidos, esto es, durante el sueño, una corriente osmótica contraria o centrífuga, regeneradora, completamente inversa de la de la vigilia o de acción de los sentidos, celulípeta para los cilindros-ejes y celulífuga para las raicillas protoplásmicas. Corrientes secundarias de las que nos dan buen ejemplo las que en las pilas eléctricas van poco a. poco desvirtuando la acción de la principal hasta invertirla (Planté).

Los centros reguladores de tales corrientes deben radicar en los núcleos celulares que dentro de la fisiología de la célula representan un elemento director, algo así como un cerebro o corazón en miniatura de la célula, que preside a todas las funciones de la misma, tanto las nutritivas como las reproductoras, aunque estas últimas funciones, a partir de cierta celad, no se dan en las células del sistema nervioso y sí en las de los demás tejidos. ¿Quién sabe si la falta en los núcleos de aquellas de la función segmentadora o *kariokinética,* solo está aparentemente abolida y transformada, valga la frase, en una especie *kariokinesis psico-física*? Por ello el aspecto microscópico del núcleo es el de una verdadera pila de Volta, desarrollada en laberínticas circunvoluciones, y suelen alternar en él los elementos ácidos semisólidos de la *nucleina* o *cromatina*, muy ricos en fósforo, con una substancia hialina, de naturaleza baísica; el *hialoplasma* o *linina*.

Entrambas corrientes osmóticas, tanto la producida de fuera a dentro por la trasformación de las vibraciones sonoras luminosas etc. en vibraciones químicas, como las inversas originadas por la renovación intracelular, tienen necesariamente que afectar a las íntimas relaciones entre los dos elementos contrapuestos del núcleo, los que en el lenguaje del capítulo anterior vienen a oficiar de cliché y de reactivo, atesorándose en aquél esa riqueza casi infinita de nuestras impresiones más o menos pretéritas, hasta las que parecen sumergidas en los profundos senos de lo inconsciente.

Nuestra primera diálisis de la psiquis y la fantasía adquiere así una demostración en cierto modo experimental (siquier los medios de laboratorio aplicados casi siempre *post-mortem* no alcancen a evidenciarla). La corriente sensitiva de la vigilia equivale en psicología a la percepción sensitiva correspondiente: la corriente de signo contrario que supone el ensueño equivale a ejercicio pictórico de la fantasía o sea a recíproco ejercicio de los sentidos. La fantasía en el ensueño no es, pues, fisiológicamente, más que la inversión de los sentidos objetivados, y de aquí que su ejercicio paralice las percepciones de éstos, tome más amplitud durante las sombras de la noche y en el lecho, se atenúe con los excitantes de la luz solar y tremole victoriosa en el ensueño, cuando los órganos de los sentidos no dan lugar a impresiones en contrario. Psicológicamente es algo más la fantasía, merced a su conexión con otras facultades y a las acciones inconscientes de que más tarde nos ocuparemos.

Las consecuencias que se deducen de aquí son numerosas. Apuntemos sólo algunas.

a) Como en la morfología celular y en los fenómenos quimio-celulares no existen diferencias intrínsecas entre el hombre y los animales superiores, el fenómeno somnológico alcanza a estos en menor grado, así como las intuiciones y la fantasía, aunque éstas sean más pobres por el menor número relativo de sus células nerviosas y asociaciones celulares. En efecto, todo el mundo puede comprobar aquel fenómeno en gatos, caballos, perros, gallinas etc. La diálisis del capítulo anterior no se limita pues al hombre.

b) Las corrientes electromagnéticas ascendentes en un nervio vivo deben determinar sabor ácido y las descendentes sabor alcalino, como efectivamente sucede.

c) La cesación funcional destruye al nervio porque ya carece para sus corrientes regeneradoras de los excitantes osmóticos que origina su ejercicio.

d) La corriente renovadora, como determinada por una regeneración de elementos nutritivos, es normalmente grata al organismo y su ejercicio representa en él una saludable reacción: no se limita al período de los ensueños; es tanto mayor cuanto más intenso haya sido el ejercicio de los sentidos y con ellos se completa en la vigilia, bajo el nombre de apercepciones, en virtud de las nociones del yo o psiquis. Suele ejercer también cierta función complementaria de unos con otros sentidos principalmente entre la vista y el oído, como más tarde comprobaremos y por ser la función psíquica correlativa reversión del yo sobre el mundo, la fantasía acompaña siempre como fondo a toda operación intelectiva.

e) La frase metafórica de clichés de la fantasía es algo más que una metáfora, ya que al renovarse el líquido celular nervioso la célula ha de sufrir una excitación sensitiva recíproca, que reproduzca objetivamente las imágenes impresas por los sentidos. En una y otra operación media un excitante vital, a guisa de revelador[10]. Célula de líquidos poco renovados simboliza una impresión por borrar. Célula renovada simboliza el olvido de la impresión grabada en ella. Si la regeneración química se opera en la vigilia puede pasar inadvertida la impresión atesorada, o determinar lo que llamamos recordaciones inconscientes. Sí aquella se opera durante el reposo absoluto (dado que,

10. Siempre que buscamos paralelismos entre las funciones psicológicas y las fisiológicas, necesidades avasalladoras de lenguaje nos llevan como a identificarlas, pero entiéndase que, aunque somos partidarios de un supremo unitarismo hoy imposible de evidenciar, no nos inclinamos hoy ni al materialismo ni al espiritualismo por creerlos fases imperfectas del problema.

contra lo que parece, existiese tal reposo) su vago perfil resulta ya perdido, y si tiene lugar en fin en el segundo período del descanso determina una impresión de ensueño, y su conjunto ha de resultar abigarrado por que la renovación debe regirse, no por las leyes del tiempo; sino por las, muy distintas, de las exigencias renovadoras.

f) Los dos clichés superpuestos que más adelante se evidencien en el capítulo de la fantasía y las lecturas, pueden guardar íntima conexión con los respectivos elementos de la *nucleina* y 1a *linina* de los núcleos.

g) La fantasía parece más intensa durante 1a juventud, en correlación del más intenso funcionar de los sentidos en dicha edad; aunque sobre esto hay mucho que decir. Existe en el loco, en el alcoholizado, en e1 hipnotizado y en otros estados poco o nada fisiológicos, que necesariamente conservan el funcionamiento de los sentidos, como lazo con el mundo exterior. Es pobrísima en el imbécil y no existe especializada para los sentidos atrofiados de nacimiento (ciegos, sordomudos etc.) Sus aberraciones, sintomáticas de innúmeras enfermedades, suponen la correlativa perturbación o abulia de los sentidos. En el niño, al par que los sentidos se desarrollan, desarróllase por ellos la fantasía.

h) El alcohol, al excitar en su primer período las células nerviosas, excita juntamente la fantasía y postra luego a ésta simultáneamente con aquéllas.

i) Así como entre las infinitas células sensitivas durante 1a vigilia los hay de protoplasma regenerado (*para impresiones*) y cargados de secreción (*para fantasía*), de igual modo las impresiones psíquico-sensitivas y las representaciones fantásticas coexisten siempre en la vigilia, pero con la relativa preponderancia de unas u otras que determinan las influencias exteriores. Esta preponderancia se viene luego a traducir orgánicamente en necesidad de una preponderancia recíproca (necesidad de cambiar de horizontes, tras las representaciones que todo trabajo humano exige, la de las diversiones, viajes, etc.). A mayor ejercicio en los sentidos, mayor exuberancia subsiguiente de la fantasía: a postración ociosa de aquéllos, perturbaciones morbosas de ésta, llamadas aberraciones y manías. Unos y otras son excitantes recíprocos, en cumplimiento de la ley universal de acción y de reacción.

Las precedentes deducciones bastan para dejar establecida la correlación fisiológica que perseguíamos en este capítulo.

# VII

## PRELIMINAR DE LA SEGUNDA DIÁLISIS. LO CONSCIENTE Y LO INCONSCIENTE

ANTERIORMENTE nos hemos hecho cargo de las corrientes de inervación y de las diferencias fisiológicas que existen entre los nervios conexionados con las masas encefálicas o sean los de las sensaciones y mociones conscientes, y los nervios inconscientes, o de la vida vegetativa.

No se crea, sin embargo, que las funciones conscientes están deslindadas de las inconscientes con igual claridad que lo están los nervios respectivos. Aunque por un momento parezca depresivo para la dignidad del hombre, para su alto rango en el plan de la Creación y para los fines elevadísimos que en ella esta llamado a cumplir, las funciones inconscientes gozan de inmenso predominio sobre las conscientes, hasta el punto de que la esfera de lo inconsciente resulta sagrada e irreductible, invadiéndola sólo lo consciente en los casos supremos de enfermedad o de desequilibrio fisiológico, durante los cuales llega a sentirse conscientemente ya un malestar general, ya un dolor bien localizado, hacia la parte enferma, más o menos intensa según las circunstancias. Por el contrario, la invasión de lo inconsciente en la esfera de lo consciente ocurre de continuo y solo acaba cuando la vida termina.

Por de pronto, siendo inconsciente todo lo que no depende de la voluntad, la vida vegetativa o de nutrición se desarrolla toda en dicha esfera. Desde que los alimentos se ingieren en el estómago ya no alcanza a ellos la acción directa de la voluntad, menos aun cuando se mezclan con el plasma de la sangre y cuando llegan a los capilares para ser asimilados por fin. En las secreciones apenas si en algunos juega la voluntad, que solamente en los músculos motores goza de cierta hegemonía.

Cuando nos amenaza un peligro inminente el inconsciente, encargado de velar por la vida, se apodera de las mociones de la voluntad, haciéndolas inconscientes también y provee a las exigencias momentáneas de la situación, a menos que ésta, apoyándose en pasiones y sentimientos superiores, le presente batalla de 1a que sólo en temperamentos bien templados puede salir vencedora, siendo, cuando se halla aislada; más frecuente su derrota que su victoria, lo que Napoleón interpretó acabadamente con su frase de que «por valiente que sea un hombre, le agrada siempre verse fuera de peligro».

Si el organismo siente la necesidad de alimento, el inconsciente humano con su sublime instinto conmueve las fibras más delicadas de la sensibilidad, encaminándolas todas al fin supremo de alimentarse que persigue, y rehuye, con repugnancia casi invencible, este mismo alimento así que de él ha tomado el estómago cuanto necesita, haciendo que el olfato y el gusto, tan voluntarios de suyo, se presten dóciles e inconscientes a sus fines, y de agradables que eran sus impresiones durante la satisfacción de la necesidad, se tornan en desagradables, después que la necesidad se ha llenado cumplidamente.

El inconsciente se sobrepone en la lucha y en la defensa y de un modo más avasallador en las manifestaciones de amor físico y en sus similares de cariño filial, amor patrio y apego al país donde se ha nacido. De ordinario muy poco y a veces nada pueden contra él las fuerzas opuestas de la voluntad cuando la tensión orgánica y psíquica llega a su paroxismo.

En el proceso evolutivo de la vida a lo consciente parece tocar el trabajo y a lo inconsciente el fruto.

Véase lo que sucede al niño. ¡Cuántos y cuan infructuosos ensayos le cuesta a prender a andar! Ya le flojean los músculos y se le tuercen las piernas diminutas, ya su cuerpo se desploma por falta de equilibrio. Poco a poco va, sin embargo, aprendiendo; primero pierde el miedo a las caídas en el andador que le libra de sus riesgos, luego aprende a jugar los músculos abdominales sin desasirse de los objetos que le aseguran el equilibrio; fortalecidos, por fin, con el hábito aquellos movimientos, se lanza él cambiar de lugar sin apenas ayudas, pero sus pasos son aún vacilantes, entrecortados a veces, precipitados otras, pero siempre inseguros, y cuando ya puede decirse que ha aprendido, el inconsciente parece atesorar los conocimientos respecto al modo de verificar la marcha que a costa de tan penosos ensayos voluntarios aprendiera y desde aquel momento no vuelve a preocupar jamás con ello a sus facultades, porque lo deja, valga la frase, en otras manos, que sabrán conservarlo con esmero a lo largo de los tiempos, y no se diga que semejante aprendizaje no sea consciente o voluntario en el niño, sino consecuencia espontanea del desarrollo de su organismo, porque lo mismo exactamente sucede al hombre maduro cuando quiere aprender otros ejercicios análogos, como los gimnásticos, coreográficos, de esgrima; etc.

Coste dice a este propósito hablando del hipnotismo:

> Los movimientos automáticos suponen todas las facultades humas y, sin embargo, se desenvuelven sin la conciencia del individuo. Existe a no dudarlo una memoria separada, latente si se quiere, en el organismo humano: una conciencia más débil, más inferior, si así puede decirse, q ue la otra

conciencia. Es el inconsciente quien regula nuestra vida física y el funcionamiento de nuestros órganos, quien determina nuestros sentimientos, la alegría y la tristeza, las simpatías y las repulsiones, quien posee y guarda con cuidado las ideas persisten tes y las impresiones demasiado numerosas para ser percibidas por la conciencia y las ideas morales y las resoluciones. Su trabajo es lento, pero seguro y tenaz; tiene intuiciones sorprendentes y a veces una especie de adivinación del porvenir.

Si queremos levantarnos a una hora determinada, dice Otero Acevedo al transcribir lo anterior, nuestra conciencia duerme tranquila, pero lo inconsciente que vela, antes de la hora fijada, despierta a la conciencia y con ella a nosotros. Salimos de casa y si el camino que hemos de seguir nos es conocido, no importa que vayamos preocupados con nuestros propios pensamientos, o interesados en una conversación importante; cruzaremos calles y plazas sin equivocarnos y sin que la conciencia de nuestros pasos nos haya guiado. J. Stuard-Mill, el célebre filósofo, atravesaba las calles de Londres y sorteaba los coches con pasmosa habilidad, sin dejar jamás de ir engolfado en su *Sistema de Lógica.*

En el inconsciente, en fin, es donde permanecen todos los hechos, conocimiento, imágenes y sentimientos que han pasado por nuestra conciencia y que hallamos en el acto de la memoria, en el de las sugestiones y aun en el de la intuición. El inconsciente es consciente, capaz de voliciones, de razonamientos –de cierta índole– y tiene vida y personalidad propias.

Todos los actos que en otra época se atribuyeron al instinto de conservación, son también razonamientos del inconsciente. Si al caminar resbalamos, procuramos no caer, llevando en el acto el cuerpo a otra posición; esto era algunos años ha efecto del instinto de conservación que hacía que no cayéramos, porque la naturaleza sabia, previsora y providente, no podía consentir que se hiciera daño el organismo, y había puesto el instinto de conservación para que vigilara y cuidase los actos del cuerpo; pero el instinto de conservación no es más que un fenómeno del ser inconsciente que razona, que piensa, sin que nosotros nos demos cuenta de ello, como no nos la damos en el cumplimiento de todos los actos que obedecen al hábito.

Los argumentos del ensueño se desarrollan de una manera fatal, como una recordación inconsciente, y su continuidad no se interrumpe más que por sí misma, como si ya no hubiese más que recordar, o bien por una causa exterior que transcienda a su esfera de acción o le ponga término con el despertar, pero jamáis por actos libres, que equivalgan a una especie de veto impuesto a su continuación por la voluntad.

Otra circunstancia esencialísima de lo inconsciente es la de que el sistema nervioso voluntario está sometido a las alternativas indeclinables del reposo y la vigilia, mientras que el inconsciente humano, verdadero misterio físico-psicológico, no llega a dormir nunca, desde que se nace hasta que se muere.

Sobre este último punto no hay necesidad de insistir por ahora. Desde luego, la atonía nervioso-voluntaria durante el ensueño es bien notoria y no lo es menos, según la fisiología demuestra, el que jamás puede cesar de funcionar un sistema que, de hacerlo un solo instante, acarrearía una muerte fulminante, por la parálisis del corazón y de los movimientos respiratorios.

Hay pues que dar la razón en el fondo a Coste cuando escribe:

> Existen en nosotros –dicen los modernos psicólogos– dos seres que poseen impresionabilidad distinta, y que reaccionan de manera diferente también. El ser consciente que percibe alguno de los fenómenos que pasan a nuestro alrededor, piensa, quiere, interviene en todos los actos de la vida en que se manifiestan el pensamiento reflexivo, la libertad, la conciencia del yo; y el ser inconsciente que se hace cargo de los fenómenos que el primero por debilidad, por distracción o por hábito deja escapar y que preside a los actos de la vida instintos y habituales.

Tenemos alguna observación que hacer a lo trascrito, pero en lo que desde luego no podemos conformarnos, como después demostraremos, es en que existan en nosotros dos seres distintos, sino que se trata de dos manifestaciones distintas de un mismo y único ser.

En lo que antecede se entrevé ya una segunda diferenciación de las facultades del hombre en torno de esos dos polos de lo consciente y lo inconsciente, caracterizadas por la nota culminante de aquél, que es la voluntad, en su ejercicio más expedito del libre arbitrio.

Así como en el organismo hay nervios voluntarios y nervios involuntarios, en el espíritu del hombre hay, repetimos, funciones voluntarias y funciones inconscientes. Estas son fatales en su acción; aquellas libres: las unas se enlazan directamente con las más altas manifestaciones psíquicas, las otras se identifican, por decirlo así, con las manifestaciones psíquicas más genuinas, y se dirigen, aunque parezca lo contrario, más al fondo del yo, por cuanto miran, tanto a la conservación y nutrición del cuerpo, como a las funciones reproductoras, siendo el verdadero regulador de la vida y también la *suprema lex* de las necesidades de la misma, cuya fuerza se impone casi siempre a los extravíos de la voluntad cuando llega a pervertirse. Las funciones voluntarias, en fin, resultan intermitentes y menos esenciales para la vida: el cretino, el imbécil, el histérico, el epiléptico, el sonámbulo ordinario o lúcido, el cataléptico, el anestesiado, el hipnotizado, el hombre que sueña, el embriagado, el sometido a ciertos trances durísimos de la vida que trastornan de un modo transitorio sus facultades superiores, el enfermo grave que delira, el niño en sus edades primeras y aun a veces el valetudinario, perdidas, ya temporalmente, ya de un modo definitivo, en todo o en parte, las facultades conscientes, continúan sin obstáculo la cadena de su existencia mientras no se lesionen órganos esenciales del cuerpo, viviendo sólo la vida del inconsciente que, sin intermitencias, se desarrolla de la cuna al sepulcro.

La voluntad cien veces flaquea; muchas más veces el raciocinio se muestra avaro de sus luces; no siempre, aun en la vida fisiológica o estado de salud, nos encontramos expeditas la memoria y la fantasía, pero al inconsciente le hallaréis siempre, envuelto en las tinieblas del misterio, allá hacia el fondo de nuestro ser, donde preside todas las operaciones materiales, sensitivas y psíquicas, con algo de esa serena inmutabilidad con que Dios preside las revoluciones de los mundos.

Estos dos sistemas vitales, que en realidad son uno, tienen cada cual todo lo necesario para su servicio. Verdaderos intermediarios entre el alma o yo subjetivo y la realidad exterior o mundo objetivo, verifican de un modo análogo sus operaciones, recorriendo por así decirlo unas etapas mismas.

El mundo objetivo de lo inconsciente parece formarle el cuerpo, cuyos capilares y tejidos trasmiten esas impresiones sensoriales o internas, de ordinario imperceptibles, a las raicillas de los nervios que, distribuidos en ellos, son encargados de conducirlas, por vía centrípeta, hasta informar, valga la frase, a los centros espinales, de donde toma origen la moción refleja inconsciente. El mundo exterior en la función consciente transmite al cerebro las vibraciones de los medios materiales, como en el oído y la vista, o su acción por contacto, con en el olfato, gusto y tacto, con lo cual prepara las prodigiosas operaciones pictóricas de la fantasía, con quien, antes de retornar de análogo modo la corriente o instigación motora, forma el sistema de la sensibilidad consciente, opuesto a aquel otro sistema, sensible también, pero embotado y obtuso en apariencia, hasta el punto de que sólo por sus resultados, marcadamente análogos, se puede llamar sensibilidad inconsciente o involuntaria; pero llegada aquí la investigación no parece hallar dos facultades correspondientes, concretas y bien determinadas, que desempeñen una en cada uno de ellos, funciones intelectivas adecuadas a su propia esfera de sensibilidad, esto es, una inteligencia consciente, perdónesenos la frase, y otra que no lo fuera, en el concepto discursivo o de raciocinio.

Lleguemos pues respetuosos a la augusta facultad del pensamiento humano, donde entrambas manifestaciones parecen confundirse, y recojamos cuantos detalles, por ínfimos que sean, nos puedan dar indicios de una diferenciación correlativa.

# VIII

## SEGUNDA DIÁLISIS DE LAS FACULTADES DEL ESPÍRITU.–LA INTUICIÓN Y EL RACIOCINIO

HEMOS estudiado en el capítulo anterior el profundo misterio del inconsciente humano que parece iniciar una diálisis. Hemos antes realizado con éxito la primera diálisis de las facultades psíquicas, mediante el ensueño, y hemos visto, de un lado, como representante de los elementos psico-físicos capaces de ser en algún modo objetivados a la fantasía. Del otro lado nos queda con la psiquis un vago conjunto, subjetivo siempre, durante el ensueño igual que durante la vigilia, como parte la más genuina del espíritu. Este conjunto pues, como más confuso es el que reclama con mayor urgencia la investigación analítica.

Desde el primer momento se comprende que el ensueño podrá enseñarnos algo, pero que, a diferencia de la diálisis anterior, ésta sólo puede completarse con la realidad misma.

Durante el ensueño y en medio de la escena pintada por la fantasía con tan vivos colores que creemos asistir a ella, multitud de ideas cruzan por nuestra mente con perfecto sello subjetivo y, aunque muchas son disparatadas, no dejan de ofrecer cierta base sólida, cierta conexión lógica, pues el disparate, más que de la escena misma, resulta del conjunto, siendo frecuentes, sin embargo, ideas tan sensatas y acertadas, ideas en ocasiones tan oportunas, que harían mucho honor al hombre en plena vida real, pero con la particularidad sorprendente de que todas son espontáneas, intuitivas, sin asomo de raciocinios, cuya característica es, como sabemos, un encadenamiento riguroso, que va tomando por premisas conclusiones que antes dedujera; a la manera del arquitecto que sienta un sillar sobre otro y otro sobre éste sucesivamente.

Como el asunto es sobrado importante conviene detenerse en ello.

Todos los ensueños de los apuntes preparatorios de esta obra, con ser voluminosos, no recuerdan más que representaciones fragmentarias de escenas de anteriores vigilias y alguna que otra idea asociada a las mismas y revestida de imágenes sensibles. En tales escenas, en las que parece ponerse en acción todo un suceso real, pasma ver que en el orden del pensamiento reflejo la acción del ensueño es completamente nula.

Conversaciones, lugares, recuerdos, paseos, teatros, bailes, afectos, fisonomías, detalles insignificantes o frívolos, todo resulta a los pocos días pasado por el tamiz de los ensueños. En cambio, muchos días, semanas enteras, empleadas en estudios matemáticos y de filosofía fundamental, han pasado sin que la más leve idea, de las múltiples atesoradas en tales estudios; tuviese su traducción, su remedo, su manifestación natural en el ensueño.

Es más, en cuanto a las matemáticas abstractas y la metafísica, se ha llegado a representar en sueños el libro en que recientemente se estudiaran, con el color, el tamaño y hasta el tipo de letra que tenía. A los dos o tres días de estudiar Geometría, hánse presentado figuras recién trazadas en la vigilia, con cuantos detalles pudiera mostrar un buen cliché fotográfico, y, sin embargo, las ideas correspondientes, no sólo no se han reproducido, como parecía lógico, sino que ha sobrevenido indecible fatiga cerebral, cuya angustia ha hecho despertar a destiempo, pasándose a los pocos momentos a la vigilia, según llevamos dicho.

Jamás nos ha ocurrido en sueños realizar un cálculo, desarrollar una determinante de álgebra, medir acerca del problema de la inmortalidad del alma; pensar en el principio de Descartes; considerar unos conjugados armónicos, nada, en fin, que sea continuación efectiva de éste o de aquél trabajo intelectual, antes emprendido; nada que pueda referirse a algo práctico, útil y encaminado al porvenir, como en la vigilia... Constantemente, en cambio el inconexo desfilar de escenas, impresiones, intuiciones, y sentimientos de alegría o tristeza, placer o dolor, simpatía o antipatía, paisajes y luz; casi siempre y sobre todo luz, pero adecuada al detalle que se nos pinta con perfecto remedo de realismo.

¿Por qué tal dualidad? ¿Por qué esta postración de las manifestaciones superiores del raciocinio, y esa vida exuberante de las ideas o apercepciones intuitivas, de las que no dicen relación al orden de la Ciencia pura y sí al de la vida real? He aquí la magna cuestión; el problema verdaderamente psicológico, porque tan extraordinaria diferencia bien pudiera tener su origen en una profunda diferenciación de la facultad que vagamente denominamos hoy razón o inteligencia concordada con la fisiológica de lo consciente y lo inconsciente. Cuestión que, bien considerada, es la clave de la diferencia entre el estado normal, o de integridad de facultades y el estado anormal de la locura.

Si la facultad que atesora la ciencia yace en el ensueño como si no existiese, cual si el ensueño mismo no alcanzara con sus materializaciones a las serenas alturas donde, con olímpica majestad, se asienta, ¿por qué en cambio, es activa durante el fenómeno, para cuantas exigencias tenga cerca de ella la fingida escena y para todas las facultades afectivas, más hermosas que ella y sobre todo de más superiores destinos, porque son las que, en el orden de la virtud y del amor, engrandecen o empequeñecen al hombre?, ¿por qué ha de ser indigno, o no adecuado·, para el ensueño, el ocuparse, v.g., de la ley inmortal de la gravitación sidérea y no ha de serlo para agitar las más delicadas fibras de todo el ser con las hermosas perspectivas de la Naturaleza y las sublimes conmociones de los sentimientos altruistas, que hacen derramar copiosas lágrimas de conmiseración a la vista de la desgracia de .un semejante nuestro, que algunos ensueños nos pintan con vivo colorido, ocurriendo a veces despertar anegado en ellas?

Sobre todo, si unas y otras facultades radican en el yo de los panteístas, en el alma o espíritu de cristianos y espiritistas, o en el cerebro solo que dicen los materialistas, habría que convenir, en vista de esto, que él alma, el yo, el cerebro, en parte duermen durante el ensueño, sin poder despertar hasta que el cuerpo lo despierte, y en parte velan, como si nada en el hombre durmiese; pero con la particularidad, verdaderamente absurda e inconcebible, de que velan para lo más elevado, que son los sentimientos, y para lo más humilde, como las frivolidades de éste o aquél ínfimo recuerdo, y para lo más análogo, como son los demás fenómenos, y duermen, sin embargo, para otras modalidades del ser, que vienen a estar situadas entre las unas y las otras.

La normalidad con que a plazo fijo, puede decirse, y en cierto orden cronológico, a primera vista poco perceptible, se van reproduciendo en el ensueño los detalles afectivos e imaginativos que ocuparan recientes vigilias anteriores, puede compararse a la normalidad de una verdadera secreción, como la de la bilis, la del jugo gástrico, la urinaria etc., o más bien a la normalidad misma del dormir y estar despierto.

Tal periodicidad regular de la función que nos ocupa, más parece el operar de una facultad materializada que el de una facultad verdaderamente psíquica, en las reproducciones de la realidad que el ensueño simboliza. Por otra parte, durante la objetivación en que coloca el ensueño a esta facultad pictórica de la fantasía, el espíritu parece estar en su perfecta integridad, pues tiene plena conciencia de sí y no experimenta ninguna extrañeza, ni nada echa de menos, como si dicha facultad, que parecía integrante de él, le fuera perfectamente extraña en el período del ensueño. Sólo se nota, sí, que, de ordinario, el espíritu durante el sueño carece de completa fantasía, supliendo la operación imaginativa de la vigilia con la presencia actual de la cosa imaginada: p.e., al soñar que escribimos a una persona –en cuyos momentos necesariamente ha de representarse su imagen en la fantasía– suele presentarse de ordinario dicha persona en la fingida escena, sin que se sienta la menor extrañeza, ni se ocurra quizá la idea de dejarle de escribir porque carece de objeto, ya que tenemos al interesado aparentemente en nuestra compañía, a diferencia de cualquier otra situación en que siempre se ocurre la idea adecuada al caso.

Demuestran estas consideraciones y otras muchas análogas que pudieran hacerse que, aun existiendo tan íntima solidaridad entre la psiquis y la facultad razonadora, median entre ambas diferencias bien profundas, hallándose ésta como materializada, necesitando un esfuerzo orgánico para su ejercicio, bastante superior dinámicamente al que el estado del ensueño permite.

El criterio de lo objetivo y de lo subjetivo durante el ensueño nos enseña bastante acerca de esta diferenciación que dejamos apuntada. La psiquis es subjetiva siempre, en el ensueño como en la vigilia: la facultad, la máquina razonadora es objetiva, como la fantasía, mejor dicho, está postrada por falta de energías orgánicas, mientras en la vigilia desempeña funciones subjetivas, con notables intermitencias funcionales, por el gran consumo de fuerzas que exige. La dificultad estriba en diferenciar cumplidamente las ideas espontáneas –intuiciones– que se dan en el ensueño, como se dan en el niño, en el alcoholizado, en el enfermo de la mente y, en general, durante todos los momentos de la vida, excepto el del reposo, y las ideas discursivas o reflejas –raciocinios– que ni se dan en el sueño ni en ninguno de estos estados y que hasta cuando se quieren dar en aquél el ensueño termina por necesidad orgánica, irremisiblemente y enseguida.

Esto se ve más claro aún en la propia realidad.

Todos o la inmensa mayoría de los psicólogos han tenido por muy diferentes la *intuici*ón de la que parece ser parte la psique, y el *raciocinio.* La primera *intucre, leer interiormente,* se ejerce en un período de tiempo tan corto que más puede decirse instantáneo, como acción de facultad emancipada de la ley del tiempo. El raciocinio, en cambio, parece materializado, porque es lento, penoso, deficiente, casi ciego y jamás es espontáneo como la intuición, que es propia y característica de la psiquis, sino tan trabajoso y fuera de la normalidad orgánica habitual, que sólo se verifica su función como medio a la fuerza, en virtud de los continuos mandatos de una voluntad bien templada en energías. En cuanto alguna cosa exterior distrae a los sentidos se hace difícil y hasta imposible, porque al distraerse la voluntad, que cual un capataz látigo en mano no descuida un instante al obrero, éste, el raciocinio, suspende sus tareas y se pone a descansar.

Todo cuanto pende de intuiciones es fácil, agradable, asequible a todos y natural a todo el organismo, que tarde o jamás se cansa de intuiciones, y en medio de ellas puede, sin dejarlas, atenderá doquiera. Todo lo que haga relación al raciocinio es difícil, imposible casi para muchos –hablamos del raciocinio habitual, no del momento– violento, fatigoso e irresistible durante largo tiempo, bajo las más severas penas de enfermedad o locura.

Por eso las bellas-artes, que son fruto de la primera, agradan a todos, mientras a muy pocos son asequibles las ciencias, que en su mayor parte hacen relación al segundo y entre éstas resultan más penosas e inasequibles, cuanto menos tienen de intuitivas y más de discursivas –sin negar por esto que toda ciencia participe de ambos caracteres y utilice la intuición como premisa o avanzada de las investigaciones y como comprobador al raciocinio. Por eso la religión y la moral la entienden todos, aunque, por desgracia, cada cual a su manera, y todos hablan de ella. Casi otro tanto sucede con la política al uso, con la diplomacia y hasta con la medicina en aquella parte que tiene carácter intuitivo. El número de los que saben las ciencias naturales ya es menor y más raros aun los que alcanzan a comprender debidamente, después de rudos y constantes trabajos, la psicología, la metafísica, etc. y rarísimos comparativamente los lógicos y los matemáticos verdaderos.

Cuando el individuo escucha un trozo de música adecuado a su capacidad artística, no es su oído sólo el que se recrea, ni tampoco su sola fantasía, es más bien su psiquis, el ser misteriosísimo escondido en las profundidades del cuerpo, el que llora o se alegra, presa de mágicas intuiciones, que parecen carecer al par de explicación y de motivo, y tales mociones, delicadas e inenarrables, se traducen en una muy saludable reacción en todo el cuerpo, que deja luego aquel lugar y sale de allí enardecido, reconfortado y, por decirlo así, rejuvenecido, dispuesto con más bríos a sumergirse en las fangosas impurezas de la realidad para afrontar las luchas de la vida. De aquí la influencia que eternamente ha tenido y tendrá la música como excitadora de la fantasía y despertadora de los más puros afectos intuitivos de la psiquis. ya en los espectáculos públicos, ya en los momentos solemnes de la vida.

Es un ejército próximo a entrar en combate: nada mejor que el patrio himno o los nunca bien ponderados cantos regionales, que le recuerdan al par sus afecciones más santas y sus deberes más sagrados, para hacer de cada soldado un héroe. Es una pareja enamorada que llega al templo a recibir el yugo conyugal; tocadle la fantasía melancólica de Schubert, o uno de esos mil idilios musicales que todos hemos oído con deleite y notaréis que se ilumina su mirada, y que algo de ese divino fuego que arde en sus almas compenetradas fulgura centelleante desde el fondo de sus pupilas. Tratáis de remedar y de sentir al par las profundas grandezas de las luchas naturales: buscad el acorde wagneriano con sus aparentes desarmonías; deseáis pintar las placideces de la aurora del nuevo día de primavera o atesorar el rayo de luna en una noche de verano, buscad entonces el arpegio de la guitarra, resonando melancólica tras un macizo de verdura. ¿Queréis llorar por el que ha muerto? pues escuchad en silencio las marchas fúnebres de Chopin o de Beethoven o el canto gregoriano del *Dies irae.* ¿Anheláis algo divino?..., Ahí lo tenéis en las sinfonías de Beethoven, Wagner y como en las sublimes estancias del *Pange lingua* o del *Magnificat.*

La pintura, la escultura y sus similares elevan el espíritu a contemplaciones estéticas en que el alma disfruta como en su atmósfera propia, mediante su intuición, y extensísimo cuadro podríamos describir al efecto si en la mente de todos no estuviese semejante convencimiento. Igual sucede con las nobles acciones y levantados propósitos, principalmente en el orden de la caridad, como también en la excitación de los sentimientos religiosos, porque en todos ellos son poderosísimas las intuiciones y el ser humano parece disfrutar con ellas una existencia más grandiosa y más feliz.

Los sentimientos intuitivos a la psiquis característicos, lucen, con el esplendor de un día sin nubes, después de las grandes borrascas del raciocinio, que parece, en ocasiones, atrofiarlos o postrarlos. Nada más hermoso, tras las dudas de Hamlet o de Fausto, que las conversiones repentinas de San Agustín o de San Pablo. El sabio que después de calcular un eclipse con rigurosa precisión matemática, contempla los juegos infantiles de sus niños, siente en su alma una dicha desconocida que nunca pudo darle el frío raciocinio. Cuando Newton, tras las nuevas y más exactas medidas del radio terrestre, entrevió en sus cálculos, que arrinconados tenía por no exactos, la ley sublime de la gravitación universal, aquella idea intuitiva que se anticipara a las postrimerías de sus operaciones matemáticas, inundó su alma con sentimiento tan vivísimo que fuéle imposible continuar.

Precisamente los sentimientos más grandes suelen ser los más extraños al orden del raciocinio. El ejemplo de los mártires, sacrificándose en aras de prodigiosas intuiciones, pudo más para propagar el Cristianismo que todos los raciocinios de los doctores. El heroísmo vidente de Colón, presa de supremas intuiciones de un nuevo mundo, llegó a donde no llegaron los sabios de la Junta de Salamanca. Una intuición, una idea repentina de un chiquillo ocioso, pudo más para el perfeccionamiento de las máquinas de vapor que estudios cifrados en rigurosos raciocinios.

Con la mera argumentación lógica ni a los mismos lógicos se convence, porque es bien extraño que, siendo ésta una ciencia de sólidos principios, haya tantas lógicas como escuelas filosóficas; pareciéndose muy poco la lógica de Kant a la de Santo Tomás de Aquino o a la de StuardMill, por ejemplo. En cambio, el resorte para mover, no ya a éste o a otro hombre, sino a masas enteras, aunque sean sabias, sugestionando hasta sus propios pensamientos, cifra sólo en despertar sus pasiones elevadas y sus sentimientos, que no es sino provocar en sus almas vibrantes intuiciones. Así se explica el mágico poder de la palabra oratoria, del gesto y de la mirada, concordante con el divino precepto de Horacio: *si vis me flere...* y tal es la causa del poder avasallador del genio, que será sugestivo, heroico, sublime y cuanto se quiera, pero que no es razonador en gran manera, y sí, por acaso, llega a serlo, jamás toma al raciocinio por base, sino por instrumento, para ascender, con paso firme pero lento, a las enhiestas alturas que su intuición, con mirada de águila, entreviera a lo lejos. Y no se diga que este efecto es de pura fantasía, porque aunque la fantasía juegue en cuanto indicado llevamos un papel muy preferente ya que la intuición es una facultad binaria integrada por ella y por la psiquis, la fantasía no es sentimental, sino la gran despertadora de sentimientos; no es consciente, sino la gran palanca de la suprema y bellísima inconsciencia anímica y el medio indispensable para la genuina conciencia razonadora.

Un mismo paisaje, capaz de encantar por sus bellezas; un trozo musical bien concertado; la flor de más aroma; el manjar más exquisito, pueden, con sus correspondientes sensaciones, ser hermosamente atesorados por la fantasía, como *percibidos* tan sólo. Pero para llegar en su contemplación a más altura es preciso subir el diapasón normal de la facultad pictórica, evocar sobre sus representaciones los sentimientos, recuerdos e ideas inconscientes que yacen como aletargados en el espíritu; evocarlos bajo un dulce mandato de la voluntad o una pequeña excitación orgánica; hacer, en fin, que la psiquis se *aperciba,* se dé cuenta y las perspectivas, antes muertas, cobrarán nueva vida; empezarán a fluir ideas y emociones en raudo manantial de delicias. El pintor, el músico y el poeta pueden entonces atesorar las innúmeras bellezas que de aquel conjunto surgen tan espontáneamente como surgen en Mayo las flores de las praderas, dando margen a inestimables intuiciones, que pueden luego ser trasladadas al lienzo, al papel o al pentagrama en creaciones inmortales, y allí no sólo al artista le es dable recoger frutos, que atribuirse pudieran en gran parte a la mera fantasía, sino que el mismo hombre de ciencia puede elevarse a intuiciones muy trascendentales, relacionándose casi espontáneamente también unas ideas con otras, en conjuntos grandiosos de un instante, que necesitan después cientos de cuartillas para ser desenvueltos y demostrados sobre el papel con las debidas exigencias del raciocinio.

Numerosas frases célebres de los hombres que por una u otra causa se han inmortalizado en la Historia podrían citarse como síntesis inimitables de una intuición que, debidamente expresada en forma de raciocinios, a más de resultar frívola e incolora como cuando se traduce de una lengua a otra, apenas podría encerrarse en páginas enteras.

De esta clase es también esa sabiduría popular encerrada en refranes y sentencias que llevan en sí el sello de la intuición y recopilan por tanto numerosos raciocinios. De este orden es, asimismo, cuanto emana de inteligencias privilegiadas, que con pocas ideas generales atesoran los innumerables conocimientos que integran a cualquiera de las ciencias mediante ese poder superior al nivel medio de la inteligencia humana, que se aproxima un tanto al conocimiento que los teólogos cristianos atribuyen a las entidades angélicas, *por concepto*, o de conjunto, no *por discurso,* siguiendo una muy respetable teoría de Santo Tomás, que nuestro Balmes comenta con la maestría que él sabe lucir en sus trabajos.

A pesar del gran rigor demostrativo del silogismo, por algo no se le ocurre a nadie pensar siempre con riguroso orden silogístico, porque tal pensador, si existir pudiera en contra de todas las leyes orgánicas, sería tan insensato como el que, teniendo que trasladarse prontamente de un lugar a otro muy apartado, empezara por construirse la carretera por la que había de encaminar su pasos al punto de su destino.

A más de los caracteres diferenciales apuntados, que demuestran muy cumplidamente cómo la intuición propia de la psiquis asociada a la fantasía, es una facultad distinta, subjetiva y más espiritual que el raciocinio, consignaremos otro no menos importante, comprobado por el ensueño: La intuición es sintética y analítico el raciocinio. El análisis de éste puede demostrar la asociación, evolución y aun la génesis de las ideas, pero a medida que el punto analizado se aleja del raciocinio, al seguir la escala ascendente que le hace pasar de lo particular a lo general, cae muy pronto y de lleno en la amplísima esfera de lo conquistado por la intuición.

En resumen: El ensueño nos ha diferenciado las dos facultades *psiquis* y *fantasía*. El mismo ensueño, juntamente con el estudio de la realidad, ha distinguido, por su parte, la intuición integrada por ambas (facultad que es genuina y característica de lo que en nuestro habitual dualismo llamarnos alma) del *raciocinio,* más ligado al cuerpo de lo que se cree. Inconsciente aquélla: genuinamente consciente éste. La diálisis del presente capítulo concuerda pues, con la que por el anterior nos dió la fisiología.

Así queda. comprobada, como resultado de los análisis de los tres capítulos que anteceden, la magna trilogía de facultades simples: *psiquis, fantasía* y *raciocinio,* importando muy poco para el verdadero rigor científico el que se las den estos nombres, u otro cualesquiera, que no trasciendan él prejuicios de ésta o aquella escuela filosófica.

# IX

## ANÁLISIS GENERAL DE LAS FACULTADES COMPLEJAS DEL ESPÍRITU

ESBOZADO el alcance de nuestro método psicológico en nuestros primeros capítulos, hemos iniciado después el análisis de las facultades y hallado por la diálisis del ensueño, la psiquis y la fantasía; aprovechando después genuinas atonías orgánicas durante el fenómeno somnológico y fijándonos especialmente en la vigilia, hemos desdoblado el espíritu humano en dos grandes facultades: la intuitiva y la discursiva, que se enlazan, la una con el orden de fenómenos sensitivos nerviosos de índole inconsciente a los que dentro de su compleja contextura preside, y con los de índole consciente la otra; como si la primera pretendiera ser la parte intelectiva de aquel sistema de sensaciones internas y la segunda la parte eminentemente consciente y razonadora que preside a las sensaciones externas.

Pero la misma experiencia nos atestigua todos los días innumerables fenómenos, que no pueden referirse privativamente a ninguna de dichas tres facultades, como las recordaciones, las voliciones, el acto de abstraer, el de observar etc., y, por otra parte, cabe pensar, según la lógica nos enseña, que las tres facultades así separadas por el artificio científico de nuestro análisis coexistan como facultades activas que son, dentro de la perfecta dinamia de la vida, en síntesis parciales o totales que, al aspirar a una acción superior, vayan preparando su funcionamiento en la vida por acciones recíprocas de cada una sobre las otras dos, con ese mismo mecanismo centrífugo-centrípeto con que vemos funcionar sus órganos correlativos del sistema nervioso, según dijimos. Por ambos motivos el ánimo para afianzar la conquista que ha hecho por método irrecusable de aquella misteriosa trilogía de facultades activas, se siente inclinado a hacer pie en ella, tomándola por punto de partida: para un análisis concienzudo, que descienda a explorar el mecanismo de las funciones o facultades complejas que resulten al actuar juntas.

Tanteemos previamente qué número de facultades complejas se pueden originar de las combinaciones de las tres facultades que, para darlas algún nombre, hemos llamado psiquis, fantasía y raciocinio. Desde luego que a cada una se la puede concebir actuando por sí, sin ligarse ni reaccionar sobre las demás, constituyendo el caso en capítulos anteriores estudiado en que a cada una la hemos aislado de las otras dos. Empero, al combinarlas, pueden tomarse, según el lenguaje de los matemáticos, de dos en dos y de tres en tres, y como para el caso no puede ser indiferente el que de dos cualesquiera que se tomen la primera actúe sobre la segunda, o viceversa, la segunda sobre la primera, cada una de expresadas combinaciones nos dará una nueva combinación, o como dicen los matemáticos, habrá necesidad de hacer las coordinaciones monarias, binarias y ternarias de los tres elementos o facultades simples referidas.

Para hacernos comprender mejor designemos a la fantasía, raciocinio y psiquis por las letras *a, b* y *c*: así tendremos las tres facultades aisladas, representadas por las tres coordinaciones monarias

*a b c*

que acabamos de estudiar anteriormente.

Supongamos también que, en el orden con que vamos coordinándolas, la primera represente la facultad activa y la segunda la pasiva en la coordinación. Así obtendremos:

| | |
|---|---|
| *a b* | *a c* |
| *b a* | *b c* |
| *c a* | *c b* |

Que, según el convenio adoptado, significarían: la *a b* la fantasía actuando sobre el raciocinio; la *a c* la misma actuando sobre la psiquis, la *b a,* inversa de la *a b,* el raciocinio actuando sobre la fantasía, y así sucesivamente.

Al disponer las coordinaciones ternarias, o de las tres, nos resultan:

| | |
|---|---|
| *a b c* | *a c b* |
| *b a c* | *b c a* |
| *c a b* | *c b a* |

Que, de igual modo, simbolizan: la *a b c* la fantasía actuando primero sobre el raciocinio y sobre la psiquis después; *la a b e* la misma fantasía actuando antes sobre la psiquis y después sobre el raciocinio, etc. etc.

De aquí resultan tres facultades simples, y doce facultades complejas en la esfera de la metafísica o matemáticamente posible. Intentemos investigar si se dan en la realidad esas facultades, como se dan en la esfera de la posibilidad pura.

Recurramos al esquema adjunto, único capaz el aclarar tanta complicación, pero antes hagamos algunas consideraciones.

Prescindiendo de divagaciones metafísicas, nuestro ser, verdadero microcosmos de la Creación, forma por sí un mundo personal o subjetivo, contrapuesto al objetivo o externo. En éste se nos presenta la magna trilogía de Dios, La Humanidad y el Universo, en la cual, el primero, a quien por coincidencia singular consideran trino al par que uno todas las teogonías del Asia, especialmente el Cristianismo, informa y da vida a los segundos por actos purísimos de creación y conservación. En aquel, ósea en el mundo subjetivo, que le es en alto grado semejante, brilla la sublime trilogía que ya hemos encontrado, y en la cual la psiquis principio esencialmente activo, simple, y que parece llamado a la inmortalidad, derrama sus acciones vitales sobre los otros dos centros: fantasía y raciocinio, que nada serían si ella no los informase, a imagen del Ser Increado, que de manera análoga, aunque superior en grado infinito, viene a ser la psiquis de cuanto existe, compendiado en esas dos magnas entidades del conjunto de todos los hombres y el *summum* de todo el Universo.

Estos dos mundos, que para mayor claridad los hemos dibujado iguales, se presentan a nuestra vista frente a frente, como frente a frente se hallan también los dos círculos o esferas por los que se representan en la lámina.

Su acción, como todo en la Naturaleza, es continua y recíproca. El mundo objetivo influye en el subjetivo –por vía que podemos llamar centrípeta respecto del espíritu–, mediante las sensaciones externas de los sentidos, y viceversa, el subjetivo actúa sobre el objetivo mediante las diversas especies de la corriente centrífuga exteriorizada, esto es, mediante la motilidad, el lenguaje articulado y la mímica. En la precisión de representar este mutualismo de algún modo en nuestro esquema, hemos figurado los numerosos sentidos posibles por flechas, que desde fuera se dirigen a la esfera del espíritu, y estas mociones por otras correlativas, que desde el espíritu se dirigen al exterior, quedando entrambos enlazados de este modo, por un remedo de red telegráfica, con una vida de relación que es imagen de la realidad de estos fenómenos según la experiencia nos atestigua.

Llegados a aquí podemos ya prescindir de la esfera objetiva que, como tal, está fuera del estudio psicológico, y consagrémonos en cambio a considerar atentamente la segunda.

A poco que el hombre se observe a sí propio, nota desde luego un perfecto dualismo, que podría ser real o aparente, entre su cuerpo y las facultades de su espíritu, viniendo aquel a constituir, con relación a estas, una verdadera zona semi-objetiva. La esfera del espíritu, por tanto, debe representarse concéntrica a la del cuerpo y menor que ésta ya que, al servir de constante intermediario en las relaciones con el mundo externo, debe encerrarla, para seguir con rigor el símil de nuestro esquema.

De la misma manera que si se privase a la esfera subjetiva de toda comunicación con la objetiva no existirían la una para la otra, el conjunto de cuerpo y espíritu que llamamos personalidad humana, tampoco podría existir, si no mediasen entre ellos recíprocas comunicaciones que mutuamente arrancaran del uno y fueran a perderse en el otro. Este postulado lógico resulta posible en fisiología, por cuanto desde el cuerpo pasan los nervios inconscientes del sensorio interno valga la metáfora, al principio siempre activo del hombre que parece albergado en la columna vertebral, y desde aquí se extienden hacia aquel, recíprocamente, los nervios motores reflejos, inconscientes también. Si esta doble corriente se hiciera consciente; como la que existe entre el mundo subjetivo y el objetivo, desaparecería la personalidad humana, para dar lugar a un dualismo perfecto, en que serían recíprocamente extraños uno a otro el cuerpo y el espíritu, y si la doble corriente desapareciera, como debe acon-

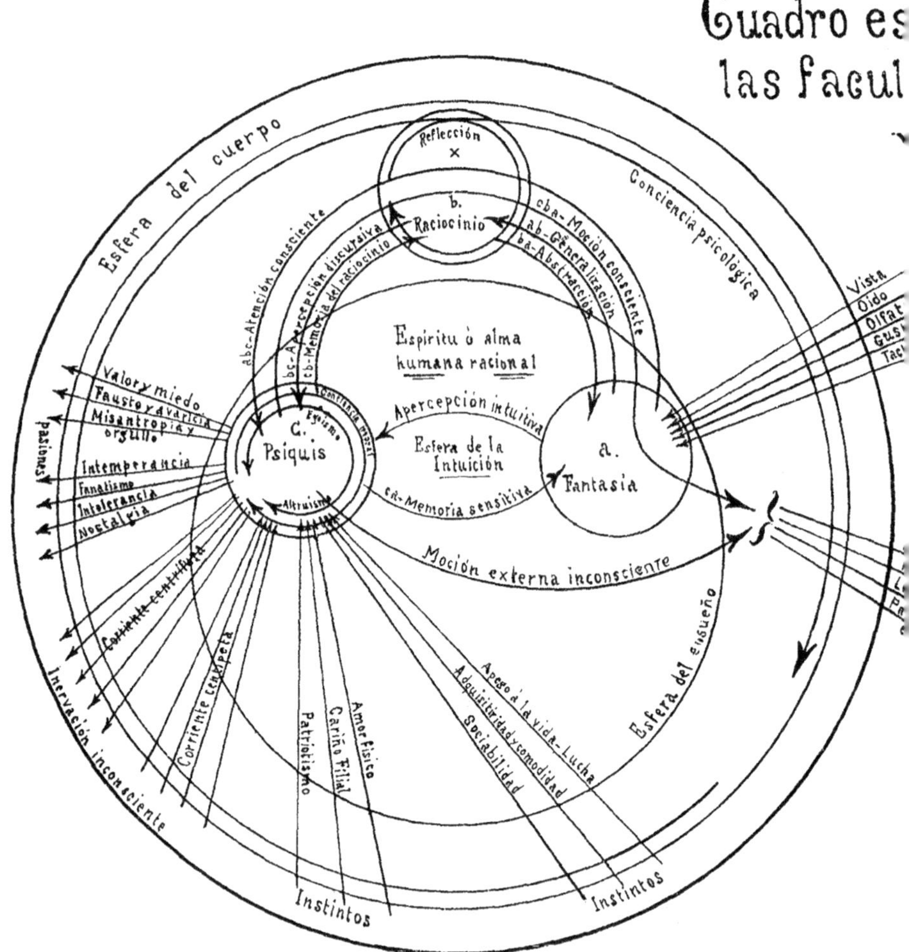

Cuadro
Esfera del cuerpo
Reflección
×
b.
Raciocinio
Conciencia psicológica
cba-Moción consciente
ab-Generalización
ba-Abstracción
abc-Atención consciente
bc-Apercepción discursiva
cb-Memoria del raciocinio
Espíritu ó alma
humana racional
Apercepción intuitiva
Esfera de la
Intuición
ca-Memoria sensitiva
a.
Fantasía
C.
Psiquis
Egoísmo
Altruismo
Valor y miedo
Fausto y avaricia
Misantropía y orgullo
Intemperancia
Fanatismo
Intolerancia
Nostalgia
Pasiones
Vista
Oído
Moción externa inconsciente
Corriente centrífuga
Corriente centrípeta
Inervación inconsciente
Patriotismo
Cariño Filial
Amor físico
Apego á la vida-Lucha
Adquisitividad y comodidad
Sociabilidad
Esfera del ensueño
Instintos
Instintos

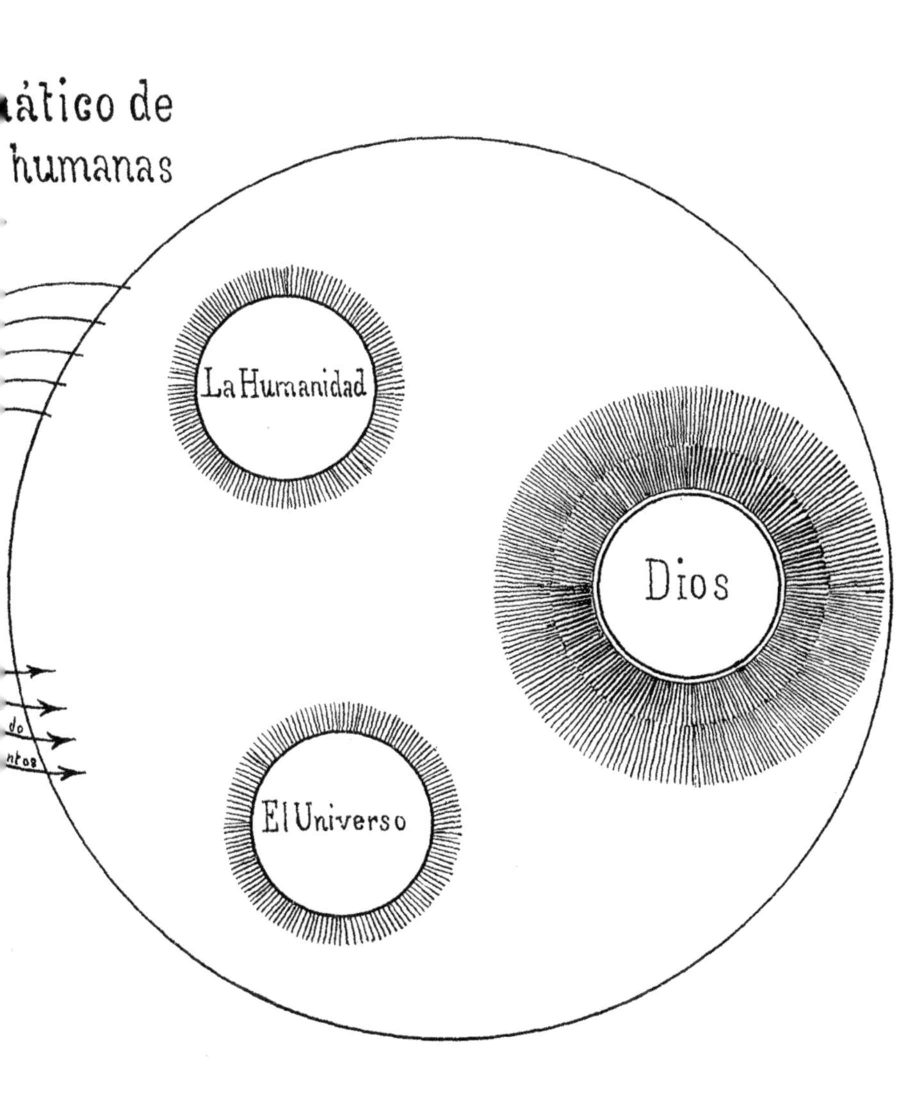
La Humanidad
Dios
El Universo

tecer con la cesación de la vida, no sólo serían extraños, sino que el uno para el otro habrían dejado de existir.

Entrambas corrientes están simbolizadas con flechas, de igual modo que las análogas entre lo objetivo y lo subjetivo.

Penetremos resueltamente en la esfera del espíritu para averiguar cuántas facultades, de las acusadas por las coordinaciones matemáticas que antes hiciéramos, se pueden comprobar en la trilogía de psiquis, raciocinio y fantasía, que ella en su seno encierra, según va dicho.

De estas tres facultades simples, solamente hemos hallado frente a frente la fantasía, objetivada en el ensueño y la psiquis o principio subjetivo, lo que nos permite demarcar la esfera del ensueño dejando fuera por su atonía al raciocinio. Ella constituye la propia esfera de la intuición.

Con harto fundamento el ensueño nos parece una nueva vida, porque lo es realmente, y muy semejante, por no decir idéntica a la otra vida de la vigilia, pues, aun verificándose en el seno de la gran esfera del espíritu, la psiquis sigue siendo la misma de la vigilia, aunque desprovista del raciocinio, que yace postrado, y de la fantasía perfecta que ha tenido una inversión completa, poniéndose del lado de lo objetivo que es su riqueza nativa, genuina. El mundo objetivo está fielmente representado, a su vez, por esta facultad pictórica, constituida en lugar y como en representación suya.

Nada más natural, por tanto, que haya un remedo absoluto de la vigilia; pues los dos mundos, más pequeños, enteramente semejantes a las grandes esferas de lo subjetivo y lo objetivo, que integran la esfera de la intuición, siguen, cuando se les deja solos, una labor que empezada tenían, porgue la psiquis es la eterna avara, que atesora, desde que nace hasta que muere el hombre, todo cuanto emana del exterior, y la fantasía es la constante pintora que, cual una placa a la vez fotográfica y fonográfica encerrada en la cámara obscura del cráneo, hacia las profundidades de la lámina cenicienta; no cesa de sacar clichés, de momento en momento, de cuanto percibe de fuera, presentándolo a los ojos de la psiquis tan luego como ésta, al sentirla repuesta de sus fatigas por el descanso, la ofrece adecuada ocasión y la invita a mostrar sus tesoros de impresiones anteriores, aprovechando los momentos de silencio, tranquilidad y misterio, por decirlo así, que reinan en el santuario craneario durante las atonías de la voluntad y del raciocinio puro.

De las doce facultades complejas posibles nos encontramos dos : la *a c* y la *c a*; la *a c* por la que la psiquis verifica pasivamente, o recibe, la *apercepción directa o intuitiva* de los objetos que le presenta la fantasía, ya de sí propia como en el ensueño, ya de lo que en ella acaba de grabar el mundo exterior por mediación de los sentidos, y la inversa *c a* o *moción mnemónica sensitiva,* por la cual la psiquis, cuando lo desea, decreta una recordación factible, y hace reproducir el cuadro de una escena anterior, más o menos remota, a la pictórica fantasía. Esta segunda facultad de la memoria no se da claramente y como tal durante el fenómeno del ensueño por falta del contrapeso de la realidad y porque éste es principalmente unilateral o de corriente centrípeta preponderante, *a* c, coordinación que constituye la facultad de la *apercepción intuitiva*.

Dejando el ensueño a un lado y tomando la vigilia, o bien, en el lenguaje de nuestro esquema, dejando la esfera parcial del ensueño y tomando la esfera total del espíritu busquemos las cuatro facultades complejas binarias que nos restan.

Desde luego la experiencia y los estudios de todas las escuelas psicológicas hasta el día, nos enseñan que la sensibilidad es la base indispensable del raciocinio. El ciego de nacimiento, desprovisto de las sensaciones suministradas por el órgano de la vista, no puede razonar sobre los colores ni sobre las perspectivas, por más esfuerzos que verifique, y cuantas explicaciones se le den de ellos son tan vanas como ridículas. Igual sucede al sordomudo con las palabras y demás sensaciones acústicas, y a aquellos otros hombres desprovistos del sentido del olfato. Asimismo estamos viendo a diario que, cuando los sentidos se extravían, por más íntegras que estén las funciones del raciocinio, los juicios son equivocados, como sucede a las personas que son víctimas de cualquier afección de ánimo que perturbe de algún modo a la fantasía, y a las que, por estado morboso de sus nervios o del cerebro, como en la histeria, tienen alterado el órgano del gusto, y mientras concibe gran repugnancia hacia mil alimentos agradables para paladares sanos, experimentan placer y juzgan buenas substancias insípidas, como la tierra, el carbonato de plomo, etc.

Resulta pues, que la fantasía, como facultad colectora de las percepciones externas, está siempre a las puertas del raciocinio. Pero, como facultades que son distintas, a pesar de su íntima unión que deriva sin duda de la de sus órganos en el encéfalo, su influencia recíproca resulta menos perceptible, aunque se comprueba desde luego con sólo observar a una y otro en los momentos más conscientes de la vida, ósea durante el estudio y la meditación, en los que campea triunfante y trabaja intensamente el raciocinio, porgue entonces esta preciosa facultad actúa de un modo intensísimo sobre la fantasía, por medio de la abstracción, la cual separa en las representaciones sensibles los elementos de ellas atesorados por la fantasía, condenándolos, por decirlo así, a un olvido o una desaparición momentánea. Por ejemplo, en la imagen de una manzana podemos prescindir por la abstracción de sólo su color, de solo su gusto o su aroma, de su solo tacto o escasa sonoridad, quedando respectivamente sus demás cualidades, o, en fin, prescindir ya de golpe ya por grados de todas éstas, restándonos en su lugar la noción abstracta de su superficie casi esférica, que la presenta separada del resto del espacio indefinido, y susceptible entonces de caer de lleno en las investigaciones de la Geometría.

Queda comprobada por tanto la facultad centrífuga *b a* de la abstracción, por la acción del raciocinio sobre la fantasía. ¿Cual es la facultad correlativa, directa o centrípeta de la *b a*, o facultad de la abstracción? Muy sencillo: otra que se estudia después en los tratados de psicología. La importantísima facultad de la generalización, *a b,* que, como su homóloga de la abstracción, falta en todos los animales, al carecer también de raciocinio.

En efecto, al par que la fantasía trasmite a la psiquis de un modo directo o intuitivo, continuo y como inconsciente, cuanto emana del mundo exterior, tiene el hombre sano otra segunda vía de trasmisión del mundo exterior a la psiquis y vice-versa, trasmisión cuyo régimen sufre intermitencias nacidas en la esfera del raciocinio, por el fuerte cansancio orgánico que el ejercicio de esta poderosa facultad origina, y es precisamente el raciocinio quien sirve de eslabón o centro intermediario, dando o no vía libre a las trasmisiones, según que funcione o esté en atonía, e influyendo en ellas con acción tan omnímoda como decisiva.

Al iniciarse por la voluntad consciente esta segunda corriente recíproca (que jamás se da en el sueño y sólo funciona bien durante la vigilia), en los momentos de las grandes energías voluntarias que supone siempre el ejercicio orgánico del raciocinio, la fantasía –a la manera de como antes lo verificaba directamente a la psiquis por la facultad *a c* de la intuición– trasmite a este sus pinturas o representaciones sensibles, que el raciocinio va colocando en su 1lugar, a virtud de las leyes de la ciencia lógica, que de él ha nacido. Esta generalización metódica se inicia con la observación, en la que el raciocinio parece limitarse a un papel relativamente pasivo; se complementa con los resultados de la experimentación, que en plena acción vital desarrolla, asociado a otras fuerzas de sus facultades congéneres, y tiene su completa apoteosis en esa divina resultante por virtud de la cual lo sensible se eleva de su propio orden y pasa, trasformado, cambiado por completo, a las sublimes regiones del mundo fenomenal de las ideas, que para el orden exterior es otro mundo distinto, riquísimo patrimonio, exclusivo de la humana racionalidad.

Merced a la flaqueza ingénita de las facultades orgánicas del espíritu y a la más característica aún del raciocinio, que parece tornar por órgano la corteza de los hemisferios cerebrales, la abstracción y la generalización, tan brillantes de un día, de un momento, corren peligro de resultar estériles un momento después, al seguir la corriente fatal de la existencia orgánica, que con su marcha de renovación eterna, parece propende a un cierto aniquilamiento de *lo viejo*, pero se salvan sus copiosos frutos merced a otra facultad, eterna en sí, genuinamente psíquica, que la tiende su mano librándola del naufragio al par que se aprovecha de sus enseñanzas importantísimas como veremos al hacer la síntesis de la vida de la intuición con la del raciocinio. Esta facultad salvadora que ya veremos es la intuición, se vale de la *memoria intelectual, c b,* que estereotipa los conocimientos adquiridos por el raciocinio; facultad análoga salvo las naturales diferencias de su preminente categoría con la otra *memoria sensible* que actúa sobre la fantasía. La facultad atesoradora *b c,* recíproca de la anterior, bien se comprende que debe ser considerada como la apercepción mediata, racional del espíritu.

He aquí comprobadas, ya las seis facultades complejas binarias, que una coordinación matemática de las tres facultades simples nos había hecho entrever con anterioridad. Falta solo comprobar las otras seis facultades complejas ternarias que, como puede colegirse, son las más sintéticas del hombre y las encargadas como de presidir el funcionamiento de la vida. Pero no es ocioso notar que estas seis coordinaciones ternarias nos dan, no otras tantas facultades posibles, como parece a primera vista, sino doce en lugar de seis porque en cada una, la *a b c,* por ejemplo, cabe considerar como activa la *a* y pasivas la *b* y *c,* o bien activas las dos primeras y pasiva la última. Ambas modalidades para mejor comprensión pueden distinguirse separando por un punto la parte activa de la pasiva, v. g. *a. b c* y *a b. c.*

En el momento que llegamos aquí se nos presenta la perspectiva posible y complicada nada menos que de otras doce facultades, sobre las nueve que llevamos comprobadas entre simples y binarias, pero cierta secreta intuición parece anunciarnos que no deben darse todas doce en la esfera de la realidad, tal y como se anuncian en la esfera, más amplia, de la posibilidad metafísica.

Vemos desde luego en la química que en las combinaciones de los cuerpos simples la posibilidad nos acusa compuestos ternarios, cuaternarios, quinarios, etc., en número que asombra, por llegar a sumar muchos miles y aún millones, y, sin embargo, puede decirse que la molécula quinaria de un compuesto casi no se da ya en la Naturaleza inorgánica siendo mucho mayor el número de compuestos binarios que el de ternarios, éste que el de los cuaternarios, contra lo que matemáticamente debiera suceder. Un fenómeno semejante puede comprobarse en el estudio de la cristalografía, donde se aprende que todos los cristales minerales se pueden reducir a cuatro o seis tipos geométricos únicos que, partiendo del cubo, prototipo de la regularidad poliédrica, llegan hasta el prisma bi-oblícuo, irregular ya en cierto modo, y aunque la posibilidad matemática nos acusa en los últimos sistemas mucho mayor número de modificaciones posibles de los cristales tipos por truncaduras, biseles y apuntamientos, según la llamada ley de simetría, resulta, sin embargo, que, mientras más se aleja el cristal tipo de la regularidad del cubo, en lugar de aumentar las formas derivadas, siguiendo la mera posibilidad, disminuyen considerablemente. El Algebra pura, en fin, concibe la posibilidad de *n* dimensiones, esto es, de un número indefinido de dimensiones geométricas mientras que su correlativa la Geometría sólo nos muestra *tres* en los cuerpos, no alcanzando tampoco nuestra fantasía a concebir una cuarta o quinta dimensión.

Tenemos, pues, el cuadro de las facultades ternarias posibles, constituido del siguiente modo:

$$\begin{array}{llllllll} & a.\,b\,c & & a\,b.\,c & + & a.\,c\,b & + & a\,c.\,b \\ + & b.\,a\,c & + & b\,a.\,c & + & b.\,c\,a & + & b\,c.\,a \\ + & c.\,a\,b & + & c\,a.\,b & & c.\,b\,a & & c\,b.\,a \end{array}$$

Busquemos caracteres de eliminación, si existen.

El raciocinio, por sí, conforme antes se ha dicho, no tiene espontaneidad o facultad de determinarse a sí mismo, porque para entrar en funciones precisa los continuos esfuerzos y vigilancia constante de la voluntad, que, como toda otra moción, arranca de la virtualidad psico-orgánica, principio motor del organismo y receptor último y definitivo de todas las corrientes centrípetas que, a través de la fantasía sola o del raciocinio y la fantasía, llegan del exterior. Toda facultad ternaria matemáticamente posible resultará, pues, imposible, por perturbadora de la marcha regular del espíritu, si ha de estar en pugna con la ley establecida de que no puede tomarse por base activa primaria al raciocinio. Las ternarias *b. a c* y *b c. a* se hallan en este caso. También lo están los *b a. c, b. c a,* porque suponen que el raciocinio asimismo toma la iniciativa ya sobre la psiquis por medio de la fantasía, ya en ésta por mediación de aquella.

Del mismo modo hemos determinado ya que en la fantasía toman origen dos corrientes centrípetas hacia la psiquis; la intuitiva o directa y la mediata o discursiva. Las facultades ternarias que en este supuesto resulten trastocando esta marcha centrípeta, deben ser también desechadas, como perturbadoras del sistema.

En este caso se hallan las que tienen la psiquis, *c,* al medio, no al principio o al fin de la coordinación (según sean centrífugas o centrípetas), y por ello debemos desechar igualmente las coordinaciones *a. c b, a c. b,* que suponen a la fantasía actuando sin necesidad sobre el raciocinio por mediación de la psiquis misma, y las *c. a b* y *c a. b* por una razón análoga.

Sólo nos quedan pues, de las doce coordinaciones o facultades ternarias las *a. b c* y *a b. c,* que en realidad son una misma y única *a b c,* por cuanto en ambas el raciocinio resulta pasivo para la psiquis y activo para la fantasía y la corriente centrífuga *c b a* en que recíprocamente el raciocinio resulta activo para la psiquis y pasivo para la fantasía.

Se comprende bien la inmensa trascendencia que estas dos corrientes han de tener para la vida del espíritu, cu ya prodigiosa síntesis realizan. Por la primera *a b c* la psiquis está llamada a recibir la acción del mundo exterior a través de los sentidos y de la fantasía (vía centrípeta directa) y además del raciocinio (vía centrípeta mediata) y por la segunda asume sintéticamente su vida y la de las múltiples facultades, que irradia hacia los centros órgano-psíquicos de raciocinio y fantasía, y se manifiesta al exterior por lo movimientos musculares voluntarios, entre los que descuellan los del lenguaje articulado y de la mímica.

Inútil es decir cuáles sean estas facultades integrales. La una que, operando de fuera a dentro, coloca al espíritu en actitud pasiva para el mundo objetivo, es la noción general de *la atención,* indispensable en las apercepciones del espíritu. La segunda, eminentemente activa, característica de la psiquis, frente a frente del mundo exterior y adornada con las condiciones inalienables que le aseguran su autónomo funcionamiento, es la *voluntad consciente* y *libre,* nota culminante del hombre que, por la intervención que en ella tiene el raciocinio, le diferencía de cuantos seres pueblan la superficie del planeta.

Estas dos corrientes generales del mundo a la psiquis de la psiquis al mundo, pueden sufrir alteraciones o interrupciones parciales, voluntarias o involuntarias, que aseguran al espíritu su dominio pleno de la vida psíquica, por de pronto, mediante los nervios voluntarios de los párpados puede interrumpir el acceso de la luz a la retina y por tanto la visión; puede, mediante las manos,

cortar la comunicación de las ondas luminosas, sonoras, cuanto el funcionamiento del olfato y del gusto; puede evitar determinadas impresiones táctiles, cambiando de lugar o de actitud; con la simple atenuación de la corriente centrípeta, puede, ya por sí sola, ya despertando sentimientos, interrumpir la vía plenamente consciente, dejando a un lado al raciocinio con sus facultades activas de a abstracción y apercepción discursiva y sus pasivas de generalización y memoria racional que, por el contrario, pone en juego aumentando por un exceso de fuerza de la voluntad la intensidad de la misma, finalmente, al colocarse en la modalidad *c. b a* o en la *c b. a,* actúa conscientemente ya sobre el raciocinio e indirectamente sobre la fantasía, bien sobre esta última apoyada y reforzada con el impulso orgánico de aquél.

En resumen: como facultades complejas centrípetas o de apercepción tenemos las binarias de *intuición, abstracción* y *apercepción discursiva* y la ternaria que constituye la *atención,* y como centrífugas las binarias de *memoria sensitiva, generalización* y *memoria racional* y la ternaria de la *moción general psíquica,* que, junta con la atención, integra la voluntad consciente y libre. Cabe también que esta moción trueque su dirección, cambiándose, por decirlo así, de rectilínea en rotatoria, dentro de la esfera del raciocinio, según el lenguaje admitido para nuestro esquema, dando lugar a la reflexión propiamente dicha. Otra corriente rotatoria análoga, determina en la psiquis sola la conciencia de su conducta en el orden del deber moral, a diferencia de la conciencia psicológica que de manera parecida, abarcando a las demás facultades, se desarrolla en la esfera general o común de todas ellas.

En realidad, si bien se consideran, las apuntadas no merecen el nombre de facultades del espíritu, sino más bien el de modalidades de la vida del mismo y aquel nombre debe reservarse para las tres simples e irreductibles ya dichas: las órgano-psíquicas de raciocinio y fantasía y la genuinamente espiritual, dentro del actual estado de la ciencia, constituida por la mónada simplicísima de la psiquis.

Aquellas dos facultades órgano-psíquicas, a pesar de su importancia capitalísima, pueden alterarse o no darse en el hombre, por estados morbosos especiales de los órganos en que radican. El raciocinio, por de contado, falta a todo hombre durante el sueño ya natural ya artificialmente conseguido, y es harto frecuente su pérdida temporal en el alcoholismo, en la sugestión y en múltiples enfermedades de los centros del encéfalo, como las diversas especies de locura. El raciocinio con la fantasía, no se dan casi en el imbécil ni en el cretino sin que por esto desaparezca la vida.

¿Qué otros lazos, pues, ligan a la psiquis con el cuerpo?

Ya antes lo hemos dicho. Los lazos de física unión son los de la inervación inconsciente: los lazos psicológicos son también clarísimos, la corriente centrípeta o del cuerpo a la psiquis la constituyen *los instintos* o facultades inconscientes y la centrífuga se caracteriza por *las pasiones* o sentimientos, inconscientes también.

–¿Por qué no son conscientes los instintos y las pasiones? Muy sencillo: porque no juega en ellos el raciocinio ni la fantasía de un modo directo. –¿Por qué se sienten unas y otros, sin explicarse ni casi concebirse?–Porque, encargados de la conservación del gran conjunto humano, no necesitan, ni deben afectar a las facultades superiores, conexiadas todas con las relaciones del mundo exterior, y no dependen o dependen muy poco de la voluntad porque ésta necesita centros conscientes en que apoyarse y desenvolverse.

En nuestro esquema, dos sistemas de flechas marcan esta doble corriente, que, para mejor comprensión, se han puesto separadas de las que representan los nervios de lo inconsciente. Si como, parece lógico, ciertos instintos están localizados en algunos de estos nervios, la doble corriente de ellos y de las pasiones podrían identificarse con las que en el esquema representan a aquellos.

A punto de terminar el capítulo, parece como que olvidamos lo más esencial del orden psíquico, es a saber *los sentimientos.* ¿Son facultad?, ¿son una operación del yo?, ¿qué son, en fin, y dónde colocarlos? No han de colocarse en lo inconsciente puro (aunque tienen no poco de inconscientes) pues que la misma etimología de la palabra lo repugna; no en la fantasía, porque son mucho más que una pintura, ni tampoco en el raciocinio, ya que no se sujetan a regla alguna lógica; no en la memoria, ni en la intuición, ni en las demás facultades complejas, porque son tan simples como grandes e intangibles; no en la esfera objetiva porque nada hay tan sublime ni tan genuinamente subjetivo y psíquico. Es en la psiquis misma en el sanctasanctórum del espíritu, donde cabe dar un puesto digno a estas modalidades purísimas, buenas o malas, y capaces de colocar al hombre en el Universo como el primero o como el último de los seres que en él viven. Son ellas, en una palabra, la más genuina manifestación del espíritu en la psiquis, ésta como señora de sí propia y reina del mundo.

El hombre, en fin, se conoce a sí propio, como uno de tantos seres de la Naturaleza; sabe hasta dónde llega su espíritu y lo sabe sin duda merced al vínculo general que crea la normalidad funcional de la vida; ésta es pues la conciencia psicológica, noción fundamental de nuestra existencia como seres sensibles y de raciocinio, verdadera serpiente de los egipcios que se muerde la cola, girando continuamente sobre sí misma en torno de la esfera que limita. Los sentimientos, a su vez, dando la nota típica del espíritu como todo vuelve también sobre sí, revelan otra noción distinta y superior, aunque análoga, a la conciencia psicológica. Es la conciencia moral, ya indicada, llamada a una influencia suprema en las determinaciones del hombre.

Queda completo, pues, el cuadro general que presenta la vida del espíritu.

# X

## ESCALA DINAMO-ORGÁNICA DE LAS FACULTADES

En el capítulo anterior hemos visto nacer las facultades complejas binarias, como hijas de la acción de una de las tres facultades simples sobre otra, sin interesar a la tercera. Así hemos comprobado seis facultades más, y después otras dos generales, ternarias y sintéticas, por las cua les el mundo exterior actúa mediatamente sobre la psiquis, y la psiquis, a su vez, reacciona, mediatamente también, sobre el mundo.

Pero la regularidad absoluta ni existe en el exterior, ni tampoco en las facultades del espíritu y los fenómenos internos pasan de un modo bastante diferente de como el anterior análisis parece enseñarnos.

Así como en la mineralogía, tras el estudio de las formas geométrico-cristalográficas puras, que entran de lleno en el campo de la abstracción propias de la ciencia de lo extenso, viene el estudio complementario de las modificaciones de los cristales, que los apartan no poco de aquella pretendida regularidad con que en la esfera abstracta los concebíamos, así también en la síntesis de la vida del espíritu no se dan las facultades con esa regularidad semi-geométrica que nos ha servido para hacerlas comprensibles.

En la Naturaleza, como en el espíritu, e fondo las cosas es unitario y muy sencillo, pero las formas exteriores parecen variar de un modo indefinido, para integrar la ley de la armonía, y nada más lógico que el que suceda así, porque no existiendo en el Universo, tal como le sentimos, más que materia y fuerza, tantos como sean los modos de actuar ésta sobre aquella otras tantas habrán de resultar las modificaciones, y así como en Mecánica racional un punto material sometido a una sola fuerza no tiene más que una dirección y describe una recta, transformándose su movimiento en las diversas formas de curvas así que se le agregan otras convenientemente, en dinámica humana dos fuerzas tan variables y tan encontradas como la inercia del cuerpo y las energías del espíritu han de producir probablemente alteraciones en esa a manera de movimiento rectilíneo que hemos supuesto en las acciones de las facultades complejas que de sus recíprocas acciones resultan.

Detengámonos un momento aquí en honor a esa especie de analogía, a ese singular paralelismo que, a pesar de su diversa índole nos ofrecen lo físico y lo psíquico.

Decíamos que, en Mineralogía, tras la regularidad sublime de las formas cristalográficas, venía el estudio importantísimo de las irregularidades que la Naturaleza impone a las formas puras de todo cristal. No existe, en efecto, cristal alguno que no presente estas últimas, y el seguirlas resulta interesante. Los cristales empiezan por formar grupos y, al estorbarse mutuamente en su crecimiento, impiden que las caras se desarrollen con igualdad, ensanchándolas o alargándolas unas a costa de las otras que a veces hasta desaparecen; fórmanse cristales dobles y triples, se alteran sus dimensiones, se invierten, se concrecionan, abortando y, en fin, sustituyen a otras substancias, robándolas sus propias formas.

En Botánica y Zoología también la regularidad primitiva de los órganos y hasta su misma índole se altera, presentándose múltiples casos teratológicos, como los crecimientos desacostumbrados, la transformación de 1os estambres vegetales en pétalos, el aborto de ciertos verticilos que se cambian en glándu1as o espinas, etc.

Estos fenómenos mueven a pensar si procede buscar en las facultades órgano-psíquicas del hombre algo parecido y nos hace desde luego desconfiar de la ficticia regularidad geométrica de nuestro esquema, que en la realidad psicológica ha de experimentar modificaciones profundas. Modificación y algo más en efecto, es la que por de pronto nos encontramos al querer ocuparnos del problema dinamo-psíquico; al hablar de fuerzas del espíritu.

El concepto filosófico de la vida ha recibido de la histología y de la química una modificación profundísima, que hace cada vez más necesario el acabar con el dualismo de espíritu y cuerpo, único resabio de importancia que nos queda de la falsa y tradicional psicología.

Ya han desaparecido felizmente de la ciencia aquella especie de arqueos, de fuerzas inmateriales, ocultas, determinantes en lo inorgánico de las llamadas fuerzas de la vida. La clásica antinomia de espíritu y cuerpo tiene que refugiarse en otra trinchera, que acaso sea la última y desaparezca cuando podamos formarnos una idea cabal de lo que tanto la fuerza como la materia simbolizan, idea que hoy ignoramos si llegará a espiritualizar la materia o a materializar el espíritu, reduciendo a vanos nombres absorbidos por hermosísima realidad suprema. a entrambos.

Copiemos a Gautier (Armand) lo que dice de la vida:

> La vida resulta de un estado de organización y correlativamente de evolución, trasmitida, gracias a las materias gene-

radoras, por otro ser anterior, que a su vez fuera antes objeto de una evolución análoga. Littré ha dicho con acierto: *«la vida es el estado de actividad de la materia organizada»*. Cl. Bernard observa que los seres vivientes revelan *un plan orgánico, según el cual se dirigen los fenómenos físico-químicos,* debidos a los agentes físicos, productores de estos fenómenos, pero tales agentes *no dirigen...* Esto es también lo que pensaba Chevreul al decir: «un cuerpo organizado tiene en sí la propiedad de desarrollarse con admirable fijeza en cuanto a su forma y especie, y la facultad de engendrar individuos que reproduzcan a su vez esta misma forma. He aquí donde, a nuestro juicio, se encuentra el misterio de la vida y no en la naturaleza de fuerzas, a las que se pueden referir de un modo inmediato los fenómenos». Es decir que los generadores transmiten *la organización*; los agentes físico-químicos, proporcionan a ésta *la energía,* que se *transforma y se dirige* según el plan de la materia recibida del engendrador.

Lo que se ha llamado *fuerza vital* no es *una fuerza,* porque fuerza es aquello que resulte apto para actuar sobre un cuerpo o sistema de cuerpos materiales, para modificar la energía mecánica, física o química *pero desapareciendo proporcionalmente* a las modificaciones así producidas. Los seres vivos se nos manifiestan a la vez por fenómenos *mecánicos* o *físico-químicos* que ponen en juego fuerzas susceptibles de medida y también por *formas,* es decir, por *el orden, el plan* de los fenómenos de que son objeto. A estas manifestaciones, comunes al animal y a la planta, vienen a incorporarse en los primeros las manifestaciones superiores de la sensación, la conciencia, la memoria, el pensamiento, etc. El animal funciona gracias a modificaciones incesantes de los principios que le componen, de lo que resulta una cantidad de energía que, de potencial o latente, so transforma en sensible, manifestándose por cambios de temperatura, por el movimiento y por la naturaleza de los principios químicos constitutivos de los órganos. Siempre para el mismo ciclo de transformaciones materiales, cantidades equivalentes de calor, de trabajo interior o exterior revelada por el inerte calorímetro. En el animal, sea un amibo, un molusco, o un hombre, la sensación, la memoria, el pensamiento *son percepciones de apreciaciones de formas o de relaciones* (lo que es todo uno), pero jamás constituyen *modos de energía* y carecen de equivalente mecánico. Un artista saca de su violín una sucesión de sonidos; que despiertan en nosotros la sensación de una idea musical. El trabajo material del brazo... de los nervios acústicos, la transmisión al cerebro y la impresión en él recibida, constituyen una serie de fenómenos susceptibles de equivalencia y medida. En cuanto a las percepciones interiores de las formas transmitidas... de cuya comparación va a resultar el juicio, *son absolutamente inmateriales.* En efecto, los mismos sonidos, producidos en orden inverso o irregular, habrían determinado impresiones análogas con igual gasto de energía, pero la percepción interior, el sentimiento de las relaciones cambia o se anula... La organización es el instrumento de la vida, pero no su causa... Un grano, un microbio o su esporo... tienen la vida *in potencia,* pero en realidad no viven, ni siquiera una vida latente. Son máquinas aptas para funcionar, relojes con su cuerda dada y prontos a marcar la hora, pero... ellos no resultarán lugar adecuado para cuantas manifestaciones constituyen la vida mientras ciertas causas determinantes: humedad, calor, una primera vibración comunicada, les suministren las condiciones necesarias para la realización de la energía virtual que tienen en reserva sus materiales químicos. Sólo el paso a las transformaciones de dicha energía... resultará la causa de la serie de transformaciones que llamamos *estado de vida...*Un cerebro que piensa se calienta... pero los fenómenos que signen a la impresión materia... él pensamiento... la voluntad; no gastan energía. Sentir, comparar, querer, *no es obrar...* Descartes ha dicho: <Se vive y obra físicamente, pero metafísicamente se piensa>.

Las facultades aparecen sucesivamente en el hombre, siguiendo el progresivo aumento de fuerzas que supone el crecimiento del organismo.

La vida intra-uterina del nuevo ser tiene una acentuación considerable antes de empezar el cuarto mes de la gestación. Hasta entonces el ovulo fecundado ha remedado en sus evoluciones el desarrollo vegetal, por segmentación de células que se han agrupado formando las membranas blastodérmicas y estando ya bastante desarrollado el embrión, que ha pasado a ser feto, se trueca la circulación ónfalo-mesentérica por la de la alantoides, la que, del cuarto al quinto mes, cambia en circulación placentaria, al par que empiezan a observarse los primeros movimientos automáticos del feto que suponen ya manifestaciones vitales propias, de índole inconsciente.

Pero si puede dudarse acerca de los instintos, en este período obscuro en que el nuevo ser se desarrolla en íntima solidaridad con la madre, así que tiene lugar el nacimiento se presenta a las claras la vida inconsciente e instintiva, primero y más poderoso lazo del cuerpo con el espíritu, y el recién nacido busca el alimento llevando instintivamente los labios al pecho que le nutre.

Los primeros meses de la existencia los pasa el niño consagrado casi por completo a la vida vegetativa, que poco a poco se va consolidando con el crecimiento y desarrollo de los miembros; pero casi desde los primeros días de ella se empiezan a presentar ligerísimos esbozos de los sentimientos o de la psiquis, y de la fantasía, que parecen ambas guardar en su desenvolvimiento cierta correlación, es decir iniciando una franca vida intuitiva.

Desde luego, todos los sentidos funcionan, según la experiencia acredita, porque el niño fija la mirada en los objetos luminosos y movibles, primero que despiertan su atención; tampoco es insensible a las ondas sonoras que llegan a su oído, antes bien, como objetos sonoros, como las campañillas y otros cien ruidosos juguetes, tienen el privilegio de embelesarle. No gozan, según las nuestras, de análogas preferencias los otros sentidos, que, aun existiendo, parecen radicar en la esfera de lo inconsciente, sin que trasmitan más impresiones que las de placer o dolor, como los demás nervios de las sensaciones internas. La aguda perspicacia del vulgo sorprende de continuo en los recién nacidos durante los cortos intervalos en que duermen, el fenómeno de la atención con que reciben las impresiones luminosas y acústicas, llamadas sin duda a despertar la fantasía y consiguientemente a la psiquis, por medio de la apercepción intuitiva. Órgano tierno y medio embrionario aún la fantasía, se cansa pronto de funcionar, negándose a recibir nuevas impresiones sensitivas, y de aquí lo breve y poco continuado de las vigilias, que en los primeros tiempos constituyen la excepción de la vida, mientras las atonías del reposo absoluto llegan a ser la regla general de aquel período genérico de las facultades psíquicas, que sólo tratan de asegurar la definitiva formación del cuerpo, llamado a servirlas de apoyo en el decurso de los años.

Los instintos de la primera edad, fieles cumplidores de las necesidades del crecimiento suministran al espíritu las nociones primeras, que le sumergen en una existencia de absoluto egoísmo. Primitivos sentimientos, inconscientes también –de los que no es responsable, y que, transformándose luego en conscientes, perduran en el hombre maduro– se enseñorean de su ser hasta la tumba.

Si queréis comprobar experimentalmente la existencia de los sentimientos egoístas en el niño arrebatadle el primer juguete que en sus manos coja, y no le satisfagáis un necio capricho, y le veréis pronto, presa de intenso llanto, que, bien diferente por cierto del llanto consciente o de dolor, remeda en un todo las manifestaciones, y los gritos con que los animales expresan todos sus instintos. Y no se diga que estas manifestaciones y otras mil que pronto se presentan, no merecen el nombre de sentimientos egoístas sino de puros instintos, porque la característica de los instintos en los animales como en el niño es suplir la falta de raciocinio, pero así como el instinto o mejor dicho el inconsciente, jamás se engaña por ser determinación fatal encaminada a satisfacer una necesidad orgánica, el niño es casi siempre engañado por aquellos fenómenos y nunca por los verdaderos instintos. Si queréis colocarle en sitio abrigado, que le proteja contra las inclemencias del frío, llora porque no se le deja a la intemperie, donde estaba entretenido con tal o cual capricho, y aunque aquello le conviene mejor, prefiere esto, que se aviene más con su gusto del momento, igual que cuando después sea hombre y sienta las pasiones, que hijas de los sentimientos egoístas pervierten a los propios instintos, ha de sacrificar cien veces lo útil por lo que sólo le proporcione la satisfacción de un efímero capricho y para comprenderlo mejor no hay sino investigar si se da en los animales ese sentimiento del niño que el vulgo conoce con el nombre de caprichos infantiles y se advertirá bien pronto que, en lugar de ser verdaderos instintos, son cosa muy diferente que, desde luego, revela ya al ser que no ha de tardar en ofrecerse consciente y libre, emancipándose del fatalismo que domina a los demás seres sensitivos.

En la primera edad del niño se dan, pues, análogos instintos que en los animales, pero al par se presenta también la perversión de esos mismos instintos, esto es, las pasiones, como si las mociones instintivas, tan inocentes de suyo por estribar en su finalidad indeclinable la conservación del individuo, tocasen a una facultad pervertida o con tendencia a pervertirse desde su origen y salieran casi siempre desfavorablemente modificados.

El niño cuya educación se descuida siente desde los años más tiernos, acaso desde los tres años, los primeros, síntomas de la pasión del orgullo; coleccionando más y más juguetes que se niega a facilitar a sus compañeros, desarrolla en sí la avaricia y acaso en los demás envidia desgarradora. La crueldad en el niño está perfectamente caracterizada, es así mismo proverbial su gula, que con nada parece saciarse, al revés de lo que suele acontecer con los animales. A veces, en fin –triste es de decirlo– centellean los fulgores del odio. y de la ira en sus tiernas pupilas y se sienten empujados por pendientes que más tarde pueden hasta conducirlos al crimen.

Mas, por fortuna, su virgen alma no está sola, ni cae de lleno en la tiranía del egoísmo. Aunque el niño muestra en su cara su futuro carácter, dulcísimos sentimientos, nacidos en el hogar al calor de las solicitudes de sus padres y a los desvelos de sus maestros, empiezan a despuntar, aprestándose a la lucha con aquellos otros que tienden a deprimir al espíritu, apartándole de sus altos y ulteriores destinos.

Durante todo este tiempo la fantasía, a quien dejáramos antes trabajando desde un principio bajo la acción de los sentidos y cansándose con facilidad de funcionar por la debilidad de las fuerzas orgánicas en que se apoya, va fortaleciéndose y trasmitiendo a la psiquis nociones intuitivas, que, a medida que aumentan en alcance e intensidad, se van emancipando más y más de la férula de lo inconsciente, donde tuvieron comienzo, para aproximarse a la esfera consciente, donde han de asentarse en definitiva. El desarrollo y nuevo vigor del sistema nervioso, ya casi consolidado, dispone al cerebro para las operaciones penosas que supone el raciocinio y esta excelsa facultad, tercero y último de los centros del espíritu, la de más laboriosa gestación, porque simboliza la plenitud de la conciencia psicológica, hace su aparición en la vida, por un lado a costa del organismo y quizá de la fantasía, por otro merced a la creciente actividad del espíritu que, menos esclavizado ya por las atenciones de lo inconsciente que preside a la nutrición del cuerpo, aumenta el círculo de su acción, enriquecida ya por el caudal le ideas intuitivas elaboradas a costa de las impresiones sensibles, al par que el cerebro está ya dispuesto para las nuevas y más penosas energías órgano psíquicas que precisa, sin atentar por eso a la corriente primaria centrípeta, directa e intuitiva, que se nos presenta tan completa en el niño como en el adulto y en el hombre viril.

El tiempo de esta transición, acaso la más lenta del desarrollo humano, no puede fijarse por lo mismo de un modo absoluto, pero tiene su comienzo entre los seis y nueve años; según las diversas circunstancias congénitas, educativas, orgánicas y exteriores que en fenómeno tan integral, último anillo del espíritu con el cuerpo, están llamadas a influir.

La consecuencia inmediata de la aparición del raciocinio es la apertura de esa segunda vía consciente, muy superior a la primera por diversos conceptos, hasta ejercer la hegemonía sobre ella durante la vigilia, merced a las energías de la voluntad que, a manera de un regulador, aumenta la fuerza o tensión orgánica al actuar el espíritu sobre el órgano respectivo y es dueña de desviar la corriente intuitiva ordinaria, llevándola a corriente plenamente consciente de generalización y apercepción discursiva, a través del raciocinio. Pero, aparte de ser larga y muy penosa la infancia del raciocinio, todavía se prolonga mucho más hasta poder llegar a su plenitud, porque aun siendo ya susceptible de ejercicio, este no es completo cuando no halla suficiente energía orgánica para la fuerte tensión que supone en la voluntad.

La íntima unión, además, que sus órganos de la corteza cerebral tenga con los de la fantasía, hace a la generalidad de los hombres carecer casi de las dos facultades de la abstracción y reflexión genuinas, facultades que son difíciles de desarrollar, porque suponen cierto divorcio o antagonismo entre aquellas dos, cuyos órganos, íntimamente unidos en el encéfalo por la Naturaleza, no se prestan dóciles a desempeñar las funciones antagónicas necesarias a su ejercicio. De aquí también que ningún trabajo fatigue tanto al espíritu como el suyo, ni que tenga mayor propensión a los estados patológicos cerebrales gravísimos, cuya consecuencia definitiva sea el aniquilamiento de la persona humana con la muerte, o la perturbación y pérdida de la facultad con las diversas clases de locura.

Lo inconsciente no se ha descuidado tampoco. Mientras la vía consciente se duplicaba con la aparición del raciocinio, ha creado también una nueva vía de instintos reproductores que, aparecidos como los anteriores de la conservación en la edad primera, al revestir en la psiquis pueden retornar perturbados en su verdadera índole natural con los extravíos de las pasiones, cuyo influjo aparta al individuo de la senda normal que aquellos instintos inconscientes le tienen trazada, para conseguir sus fines, esencialísimos para la conservación de la especie.

El espíritu llegado a esta edad de los 18 a 25 años resulta como duplicado y considerablemente enaltecido. Cuenta, por un lado, con una doble vía inconsciente centrípeta de instintos conservadores y reproductores, otra doble vía centrífuga de pasiones de una y otra índole, con las que está llamado a luchar durante el resto de su vida. Tiene, por otro lado, la análoga vía doble plenamente consciente de la fantasía al raciocinio y a la psiquis o vice-versa; en fin, una tercera vía central o directa, que de ordinario, es inconsciente a medias y a medias consciente con la apercepción intuitiva y con la memoria. Completa el conjunto de la dinamia del espíritu unos sentidos externos, que comunican de fuera a dentro con el mundo, y unas funciones motoras, que suministran la comunicación inversa acusada por los movimientos externos y las acciones exteriorizadas. ¡Hermoso conjunto que hace concordar el mecanismo del sistema nervioso del cuerpo con los sublimes engranajes y corrientes del espíritu!

Después de esta ojeada fácil es colegir qué modificaciones de detalle impone la realidad a nuestro esquema analítico.

En primer lugar, es tan íntima la unión del espíritu con el cuerpo, tan continuas son sus mociones, tan sintética es la resultante de la vida y tan múltiples son también sus sentimientos, que la esfera de la psiquis aumenta de radio, tendiendo a absorber en su seno a las otras dos del raciocinio y fantasía en plena intuición, como más tarde veremos. Al par los vínculos orgánicos, tan poderosos entre éstas, propenden a hacer de ellas no más que una, a pesar de la grandísima diferencia que media entre sus funciones respectivas y esta aproximación se realiza a costa de las dos facultades binarias intermediarias que resultan atrofiadas y poco perceptibles.

Destinada la psiquis, además, a enriquecerse con su propio caudal y el que recibe de la Humanidad y del Universo, las corrientes o facultades centrípetas tienen mucho más vigor que las recíprocas o centrífugas, y entre éstas menos aun las de la vía mediata que las de la inmediata. Lo contrario ocurre con las dos ternarias por las que se mantiene la comunicación del espíritu y el mundo: la moción resulta fácil y la atención difícil, sin duda porque emanada la moción de la plena actividad de la psiquis puede caminar expedita a través de las demás facultades subordinadas, mientras que la atención, al irradiar de la psiquis y luego regresar a ella, a través del raciocinio y la fantasía, lleva en sí todas las dificultades orgánicas de las corrientes reflexivas.

Esto mueve a sospechar que no se trata, como a primera vista pudiera creerse, de tres facultades simples y centrales del espíritu, resultado del falso fraccionamiento que es consecuencia de toda buena investigación analítica. En el momento en que hemos dado los primeros pasos en el terreno de la síntesis, para formar la escala dinámica de las facultades simples y compuestas, a pesar del rigor de los principios de observación en que se apoyan, ya nos vemos irresistiblemente impulsados a considerar un solo principio activo, la psiquis, cuyas energías conscientes e inconscientes son las únicas que dan vida y calor al movimiento psico-físico. El estudio graduado de la intensidad de esta fuerza psíquica, actuando sobre los órganos de los centros nerviosos, nos enseña acabadamente esta profunda verdad, que el análisis apenas nos permitiera entrever.

Entre las mil modificaciones que la fuerza viva de la psiquis nos presenta en su intensidad, permitiéndola recibir en cierto modo las leyes universales de la cinemática, su más y su menos matemático presenta cuatro modalidades o situaciones claramente determinadas, que pronto vamos a considerar.

Desde luego el problema de lo consciente y de lo inconsciente es para la psiquis una pura cuestión de cantidad. La fuerza psico-orgánica se inicia de un modo casi imperceptible en el feto, que, encerrado como está en el saco del amnios, no puede trascender al exterior más que por ciertos movimientos hasta los últimos meses de la gestación. El nacimiento permite al nuevo ser recibir inconscientemente la acción de la luz y del sonido, primeras mociones que la continuada atención del niño y su creciente vigor nervioso va haciendo más intensas, aproximándolas más y más a la fuerza consciente.

El período de la gestación desenvuelve la primera fuerza psíquica, que, por ser débil aún, es inconsciente; el que media desde el nacimiento hasta el fin de la infancia fortalece esta fuerza, permitiéndola aumentar de intensidad, hasta poder alcanzar, en los momentos más activos, la tensión necesaria para llegar a consciente de índole intuitiva o directa, aun no purgada de ciertos resabios inconscientes cuando, tras cualquier máximo, ti ene su mínimo respectivo.

Para la infancia; llega la edad de la razón, que halla ya casi ultimada la formación de los grandes centros cerebrales, al par que se ha desenvuelto el cerebelo, y la fuerza psico-orgánica, que no fuera del todo consciente con la intuición, abre la nueva vía de plena conciencia racional, tocando al máximo de lo consciente al alcanzar a la plenitud orgánica1 pero llega un momento supremo en que corre peligro la integridad del conjunto bajo la inminente amenaza de cualquiera de los mil riesgos de b vida la psiquis se apercibe, y aquella fuerza misteriosa suya, que no reconoce más límites de acción que la resistencia del organismo, se exacerba; llega a su paroxismo, excita a todas las facultades, apartada entonces y muy por cima de la intensidad de lo consciente, torna a ser inconsciente, de intensidad mucho mayor, pero pasado el peligro se desquita de aquel derroche de fuerzas y para reponer sus pérdidas cae en especial atonía.

Este fenómeno nos recuerda (consecuentes con nuestro afán de hallar analogías unificadoras entre el mundo moral y el físico) el cómo las vibraciones del éter al iniciarse, empiezan a determinar calor; aumentan en rapidez o velocidad vibratoria y el espectro calorífico comienza a transformarse en luz; da un paso más y aquellas vibraciones, más veloces que en el último color que es el violado, ya dejan de ser luminosas pero continúan siendo vibraciones químicas, llamadas a modificar, por descomposiciones, la naturaleza íntima de los cuerpos y en fin pueden llegar a ondas hercianas u otras, aún desconocidas.

Determinemos en la vida los cuatro momentos característicos de esta fuerza, cuya intensidad no sólo varía con el crecimiento, sino también con alternativas análogas a las de la intensidad de la luz sobre la superficie de la tierra.

El momento primero de esta fuerza psico-orgánica, su cero absoluto, únicamente se da dos veces en la vida humana. El uno en las vagas fronteras de la nada, en que el nuevo ser sale del orden abstracto de la posibilidad al concreto de la existencia, durante el misterio de la gestación; el otro en los segundos confines del tiempo con la eternidad, cuando la última hora de la vida resuena melancólica en los ámbitos de lo desconocido. Entre estos dos momentos, la fuerza se alejará del cero con el crecimiento del hombre; se acercará a él más y más hacia los períodos postrimeros de la vida, o en aquellos otros en que la enfermedad amenaza con reducir a la nada el mágico conjunto, pero jamás tocará a él, porque ya tocó una vez el hombre al comenzar y no puede volverá llegar a él sino cuando espire.

Los otros tres momentos no pueden ser más percertibles en la vida de cada día.

Ya vimos en el capítulo IV cuales son en el orden psíquico los momentos culminantes de la vida ordinaria. Sometido el hombre a la necesidad de alternar entre la actividad y el descanso, no pasa de una a otro sin crepúsculos, que son a la manera de los solares. En el crepúsculo vespertino del Sol disminuye gradualmente la intensidad de la luz diurna, que desaparece durante la noche y retorna, aumentando gradualmente también, con la aurora del nuevo día. El crepúsculo vespertino del espíritu hace decrecer con rapidez la tensión de la fuerza psico-orgánica, hasta que traspone la esfera de lo consciente, alcanzando un cero relativo, que resulta positivo siempre respecto del cero absoluto. Llega a dicho cero con velocidad muy variable según los diversos grados de tensión que alcanzara en la anterior vigilia y los que exigen las continuas necesidades de la inervación inconsciente que reclama menos y que no duerme nunca. Retorna después a crecer, tocando primero en el cero relativo del ensueño, y pasa en fin a la vigilia

Concretemos más estos momentos.

### *Primer grado de intensidad, período del reposo*

Cuando la fuerza psico-orgánica se acerca a su mínimum el hombre pierde toda noción externa e interna, entra en el inconsciente completo, ósea, en la reducida esfera del reposo vegetativo y absoluto. Durante él, la psiquis vive sólo unida al cuerpo por aquellos lazos, pero carece de raciocinio, de fantasía y de toda otra facultad binaria ni ternaria, pues todas yacen en perfecta atonía. Al faltar entrambas fuerzas conscientes, carece el espíritu de la conciencia psicológica que le suministran sus nociones conscientes: vegeta el hombre a la sazón, pero casi no vive porque hasta carece de la vida de la intuición que al ensueño caracteriza.

Este período es el normal en los primeros meses de la existencia humana, y probablemente es el característico del largo período de la gestación. Dura de 3 a 5 horas en la juventud; poco menos que desaparece en casi todas las enfermedades, especialmente en las nerviosas y tiende a reducirse más y más desde que se ha llegado a la edad madura. En general, como consagrado de lleno al crecimiento en las primeras edades y siempre a la vida interna de nutrición y renovación, se acorta cuando el crecimiento termina y propende a desaparecer a medida que la conservación del cuerpo va siendo más inútil y menos factible, es decir, a medida que, ya consolidada o desarrollada la psiquis que parece ser el supremo objetivo de la vida consciente, se prepara a separarse para siempre de él.

### *Segundo grado de intensidad: periodo del ensueño*

Llenadas las primeras necesidades de nutrición y renovación o, para hablar con más propiedad (pues estas funciones nunca cesan) así que por el descanso comienzan a repararse las fuerzas vitales en sus anteriores energías, e intentan renacer las facultades postradas, se inicia, según ya sabemos, el período del ensueño. Pero, como la intensidad de ella no es aún suficiente para ambas, se la apropia toda la fantasía, la menos exigente en fuerzas para su mera objetivación, la que llena una necesidad más orgánica y por tanto más fundamental que el raciocinio, porque mientras éste da la nota diferencial entre el hombre y los animales, aquella da la nota cardinal que es común en mayor o menor grado a todos los seres sensitivos y por la distinta índole del principio simplicísimo que informa a estos y al hombre, la inmensa mayoría de las funciones racionales son ventajosamente suplidas, como hemos visto, por la vía central, directa e intuitiva de la sola fantasía tanto en los períodos de la vida que precedieran al desarrollo de la razón, cuanto en todos los otros que a su pérdida o extravío subsiguen y en los cuales la muerte de la razón no ha determinado por sí la cesación de la vida. En este segundo período de los ensueños, cuyos confines con el primero o del reposo, se muestran tan confusos y desvanecidos, es gradual la presentación de la fantasía, que suple la acción directa de los sentidos con las impresiones más recientemente recibidas dé la vigilia, según hemos visto.

Como se encuentran frente a frente entonces dos facultades ligadas una a otra y como la índole subjetiva de la psiquis es la misma exactamente que en la vigilia, y son otra no menos exacta reproducción del mundo exterior, casi siempre, las pinturas de la fantasía, la chispa de lo intuitivo salta de una a otra por la tensión vital acumulada durante el reposo y se desarrolla *de presente* una nueva vida *tan real* como cualquiera otra, pues sólo se diferencian de la ordinaria en la vigilia en que no se raciocinan porque se vive a costa de los recuerdos que un pasado todavía reciente suministra.

### *Tercer período; la vigilia*

En este último periodo de la dinamia psicológica, que arranca del momento en que el hombre despierta, todas las facultades se encuentran dispuestas a funcionar, integrando la gran labor sintética que a la vida real caracteriza. La consciencia y la inconsciencia del hombre, desarrollándose al par en toda su plenitud, le hacen perfecto y libérrimo dueño de sí mismo, dentro del estado fisiológico que el expedito ejercicio de ellas supone como condición esencialísima.

De aquí que, este estado, al ser una perfecta imagen del absoluto equilibrio que caracteriza a la vida fisiológica o de salud, resulte más o menos alterado por las afecciones morbosas que estudia la Patología, en sus dos ramas de Patología médica y Patología del espíritu.

## ADVERTENCIA

Dada la índole del presente estudio de observación, y para mayor progreso de la ciencia, el autor de esta obra espera verse honrado con la remisión a su domicilio (Logrosán, Cáceres) de cuantos juicios críticos, sean favorables o adversos, emitan los Señores lectores.

# LIBRO SEGUNDO

Suplemento al Nº XLI de la REVISTA DE EXTREMADURA.
Cáceres, enero, 1903

# I

## OBSERVACIONES DE ENSUEÑOS CARACTERIZADOS PRINCIPALMENTE POR LA FANTASÍA

El presente capítulo, igual que el que le sigue, puede muy bien considerarse desgajado del conjunto de la obra, a cuyo plan integral apenas afecta. En él se consignan unas cuantas observaciones que trascribimos en obediencia a un estricto deber científico de investigación, aun a trueque de las sátiras de algún lector tocado del triste defecto de la frivolidad, más común de lo que se cree en los países latinos. Entrambos capítulos son precedentes obligados de nuestra labor sintética, propia del libro II.

## OBSERVACIONES

Sensaciones precordiales de comodidad o placer al hallarse en la cama el individuo.

Imágenes de grato y extraño relieve.

Paisaje con clichés superpuestos uno visto en la realidad y el otro imaginario.

*Núm. 9.*–«Camino en diligencia. Me entretengo en contemplar el paisaje, en gran parte cambiado. Veo como el cielo se nubla con grandes jirones de nimbos de tempestad. Esta poco a poco se forma; parece como que fulgura el relámpago, el viento azota los árboles del camino; percibo esa general perturbación de la Naturaleza en semejantes casos, pero no creo escuchar el trueno, ni me paro en tal detalle; recibo más bien una no desagradable impresión de conjunto. Para evitar quizá los peligros del viaje echo pie a tierra y, quedándome en una casa de campo, resulto enseguida en una cama muy cómoda, viendo con singular placer a través de las grandes vidrieras de la pieza dormitorio, el titánico luchar de los elementos... y el sueño continúa con desvanecidos perfiles»...

Imagen habitual que trae otra de dos meses fecha.

La fantasía sobrepone otra tercera imagen inspirada en la anchura del seco cauce del río que recuerda al Prado o a la Castellana de Madrid.

*Núm. 44.*–«Salgo de paseo con los amigos M... y X... y llego a un puente de la carretera de H... Ya allí dejamos la carretera y advertimos con sorpresa que la margen derecha del arroyo está cubierta por soberbios edificios de cinco pisos, como el Paseo del Prado en Madrid, con sillas, faroles, etc. Entonces, lleno de entusiasmo, les muestro aquella admirable urbanización de un pobre pueblo como es H... Vénse asimismo dos o tres plazuelas donde, entre frondosos árboles, se alza su correspondiente estatua o colum-

El espacio en que el ensueño se localiza es propio del verano en todos sus detalles, o sea de tres meses fecha en las construcciones color de las tierras etc., se recuerda mi viaje de hacia cinco meses a Chamartín.

na triunfal. Todo ello me entusiasma en grado sumo. En la otra margen del rio y en el resto de la campiña, por el contrario, no se ven edificios, ni nada del paisaje que presenta efectivamente aquel arroyo. Sólo en la lontananza se ven algunas edificaciones pobres, acasamatadas y esparcidas entre un dédalo de colinas desconocidas... En mi alegría hago considerar a los amigos cuán grandioso desarrollo ha tenido H... en pocos años por aquella parte y me separo de ellos, siguiendo hacia el mediodía, entre muros de cercado y luego, a través do ávidas colinas terciarias... Creo entonces verme precisado a sostener un ligero tiroteo con algunos negros y mulatos que pululan por allí con sus trajes claros y sombreros de ancha ala... Cosa extraña: aquel tiroteo no me impresiona más que la lectura de un suceso análogo en la prensa... Consigo penetrar al fin en un caserón o castillo que no debe tener moradores, paréceme advertir que en él tremola una bandera o gallardete y una vez en él no me preocupo más que de embelesarme, contemplando la llanura que tras ligeros accidentes comienza casi a mis pies y va a morir en el mar a unos cien metros de distancia... La súbita aparición de aquel hermoso panorama torna a entusiasmarme y excitar mi fantasía... Veo como las olas se rizan en la playa, cubriéndose de espuma blanco-lechosa... En su risueña bonanza reconozco al Mediterráneo, entrando en

Prevalece un momento la imagen de nuestros paseos habituales en el pueblo de H. donde parece localizarse la escena toda, no obstante, la abigarrada superposición de clichés.

La imagen fundamental se altera, sobreponiéndose a ella otra de las lecturas de la campaña de Cuba.

Por fin, después de amontonar clichés heterogéneos, la fantasía crea desdoblándose. Se inspira en la grandeza del mar y eleva al espíritu a hermosísimas contemplaciones.

grandes deseos de bañarme... Me acerco a la orilla de uno de los canales como para riego que se forman y considero que, habiéndose bañado tanta gente y arrojado tanta inmundicia al mar en todas partes, quizá se halle éste algo sucio, cosa que rechazo enseguida teniendo en cuenta su inmensa amplitud... Noto que me es forzoso regresar ya, dejo el caserón o castillo con igual disgusto que se abandona un gabinete desde donde se disfrutan buenas vistas... Salto luego el muro de un cercado sin esfuerzo alguno y examino una roca que presenta asombrosos riñones de cuarzo, en forma de tubos, como de un metro de longitud por un grueso de unos cinco centímetros, erizados por puntas cristalinas parduscas... Trato de arrancar uno de ellos, pero no lo consigo y lo dejo para mejor ocasión... Encuentro de nuevo a los amigos y de nuevo los dejo porque quiero entrar en un como colegio o convento allí próximo... Penetro a lo largo de informes galerías hasta un gran salón con asientos en gradería, y en el patio que abajo se forma, varias jóvenes parecen recitar sucesivamente un mismo verso o copla de cinco o seis líneas, dándoles diferentes modulaciones y sentido, así como un torno de una imagen... Yo tomo también participación en aquello, que ni sé lo que es, ni quienes lo ejecutan, aunque no me son del todo desconocidos, envuelta la escena en vagos perfiles que se desvanecen

La imagen del mar, junta con la inconsciente sensación de comodidad de la cama, determina la idea de los baños.

El gran esfuerzo de la fantasía la postra dejando al ensueño clichés incoherentes.

cual fantasmas al recordarlos... Terminado, recorro el edificio, acompañado de un joven sacerdote, con quien sostengo una tranquila controversia no sé sobre qué... Llegamos a la puerta de un espacioso patio o galería encristalada... Veo a dos personas de mi familia... me incorporo con los amigos por centésima vez y emprendemos el regreso a H... dando altos vuelos a la conversación... A la entrada del pueblo, ya de noche, advierto un alboroto por haber preso a un ratero... en su casa luce una bujía que proyecta sus reflejos amarillos sobro las paredes... luego viene una escena sin relieves, imposible de ser reconstituida»...

Recuerdos de una función religiosa de quince días fecha. Cambio de espacio y amplificación de él por exigencias de la escena. Superposición de clichés.

Banquete y escena por analogía.

Atonía del olfato y gusto.

Realismo perfecto a pesar de dicha atonía.

*Núm. 52*.–«Nos encontramos unos cuantos amigos en la casa E... fantásticamente transformada en templo, sin perder ninguna de sus apariencias, pero amplificada de un modo extraordinario... En el altar frontero dice la misa el nuevo celebrante, quien ha cantado ya el *domimis vobiscum*, con voz entrecortada por la emoción... Nueva escena se superpone a esta y al mismo tiempo y en aquel recinto vése una larga mesa de convite con todo su servicio... Los comensales nos sentamos y diríase que despachábamos en un instante los dos o tres primeros platos, que eran algo así como gallina, a juzgar por las apariencias de un muslo que resaltaba en una verdadera pirámide de carne... Comíamos sin un movimiento de mandíbulas,

Detalle de indumentaria y de fisonomía.

sin la más ligera sensación del gusto... A poco siéntese un movimiento insólito en toda la concurrencia y en la puerta, con vaga luz de día nublado, se presenta un grupo de sacerdotes y seglares, entre ellos el marqués de X... con su flamante chistera... porfían acerca que quien debe pasar primero... Luego comentamos la nueva misa deplorando no hubiera habido un armónium y alguien contesta que sería inútil por falta de sacristán que le tocase...»

Concordancia entre la persona y sus cualidades características.

*Núm. 57.*–«Tengo la actividad mental muy ocupada en ojear pliegos manuscritos como judiciales; no me doy un punto de reposo y hasta experimento alguna fatiga... El cartero toca a la puerta, se descubre y me entrega dos hojas de papel de las que escribo habitualmente... La primera es como de letra de mi compañero T... que la suscribe; la segunda presenta como renglones de cuentas o líneas de versos y sin poder fundar mi aserto en la materialidad de la lectura, de la que no saco más partido que si no supiese leer, comprendido que son versos o notas de invitación para que concurra sin falta aquella noche al teatro porque va a representarse por los amigos ‹La vestidura de X...› –humorada de que se habló efectivamente días pasados–. Me agrada muchísimo la idea y me dispongo a dar una contestación, digna por su gracejo, excentricidad y primores literarios de aquellas originales invitaciones... Reconcentro la mente y por más que me debato

Detalles habituales.

No se lee y se imagina.

Una noticia de la anterior vigilia puesta en acción justifica la escena concordando con otra de una función dramática.

Impresión también del día anterior.

Preciosidad de la inventiva.

Detalle de una consulta profesional del día anterior.

El recuerdo de un grabado se enseñorea de la escena.

Le reproduce la impresión de satisfacción anterior.

en circulo vicioso no hallo medio expedito... Leo y releo las dos hojas... una me parece a veces impresa, a veces manuscrita; acaso con un grabado en penumbra representando una pareja dispuesta a bailar –idéntica a una página del <Nuevo Mundo>, revista donde se reproducía en letra y música el famoso schottisch de <Cuadros disolventes>– mi dificultad y mi tensión nerviosa aumentan... El cartero al verme tan preocupado dice que no tenga prisa, pues volverá luego; le agradezco la oferta y le despido... Vuelvo con más ahínco y, después de rudo batallar con mis facultades y acaso de consultar libros y papeles, doy por fin, con lo que he de poner, que resulta ser una cosa oportunísima, genial y que ha de gustar extraordinariamente a todos... Poner al lado de cada renglón de la hoja con música, una voz adecuada, sánscrita o caldea o algo así, que por fin pongo en griego, próximamente en esta forma en que el canto italiano es sustituido por esta extraña letra:

Curiosísima concordancia con dicho grabado que tenía el pasatiempo siguiente: Soluciona la osadía geográfica

tosa
crosa
tolosa
reinosa
hinojosa
panticosa
peñagolosa
villajoyosa
villaviciosa

oka
teka
eureka
pinacoteka

Con este triunfo no cabía de satisfacción, saltaba y hablaba... Acaso después, para perfilarlo mejor, o para buscar un diccionario y compulsar las voces, voy a mi biblioteca con el embobamiento de quien casi no sabe lo que va a buscar y sólo confía hallar algo pasando la vista a los rótulos de los libros... Veo libros apilados y sobre ellos diversas óperas –tal como realmente se hallan en mi biblioteca–. Con tal motivo se me representan detalles realistas en extremo de mis libros y su encuadernación... A poco me dicen que la función se ha aplazado para principios de mes...»

Ficticio banquete.

Vagas nociones de gusto y olfato.

*Núm. 67.*– «Llego paseando en una hermosa tarde al arroyo de O... donde, bajo una especie de cobertizo de escobas, celebran varios amigos una fiesta campestre... me llaman y hacen entrar... quieren obligarme a beber, lo que rechazo... El movimiento parece propio de una boda; me porfían aquí y allí para que coma, pero sólo acepto una fruta en dulce... Insisten todos en que debo tomar queso, a lo que me niego... vuelven a insistir y B... dice que no me insten, porque el queso me agrada poco –como en efecto así es–. Todos comentan que no sepa distinguir el de cabras del de ovejas, siendo tan diferentes y B... añade que eso prueba cuán pocas veces lo he comido... Entonces para probar lo contrario, o para que me dejen en paz, como un enorme pedazo de un medio queso de terrosa corteza y le empiezo a comer sin pan, a grandes bocados, con todos los demás actos del caso, incluso la deglución... Cuando le llevo a medias me detengo un momento y admiro que no me de sabor alguno agradable ni desagradable, contra lo que esperaba... y miro a través de los cristales de aquella casa imaginaria...»

Escena inspirada por el recuerdo del grabado.

*Núm. 89*.–«Paseamos por la carretera de B... dos grupos de amigos. El primero, formado por el Sr. Pi y Margall y por mí, hablando de diversos problemas sociológicos o mejor de política trascendental de actualidad... La dulzura insinuante de sus palabras atraía el ánimo hacia sus ideas, en las que se revelaban sus tendencias republicanas... Reparo en su cara expresiva, en sus ojos algo irritados por el estudio, en su barba blanca y venerable y en el conjunto de su persona... Mostraba mucha deferencia hacia mis opiniones, a pesar de diferir en absoluto de las suyas... Alguien se incorporó a nosotros... La tarde de Otoño declinaba, la luz era poco intensa y el cielo estaba cubierto y como de lluvia...»

Interpretación de una fisonomía vista en él y referida a persona parecida

Controversia reposada y de índole sentimental. Representación de un recuerdo de pocas horas antes.

Imágenes de luz y panorámicas.

*Núm. 74.*–«Leo a una joven amiga versos preciosísimos impresos en un corto folleto... La primera composición es el Idilio de Núñez de Arce... Empiezo como a recitar o a leer las primeras estrofas, operando mis facultades análoga acción a la acostumbrada en la vigilia, representándome, el papel, la impresión y hasta la resonancia semi-musical de las estrofas... Así paso un trozo sin novedad... llego a otro y advierto con sorpresa que tiene dos versos más de lo que yo antes creyera, haciendo perfecto sentido no obstante... Vuelvo la página y ya los versos no parecían escritos como de ordinario, en buen papel y excelentes tipos sino en papel y tipos bastos, como de prospectos y, lo que es más raro, puestos los versos unos a continuación de otros, como una prosa sin apartes, sólo separados por rayas. Me sorprende semejante manera de imprimir y que el Idilio así impreso termine con la 3.ª página y, como también le extrañase a mi interlocutora la falta de consonancia y asonancia del verso final, contesto extendiéndome en consideraciones filosóficas, acerca de aquel novísimo método de versificación, en que el verso es más bien prosa, sometido a las leyes del ritmo...»

La poesía en el ensueño.

Conceptos intuitivos de esta bella-arte.

Perfiles borrados, propios de una escena sin gran concordancia real y que busca apoyo en imágenes heterogéneas de grabado.

*Núm. 90.*–«Salgo de mi antigua casa de X... y me uno a varios conocidos... Diríase que se prepara un acto oficial, boda o entierro. Me encuentro al general I... (a quien jamás he visto) con rostro exac-

Escena habitual de larguísima fecha.

Cambio de una fisonomía desconocida en otra conocida por inexplicables analogías.

Escena formada por frases y lecturas del mismo día.

Detalle singular de equilibrio.

Mezcla de exactitudes y extravagancias.

Espacio retrospectivo sin conocer la causa.

Vago recuerdo muy aproximado de un lapso de tiempo grande.

Recuerdo exacto de la anterior vigilia, servido como anticipo de la futura por la fantasía.

¿Sensación refleja de apetito?

tamente parecido a mi amigo A... terso y de buen color, cara redonda, algo abultada, bigote un tanto rubio y cuerpo de incipiente obesidad. Viste cierto uniforme que en la penumbra del ensueño guarda analogía con el de alabarderos o guardia civil. Parece muy amable. Entro y le saludo con especial afecto y distinción, llamándole mi general y procurando como cuadrarme, cosa que en verdad sólo consigo a medias, cayéndome un tanto hacia el lado derecho y moviendo los pies para restablecer el equilibrio... Él quiere modestamente rechazar el honroso dictado que le doy murmurando no sé qué, de que únicamente era coronel o brigadier, lo que me obliga a insistir en que es general, aunque de brigada, con un entorchado, esperando sea pronto general de división con dos... Nos ponemos a calcular cuántos años hacía que pasara por nuestro pueblo siendo capitán y hallamos hacía 22 años... La conversación siguió hasta desvanecerse el ensueño...»

*Núm. 50.*–«Entra un cliente momentos antes de comer... Me esplana la consulta y yo, después de pesar el pro y el contra y de revolver libros y papeles le tranquilizo... Ya se pone pesado: la hora avanza y siento gran contrariedad al ver que no se marcha... Pasa el tiempo y él quieto que quieto... mi excitación llega al paroxismo... Largo rato después se marcha al fin... Salgo entonces a pedir la

Exacerbación nerviosa idéntica a la realidad. Desengaño y disgusto.

comida y se me caen las alas del corazón cuando veo entrar a X... que viene a pasar un rato... Aquí se entremezcla una escena de escaso interés y al fin de ella torno con mi angustia gastronómica... Pregunto al

Detalles de perfecto realismo y habituales.

médico que ha llegado si ha comido ya y me dice que sí, porque, aunque come tarde son cerca de las tres o las cuatro... No aguanto un instante más y entro en el comedor lleno de apetito...»

*Núm. 56.*–«Indudablemente me hallo en Cuba. Veo el cielo alegre, la vegeta-

Escena nacida del grabado y la lectura de la prensa.

ción exuberante, aunque de tintes resecos como de verano, principalmente compuesta de cañaverales. Nótase mucho ir y venir de hombres de color con sus anchos

Escenas patéticas presenciadas con perfecta serenidad de ánimo más bien como leídas que como vistas.

sombreros. Es por la mañana. Atravieso un campo y penetro en un fortín o casamata de madera, paja y hojas de palmeras, huyendo acaso del tiroteo que acaba de comenzar... Allí me fijo en un oficial de

Fantasía del oído.

buena estatura, barba cortada en pala, traje claro do rayadillo y estrellas en el fondo

Angustias y dudas.

negro de las bocamangas. En pie, empuñando un revólver, parece muy excitado

Recuerdos extemporáneos se preparan a cambiar la escena.

conociendo va a jugar irremisiblemente la vida... Así resulta, en efecto, pues en aquel momento, tras gran agitación y gritería de fuera, penetra un oficial cubano,

Conciencia psicológica de mi persona y apellido.

blanco, pero de mal color, bajo, y todo afeitado... Entrar, disparar sus dos pistolas sobre el otro oficial, pronunciando frases provocativas y canallescas, fue obra de un momento. Las balas no han herido al

Sentimientos.

Recuerdos de anteriores observaciones psicológicas, de bibliotecas y exámenes mezclados con otros de índole profesional.

Lucha de afectos encontrados y vocación jamás sentida.

Recuerdos de lecturas.

Reflexión profunda, aunque habitual y aparente.

agredido, que con verdadera saña dispara también... Comienza entonces una verdadera baraúnda de soldados de dentro y de fuera, se oyen disparos... no veo muertos ni heridos, y a poco parece como que discuten simplemente... Siento verdadero malestar y veo que unos u otros me han de quitar la vida, pero a poco llega un joven monje, me llama por mi nombre, se acerca a mi oído y me dice que para salvar la vida es preciso profese en su instituto... Veo el cielo abierto ante aquella indicación y la hallo excelente, toda vez que, combatiendo ciertas inclinaciones, no haría mal sacerdote... Con esto salimos del fortín:... llevo esa emoción sui-géneris, propia de quien va a cambiar de estado y mientras, atravesamos sin dificultad líneas militares y pienso en el gran placer que experimentaré afeitándome en peluquerías de la Habana donde perfuman muy bien la cabeza y aun considero que mi cara redonda me dará cierto aire clerical...»

Reflejos inconscientes durante el fenómeno y determinándole.

*Núm. 68.*–«Me hallo con uno de mi familia en las inmediaciones de Chamberí en Madrid, con luz bien orientada, como de las cuatro de la tarde... Están regando sin duda los árboles de aquel sitio, por cuanto el agua discurre de tronco a tronco por sus consabidas canales de piedra, lo que atrae poderosamente mi atención y a medida que me fijo advierto que dichos conductos son mayores y más profundos cada vez, entonces propongo el tomar un

Sensación táctil obtusa del roce de las sábanas del lecho.

baño, pues allí cualquiera podía bañarse aunque con alguna dificultad y para probar que es así, sin más diligencia, me echo boca abajo, cuidando de acomodarme a lo largo de la canal... El líquido me impresiona de un modo agradable, tiene excelente temperatura y advierto muy ufano que me cubre lo estrictamente preciso, acomodándose las aguas en mi cuerpo con igual confort que la ropa de la cama en una noche fría... En esto pasa X... con su carruaje y el sueño se desvanece...»

Lecturas puestas en acción y localizadas en sitios habituales.

*Núm. 70.*–«Voy de paseo y considero que es preciso marchar con cautela, porque he visto asomar la cabeza de un soldado insurrecto... Estos se presentan, nos tirotean, y nos hacen algunas bajas y por fin caigo prisionero... Pienso que pronto seré macheteado, pero, como hay soldados leales al otro lado, finjo adherirme al grupo insurrecto, para luego desertar como lo verifico... Llueven balas a mi alrededor y yo grito ¡Viva España!... Caigo ligeramente herido, pero sin experimentar dolor ni molestia alguna y, para que no me rematen los enemigos, me finjo muerto, conteniendo la respiración... Alguien llega, me levanta un brazo y por muerto me deja»...

Sueño continuador de pensamientos recentísimos durante la vigilia.

Observación de fisonomía.

*Núm. 87.*–He llegado o Madrid... Subo la escalera de la casa que dejé hace un mes y a la mitad de ella me encuentro una doméstica que me recibe con el acostumbrado júbilo... En uno de los peldaños

Representaciones de perfecta exactitud imaginativa.

Escena realista y observaciones en alto grado oportunas.

Delicadeza de trato, finura y cortesía.

Observaciones bien fundadas y de perfecta congruencia.

Fina percepción de detalles.

Distracción

Atonía del olfato y del gusto.

Noción perfectísima del espacio.

veo sentada una mujer de edad, con pelo entrecano y blusa azul con listas blancas... Su rostro me es desconocido y pienso será la casera pero de su conversación, en la que se queja de las incomodidades, ruidos y deficiencias de la casa, deduzco que es la inquilina del 8.º derecha... Paso al comedor para almorzar y encuentro en él varios caballeros desconocidos... Ocupo el asiento que me designan y entablo conversación con los nuevos compañeros, recordando en ella a los que antes lo habían sido... Me disgusta el que estemos tan estrechos, aglomerados todos en un extremo de la gran mesa, mientras el resto se ve desocupada del todo. Me presumo que lo harán así porque sólo hasta dicho sitio alcanza el mantel... Comienzo a comer algo semejante a un huevo frito y a poco me indica, con perfecta cortesía, el de la derecha, que he tomado equivocadamente su cubierto. Alzo los brazos y veo que es verdad y me apresuro con idéntica amabilidad a darle el mío... Estamos todos muy complacientes y el frontero culpa del cambio a la criada, por haber puesto mal las copas. Seguimos así una conversación normal...»

Miras filantrópicas y utilitarias.

Detalles congruentes con el objeto principal.

*Núm. 86.*–Penetro entre una gran multitud y trato de sacar de ella provecho en favor de La Cruz Roja... En pie, junto a una especie de mesa semejante a una bastonera y rodeado por varios, comienzo a reunir bolitas o trozos doblados de papel

Detalles adaptados de otras escena.

Noción del número.

Cambio y escena incongruentes, motivados por hechos recientes.

Banquete familiar sin precedentes de la vigilia.

Imagen intempestiva de pocas horas antes.

Noción perfecta del color y demás apariencias.

Observación oportuna basada en una perfecta noción de las cosas.

Satisfacción y corrección de un defecto.

Superposición de dos clichés el de mi casa y el de la de mi amigo, a quien he visitado estos días. Falsa noción del tiempo en el ensueño.

para una rifa... Las monedas de cinco y diez céntimos llovían a mi alrededor, con esa confusión de los que concurren todos a una vez para cualquier objeto... Tengo exquisita vigilancia y cuento cuidadosamente los grupos de papeletas que creo colocar de cinco en cinco... A poco y sin violencia la escena ha cambiado y se desarrolla con los mismos personajes en la cocina de casa, donde sobre un imaginario resalte o cornisa a regular altura, voy colocando lo que hemos de comer, teniendo los pies en una especie de andamio... Hice también trozos pequeños de una gran sandia que iba dando a los comensales, todos en pie... Comí pero sin sensación alguna y, al notar luego que la sandía no me había gustado como otras, me dice A... que ya en la presente estación las sandías están muy pasadas y tienen sobre su pulpa una ligamaza roja, obscura, cuya observación comprobamos con uno de los trozos... Finalmente me volví satisfecho hacia X... preguntándole con cierta reticencia qué tenía que decir acerca de lo bien que había hecho los honores de la mesa»...

*Núm. 11.*–Estoy con mi familia en casa de X... que es exactamente mi casa, a juicio mío. Al lado acaba de llegar una familia amiga, a quien la mía se apresura a visitar. Yo me quedo en casa por tener pocos deseos de verla; *hago* como hora y media de tiempo, que sin extrañeza veo trascurrir en dos o tres minutos y dejando en el suelo la bujía que, lo que parece llevaba en la mano, salgo a mi visita»...

Escena apoyada en un hábito.

Noción rigurosa del espacio.

Imagen perfecta de personas y conversaciones recientes.

Tendencias a la recordación que suponen gran vigor en el ensueño.

Coquetería y galantería.

Complicaciones con numerosas imágenes de flores.

Escena muy movida y animada.

Rasgo de notable realismo.

*Núm. 27.*–Salgo de paseo con los amigos, fraccionados en dos grupos. Yo voy al lado de dos o tres amigas jóvenes, llevando con ellas una conversación agradable, adecuada a nuestra poca edad, y que viene a recaer en una preciosa flor que llevaba en el ojal... Entonces, con perfecta galantería la trato de regalar, pero no la encuentro a primera vista entre las varias que llevo en dicho sitio... por fin, abriendo los bordes del ojal, que son a modo de un pequeño bolsillo, encuentro la flor buscada, observando de paso su forma, dimensiones, color, etc.... Tratamos de llamarla por su nombre, que no hallamos cuál puede ser... creyendo, por último, que debo denominarse *tulipán*, aunque sus caracteres todos coinciden con los del nardo, salvo el olor que no percibo... La cojo muy artísticamente y se la regalo a una do las amigas; ella da las gracias... Al par reparamos en otra flor de cuatro pétalos, verdadero alelí o crucífera de color del carmín, pobre y sucio... Me la quito para que todos la vean mejor y al salir su peciolo del ojal se presentan numerosas flores, hojuelas y brácteas, con capa pubescente y pétalos de la más viva coloración... Todos al verla exclamamos: –¡Tiene la forma de un clavel pequeño de cuatro hojas: es una clavellina o minutisa!–No debe ser, sin embargo, la misma anterior que queda aún en el ojal...

Anomalías entre las nociones de tiempo y espacio en el ensueño.

Reproducción de añejas frivolidades.

Imágenes intempestivas que unas a otras se falsean.

En aquel instante dos amigos, émulos de nuestro entretenimiento, se separan del primer grupo y diciendo;–«¡Vamos con la gente que se divierte y dejemos a estos tontos que sigan hablando de la política!».

Desde el sitio donde comenzó la escena hasta donde terminara, median en realidad unos 40 metros y como parecíamos caminar a paso normal, con ligerísimas paradas a lo sumo, no puedo menos de extrañarnos la desproporción que media en esto ensueño entre las nociones del tiempo y del espacio.

Imagen de hechos recientes. Deseo de jugar impedido por la atonía del raciocinio que al quererse ejercitar despierta al individuo o hace cambiar el ensueño.

*Núm. 22*– Me encuentro en una tertulia desconocida y, al levantarse uno de los jugadores ocupo su puesto. Cojo siete oros do mala, punto... dudo si hacer sólo o entrada, optando por ésta, pero al ir al robo me confundo de tal manera con las cartas que no sé cuáles cojo ni cuales he de dejar; trato de disculpar mi torpeza y a poco me levanto, voy al gabinete próximo y entablo conversación»...

Escena de broma basadas en alguna conversación de las vigilias anteriores.

La imagen se personaliza en mí y se traduce en hechos.

*Núm. 109.*–Entro en el comedor de mi casa en Madrid, donde hallo antiguos camaradas... En el curso de nuestras bromas hablamos de ahorcados y de lo mal que debe sentar a uno el que le ahorquen... No sé cómo entonces hallamos un corbatín y para pintar al vivo aquello o para ensayar no sé qué cosa, me lo aplico al cuello y empiezo a dar vueltas a su clavija en uno y otro sentido sintiéndole oprimir suavemente y aflojar según el caso... Por desgracia empiezo a perder la serenidad, notando que una vez me he apretado demasiado y la lengua ha efectuado un movimiento forzado hacia fuera. Trato de aflojarme el corbatín y en su lugar lo aprieto... Temo haber errado el sentido de las vueltas y no obstante de cambiarle me aprieto más y más. En fin, me turbo ya de tal modo que estoy en peligro de ahorcarme y me quito con grandes precauciones el aparato, viendo voy a ahorcar me de veras. Quitado todo, empiezo a relatarles que aquella era exactamente la antigua e infamante pena de argolla ya abolida y les llamó la atención acerca de que acababa de imponerme voluntariamente tal pena sin sentir vergüenza alguna... Otro quiere ponerse también el corbatín y aquella *discreta* y entretenida distracción pareció continuar»...

Los movimientos de la clavija traen a colación imágenes de las clavijas de mi guitarra.

Subjetivación de detalles objetivos.

Innovación sin determinar pesadilla merced al estado fisiológico de la mente.

Reflejo inconsciente de opresión por las ropas de la cama.

*Núm. 49*–Trato de enseñar a M ... mis apuntes sobre los ensueños, cojo el cuaderno de ellos y experimento singular complacencia al cogerlos en la mano izquierda y sentir que pesan bastante, prueba de que el trabajo avanza viento en popa... La sensación, más que de peso genuino, es de tacto... Leo un trozo del principio en los números 14 y 15, debiendo advertir que el recuerdo de este detalle, parece fijado por la imagen de las mismas hojas y trozos de escritura, más que por su contesto, del que nada absolutamente pude precisar: M... se anima, se entusiasma y me asegura que el

Ambiente general idéntico al de la noche anterior al ensueño.

Deseo de la vigilia consumado en el en ensueño.

¿Noción del peso?

Emoción nacida de la lucha de deseos. Movimientos pasionales.

Imágenes de números hablados.

publicarlo me producirá cincuenta o sesenta mil... quinientos o seiscientos mil, así como reales, pesetas o francos... le digo que semejante vaticinio es disparatado e imposible»....

Ensueño de índole musical determina más por impresiones visuales que auditivas.

Emoción estética subsiguiente e intuición perfecta de los tonos menores.

*Núm. 126.*–De nuevo –como anoche– nos hallamos en el teatro, donde tocan varias guitarras y bandurrias, con chillones sonidos... Una guitarra se desafina, o bien se salta el *cuarto* y alguien se queja, diciendo me la entreguen a mí, que soy todo un profesor a decir de él... Me ponen una guitarra en las manos y, templada ya, esbozo una composición, haciendo la postura corta de *re* mayor, luego la segunda de *sol*, y enseguida paso a *re menor*, con escalas descendentes en las que marcaba de manera especialísima ese *si bemol* de la cuerda quinta que cae tan melancólicamente al *la* natural, caracterizando mucho al tono menor... *Re do si... si, la, re, do si... si... la*, repetía, dándole toda la expresión posible, mientras la joven O... me miraba en extremo complacida... Luego quizá subí al escenario y ejecuté también una composición en *mi menor*»...

Escena ficticia y mal aplicada, basada en lecturas de la visita del Zar de Rusia a París.

Por analogía se recuerda también la vecina Exposición.

*Núm.* 107.–Reina cierta agitación en el pueblo do X.., cual si se esperase un suceso de trascendencia. El cielo está nublado. A poco, envuelto en un tropel de gente de pueblo, viene un zaguanete de guardias civiles a caballo, con sus fracs rojos y sus sombreros blancos, sonando quizá los clarines. Los ilustres huéspedes de la po-

Conciencia de mis fuerzas intelectuales pues apenas hablaba el francés.

blación vienen detrás, sin duda... Al fin, la comitiva de reyes o lo que fueren, compuesta de marido y mujer, pasan por la calle y van al palacio de la Exposición, o cosa así. Yo soy el encargado de servirles de *cicerone* y les hablo primero en español, que parecen entender poco o nada. Luego rae dirijo en francés a la señora, que es muy joven y hermosa, vestida de blanco, con collares de perlas. Empleo frases cortas como *oui, voilá, madame, voici*... etc. La gente de pueblo que me escucha se queda encantada al oírme expresar en aquella lengua para ellos desconocida»...

Vanidad pueril y detalle eminentemente realista.

*Núm. 120.*–Entro en un pequeño bohío formado de estacas y escobas. Es extremadamente bajo y apenas capaz para dos o tres personas; un abrasador rastrojo se extiende en derredor; el cielo está límpido del color de una calurosa mañana de verano... Entro en el bohío y converso sentado en unas mantas, con esa impresión grata del que *cambia de paredes*; acaso sobre los ardores del Sol que brilla a una altura como la correspondiente a las 10 de la mañana... Para hacerme cargo de la diferencia de temperatura al Sol y a la sombra alargo la cabeza y recibo sus rayos en la cara, vuelvo a colocarla en la sombra, luego en el sol y así sucesivamente, sin deslumbrarme.

Escena cubana inspirada por las lecturas y preocupaciones de la campaña.

A falta de imágenes concretas recientes, la fantasía recurre a las de ciertos días de verano pasados en el campo nace nueve años.

Apariencias exactas de luz solar y sombra.

Mi interlocutor me reprende por el extraordinario daño que puedo recibir, pues en aquella zona tropical de Filipinas hasta

Impresiones de extrañeza por no ser aquello habitual para mí.

El clima tropical determina la imagen de los síntomas del vómito.

Mi estado fisiológico se sobrepone y me anuncia por el apetito la necesidad de comer.

Detalles de realismo habitual.

los rayos do la luna producen enfermedades... Súbito empiezo a sentir decaimiento general de cuerpo y espíritu y considero la fiebre inevitable, tanto que me hago perfecta ilusión de los escalofríos que de allí a poco voy a experimentar y que fiebre tras fiebre vendrá el vómito terrible... Me armo de valor y decido afrontar con energía cuantas enfermedades me acometan en aquel clima inhospitalario... Sin pérdida de momento paso a la cocina, para ver cómo marcha la comida, porque el mediodía ha llegado ya... En el fogón remueve la cocinera con la paleta una gran sartén y veo con júbilo gastronómico trozos de pimiento en la fritura... Como la comida ha de tardar aún, quiero hacer tiempo leyéndome al periódico, pero al no encontrar ninguno, ruego que pidan a un amigo ‹La Correspondencia›»...

Influencias de una baja presida atmosférica muchas veces repetido, e imágenes de fiestas recientes.

*Núm. 40.*–«El toro de la lidia desciende por la plaza para ser encerrado; le siguen muchas vacas de colores. Aunque veo que el toro pasa a mi lado, sigo quieto, con indiferencia absoluta y después, ya fuera y muy cerca de él, estoy a punto de lanzarme a darle tres o cuatro ‹capotazos con una americana›... Al despertar me dijo la familia que había silbado.

# II

## OBSERVACIONES SOMNOLÓGICAS MÁS CARACTERIZADAS POR MOCIONES INTUITIVAS

MIENTRAS más movido y pasional resulta el ensueño mayor es su riqueza en detalles intuitivos, sin que entre las observaciones anteriores y las que siguen pueda establecerse un perfecto límite, merced al insensible tránsito a la vigilia que el ensueño simboliza.

### OBSERVACIONES

Sentimiento de coquetería y aseo, reproduciendo otros idénticos de la realidad.

Noción imaginativa de brillo o lustre.

Escena realista. Sentimientos de decoro y disimulo.

*Núm. 12.*–Llego a Madrid como por la carretera de Francia. Me encuentro a G.; reparo en que sus botas están mucho más limpias que las mías y empiezo a justificar no sé qué cosa acerca del lustrado de ellas. Él se obstina en que me las limpie en su casa y yo resisto dictándole que aquella tarde he de partir, por lo que no hay necesidad de hacerlo. No explicándome por qué sus botas están menos sucias, habiéndose limpiado en igual día que las mías, le interrogo y me enseña que el secreto estriba en no dejar secar jamás la capa de betún para que no se formen costas... (¡!) Con esto entramos en el comedor de una fonda conocida, donde encuentro a mis amigos A.O. y R.Q. con quienes me abrazo cariñosamente. Súbito noto que he salpicado al primero en el hombro, no sé cómo ni con qué, acaso con saliva en la pronunciación y al notar semejante falta le enjugo con perfecto disimulo durante el abrazo, sigue la conversación y el ensueño se desvanece»...

Ensueño movido por una reciente preocupación.

*Núm. 93.*–Penetro en una oficina para hacer una reclamación... Toda la Junta está reunida, noto en ella profunda antipatía hacia mí y me expreso con reconocida entereza y superioridad... Me dicen que antes de poder hacer la reclamación por escrito he de llenar cierto impreso, pidiendo *la gracia de tengan a bien dignarse admitirme a suplicar*. (¡) Mi independencia, se subleva ante tanto servilismo; protesto, hablo en tonos levantados y discuto... Todos se fijan en mí... Tiendo una mirada de orador que explora las disposiciones del público y advierto elementos hostiles, aunque la mayoría piensa conmigo. Me niego en absoluto a suscribir la hoja. Se entabla una conciliación y por consecuencia de ella firmo al fin. Cojo la medio impresa cuartilla, la leo, pero no a modo del que lee de corrido, sino como quien

Detalle realista.

Imágenes perfectas inspiradas en conversaciones y sucesos recientes.

Sentimientos de rivalidad y antipatía.

Representación del grabado presidiendo a toda la escena.

Precaución, cautela, dignidad y a amor propio.

fotografía en su cabeza un documento de borrados perfiles... por efecto do semejante confusión titubeo dos o tres veces. Parezco hacerme cargo sin hacérmele y escribo en el primer hueco algo que no podía entender yo mismo; seguía un renglón todo impreso, después otro con un hueco para manuscrito de casi la segunda mitad, un tercero que apenas tenía nada impreso; dos o tres entremezclados de impreso y manuscrito y los seis u ocho últimos, impresos por completo, terminando con las apariencias ordinarias en documentos que han de ser firmados... Escrito lo primero con caracteres rasgueados o ingleses de mala letra, distintos de los míos... Lleno con igual letra el renglón que tenía muy poco hueco con mi nombre y apellidos, de los cuales no tengo conciencia a la sazón y por bajo escribo mi profesión de Abogado o mejor algo así como *Aboué* francés. Noto entonces que me he equivocado por escribir tan rasgueado y deprisa, al poner el segundo apellido, representado, como todos, por caracteres sin concordancia literal alguna con mi propio apellido... Quiero enmendarlo, contrariado por mi agitación nerviosa y los de al lado me facilitan nueva hoja diciéndome rompa la primera por inútil...

*Núm. 98.*–En el teatro de... se agita confusa multitud. Me acompaña en uno

Oratoria y sus sentimientos.

Apreciaciones inspiradas en la realidad.

Lucha engendrada por la memoria en pugna con la fantasía. Esta vence.

No se lee por atonía del raciocinio, pero se operan representaciones.

Me apropio un carácter extraño al mío en letra y este carácter es de los vistos recientemente en la vigilia.

Detalles de precipitación y nerviosidad.

Reminiscencias de hojas francesas recientemente recibidas que inspiran la escena.

Confusión y errores de escritura.

Relacionado con lecturas recientes de la prensa.

de los salones cierto caballero alto, entrado en años, de rostro moreno, cuidadosamente afeitado; su pelo castaño, un tanto encanecido; cierto aire especial que no discierno, le asemeja al actor Mario. Mientras paseamos recibe el anuncio de la visita del director de una banda de música o teatro de Extremadura que desea ofrecerle sus respetos. Presumo sea alguno del pueblo de X... donde varios creo me profesan cierta antipatía, por lo que trato de hacerme dueño de mí mismo para recibirle con serenidad altiva, amparada por la elevada posición de mi familiar acompañante, de quien el visitante espera favores... Entra éste, y de su fisonomía no recojo el más ligero perfil. Se muestra humilde hasta el servilismo esperándolo todo de la munificencia y protección de mi amigo... Sigo con perfecta altivez la conversación entablada acerca del teatro. El recién llegado me mira con aire de inferioridad, creyéndome un alto personaje, más luego comienza a tratarme con cierta confianza, invasora pudiéramos decir del respeto hacia mí, sin duda porque mi conversación carece de relieve y emito las palabras con gangosa y vacilante voz, articulando de mala manera con la faringe y el velo del paladar. Al notarlo me rehago, subo el diapasón de voz, tomo vuelos oratorios y hablo más campanudamente

Impresión moral exacta en el fondo.

Reconocimiento de defectos propios y ajenos.

Operación imaginativa verificada por accidente para facilitar el juego de la escena.

Lucha moral de fondo realista.

Escena perfectamente realista, pero del todo imaginada.

Predominio psicológico.

Sugestiones de superioridad.

Dominio de mí mismo.

Detalle nacido acaso al querer emitir efectivamente la voz.

Arranques oratorios.

ahuecando la boca con perfecto dejo de superioridad y de este modo recobro el terreno perdido»...

Detalle habitual y de tres días fecha.

Sentimiento de decoro y amor propio, nacido de un recuerdo perfecto de hacía pocas horas.

Imágenes intempestivas y falsas, pero frecuentes en el ensueño.

*Núm. 92.* –«Entro en un edificio público del pueblo de K... ocupado por numerosa concurrencia y al notar que está espléndidamente iluminado, temo me vean todos el pantalón que llevo, viejo, roto y manchado, por lo cual me decido a no moverme... Luego me entretengo en recorrer la más alta cornisa del edificio con verdadera facilidad propia de cualquier gato, sin sentir vértigo, más, al final, advierto que voy a caer y me sostengo o me sostienen»...

Escena motivada por imágenes de dos meses fecha.

Espacio incongruente con la escena.

Excitación hermosa de la fantasía

Detalle *sui géneris* de índole desconocida.

*Núm. 112.*–«Asisto sin duda a un acto oficial de la Cruz Roja. Veo al general Polavieja y otros... En los primeros momentos hago un papel muy secundario, pero pronto se fijan en mí, recuerdan mi fervor y trabajos por la idea y soy designado con otro para hacer una cuestación... Atravieso los pasillos del Hotel Peninsular, donde se desarrolla la escena, llevando mi bandeja donde todos los de las diferentes habitaciones depositan, pesetas, duros y hasta billetes... Crece el contingente y con él mi satisfacción. Recorro todos los pisos... Alguien deposita una moneda de dos pesetas y remueve para tomarse el cambio, yo le sigo con desconfianza los menores movimientos de sus dedos... Al entrar en

La fantasía y su fuerza nerviosa transformada en luz.

Purísimos sentimientos altruistas.

Ternura y afectos sublimes hacia la Divinidad.

Éxtasis somnológico.

un aposento iluminado hallo un moribundo en su lecho... Un sacerdote le auxilia. Trato de retirarme respetuosamente movido a conmiseración profunda ante aquel hombre que de un instante a otro va a franquear los umbrales de la eternidad... De repente un brillante haz de rayos voltaicos, con sobrenaturales tintes, parece descender de las alturas y el enfermo o una voz desconocida me dice: ‹estimo en grado sumo tus sentimientos de supremo amor›. Una ternura indefinible embarga mi ser y continuo lleno de dicha mi misión... Ufano entrego después mi colecta que excede de 700 pesetas».

Fantasía empobrecida y débil.

Reproducción de imágenes recientes.

Recuerdos de muerto, asociados a sucesos con los que guardan analogía de circunstancias.

*Núm. 24.*–Me encuentro vivamente agitado en la ermita de W... donde se celebra una gran fiesta... Numerosa concurrencia llena los ámbitos de la ermita, agigantados hasta parecer una espaciosa catedral. Yo estoy fuera, junto a una puerta, ocupado en no sé qué muy importante. A poco reina en mi derredor una obscuridad absoluta, una noche completa, alumbrando sólo varios cirios funerarios... El movimiento que reina en torno mío es parecido al de un campo donde se curan heridos... Recibo órdenes terminantes del jefe de quedarme custodiando uno o dos cadáveres, en sus féretros forrados de negro, descubiertos y algunos como heridos, o enfermos, situados en la penumbra

Valor militar intempestivo.

de mis percepciones, asaltánme ciertas repugnancias y temores, a los que me sobrepongo armándome de valor militar, aunado a la conciencia del deber... Reparo en el muerto, parecido a C... Asalta entonces a mi mente la idea de que aquellos no han muerto y las aparentes consideraciones que me hago me creo son acertadas, a pesar de no estribarse en ninguna manifestación vital; opino entonces que lo mejor es preguntarles a ellos mismos si están o no vivos y entonces el objetivo de aquellas divagaciones cambia y resultan que los muertos son otros y con ellos trabo animada conversación, por conceptos mentales, por movimientos de deseo, por comunicación muda y *sui géneris*»...

Donosa aberración que comprueba la atonía del raciocinio.

Estado del alma al querer actuar sin la fantasía.

*Núm. 48.*–Camino en diligencia... A pesar de la velocidad imagino que tengo tiempo para visitar un como caserío, prometiéndome luego alcanzar a pie el carruaje... Bajo pues y éste sigue su marcha, mientras visito el edificio... Salgo enseguida... la diligencia está aún a la vista... tengo la seguridad de poder alcanzarla porque voy cuesta abajo, mientras ella va a subir una pendiente muy acentuada, con largos zis-zás que yo puedo cortar por la trocha... Aunque he ganado mucho terreno, el coche rueda a seis metros delante de mí... corro un rato tras él sin alcanzarle... Exasperado, al llegar a no sé qué sitio,

Escena apoyada en imágenes de un viaje muchas veces repetido.

Errónea noción del tiempo.

Recuerdo de un juicio varias veces formado.

tomo otro coche casi igual y me lanzo a su alcance... ya nos lleva más ventaja que esperamos perderá en la parada de B..., mas, nuestros deseos se ven frustrados, por cuanto, en el momento de llegar nosotros, el coche perseguido, sale como una flecha... me convenzo de que es imposible alcanzarle, por lo que me resigno a esperar un día allí»...

El deseo se excita con la dificultad para su consecución y presenta esa angustia sin límites del ensueño.

*Núm. 114.*–«Hojeando un libro me imposibilita las tareas un animal intempestivo y enfadoso. Tiene la pesadez y tenacidad del moscardón y parece una araña o tarántula... Exasperado decido cogerle entre las hojas del libro, apretarle bien, envolverle en un periódico y darle muerte así... Lo verifico y me llevo el libro al paseo. De regreso procedo a sacar la víctima, que me resulta un lagarto prensado y repugnante, que quiero arrojar a la calle, pero me repele cogerle con los dedos... Por fin lo verifico así y siento suavidad de tacto y repugnancia, notando se asemeja a un pequeño caimán y pienso que por su estructura muscular podría comerse como excelente carne de vaca»...

Escena extravagante de múltiples inconexas y extemporáneas representaciones.

Motivado por la carne de boa que se vende como la de vaca en ciertos mercados de Asia.

*Núm. 95.*–«Resulto acostado y acaso enfermo, por cuanto el médico viene a visitarme, me mira la lengua y dice que es indispensable tome un purgante, porque tengo el estómago sucio... Me contraria tener que hacerlo por las molestias que

Escena realista.

Finos detalles de profunda observación.

Molestias reales o imaginadas en congruencia con la escena.

Ocupación de estómago reflejada en el sueño y determinante de la escena.

proporciona y en un momento me represento ese malestar general de las mañanas de purga... Considero que, efectivamente, debo tener el estómago sucio, por haberme excedido estos días en las comidas y cruzado quizá las digestiones... Voy al espejo, me miro la lengua y la veo algo irritada por los bordes, y un tanto blanquecina hacia el interior, por lo que juzgo la purga inevitable»...

Ensueño sentimental, mociones afectivas.

*Núm. 82.*–«Me cuenta mi amigo P... muy al pormenor la conjura tramada hacia algún tiempo contra mí por muchos de mis íntimos, habiéndose decidido que, si no podía vencérseme por otros medios, se me secuestraría pidiendo fuerte rescate y dándome los peores tratos del mundo... Me lleno de asombro, principalmente viendo en la conjura allegados míos y seguimos así un rato sobre tan interesante particular, teniendo la intuición de que mi interlocutor tampoco me quería bien»...

Empieza la escena con una imagen habitual y continúa con perfectos tintes realistas, terminando con curiosísima malignidad, digna de la vida real.

*Núm. 102.*–«Estamos en torno de la camilla... Un descuido de L... determina la rotura de una porción de objetos sobre la mesa... A poco otro descuido de M... saca de su lugar el brasero y quema las faldas de la camilla... Me quejo de las inadvertencias de todos y advierto, ante el desastre la íntima satisfacción del rostro de Q... y me la explico perfectamente, pensando que como es comerciante esperará compremos nueva estameña para sustituir lo que ardiera».

Ilusiones de cansancio físico y moral que reproducen sensaciones y sentimientos molestos de días anteriores que parecerían olvidados.

*Núm. 88.*–«Es domingo y regreso con diversas compras hechas en los bazares de Madrid... Sin duda pienso retornar a Extremadura aquella tarde... Entro en mi habitación que están arreglando las criadas, suelto los encargos adquiridos y, postrado por el cansancio, me siento... Un decaimiento general de ánimo me asalta, propio de quien va a cambiar de horizonte y costumbres, malestar idéntico al que con este motivo suele a veces experimentarse, debido a una renovación fisiológica intensa de los clichés de la fantasía»...

Reflejo de un estado morboso ligero.

Noción nacida del espíritu de conservación.

Cliché superpuesto en otro antiguo y habitual.

Asomo de raciocinio iniciando el despenar.

*Núm. 4.*–«Pasa a mi lado un perro hidrófobo; reconozco en él todos los caracteres de su afección en aquel momento, en medio de la fuerte impresión que recibo, pero no sufro ataque por parte del animal. Aprieto el paso para ponerme a salvo si pretendiese volver y no tardo en llegar a un peñón, en cuyo centro se levanta nuevo acantilado... Subo a esta segunda altura, quedándose otras personas en la meseta de más abajo. En esto el perro se presenta de nuevo, salta a la primera meseta y, sin preocuparse con los que la ocupaban, da un nuevo salto por entre ellos y me hace presa... En medio de la impresión terrorífica, siento la mordedura en mis carnes y considero al tiempo de casi despertar, que era imposible me mordiese, sin antes morder a los otros, por haber reconocido que el tajo donde me hallaba le era inaccesible.»

El estado morboso es más ligero que en el ensueño anterior.

*Núm. 195.*–«Pasa otro perro, igualmente hidrófobo, en distinta ocasión. Como en el sueño que antecede, se abalanza a mí y en aquel instante saco un revólver y disparo, tendiéndole en el suelo...

*Observación*:–¿Como en dos ocasiones tan idénticas utilizo un arma en una de ellas para defenderme de la fiera y en otra no pienso remotamente en ella? ¿Estaba más cerca de la realidad en el primer sueño al no usar un arma no acostumbrada que en el segundo presuponiéndola ya en mi poder? ¿Es que la perturbación psicológica del primero era más intensa que en el segundo y me privó en aquel de esa relativa serenidad o funcionamiento independiente de otras facultades que me representasen el empleo de arma de fuego? Lo que nos parece más probable es que en el primer ensueño me encontraba orgánicamente más débil, más propenso a la perturbación de la pesadilla que en el segundo, inspirándome aquel el pánico del desastre y éste la alegría de quien se salva de un inminente peligro, por propender siempre al terror y a la tristeza toda debilidad orgánica o psíquica y ser el funcionamiento regular de nuevo restablecido manantial fecundo de alegres energías.

Escena inspirada en el recuerdo del grabado y en la transcripción del sueño n.º 74.

Recuerdo localizado.

*Núm. 83*.–«Entro en mi despacho con U... para examinar detenidamente y hacer ensayos con un aparato de Física, en el que se lograban sorprendentes efectos de proyección de luz. El aparato donde seguramente jugaba la electricidad, tenía gran complicación, como hilos, agitadores, soportes, etc., resaltando dos probetas de cristal como de tres centímetros de diámetro, llenas de un líquido en el que terminaban dos laminitas a modo de los reóforos de un voltámetro de gases, que es el aparato a quien más se asemejaba...

Reminiscencias de los anteriores aparatos y sitios donde han sido vistos o imaginados, pero todo sin verdadera memoria consciente o sea, como siempre, de pura fantasía.

Atonía y torpeza del raciocinio.

Imposibilidad de verdadero discurso en el ensueño.

Conversación intempestiva traída y localizada con absoluta extravagancia por el lazo de alguna palabra o impresión de analogía.

Al operar con él para mostrarle a U... advierto gran torpeza intelectual, no sabiendo cómo empezar... Me sumerjo en un círculo vicioso de vanos esfuerzos intelectivos y trato de hacer pasar la corriente de uno a otro reóforo, como si fuera a verificarse la descomposición del líquido, cuya diferencia de nivel en las dos probetas era considerable... Al mismo tiempo diríase que pretendíamos proyectar en la pared o en la pizarra ciertos rayos del quinqué que ardía sobre la mesa... Mi padre interviene también, diciendo que el reóforo o la probeta exterior era el Mediterráneo y la interna el Océano o el Cantábrico y que hacía falta establecer la comunicación del uno al otro... Entonces se presentaron a mi mente en mapa el Mediterráneo, el Cantábrico y el Atlántico, rodeando la Península Ibérica e hice observaciones concernientes a tal detallo geográfico... Hubo también entonces un vago recuerdo de cierto aparato de Astronomía y hasta creí que U. se admiraría al ver el que traíamos entre manos, infinitamente más profundo en el terreno de la ciencia, al montaje de su mesa telegráfica... Por fin, después de mucho ensayar, dar vueltas y bajarse para ver mejor, debimos encontrar la solución, aunque a juzgar por los resultados prácticos, como de costumbre perfectamente nulos, bien podría asegurarse que no habíamos hallado nada»....

Representación del grabado igual que en la realidad.

Recuerdos retrospectivos.

Carencia absoluta de resultados prácticos en el ensueño.

*Núm. 85.*–«Al salir de casa de A... doy vueltas a una intrincada cuestión filosófica al parecer, o mejor me considero leyendo en un papel análogo al donde habitualmente escribo, y lo escrito alcanza hasta el fin de la 3.ª plana... Me esfuerzo en entender y recordar cierto pasaje, localizando la operación mental en dos sitios concretos de aquel barrio por donde camino como si me hallase pensando allí... Es sin duda ese fondo sensible o imaginativo en que fatalmente parecen dibujarse las ideas como en un cuadro. La escena es semejante en sus movimientos internos al fenómeno reflejo de reconcentrar el ánimo para repasar mentalmente un pasaje abstruso

Continuación de los efectos mentales de la vigilia sin resultado alguno.

Esfuerzo espiritual sin poder mover al raciocinio ni a su propia memoria ni determinar por consiguiente actos reflejos.

Dificultades para la reconcentración del ánimo.

Tarea de síntesis.

Lucha entre la voluntad y la inercia del descanso.

Molestia orgánica consecuencia de esta lucha que determina fatalmente el despertar.

Delicadeza de los fenómenos puramente intelectivos.

Atonías y torpezas de la memoria como facultad compleja y su ninguna participación, como tal, en el proceso somnológico.

recién leído y cuyos conceptos se hallan oscilantes queriendo brotar y sintiéndose en el cerebro molestia y principio de desobediencia a la voluntad, desobediencia mediante la que el espíritu se opone como por instinto o fuerza de inercia a todo acto reflejo, patentizándose la lucha por triunfos parciales y alternativos de la voluntad y de la inercia. Tal fue la intuición que tuve un instante después, cuando la fatiga me hizo despertar débilmente, e intenté la recordación habitual del ensueño... Éste era tan delicado, sin embargo, como una burbuja de jabón que no puede ser tocada sin que estalle y se desvanezca: como cliché revelado, sin fijar aún... Creí un momento haber grabado algo aunque poco en la memoria, pero tal era la pobreza, delicadeza y vaguedad de sus perfiles que apenas iniciada la operación me quedé de nuevo dormido»...

Calcado en remotos trabajos históricos traídos por reciente conversación.

Los libros parecen brotar del espacio mismo, como si una linterna mágica los proyectase.

*Núm. 111.*–«Revuelvo libros de un archivo parroquial. Cojo un infolio, forrado de pergamino en cuyo dorso se lee en gruesos números 1780. Admiro el esmero de su encuadernación y hablo con mis acompañantes acerca de fechas y costumbres antiguas, hasta el punto de que parezco respirar el ambiente de la antigüedad y vivir entre aquellas viejas generaciones. Saco otro libro con la fecha de 1708 o 1080; después otro escrito por una

Mujer docta, a estilo de Santa Teresa de Jesús, también del mismo siglo y luego veo, como en una carpeta, las obras de la expresada autora, que venían a decir los disparates de *Ideotomía, Enotomia*, PTOLOGÍA y otras ciencias psicológicas (!) y recordamos las grandes escritoras del siglo XV»...

Nombres imaginarios asonantados por otros recientemente leídos.

*Núm. 119.*–«Me hallo en el patio de casa al declinar la tarde de un día de verano. El cielo está azul de tintes blanquecinos, sin una nube. Voy a realizar auxiliado por Ch... una práctica de Física en extremo interesante... Colocamos boca abajo un cajón vacío, sobre él un disco de madera de un decímetro de radio, acaso sujetándole con púas, disco que cubrimos cuidadosamente con un centímetro de pólvora. Al lado y para recibir por conductos desconocidos el calor que iba a producirse, colocamos un gran vaso cilíndrico de cristal, lleno de un líquido análogo al agua, en el que sumergimos un termómetro... Con especial cuidado para evitar un fogonazo, paseamos una bujía a cierta distancia de la pólvora... Ultimamos no sé qué otros preparativos del montaje y al ir a operar se me ocurre la idea de que la pólvora, al inflamarse, no producirá más que un calor instantáneo, por lo que convendría agregar sobre el lecho de pólvora, otro de dos centíme-

Imágenes retrospectivas de varios meses, refrescadas por ensueños anteriores de prácticas de Física.

Perfecto realismo escénico, en el que no se sabe qué admirar más; si las perfectas apariencias de la práctica o la absoluta carencia de fondo, de finalidad y de resultados científicos, prueba clara de la atonía del raciocinio.

Imágenes del carbón de las planchas de casa.

En toda la escena aparece (como después se verá) la doble fantasía.

tros de pequeños trozos de carbón vegetal y así lo hicimos... Llegado el momento, volviendo la cabeza para evitar cualquier accidente y alargando el brazo doy fuego a la pólvora; se produce un ligero fogonazo y por entre los trozos de carbón aparece una llama débil y azulada, como si el carbón hubiera echado a arder... Enseguida sumerjo el termómetro en sentido vertical y acaso otro horizontalmente en el agua... Voy a verificar la lectura y advierto que experimento cierta dificultad, porque el mercurio está separado a trozos en el tubo capilar... Le doy ligeros golpecitos y la continuidad se establece, leyendo en la escala una cantidad que voy a consignar como definitiva más, me detengo considerando que aquella cantidad de la escala corresponde a la temperatura del líquido en aquel Instante y como ésta ha de sufrir oscilación por la variabilidad del foco es indispensable anotar las alturas en diferentes temperaturas... Entusiasmado con el éxito obtenido, quiero hacer participar de él a la familia y ante ella trato de reproducir la vistosa experiencia de la pólvora –que en realidad no sé qué tenía de vistosa ni de científica, salvo el vano aparato de la instalación, imposible de saber a qué se encaminaba–. Cubro el disco como la vez anterior... La familia tiene miedo de que pueda acontecer un descuido fatal; yo me hago cargo del horror y la desesperación que se apoderaría de mí sí, inflamándose inopinadamente la pólvora, quedase ciego... En esto llega lo hora del paseo habitual y salgo de casa»...

*Núm. 64.*–«Tomo a imaginarme que me he levantado do la cama... Salgo al jardín de casa... es muy temprano y todavía se ven estrellas... Espiga y quizá Saturno declinan hacia el S.O... Me sorprende ver una estrella de l.ª magnitud en un ala del Cuervo, casi hacia el meridiano... Comienzo a preocuparme sobro si será Marte y quiero identificarla a toda costa, fijándome en las demás, especialmente en una cadenita de estrellas de tercera magnitud que creo es el Escorpio... Vuelvo a fijarme en aquella y al notarla de menos brillo presumo es X de la Hidra... Luego miro a las inmediaciones del cénit y creo ver entre E. y S. a las Pléyades, Aldebarán y los brazos de Orión... Hay luz como de la Luna o de la aurora... Experimento frío y vuelvo rápidamente a la cama»...

Contemplaciones científicas.

Tarea ligeramente discursiva.

Sensación de frío.

Vuelta a la realidad inconsciente de hallarme en la cama.

*Núm. 65.*–«Tengo deseos do contarle a mi compañero G... las tareas de los apuntes de mis ensueños y comunicarle mis impresiones respecto de ellos... Llego a su casa, nos sentamos en su despacho en unas sillas bajas, y con las maderas del balcón tan entornadas que estamos casi a oscuras... Le leo, o más bien le cuento

Deseo sentido en la vigilia y puesto en acción en el ensueño.

Espacio adecuado.

Circunstancias ligadas entre sí por una vaga imagen real en cuanto a la luz.

haber soñado la noche anterior que en el patio de casa habíamos estado varios amigos D.T.H... y el zar de Rusia (cuyo parecido real se me presenta con exquisita perfección), hablando de política internacional y que H... estaba altamente satisfecho, con otras cosas a esto tenor, fiel reproducción del sueño n.° 61, de aquella misma noche, reconstituido y recordado, con todos sus detalles, para estas observaciones, durante la media hora que estuviera despierto... Luego pretendo hacer lo mismo con otros sueños anteriores en el cuaderno... Leo algo de ellos quizá y G. se admira y entusiasma con aquellos problemas tan peregrinos... D.P... que está a su lado y en pie nos dice que el otro día, cuando fue a no sé qué con los recibos de la contribución... y sin terminar el giro el ensueño so desvanece.

Movimientos pasionales. Satisfacción.

Ensueño apoyado en otro anterior de la misma noche, que se ha fijado en la fantasía durante un momento en que se ha estado despierto.

*Núm. 75.*–«Está muy concurrido el gabinete de Física del Ministerio viejo de Fomento... Aquí y allá se ven profesores y discípulos, ocupados como en exámenes o prácticas de Física superior... He reparado primero en la máquina eléctrica de inducción y dado vueltas a su manivela, con esfuerzo escaso o nulo; he escuchado ese zumbido particular del piñón rozando con el haz de alambres y el chasquido do las chispas eléctricas, brotando luminosas entre el mercurio y el martillito y he pro-

Reproducción, en distinto espacio, de una labor habitual de larga fecha.

Detalles de fino realismo retrospectivo.

Frívolo trabajar de las nociones intuitivas en el ensueño.

Apariencias como de querer determinar la densidad de un sólido

ducido, por último, la hermosa fosforescencia de los tubos do Geisler, todo con perfecto remedo de mis prácticas físicas de hace varios meses. Al lado, mi compañero V... ha puesto el espectroscopio de Bunsen, con sus tres tubos para analizar los anillos... Parece luego que hemos dejado todo esto, rabiándome determinar la densidad de un sólido insoluble. Busco un objeto cualquiera para experimentar y solo hallo unas bellotas... Tomo una bastante verde... discurro cómo sujetarla para que no se escape y la ato con un finísimo hilo de platino, análogo al de las cuerdas de guitarra. Esta operación la hago frente a las balanzas de precisión y allí veo el imersor de marfil que se emplea para determinar las densidades de los líquidos. Después paso a la ventana más próxima para emplear el medidor de espesores... En la determinación del grueso del hilo tengo una confusión que quiero esclarecer con los apuntes y, al efecto, entro en el despacho de casa y hojeo un cuaderno de estos apuntes»...

*Núm. 38.* –«Estoy en el salón do nuestra antigua casa con mi padre y mi compañero H... Penetra un hombre de campo, con su viejo sombrero del país y su pellica de oveja; saca unos papeles amarillentos y enrollados y me consulta acerca de una interesante cuestión, en la que no ha jugado muy limpio y se ha comprometido un pariente rival suyo... El consultante se apodera enseguida de cuanto le digo; me empieza a hacer observaciones con un papelito por delante, como una fina cuartilla de papel de cartas, escrita con lápiz y bastante amarillenta; todas encaminadas a que se *le eche a presidio* al que fuere. Yo lo calmo diciéndole que no apruebo el procedimiento y que opto por un acto de conciliación, aserto que aprueba mi compañero presente y me extiendo en consideraciones al efecto... Después me encuentro como acostado en la cocina de dicha casa y al despertar de mi aparente sueño se acerca un conocido y me previene que no me impresione si el Juez me llama a declarar por ser culpable de ‹*haberme dejado hurtar o haber olvidado no sé dónde la gran navaja con la cual se ha cometido el homicidio*› –que doy por sabido–. Me maravilla todo aquello y me propongo presentarme al Juez con entereza y decirle que la navaja se perdió cayendo del bolsillo y quedando entre el forro y la tela de mi americana y que, además nada tengo que ver con aquello, por cuanto hacía muchos años que me la había encontrado en X... con su mango verdoso y ancha hoja... Con esto me visto de prisa y voy a dar un pésame... Me reciben en el corral... todos so levantan y galantemente me ofrecen

Imagen retrospectiva de la infancia.

Escena realista.

Imágenes recientes y perfectas de la vida ordinaria al par que del grabado.

Detalles profesionales alterados por la atonía del raciocinio.

Vaguedad en los conceptos nacida de esa misma atonía.

Nueva imagen retrospectiva de la infancia

Detalle de aseo personal de alguna impresión ligera de la vigilia.

asiento en un trozo de pizarra cuajada do gallinazas secas. Me enfado mucho y digo que semejantes asientos no se ofrecen a nadie pues de seguro voy a ensuciarme el pantalón nuevo que llevo... Luego me avengo a todo, empiezo a hacer el relato de la navaja y a poco me retiro tranquilo»...

Ensueños motivados por añejas impresiones y recientes proyectos de viajes.

*Núm. 118.* –El tren donde voy, se aproxima a Madrid... Recibo la sensación del fresco de la mañana, siento esa emoción grata que se suelo experimentar a la vista de Madrid cuando a él se aproxima el tren. Llegado ya, subo el paseo de las Delicias, y me fijo en un hermoso edificio encristalado, mixtura extraña de Estación y Congreso de los Diputados... Juzgo llegada entonces la ocasión de oír a Cánovas, que defiende no sé qué proyecto, contra una tenaz acometida de las oposiciones. Entramos en la tribuna pública, que está a unos tres metros de altura en el fondo del salón y allí vemos, efectivamente, al Sr. Cánovas de pie, en arrogante actitud y expresándose con perfecta oratoria, mientras unos jovencitos, diputados sin duda, lo hostilizaban, con chillona y afeminada voz... Mi indignación es grande al observar aquellos mequetrefes, cuyo mérito seria bien escaso, medir sus armas y molestar a personalidad tan ilustro... Terminada la discusión, Don Antonio subió al saloncillo donde estábamos, soy presentado a él y

Detalles muy realistas.

Vaga reproducción de impresiones de los diputados autonomistas y separatistas.

Conciencia de mis propias fuerzas.

Conversación de tintes de gran exactitud.

Se prescinde en absoluto de la modestia en aras de la conveniencia.

entablamos grata conversación, en la que logré interesarlo... Entonces me pregunta, con gran interés, cual era mi bandera política, a lo que respondí que ninguna, aunque en las filas conservadoras, tenía mis mejores amigos... Después de comentar la necedad de los diputadillos, me insinuó me hiciera de los suyos, lo que acepté en principio y al descuido le dejo entrever mis méritos principales, las simpatías entonces nos ligan más y más, sueño en ser un segundo Morlesín y no sé luego en qué acabara aquello»...

Nota suprema de osadía al ponderar más cualidades.

*Núm. 41.*–«Recorro una calle, con un periódico ilustrado en el bolsillo de la americana; paso delante de unas señoritas y, al sentir esa innata noción natural de coquetería, considero que, aunque se fijen en mi traje, le hallarán limpio afortunadamente, salvo el defecto de haberse quedado corta la pierna derecha del pantalón.

Sentimientos de coquetería y de aseo.

Imágenes del día anterior al ensueño.

Después atravieso la plaza de G... y advierto en ella excepcional animación. Me extraña ver esto *en el día siguiente a un domingo* (efectivamente había sido domingo el día anterior) y así lo manifiesto a un grupo de amigos que encuentro al paso. Me paro a considerar y doy con la explicación de que dicho día es fiesta, porque San Mateo es el 21 de Septiembre y San Pedro a fines de Junio, después de San Juan; pienso lo primero por el toro

Curiosa aparición de la memoria merced a la perfecta normalidad de la y altos vuelos de la fantasía.

que imagino haber visto lidiar ayer y lo segundo por haber visto trasportar muebles... y de todo saco la consecuencia de que el sábado, domingo y lunes son tres fiestas seguidas...

Deseo fuertemente grabado en la fantasía y que, por la objetivación de ésta, pasa a ser una realidad del ensueño.

*Núm. 6.* –Deploro en ocasiones, durante mis contemplaciones astronómicas, el que la hermosísima *Cruz del Sur* no aparezca en nuestras latitudes, por fallarle para surgir por el horizonte meridional otro tanto como falta a Casiopea para ocultarse por el Norte:

Emoción nacida del contraste y de la fingida realización del deseo.

«Una noche me imagino en sueños que subo a observar, y noto sorprendido que aquella constelación austral brilla hacia el Mediodía, tal como los mapas celestes nos la representan. Intento preocuparme con la singularidad del fenómeno, no dando crédito a mis ojos y, al comenzar la tarea razonadora, despierto.»

Mosaico extravagante de impresiones.

*Núm. 7.*–«Veo la luna fantásticamente situada poco menos que sobre las tapias de un corral. Me sorprende sobremanera su mayor tamaño que de ordinario, su aspecto algo extravagante, su proximidad a la pared y su escasísima altura... Me repliego sobre mí mismo, pienso que no puede aquí alcanzar la luna tan poca altura acimutal por aquel sitio y el contraste, en el acto me despierta... Entrambos ensueños demuestran que no puede despertar o ponerse en acción el raciocinio sin

Aparición del raciocinio como postrimería del ensueño.

que orgánicamente y de un modo fatal se determine al momento el despertar del individuo evidenciando la atonía de esta facultad en el ensueño con el cual resulta siempre incompatible.

Apuntemos, para terminar el cuadro de tan múltiples observaciones, que, restaurados ya los elementos centrales nerviosos (células psíquicas), el ensueño es el alborear de la vigilia. No tiene esa importancia misteriosa, *seminovelera* que un examen más superficial siempre le atribuye. Sería brevísimo y poco frecuente con un régimen higiénico ideal, perfecto, severo, el que, por desgracia, no siempre puede seguir el hombre civilizado. Caracteriza de una manera muy especial a las edades de crecimiento (infancia, adolescencia) y decae en la edad madura. Cuando se trasgresionan las leyes de la higiene, aunque sólo sea por dormir algún tiempo más del que ésta marca, el ensueño es más intenso y como supletorio. Está íntimamente ligado con las funciones sexuales y tiene una marcha normal, característica, cuando ellas se llevan bien reguladas. Es el ensueño, en fin, una vigilia imperfecta y fragmentaria. La renovación quimio-celular que le origina determina una anarquía completa, en que cada célula parece obrar por sí, anarquía que también existe, en grado menor, durante muchas vigilias y las asociaciones de ideas que a veces se dan en él, acusan cierta localización de facultades, cierta muy fina especialidad en cada región y célula. No lo olvide el médico. Cuando las ciencias de observación estén más adelantadas, el ensueño será un exquisito elemento de diagnóstico, en cuantos estados hagan referencia al sistema nervioso. Las aberraciones histéricas, y la locura, como algún día demostraremos en el estudio de la mente enferma, son ensueños en plena vigilia, por perturbación de los órganos del raciocinio, o mejor aún, por pobreza de fuerza nerviosa o mala regeneración química.

# III

## ESTUDIO DE LA DOBLE FANTASÍA

LA primera diálisis de facultades hecha en el libro primero, nos presentó a la fantasía como objetivada en el ensueño y desarrollando ante el yo o la psiquis sus ficticias escenas y seguidamente hallamos exacta concordancia fisiológica de esta labor psicofísica de objetivación, en las corrientes centrifugo-sensitivas, determinantes de la renovación alcalina de los líquidos protoplásmicos de la célula. Allí apuntamos que, de ordinario en la vigilia, mientras unos protoplasmas están regenerados (para impresiones), otros yacen aun cargados de secreción (para fantasía).

Durante el ensueño, tanto por estar más generalizada la corriente renovadora, como por yacer postrados los órganos exteriores de los sentidos, sólo parece darse la objetivación que el ejercicio de la fantasía supone, pero en casos excepcionales de gran vitalidad nerviosa normal o anormal, o de gran intensidad de la corriente renovadora, puede acontecer, dadas las infinitas conexiones reversivas de la trama nerviosa, que la corriente ósmica centrífuga se transforme en centrípeta, sin llegar a despertar a los órganos externos de los sentidos y, así transformada o reflejada, al llegar a estos, reproduzca, dentro del argumento del ensueño, pseudo-impresiones sensitivas, que vengan a dar la escena excepcional interés y original viveza de colorido, tanto más, cuanto que, al chocar (reflejarse) sobre los elementos ópticos o retinianos, su presión en ellos, llega a transformarse en luz violeta indescriptible, que parece bañar todo aquel ficticio ambiente de la escena. Lo natural es que la corriente reflejada verifique su retorno centrípeto por células distintas; esto es, puede darse el fenómeno extraordinario de unas células afectadas por el sueño normal y cuyos cilindros ejes transmitan la corriente celulípeta del ensueño, mientras otras devuelvan esta corriente en la forma ordinaria de la vigilia, cual si estuvieran ya despiertas.

El espíritu entonces viene a encontrarse en tan excepcional situación como las células sensitivas. Cuanto de él nace en él viene a retornar, como si se reflejase en sí propio y una vivísima intuición le agita con deliciosos éxtasis contemplativos: ágil, etéreo, empapados en luces y arreboles, coronado por felicidad inexplicable y arrastrado de modo irresistible con la corriente más pura de sus sentimientos altruistas, todo su ser se conmueve, cual si asistiera a su vital apoteosis. No hemos sido nosotros los primeros en apreciar el fenómeno en sí: dejemos la palabra al maestro Brillat-Savarin para tres observaciones suyas.

«*Primera observación*.–Soñaba yo una noche que había descubierto el secreto para no estar sometido a las leyes de la gravedad, de forma que era indiferente a mi cuerpo subir o bajar y podía hacer ambas cosas con igual facilidad, según mi voluntad.–Semejante estado me parecía delicioso... pero lo más raro es que podía explicarme claramente (al menos así me parecía), los medios conducentes a tal resultado y que dichos medios eran de tal manera sencillos que admiraba el que antes no se hubiesen descubierto. Cuando desperté no pude recordar cosa alguna de esta parte explicativa.

*Segunda observación*: ... durmiendo experimenté una sensación de placer completamente extraordinaria. Consistía en una especie de estremecimiento delicioso de todas las partículas que constituyen mi ser. Era cierta clase de titilación, llena de embeleso, que, partiendo de la epidermis, desde los pies a la cabeza, me agitaba hasta la médula de los huesos. Me figuraba que veía una luz violeta, brillando alrededor de mi frente:

*Lambere flamma comas, et circum témpora pasci.*

Calculo que semejante estado que yo experimentaba físicamente duró lo menos treinta segundos y despertó lleno de admiración, con alguna mezcla de susto.–He sacado la consecuencia de tal sensación, que todavía subsiste muy presente en mi memoria y de algunas otras observaciones hechas sobre los estáticos y nerviosos, que los límites del placer no se conocen, ni se han establecido aún, ignorándose hasta qué punto puede llegar la bienaventuranza de nuestros cuerpos. Espero que, dentro de algunos siglos, la fisiología del porvenir se apoderará de estas sensaciones extraordinarias y que será capaz de producirlas a voluntad, lo mismo que sucede con el ensueño, cuando se toma opio y que los hijos de nuestros nietos tendrán así compensación para los dolores atroces que a las veces experimentamos... El poder de la armonía tan fecundo en vivos deleites, puros y por los que siempre se arde en deseos, desconociánle completamente los romanos.

*Tercera observación*: ... Habiéndome acostado sin ningún antecedente notable, desperté al tiempo usual de mi primer sueño. Experimentaba una excitación cerebral enteramente extraordinaria; mis ideas brotaban vivísimas, infinitamente profundos eran mis pensamientos y la esfera de mi inteligencia parecía engrandecida hasta el último grado. Me coloqué sentado y mis ojos estaban afectados con la sensación de una luz pálida, vaporosa, e indeterminada, que de ninguna manera servía para distinguir los objetos.–Si no hubiera consultado más que la multitud de ideas que rápidamente se sucedieron, habría creído que situación semejante duraba muchas horas, pero por mi reloj estoy seguro que no se prolongó sino algo más de treinta minutos. Salí de ella por un incidente exterior, independiente de mi voluntad, y así fui llamado a las cosas de la tierra.–En el instante de desaparecer la sensación luminosa, experimenté que descendía de la altura donde me hallaba: se aproximaron mutuamente los límites de mi inteligencia y, en una palabra, volví a ser lo que era la víspera. Mas, como me encontraba muy despierto, mi memoria, aunque con colores débiles, ha podido conservar parte de las ideas que atravesaron mi espíritu.

Las primeras tenían el tiempo por objeto, Me parecieron pasado, presente y porvenir iguales y de la misma naturaleza, formando un solo punto, de suerte que debía de ser tan fácil pronosticar lo venidero como acordarse de lo pasado. He aquí lo que conservé de esa primera intuición, que en parte borraron las que después siguieron.

Mi atención se dirigió luego a los sentidos que clasifiqué por orden de excelencia, llegando a pensar que debíamos tener tantos interior como exteriormente y me ocupé en inquirir esto. Había descubierto tres y casi cuatro, cuando caí en tierra. Helos aquí: l.º *La compasión*, sensación precordial, que se experimenta cuando se ve sufrir al prójimo: 2.º *La predilección*, sentimiento de preferencia no sólo por un objeto, sino por todo cuanto hace referencia al mismo y nos trae su recuerdo. 3.º *La simpatía*, que también es un sentimiento de preferencia que arrastra dos objetos uno hacia otro... Por último, ocupándome de la compasión, llegué a inducir lo que creo muy justo, aunque nunca lo había notado, a saber: que de la compasión se deriva esté bello teorema, primera base de todas las legislaciones: *Alterine facias quod tibi fieri non vis.*»

Ya en ciertas observaciones entre las de los capítulos que preceden hemos podido apreciar algo parecido. Consignemos aquí otras más calificadas:

*Núm. 103*.–«Subo con un amigo la ladera de un conocido cerrillo, considerablemente amplificada con la perspectiva de una de las más poéticas gargantas de las Villuercas. Enormes picachos y moles de cuarcita se alzan al N. sobre nuestras cabezas. Delante y más aún detrás se desarrollan dos largos y abruptos espolones de la sierra, que forman el valle donde nos hallamos, en cuyo fondo un pequeño arroyo, bordeando y lamiendo múltiples salientes de las peñas, lava con sus aguas cristalinas blancas y pardas jigas, con esa irregularidades de cursos y esa variedad salvaje que tanta poesía dan a las gargantas de las Villuercas. El suelo está cubierto de plantas grises y selváticas, como la jara y el tomillo. Diríase que hasta se respira ese característico ambiente perfumado de la montaña, moviendo todo aquello a dulces contemplaciones estéticas, bajo la luz difusa de una especie de crepúsculo que, en cuanto a permitir discernir objetos lejanos, más bien es noche que día; luz característica de la fantasía... Súbito advierto que, a unos 30 pasos de nosotros, cruza cauteloso un animal parecido al perro y a la zorra, en el cual no tardo en reconocer

Admirable escena de doble fantasía en la que ésta, en parte objetivada, representa un gran paisaje, sobre el fondo de otro distinto y pequeñísimo.

Liberación de las nociones de tiempo y espacio. Imagen determinada por perros vistos habitualmente y relacionada con lecturas de Julio Verne y trabajos propios antiguos.

Ánimo tranquilo, exento de todo conato de pesadilla.

Detalles pictóricos y sentimentales de plena fantasía que se recrea en el panorama.

al lobo, que desciendo hostigado por el hambre, sin duda, pues parece detenerse a comer algo así como un trozo de cuero que haya al paso... El instinto de conservación nos hace detenernos también, para estar a la defensiva, pensado que el lobo hambriento puede llegar a luchar con el hombre, pero no experimenta temor, sin o más bien cierto recelo, que me hace seguir punto por punto todos los movimientos de un animal. Considero que puede amenazarnos un peligro seguro si sus congéneres bajasen también, por lo que decidimos forzar el paso para llegar a la altura... Cruzamos irreflexivamente el arroyo, sin fijarnos en que fuera profundo o no y sin temer dar malos pasos y despeñarnos... Noto ligera sensación de frío con el agua a media pierna ... Subimos una corta pendiente y allí con clara luz de día, más que de crepúsculo, volvemos la vista atrás para ver el itinerario recorrido (que en la realidad del cerrillo imaginado no llega a 200 metros) contemplamos el camino que se marca por sus piedras y pequeños desmontes terrosos, sin vegetación, en el fondo pardo verdoso de los matorrales... Vemos el ángulo que forma el arroyo, la poca profundidad y caudal escaso del mismo y nos admiramos de nuestro ciego acierto al pasar al lado de enormes precipicios... En esto, dos lobos más cruzan por entre los peñascos y se fijan en nosotros, pero hago ademán de echarme la escopeta a la cara y se retiran con su trotecillo habitual... Luego, desde la altura, vemos la salida de un entierro de una de las lejanas casas de la población»...

Representaciones entremezcladas de diversos grabados y que por su escaso relieve o remota fecha no tienen referencias.

*Núm. 104.*–«En unión de un amigo veo no sé qué cuadros o fotografías, y poco a poco mi espíritu se preocupa con semejante contemplación... Diríase que tengo a la vista un larguísimo biombo, como los que se emplean de ordinario, pero de tamaño verdaderamente descomunal pues cogía más de 80 metros a lo largo de la calle y presentaba en sus hojas todo un museo de bellezas. Me decido a examinarlo todo con detenimiento y empiezo por el lado izquierdo. Aquí veo un magnífico ramo, bordado en seda, caña, rosa y verde, sobre fondo blanco... Allá algo como un retrato, luego un monumento... Los amigos que cruzan por la calle tratan de privarme de admirar aquellas bellezas que no entienden. No les hago caso y sigo mi contemplación, preocupado acerca de qué será aquello que tanto me entretiene con sus detalles artísticos, que recuerdan los álbumes de Historia Natural que usara cuando niño... Una idea luminosa idea me asalta... Aquello es uno de los modernos portafolios de que hablaba «El Imparcial»... Sigo mi examen, que comienza

Sensación de cansancio como en la vida real.

a fatigar mi imaginación como los museos donde se ven muchos cuadros, pero mi voluntad se sobrepone y la inspección continúa»...

*Núm. 105.*–«Vamos de paseo X... y yo por lugares habituales iluminados por un sol espléndido... Tomamos otro camino para el regreso y comienzo a encantarme con aquellos lugares, poco antes tan agostados por la sequía y ya, merced a las lluvias otoñales, adornados por una vegetación exuberante. La grama ha crecido tanto que el pie casi se oculta entre sus briznas. Doquiera se muestran, en todo su vigor, multitud de plantas de todas clases, arbustos y hasta árboles –en un terreno que en realidad es extraordinariamente árido–. La vegetación, sin embargo, no parece tropical, sino *sui géneris*, como de una prodigiosa primavera. Delicadas venas de agua cursan medio ocultas entre la hierba unas veces, otras mostrando sus cristales sobre un lecho de finísima grava y se reúnen y se separan con artístico desorden. Todo esto me llena de placer y trato de asociar a X... a mi alegría. Luego me separo para ir a beber agua de una fuente que brota más arriba y de donde derivan las corrientes aquellas. Para ello remonto la ladera, sin sentir el más pequeño cansancio... La luz resulta indefinible, sin emanar de ningún punto concreto, sino como si todo el

Hermosísimo caso de doble fantasía con absoluta idealización pictórica y moral del paisaje de la escena.

Adornos deliciosos y de puro subjetivismo. La perfección de ellos parece exceder a la realidad más pintoresca.

Luz suave difusa y no violácea como es lo ordinario en tales casos.

El sentimiento de la bella embarga mi ser.

En todo ello preside el llamado placer de vivir.

ambiente estuviera empapado en ella... Mi vista halla por doquier ilusión y encanto, como si pisara los sublimes campos que describe tan acabadamente Milton en su «Paraíso Perdido»... Mi alegría no es intelectual o consciente, sino de pura y juguetona fantasía, que vuela aquí y allá, como el pájaro o la mariposa; alegría nacida del fondo de mi ser, do esa que no se sabe de dónde viene, a donde va, ni a que conduce, alegría *per se*, pura y genuina... Medio saltando, medio corriendo, llego a la fuente y me pongo a beber, pero creo no hube de verificarlo por encontrarme la fuente bajo una gruta o cripta natural, con las apariencias, no obstante, de las grutas artificiales... Me extraña el que estando la fuente seca no lo esté también el arroyo que de ella toma origen, pero caigo enseguida en que aquella no es la única fuente y con igual contento busco y hallo la fuente deseada... Desde allí contemplo de nuevo el panorama, reconozco sus grandes bellezas y veo a X... allá abajo, a quien se acercan C y su hijo, que también quiere imitarnos en el paseo... Me llaman y acudo a saludarlos muy afectuosamente, felicitándome de verlos por allí disfrutando de recreo tan delicioso pero mi mente me suscita ciertas intuiciones –exactas– de que no me aprecian de corazón, antes bien me envidian, pero aquel sentimiento,

La vida real atenúa un momento la acción de la fantasía.

Esta recaba sus fueros y apaga la tristeza de ánimo, ante las bajas pasiones de los demás.

Excitación del amor propio.

Especie de intuición de la hora y del día que se muestra al exterior.

Perfecto realismo escénico.

Imagen traída acaso por la luz de la escena.

El exceso de vida cerebral del ensueño presente hace intentar operaciones discursivas, pero la inercia orgánica se opone.

que en otra ocasión hubiera hecho decaer mi ánimo, es ahogado al instante por mi perfecta alegría ante el paisaje... Converso con el joven, haciéndole preguntas ligeras de Literatura y Metafísica a las que contesta con gran acierto, y como temiese que por tal concepto se me envaneciera procuro hacer sobre ellas consideraciones de índole trascendental. Luego, dejando aquello le hago fijarse en los prodigios de la primavera y sus encantos indefinibles... A la sazón el paisaje ha fijado más sus tintas, análogas a los que ofrece en la realidad, pero muy idealizadas todavía. La hora parece ser de las primeras del día, pues el Sol ilumina desde Oriente y muy oblicuamente los objetos y a poco nos separamos para entrar en un edificio imaginario del camino, análogo a un espacioso invernadero, con su techo y paredes de cristal. En el centro de la instancia aparece una larga mesa, con multitud de objetos y vitrinas. Al momento entran varios Padres jesuitas esparciéndose por allí y trabando con nosotros amable conversación. Enseguida se suscitan disquisiciones importantísimas, sobre temas relacionados con las Matemáticas y el Dibujo... Yo tengo muy pocas ganas de entrar en temas semejantes, por el temor de no hacerlo con la lucidez que quisiera y me mantengo en segunda línea, mientras uno de los Padres qué parece un gran matemático, abre un libro como de apuntes comerciales, donde se leen cuatro o seis renglones muy cortos, uno de los que dice: dx/dr = diferencial de... y sobre aquel detalle de Cálculo diferencial se extiende en grandes consideraciones filosóficas... hasta que despierto.

La fantasía se desdobla y su parte subjetiva determina en el alma un placer sin límites.

*Núm. 14.*–«Los tres o cuatro amigos que no sé de dónde ni porqué me acompañan, y yo, llegada la noche o más bien la madrugada, somos albergados en una casa conocida en las afueras de la población. Después de habernos ocupado en algo parecido a la cena; salimos a la calle y contemplamos extasiados el singular panorama que se presenta a nuestros ojos. En el cielo sin luna brillan millares de estrellas, que no me ocupo en identificar por no ofrecerme nada extraño. La Vía Láctea se ostenta en todo su esplendor y algo así como la luz suave de los últimos días de la luna impregna aquel ambiente de un colorido especial, en el que mi propio ser parece tener parte, haciendo resaltar la sierra próxima con todos sus detalles y los frondosos árboles inmediatos, cuyas últimas ramas se desdibujan fantásticas sobre el fondo de pequeñísimas estrellas. Cruzamos breves palabras encareciendo aquellas bellezas y en ensueño se desvanece como humo en la inmensidad».

Contemplación estética; mociones elevadas sensaciones agradables e intimas; ambiente suave de una madrugada de día de verano.

*Núm. 121.*–«Entro en un edificio público como en construcción, en la calle de Carretas de Madrid... Es un día de fiesta de primera clase y espero ser llamado con otros a examen... Se abre el aula, penetramos y a poco me toca el turno; la asignatura es de Física. Contesto brillantemente a las dos primeras lecciones logrando entusiasmar y enardecer al auditorio, hasta el punto de que todos nos ponemos de pie en la plataforma... Llega la tercera lección, que por ser la última del programa no llegué a estudiar... Me asalta un profundo desconcierto, porque no sé qué debo contestar, pero enseguida me lleno de audacia y de elocuencia y contesto que el clima ardiente de aquellas zonas –refiriéndome al Asia menor–permitió a los dos felices moradores del Paraíso terrenal, alimentarse de frutas muy nutritivas, sin que jamás tomaran carne de animales, que sólo fueron sacrificados después de la calda en la culpa... Aquel detalle –sin razón alguna justificativa por supuesto– completó mi éxito... Los profesores estaban delirantes de entusiasmo. Uno por fin cortó de un libro una tira de papel de una pulgada y me la dió o guisa de premio y otro, bastante joven; me puso por modelo a los demás diciendo épicamente que un alumno así debía ser recompensado por el Asia... (!).

–¿Ocurre algo análogo a este grandioso fenómeno de la doble fantasía en la vigilia?–Sí, mil veces. ¿Acaso no le acontece con frecuencia al niño ante las tiendas de juguetes o ante ciertos espectáculos teatrales? ¿Acaso los ensueños que alboran la pubertad, iniciando en los misterios de Venus, no tienen tal origen? ¿Quién no se ha sentido en alguna ocasión presa del *embobado deleite* de la doble fantasía, al atardecer de un día de primavera; al regresar de una grata gira campestre, sin excesos, o ante los embates juveniles de una impresión erótico-artística y obsesionadora, frente a persona del opuesto sexo, o en fin, operando en sueños, fingidos hallazgos de dinero u objetos preciosos?

Nada lejos estamos de incluir en este fenómeno los infinitos éxtasis de santos, filósofos y artistas. Las exaltaciones místicas de San Juan, en el Apocalipsis las de San Juan de la Cruz, Santa Teresa, las de Mahoma y Swedenborg, las de los infinitos faquires, visionarios e iluminados etc. que registra la historia, y prescindiendo de la índole natural d sobrenatural que se les adjudique, reconocen por causa idénticos fenómenos nerviosos que los determinantes del de la doble fantasía, tan propia de la vigilia como del ensueño, salvo la abstracción inicial, frente a los sentidos, que es indispensable en aquella y característica de todas las anormalidades, funcionales de los nervios; es decir, una plétora de vida nerviosa, capaz de afectar a mucho mayor número de células, con más intensidad y en doble sentido. Es, valga la metáfora, la alcoholización de la fantasía y precisamente por eso se muestra de la misma manera, siquier sea forzada, en el período excitante de la embriaguez; en muchos fenómenos hipnóticos y en todos aquellos que supongan un aumento excepcional de fuerza nerviosa, como en los momentos llamados *heroicos*.

La inspiración científica o artística; lo que se conoce con la frase vulgar de *estar de vena*, se apoya orgánicamente en el fenómeno de la doble fantasía. Por eso para cualquier labor necesitamos antes excitar, *empapar*, fecundar la fantasía, como medio de dar forma real a las concepciones iniciales del espíritu, valiéndonos de lecturas, contemplaciones y demás elementos *fertilizadores*, hasta que el momento feliz llega; el raudo titilar de los nervios, cual mágico clarín de guerra, conmueve a merced de las fibras de asociación cerebral gran parte de las circunvoluciones; la circulación sanguínea del cerebro aumenta y determina una activa secreción y una regeneración activísima en los líquidos de las innúmeras células del tejido; las percepciones pretéritas de los sentidos todos vienen a rendir su tributo, con polícromos iris misteriosos, con dejos de dulcísimas armonías, mientras que ellos quedan absorbidos, anonadados, cual pajarillos al estallar la tempestad; un perfume de templo nos embriaga y el horizonte mental viene a mostrarnos profundidades desconocidas: la idea parece tremolar victoriosa por entre las delicias de una fantasía paradisiaca: el organismo todo se muestra convulso y de la densa nube de mociones tan excitadas y contrapuestas, instantáneo, el rayo divino de la inspiración fulgura... Puede decirse entonces, remedando a Fausto: ¡El hombre ha creado; es semejante a su Creador!...

Cuando en el ensueño concurre el aumento excepcional determinante del fenómeno que nos ocupa, con cualquier otro desequilibrio, aunque éste solo consista en una viciosa posición del cuerpo que llegue a afectar v.g. al corazón, sobrevienen los horrores de la pesadilla y por cierto en muchos individuos caracterízala o específica. En nosotros ha sido el ilusionismo del perro hidrófobo, que cuando estaba débil el organismo llegaba indefectiblemente a mordernos mientras que, en otro caso, pasaba de lejos o era muerto de un tiro de revólver, forma de pesadilla que, por cierto, ha desaparecido desde que hemos adquirido la confianza íntima de ser evitable la tan triste enfermedad. Por eso, tras el intenso fenómeno, suele sobrevenir la pesadilla o cuando menos ciertas apariencias panorámicas de gran conjunto, muy vecinas del primer período del vértigo.

Las debilidades y perturbaciones morbosas que el ejercicio excesivo de la doble fantasía acusa o determina son infinitas. Traed a este lugar las funestas consecuencias del estudio excesivo; las aún peores de las delectaciones masturbadoras; los desórdenes nerviosos propios de los grandes sufrimientos; los misoneísmos, verdaderas masturbaciones psíquicas: los trastornos nerviosos del alcohol; los desconsoladores frutos orgánicos de todos los misticismos, tan en contra del tranquilo cumplimiento de las leyes naturales; los peligros de hipnotizaciones imprudentes, o empíricas, etc. etc. y os convenceréis de que en la doble fantasía está la clave de esos mil y mil padecimientos, formas diversas del proteo de la histeria, y aunque aconsejéis el uso de los bromuros para de algún modo dificultar estas excitaciones, no os olvidareis al par de procurar, por un lado la tranquilidad del espíritu, y por otro un *cambio completo de horizonte*, que, al suministrar novísimas impresiones sensitivas contrapuestas, barra de las células esos detritus del dolor, del desarreglo o del vicio.

Clasificar tan múltiples matices como la doble fantasía nos presenta no cabe por hoy en nuestro programa, pero es evidente que entraña en si una buena parte del problema psicológico.

Todo lo que en el ensueño simbolice excitación motriz supone el fenómeno como remedo orgánico y preliminar de la vigilia y se explica bien que la aparición de la corriente pseudosensitiva que el fenómeno supone pueda alcanzar hasta las células motrices, determinando con ello todos los imponentes fenómenos del sonambulismo ya natural ya hipnótico[11].

---

11. No nos podemos detener a insinuar las sospechas de intervención del cerebelo en el fenómeno do la doble fantasía. Notemos también que

Parangonando este capítulo con los concordantes del libro primero, se evidencia cuán superior es a todos, nuestros artificios análisis la exquisita delicadeza sintética de la realidad. Allí la observación nos llevó a considerar a la fantasía siempre objetivada ante el yo o psiquis en el ensueño; aquí una observación más minuciosa viene a enseñarnos que, aun en tal objetivación, se deslizan con frecuencia corrientes pseudosensitivas (centrípetas), análogas a las de la vigilia, de las que sólo difieren ya por la atonía en que permanece el raciocinio ya por la relajación funcional de las células nerviosas externas de los sentidos (bipolares de la retina y de la pituitaria, conos y bastoncillos, etc.) y se deslizan hasta el punto de que un aumento normal o anormal en dichas corrientes secundarias del ensueño, ya lindantes con la vigilia, pueden acercarle a ésta de un modo tanto más indefinido, cuanto que la misma vigilia no es perfecta, como dice Tissié, hasta que, con las abluciones matinales acostumbradas, no reaccionan fuertemente las fibras sensitivas. A semejante fenómeno le hemos llamado con cierta gráfica impropiedad *doble fantasía*, para de algún modo expresar la sintética excitación de aquella facultad, en sí una, y para también aludir en algún modo a la *duplicación* de fuerzas o corrientes que él supone.

De tal manera, queda evidenciado que, ni fisiológica ni psicológicamente, no se diferencian el ensueño y la vigilia más que por el grado de relación del yo o psiquis, con el exterior y por el de coordinación de reacciones de las innumerables células del encéfalo, tanto que una coordinación deficiente nos puede hacer hasta soñar despiertos, como acabadamente lo demuestran las aberraciones de la histero-epilepsia, y el clásico

el ensueño se inicia por el sistema motriz, que parece dormir once horas por lo menos, como el niño. Esto descanso se caracteriza en la vida por la frase de «*estar a gusto en un sitio*».

estudio de Félida por Azam, mientras que una coordinación ya suficientemente adelantada, puede, en muy raros momentos del ensueño, determinar actos de precioso valor para la vigilia, tales como soluciones inesperadas de problemas, y percepción de relaciones desconocidas.

Hemos tenido la fortuna de sorprender uno de esos momentos *de compenetración* del ensueño con la vigilia, como se ve por las interesantísimas observaciones siguientes:

1°–«Hallábame cierta mañana en mi lecho durmiendo cerca de una gran ventana que da al corral de casa. El estado de mi cuerpo y espíritu era fisiológico... Cena adecuada, la noche anterior, ánimo excelente y sueño profundo. Serían las siete de la mañana cuando, tras ligeras molestias cerebrales, escuche cerca un penetrante grito: –«¡Padre mío!»–. El grito, lleno de angustia, se oía hacia mi derecha, donde se encontraba la habitación de mis padres. Me sobresalto en extremo temiendo una desgracia repentina, anunciada de aquel modo; más, me detengo un instante y considero que no habiendo en la casa más hijo que yo, el grito no podía referirse a mi padre y pareciéndome entonces que me hallaba en casa de mi compañero B., como si no me hubiese movido, ante su mesa de tresillo y con todas las apariencias de la realidad, de igual modo que me aconteciera la tarde anterior, vengo en consecuencia de que los gritos aquellos provenían de la casa de Q... situada hacia la izquierda y en la que despedían a un hijo que marchaba a Cuba».

Momentos después, nueva y análoga molestia cerebral y acústica, y segunda vez el mismo penetrante grito... Producíalo un gallo cantando en la ventana a dos metros de mí.

N.º 2.º«–Este ensueño es similar del anterior y producido por la misma causa del canto del gallo junto a la ventana de mi dormitorio.

»Subía por la calle de Alcalá una tarde o mañana de día nublado; me acompañaban varios amigos. Tras ligera deliberación acerca de si entrar o no en Fornos, nos decidimos a bajar al teatro de Apolo, para escuchar al célebre Frégoli. Entramos en efecto y ocupamos butacas de la primera o segunda fila de la izquierda –posición y apariencias idénticas a las que había tenido, no hacía mucho, cierto día de grato recuerdo en el teatro de la Comedia–. Se alza el telón y aparece el artista extrañamente cubierto con un a manera de gorro frigio o genial cresta de gallo: avanza hacia el proscenio y empieza a remedar admirablemente tres o cuatro cantos de este animal, con tanto vigor de colorido, que todos, presa del mayor entusiasmo, empezamos a aplaudir»... Y desperté.

Surgen de este ensueño observaciones muy análogas a las del anterior. Uno y otro por sus curiosos detalles y genuinas aberraciones me movieron a la observación sensata, tranquila y sin perjuicios del fenómeno somnológico, único capaz en la vida del hombre de sorprender en precisos momentos unas facultades dormidas y otras más o menos despiertas.

Despertar de ciertos sentimientos, multiplicidad asombrosa de las funciones imaginativas e intelectuales nacidas de la falta de unidad que impone en la vigilia la conciencia psicológica. Se pide la luz artificial que en la realidad se acaba de ver casi despierto para buscar un insecto que en el ensueño se ve ficticiamente en pleno día.

*Núm. 66.*–«Reconociéndome en la cama, como si estuviera ya vestido, al principiar a despertar siento ruido de pasos en el zaguán de casa, sé que es mi madre ya levantada quien los produce y quiero llamarla a toda costa para que traiga enseguida la luz que lleva efectivamente en la mano, porque, acabo de sentir comezón, como si me picara una hormiga, animal que en plena luz de día, sin embargo, creo ver remontando el forro de la americana, tal y como la tarde anterior me ocurriera con un insecto, cuando estaba recostado

> en el paseo... Veo que el insecto está a punto de ocultarse tras el borde del bolsillo interior de la derecha en la americana y a pesar de verle, como va dicho, en plena luz de día, reclamo a mi madre para que me alumbre con la bujía y pueda capturarle:... considero que cuando llegue ésta ya será tarde para ello porque se habrá internado en el bolsillo, aunque puedo conseguirlo todavía volviendo le bolsillo del revés»...

Elementos despiertos: buena parte de las células trasmisoras de las impresiones visuales producidas por la bujía; el tacto; los elementos intuitivos relacionados con la supuesta captura del insecto; cierta conciencia general al reconocer a mi madre, a la cama y al ambiente exterior. Elementos dormidos aún; la mayoría de las células de la corteza cerebral, relacionadas con la labor de la fantasía en plena representación pictórica y hasta desdoblada por la intensidad que acusa la luz que alumbra la doble escena; el raciocinio y las facultades sintéticas que caracterizan la plena conciencia de la vida (*voluntad*, sustituida por deseos intuitivos y *atención*, absorbida por las pinturas de la fantasía).

El problema, pues, de la diferenciación entre ensueño y vigilia es, como todos los de la vida, puramente dinámico: el más o el menos de la fuerza nerviosa, y con esto la razón viene a destruir, cual castillo de naipes, esos visionarios prejuicios que pretenden hacer de aquel algo *sui generis*, sin equivalencia en la realidad; un mundo de leyes desconocidas; un momento en que el espíritu parece abandonar al cuerpo, volando a regiones superiores o poniéndose en comunicación con seres que fueron, prejuicios de los que no puede menos de participarse al comenzar las investigaciones. Si tal comunicación se realizase sería por el inconsciente no por la fantasía.

No hay, pues, doble fantasía en la rigurosa acepción de la palabra, sino grados diversos de acción de una facultad única, que es en todo tiempo pictórica, representativa ante el yo o psiquis receptora, atesoradora de todas las impresiones sensitivas frente al mundo; funciones ambas en las que, según las necesidades orgánicas, alterna; siendo fisiológicamente cada sentido un órgano perceptor de ella y psicológicamente la fuente del progreso del espíritu, elemento integrante y desarrollo natural de su vida, ejercitando la delicada misión de reguladora de los sentimientos.

# IV

## ABERRACIONES DE LA FANTASÍA

LAS principales aberraciones que la fantasía presenta en el ensueño y en la vigilia son: *las imágenes volantes; la pérdida de la noción de la gravedad; las anomalías tan características entre las nociones del espacio y del tiempo; el circulo vicioso de la calentura; las fisonomías cambiantes y las imágenes-miniaturas*. Ocupémonos brevemente de ellas.

El fenómeno de las imágenes volantes es tan curioso como inexplicable. Sea cual fuere la escena, los personajes de ella han de resultar a la postre elevados en alto, con detalles que a veces causan hilaridad. Véanse tres observaciones de aberración tan original, a más de los números 86 y 92 ya trascritos, que revelan algo parecido.

Imágenes habituales.

Recuerdo del grabado, inspirando la escena con sucesos recientemente leídos.

*Núm. 61.*–«Me hallo en el patio de casa durante una hermosa caída de tarde. El cielo tiene ese color característico de las últimas horas del día... Entre los amigos que acompañan se halla el zar Nicolás de Rusia, tal y como le viera unos días antes en un grabado, y junto a él T... Diríase que aquella reunión familiar, en que acaso tomábamos café, después de haber comido, tenía ciertos vuelos diplomáticos, algo así como si T... fuera un representante de su nación, un segundo Félix Faure... A la sazón usaba yo de la palabra cerca del zar, con gran placer de todos, y decía que lo más desconsolador de la situación de España no era su pobreza, ni los esfuerzos que bacía en una y otra parte del Mundo en Cuba y Filipinas, ni el vigor con que los elementos y la sequía castigaban los campos, ni los cambios del exterior al 26'10 por ciento, sino su soledad cruel, su alejamiento tristísimo del concierto europeo, a la manera de esos seres desgraciados sin hogar y sin familia, sin que nadie se duela de sus penas, ni le auxilie en sus desdichas. Entonces, con el mapa en la mente, aludí a la posibilidad y ventajas de una alianza con Francia y Rusia para una acción colectiva, acaso en Asia... El zar me escuchaba con reposado continente y cierta satisfacción disimulada se traducía en su fina sonrisa, porque, como extranjero no hablaba francés, (!) ... T... dijo a su vez no sé qué cosa... Luego nos levantamos, yo observé el cielo sin nubes y el zar apareció a poco encaramado, a guisa de gato, sobro el tejado frontero, desde donde me escucha aún el elogio que hago de Rusia, diciendo, con el mapa otra vez en la mente, que su preponderancia en Asia, a pesar de China, es absoluta»...

Cambio de escena por analogías de nacionalidad.

Oratoria, enardecimiento y perfecto realismo.

Sucesos recientes comentados.

Operación mental habitual para hacer citar geográficas.

Aberración final, frecuentísima en el ensueño.

*Núm. 56.*– (Continuación).–Seguimos largo rato caminando, hasta hallarnos en un salón indefinible, especie de biblioteca con altas estanterías amarillas... En una larga plataforma se ven siete examinadores y por todos lados jóvenes con birretes... En la presidencia reconozco a mi amigo P... él me reconoce también y me invita a examinarme, al par que el secretario me llama en alta voz... Me detengo, vacilo, confió en mis amigos del tribunal, pero la asignatura es de «*Ampliación de progresos religiosos*» noto que no recuerdo nada de colecciones canónicas y me decido a no entrar... Por fin, advierto que parte del tribunal se ha encaramado en la cornisa de la biblioteca, con las piernas colgando y yo me admiro de que sus propios méritos les hayan elevado hasta allí»...

Fuerza ascensional curiosísima y frecuente de las imágenes teñidas de muchos ensueños.

*Núm. 8.*–«Algo muy importante preocupa a todos en derredor mío y me preocupa a mí mismo, pero ni me doy apenas cuenta ni nadie me lo aclara. Tampoco tengo una noción precisa del lugar en que estoy, ni de las personas que me rodean. Reina agitación y movimiento como en el primer acto de un drama. De pronto me pasan al salón donde se halla en pie mi prometida... –nótese que por aquel entonces carecía yo de toda afección amorosa–. Vestida de regia seda negra, me recibe con extremada corrección y ternura exquisita. Parece de mí misma edad, de tez blanca y pelo negro hermosísimos. La pregunto, si está dispuesta para el matrimonio que vamos a celebrar de allí a un momento, y me contesta afirmativamente, con un amor y una decisión y una mirada tan deliciosas, que impresionan las fibras más delicadas de mis sentimientos, diciéndome cosas gratísimas que no puedo recordar... Paso a otras habitaciones; la especie de acción dramática, en la que me veo envuelto sin explicármelo ni conocer a mis interlocutores, se complica; fórmase un nudo que no sé remotamente en qué consiste... Nos vamos todos a una especie de iglesia. Llegan los padrinos muy elegantes, con su traje ceremonia... la acción se precipita, no creo ser protagonista sino simple espectador... óyense no sé qué frases de cierto individuo, que no era yo, pero que tenía algo de mí mismo, vestido como los tenores de ópera y situado como en una cornisa u hornacina, al nivel del primer piso del templo, y al terminar su no entendido relato se arroja sobre el pavimento, mientras una mujer toda enlutada, cubierta por velo negro también, oficiando de sacerdotisa, como para salvar un nombre o una raza, se vuelve en el altar frontero y, cogiendo por las manos a un niño y una niña como de ocho años vestidos de gala, con sus luces en las manos, los desposa, llena de desolación, en nombre del cielo»...

No se parecía la segunda mujer a la primera y, sin embargo, no me atrevería a pensar fuesen distintas. Indudablemente se trataba de un drama más que de teatro, pues conservo el recuerdo del cambio de habitaciones y de su orientación. El extraño desenlace me impresionó a la manera del teatro y no puedo precisar si se refería a mí o no, en definitiva.

Imagen de un hecho real y reciente asociado a añejas impresiones.

*Núm. 18*.–«Subimos por la carretera de V... mi padre y yo... Al pasar por el huerto de N... vemos a un conocido arrancando lechugas y a B... con su caballo blanco suelto y sin arreos a su lado... B. da lechugas al caballo y, para probarnos su fidelidad, se sitúa en la cerca de por bajo, separada de la anterior por un muro de un metro de

Pérdida de la noción de la gravedad ante una imagen de circo trasladada a otro espacio.

Imagen intempestiva y cambio de ensueño

altura y desde allí le enseña una lechuga. El caballo entonces parece que relincha, conociendo a su amo; pónese en actitud más de bogar que de correr, con los remos extendidos e inmóviles, como los caballos de madera del *tío vivo* y, deslizándose por el aire, salta rasando con la pared; llega a su amo y le come la lechuga. Entre tanto, me fijo en que en el suelo y entre las matas de hinojo aparece un pajarillo muerto y ya seco»...

La dulzura, lentitud y naturalidad con que se operan semejantes acciones imaginativas, nos recuerdan las percepciones visuales entópicas del cuerpo vítreo y cuanto se diga, para explicarlas, resulta por hoy muy hipotético. Acaso tenga conexión el fenómeno con esos movimientos inconscientes de girar el ojo hacia arriba o hacia un lado, con los que buen número de personas parecen facilitar las recordaciones.

La pérdida de la noción de la gravedad está conexionada con el fenómeno de la doble fantasía, a quien presupone, como ya vimos en la observación primera de Brillat-Savarin. La relativa coordinación de las representaciones multicelulares; la sensación semi-inconsciente determinada por el suave calor de la cama y la posición agradable del cuerpo, sirven de causa ocasional a la extraña ilusión.

*Núm. 35.*–«Tras ímprobas tareas, he descubierto el secreto para volar, mediante una ligera maquinita y dos enormes alas con plumas como de ocho a diez metros de punta a punta –según lo había visto en la Ilustración Española y Americana del año 77–. Para evitar las molestias del fuerte roce con el aire llevo una como careta de cristal... Luego de diversos ensayos y tentativas y quizá de haberme presentado en público con mi invento quiero entrar con él en la vida ordinaria... Me lanzo al espacio desde la cumbre de S... paso por el pueblo de B... y su vallo a grandísima altura y con singular admiración de todos; traspongo la primera cadena de montañas y, al pasar sobre X..., un cazador o leñador, creyéndome un ave gigantesca o aparición del otro mundo, dispara sobre mí su escopeta; herido en el corazón, desciendo acaso con poca rapidez y sin vértigo»...

Como impresión calificada recuerdo la del roce del aire al oponer resistencia al movimiento y la de un muy grato placer al emplear aquel tan cómodo medio de locomoción.

Escena basada en impresiones y recuerdos de dos días fecha.

*Núm. 91.*–«Necesito ascender por una abrupta ladera de montaña y para evitar las molestias de la ascensión, al notarme desprovisto en absoluto do la noción del peso de mi cuerpo en cuanto a no necesitar esfuerzos grandes para moverle, considero es más práctico trepar por el tronco de un álamo gigante, que no mide menos de cien metros de altura. Subo despacio y muy tranquilo, cuidando de no resbalar ni desasirme, porque conozco que irremisiblemente me estrellaría. Además, procuro evitar los peligros del vértigo... Así llego hasta arriba... Voy al Palacio de Oriente o al Congreso Ibero Americano y al notar que he olvidado algo así como el pañuelo del bolsillo, retorno al punto de partida descendiendo por el árbol, en idénticas condiciones y con iguales detalles que los de la anterior ascensión.

Pérdida de la noción del esfuerzo muscular y sin olvidar los efectos y temores de la acción de la gravedad, todo como su producción exacta de aquellas impresiones.

Las anomalías entre las nociones de espacio y tiempo son tan numerosas que su transcripción llenaría algunas páginas. Se pasa con toda naturalidad, como en el teatro, de un punto a otro, de la mañana a la noche, ya en un instante ya en tiempo inacabable, y aquí se demuestra una vez más el genio intuitivo de Cervantes, al desarrollar Don Quijote en tres horas la complicada máquina de disparates de ensueño, que a su juicio le retuviera tres días en la cueva de Montesinos. El fenómeno, por otra parte, no es exclusivo del ensueño; antes bien está muy calificado en la vigilia, como veremos pronto.

Apenas hemos tenido ocasión de observar durante el ensueño las *imágenes-miniaturas* y las *imágenes giratorias*, que hemos admirado más de una vez en la vigilia.

Cuanto *p.e.* se escucha a un orador que por cualquier concepto nos obsesione, sentimos dentro de nuestro embobamiento que a veces su imagen se va como alejando y empequeñeciendo, hasta aparecer en lontananza cual una delicada miniatura, sin que a la óptica le sea posible darnos de ello explicación. Tantas veces como la obsesión decae por sí o por la fuerza opuesta de la voluntad, la imagen se acerca, se normaliza en sus dimensiones y viceversa. Diríase que ella no es ya la ordinaria imagen retiniana, sino otra más interna, evidenciada por un exceso de atención inconsciente. Asimismo, cuando se mira a veces el dibujo de ciertas figuras geométricas, tales como el cubo o la pirámide, tan pronto se ven según están dibujados, tan pronto invertidos, esto es: cual, si las aristas invisibles o de trazos fueran las visibles y, al contrario, con lo que, a poco, si se sigue mirando fijamente, adquiere la figura una especie de movimiento como giratorio o de hueco y relieve alternativo, que resulta molestísimo. El fenómeno debe pasar inadvertido para la generalidad, pues precisa gran costumbre de ver, figuras de tres dimensiones en el plaño, al par que un gran poder de fantasía. De un modo grosero puede compararse a las ilusiones de concavidad que presenta el horizonte desde las alturas.

Las *imágenes kaleidoscópicas* son frecuentes en los ensueños de ciertos individuos; nosotros no las hemos experimentado.–«Veo en sueños –nos decía una muy querida persona, asmática crónica–, caras lindísimas de jovencitas que me sonríen; pero cuanto más las contemplo, tanto menos guapas me parecen, hasta que, al fin, se tornan feas, horribles, e inician una serie de muecas espantosas, con su *ña... ñáa...* característico». Estas aberraciones son propias de todos los anémicos y a ellas hace referencia el vulgo cuando se ha cenado poco, a cuando se experimentan las debilidades nerviosas que se designan gráficamente por la frase de *ver visiones*.

La observación siguiente no tiene clasificación precisa, como no sea en la frecuente de l*ecturas puestas en acción*.

*Núm. 101.*–Tomo una cabalgadura para ir a X... Después de ensillarla, trato de hacer más tolerables para el animal las fatigas del camino y evitarle una porción de no sé qué clase de eventualidades, a cuyo efecto decido cortarla la cabeza a la altura del pecho, sujetándola en posición natural a la reja de casa (!)... Así queda ejecutado; con esa facilidad operatoria con que el deseo se transforma en hecho en el ensueño, sin que el animal exhale queja alguna, ni revele el más pequeño dolor... Caen de ella algunas gotas de sangre, pero nada más, y yo, muy ufano con mi éxito, tomo el caballo, o por mejor decir, su tronco sin cabeza, monto y salgo para mi viaje, que no debió ser muy largo, porque apenas guardé de él otra cosa que un buen golpe panorámico y regresé sin sentir extrañeza alguna rela-

Vagas imágenes de esas cabezas de toros y caballos que se ven en los trofeos de los carteles taurinos y en los juguetes de niños.

Falta toda extrañeza ante el disparate, porque el hecho es lógica derivación de la extravagancia de la imagen aplicada a la escena.

La idea de la cabalgadura determina lógicamente la impresión de cabalgar.

tiva a la singular cabalgadura sin cabeza... En casa me reprenden la tardanza, porque la cabeza separada de tal modo no podía conservar, según las prácticas –me decían– más de tres horas de vida separada del tronco y aquella tardanza empezaba a dar a los ojos del animal un profundo tinte de melancolía. Confiado, dije entonces que no temiesen, pues aquello estaba concluido y como si se tratase de un caballo de cartón, al modo de aquellas maravillosas curas de Don Quijote con el bálsamo de Fierabrás, cogí bonitamente la cabeza, quitándola las correas de suspensión en la ventana, fijóme en que conservaba un soplo de vida aún y adaptándola al tronco di por curado al animal, restituyéndole a su ser primero, como la cosa más natural del mundo... Luego debió surgir entre nosotros una fuerte disputa, que determinó en mí gran decaimiento y languidez, como de profundo disgusto... Eran a la sazón hacia las once de la mañana de un espléndido día de verano»...

Débil preocupación o conciencia del absurdo, que llama para explicar las otras ideas preexistentes relativas al tiempo que pueda conservarse la vida en el cerebro, mientras el desangre no se realice.

Evocadas otras imágenes las únicas de posible analogía resultan las locuras del Quijote.

En la observación siguiente hemos podido sorprender un a manera de fenómeno de doble vista, pero no le creemos suficiente para fundar en él asertos científicos.

¿Casualidad o fenómeno de doble vista?

*Núm. 30.*–«Me hallo en la cama, ya bastante entrada la mañana... Pienso en lo necesario que es que siga lloviendo, como durante la tarde y noche anteriores, más, levanto la cabeza y veo despejado y azul el

¿Fenómeno orgánico de percepción del alza barométrica?

Perfecta noción del espacio.

horizonte desde el cénit, hacia la región meridional, mientras el resto aparece cubierto de cirro-estratos y algunos nimbos orientados E.S.E. al O.S.O., las que se van replegando hacia el Norte. Deploro no haya continuado el estado atmosférico do la víspera y despierto»...

Levantándome de allí a muy poco rato me vi sorprendido por un cielo casi exactamente igual al que en el ensueño se me había representado, con la parte meridional descubierta y nublada la región del Norte, tal y como me lo había imaginado. Desde luego, aunque cierta adivinación del estado meteorológico no deja de ser frecuente en nuestras observaciones, jamás ha ocurrido nada semejante a ésta que entraña un curioso problema.

El círculo vicioso de la calentura es típico. Durante los delirios propios de esta, suele tomarse una imagen nimia y sobre sus trivialidades comienza a desarrollarse un argumento vano, insustancial e indescifrable, cuya persistencia llega a ser tan molesta que determina una moción como para apartarla: sólo se consigue con ello que torne a empezar; vuelve la escena y vuelve la moción y así sucesivamente, mientras el delirio dura. Siéntese después un dolor hacia las masas encefálicas que en algunas horas no se olvida.

Las aberraciones más características de la fantasía deben tener lugar en las afecciones nerviosas principalmente en la histero-epilepsia y de cuyas consecuencias están llenos los anales de la Historia y la Patología.

«*Observaciones de vértigos de adolescentes*». «Emprendo solo, aislado de todo apoyo y de todo objeto, a partir de la plaza de F... una rapidísima ascensión, con fuerza infinita irresistible y casi verticalmente, aumentando más y más la velocidad. Ante mi mente no existe el espacio, ni contemplo panorama alguno adecuado a semejantes alturas... Subo y subo con violencia horrible, cual en alas de una virtualidad propia, como puede subir un globo, y presa de la mayor angustia, sin energías para pensar ni para obrar, arrastrado por aquella vorágine espantosa de cruelísima agonía imposible de describir y allí, desde la altura más considerable, en medio de unas *luminosas tinieblas*, escucho el estallar de violento terremoto, que siembra al planeta todo de ruina y desolación... Entre los mil fragmentos como de mármoles a que las ciudades quedan reducidas en un instante, considero que nada queda con vida ya bajo de mí; que aquella es la desolación postrera: la hecatombe del último día de los tiempos. Condénsanse las tinieblas y lo envuelven todo... Sólo tres o cuatro seres escapan aquí y allá de tal ruina y brillan entre los escombros como puntos luminosos vacilantes en la obscuridad... Enseguida desciendo con rapidez vertiginosa, trazando rápida hélice de inacabables espiras y caigo... caigo, sin jamás detenerme, hasta perder el conocimiento.

»En el segundo vértigo, más benigno, la subida se verifica rápidamente, pero sin violencia. Veo como bogo en el azurco mar con luz de hermoso día sin nubes. En aquella ascensión sin límites escalo una atmósfera tras otra con angustia orgánica inenarrable y sacudimiento vibratorio imposible de sufrir. Una vertiginosa, casi instantánea caída destroza horrible todo mi ser.»

No caben en el marco de esta obra otras curiosísimas aberraciones de estados de desequilibrio tales como ilusionismos milenarios y apocalípticos, escenas transformadas en luz con lenguaje intuitivo de meros colores; interpretaciones absurdas del arrullo de las palomas; pseudo-personalidades; temores religiosos; admiraciones infantiles; ternuras musicales, de dulzura incomparable; vagas melancolías; chispazos fosforescentes, etc. que revelan al grave estado patológico de soñar despierto.

Las aberraciones hipnóticas son bien conocidas de todos para que precisemos ocuparnos de ellas. En la obra de Bernhein (escuela de Nancy) en las de Charcot (escuela de la Salpetrière) y en la de nuestro Sánchez Herrero podéis comprobarlas.

Desde el momento en que el sueño hipnótico no se diferencia del fisiológico más que en su causa ocasional y presenta idénticos períodos de catalepsia, sonambulismo y letargia que en el ensueño normal se comprueban, todo cuanto llevamos dicho de éste es aplicable a aquel, con la sola diferencia de que en el hipnótico la voluntad del sugestionador se ha enseñoreado de la fantasía del hipnotizado, que deja de ser autóctona. A juicio nuestro la fantasía de éste, como facultad órgano-psíquica, sufre una verdadera inversión y en lugar de depender del propio yo, o psiquis, queda esclavizada al yo del hipnotizador, que actúa sobre ella, ya por la vía sensitiva (mandatos expresos), ya por la vibración psíquica de cerebro a cerebro o acaso de psiquis a psiquis (telepatía, sugestión mental). Surge así, provocado, el fenómeno de la doble fantasía, pero invertida. La corriente sensitiva activa cierra circuito, por decirlo así, con la centrípeta renovadora en las células cerebrales del hipnotizado y, de igual modo que en aquel fenómeno, se produce, al par, un intensísimo gasto de fuerza nerviosa un automatismo provocado que en su grado más alto llega a interesar a los nervios motores en un estado de perfecto sonambulismo. El cansancio pos-hipnótico; la irresistible necesidad de dormir, salvo sugestión en contrario; la facilidad de sentir terrores apocalípticos, evidencian más y más la íntima analogía, la casi identidad entre ambos fenómenos.

Los caprichos de las embarazadas tienen todos los caracteres de verdaderas aberraciones de sus fantasías. Más que aparentes caprichos, son ellos mociones intuitivas e inconscientes de supremo interés y aunque el paralelo haga sonreír, análogo sello parecen tener ciertas rarezas de los hombres célebres. Mata en su Medicina legal cita diversos casos de aquellos y no hay quien no conozca muchas históricas extravagancias de éstos.

–¿Cuál es la secreta causa de tan múltiples aberraciones?–. permanece en el misterio, pero a la vista de su poder avasallador, su origen debe radicar en autosugestiones, hijas, ya del hábito (rarezas de los grandes), ya de una necesidad orgánica, bien o mal interpretada (caprichos de embarazadas); ya del choque entre la perturbación morbosa y las fuerzas renovadoras antagónicas (desarreglos nerviosos); ya de cambios de curso de las corrientes osmóticas (imágenes volantes); ya de representaciones visuales intraretinianas (miniaturas), evidenciadas por la eterna atención del inconsciente; ya en el resultado del cansancio y de la renovación de los clichés núcleocelulares (imágenes kaleidoscópicas). Por eso creemos que todas ellas son desechables y provocables a voluntad, mediante una bien entendida sugestión hipnótica.

# V

## LA FANTASÍA Y LAS LECTURAS

Pocos son los órdenes de la actividad humana en los que la fantasía juega un papel tan esencial como en las lecturas, principalmente en las de novelas. El libro está sobre la mesa, coquetonamente editado, con su excelente papel satinado, claros tipos de imprenta y márgenes amplias y blanquísimas. Por su cubierta atrae, por sus frases seduce, sobre todo a la juventud... El primer capítulo es casi siempre descriptivo; el castillo de H... emplazado sobre la colina, frente a donde curva un gran río, mejor el Loire que el Ebro, porque es más exótico, mejor que el Loire el Rhin o el Escalda, por lo mismo y mejor todavía que el Rhin el lago suizo, porque es mar con placideces de río... La bien cortada pluma pinta de mano maestra el viejo almenado del medieval castillo; la opulencia y sangre azul de sus moradores; sus hechos históricos, estereotipados en el simbolismo heráldico de sus escudos; la numerosa servidumbre; el lebrel de la orgullosa castellana Los árboles y trepadoras cuyas hojas besan las tranquilas aguas; las flores de las orillas, las mieses salpicadas de amapolas; pájaros mil cantando entre el ramaje; el labrador que siega el heno; la pastora que regresa, cantando con su orza de leche sobre la cabeza... el picacho cuajado de nieves perpetuas en lontananza, el camino que serpea no lejos del castillo y va de la pintoresca aldea de X... a la gran ciudad de Y... atravesando un bosque, una llanura y un torrente... A medida que los jóvenes leen esto, un misterioso artista, superior siempre al autor de la obra por experto que sea, inicia una serie de pinturas concordadas con la lectura aquella. Inconscientemente, sin explicación posible y sin violencia alguna, aquel soberbio maestro toma un paisaje cualquiera, visto otras veces en la realidad y concordante con el que se describe, ya por detalle del río, ya por el del castillo, ora por el bosque, ora por el labrador que siega el heno, o, en fin, por cualquiera otra secreta analogía de espacio o tiempo y sobre él, como sobre un lienzo en boceto, ve, tras un ligero esfuerzo, la aldea X... y la ciudad de Y... el torrente, la pastora, la castellana, su lebrel y sus escudos, el picacho y sus nieves, las aguas con sus cristales, los árboles con sus lianas y sus avecillas.

La escena ya tiene pues, un cuadro en la mente del lector, cuadro mucho más perfecto que cualquiera otro copia fiel de la realidad, y puede, por tanto, con perfecto realismo, desarrollarse. Si el paisaje real que sirve de motivo pictórico no tiene montañas, la fantasía las suple; si es demasiado estrecho, la fantasía, que carece de toda otra medida que ella misma, le agranda; de aquí quita una colina árida; allá suprime un triste cementerio y en lugar de las casamatas del camino polvoriento representa y coloca unos lindos chalets, con todas las comodidades modernas y acaso alguna torre poblada de cigüeñas o algún árbol secular de añosísimo tronco.

Esta sustitución nos induce a sospechar que las células cerebrales, que van a recibir de tal modo la impresión fotográfica determinada por la lectura o por cualquier otra causa, fueron en otro tiempo impresionadas por panoramas análogos y que cierta afinidad electiva en ellas, bajo las mociones de la psiquis, determina la selección operada por analogía. Por ello, si precisa un castillo para la escena la imagen de él viene de otro castillo análogo visto en esta o en otra parte, hace más o menos tiempo; si se trata de un bosque, el que nos sea más familiar y grato, o tal vez el que más analogías ofrezca con el leído, resultará plantado como por encanto en la escena, acaso en un paisaje que en la realidad ofrezca aun arenosa llanura. Así el madrileño neto tomará los árboles para las representaciones de sus novelas, de los de la Moncloa o el Retiro, si es que no ha visitado a Aranjuez; la parisién de pura raza los irá a buscar al *bosque de Boulogne* a las *florestas de Chantilly* o *Saint Germain* en Laye, como la miss inglesa los encontrará, sin duda, entre los de *Prime Rose* o *Hyde Park*.

Diríase que en el cerebro humano hay perfectas localizaciones imaginativas, y que las especies nuevas se sitúan por leyes de analogías sobre o junto a las antiguas; que hay un lugar para imágenes de árboles, montañas y demás bellezas naturales, y allí van a representarse todas las análogas; otro para fisonomías; otro para impresiones de música, donde toda música nueva o anteriormente escuchada va a imprimir su huella sensitiva, y así para todas las demás impresiones.

Solo de este modo se comprende que la fisonomía de un desconocido nos recuerde siempre inconscientemente la de personas conocidas, de ordinario por estrambóticas e inextricables analogías, las más de las veces puramente subjetivas y sin apoyo real; que unas notas de vals, nos recuerden trozos de ópera bien diferentes; que un paisaje nos represente otro y aquel otro tercero, con el consiguiente cortejo de todos sus detalles, personas que a la sazón se hallaran a nuestro lado, épocas y motivos del viaje, impresiones agradables o molestas que nos asaltaran, todo con perfecta y espontánea analogía al par que gran delicadeza de perfiles.

Pero sigamos con nuestra novela.

Ya en el segundo capítulo, después de todas aquellas bellezas panorámicas, el novelista dibuja el boceto de la heroína de la obra, una joven rubia, de 18 años, hija de la castellana, con todos los detalles fisonómicos de una virgen de Murillo y todas las cualidades morales que Dante atribuyera a su Beatriz, joven cuya ternura inmensa no encuentra objetivo en quien a torrentes derrocharla, que ama sin saber a quién y halla tristezas indefinibles en la soledad del agreste paisaje que domina desde los ventanales del castillo, en el ir y venir de los felices aldeanos, en la libertad de que goza la golondrina del alero del tejado y en el trato enfadosamente cariñoso de la vieja aya encargada de su custodia.

Esto basta al más exigente lector juvenil para apoderarse ele todas sus simpatías: *él*, al soltar un momento el libro, se siente inclinado a la protagonista por singulares simpatías; por un momento, mientras lee, empieza a sentir por ella una especie de amor platónico, que no dura seguramente más que los breves momentos de la ilusión con la lectura; se siente capaz de regenerarla, de hacerla feliz fuera de las prisiones de su castillo, y los grados de su platonismo están en razón inversa de su edad y directa de sus ilusiones y sentimientos. *Ella*, la lectora femenina se cree la protagonista misma, con quien sufre, con quien tiende una mirada melancólica sobre el paisaje, con quien espera, por misteriosas casualidades providenciales, el galante doncel que ha de redimirla, a cambio de darle por entero su alma. La escena se complica con la aparición de este ser, interesa cada vez más de día en día, llega un punto en que el dejar la lectura equivaldría a un gran disgusto, se vuelven páginas y más páginas buscando siempre el desenlace; molesta el que llamen para comer, porque la prosaica diligencia interrumpe una hora la lectura; se roban horas y más horas al grato sueño; se deja él la gramática latina y ella la aguja de gancho, siempre que puede, para no pensar sino en la acción de la fingida historia, porque están ya puestas en juego, merced a la habilidad del escritor, todas las pasiones del ánimo: la curiosidad, el miedo, la tristeza la alegría, la inventiva para entrever el desenlace, la intuición, los sentimientos altruistas, todo, todo menos el raciocinio, cuya absoluta atonía sume al lector en una especie de embobamiento, no exento de embeleso, que le abstrae de todo lo exterior y en cierto modo le incapacita para las prosaicas labores de la vida.

De aquí los extraordinarios peligros de las novelas, verdadero vicio solitario de tantas y tantas jóvenes que han precipitado linfáticamente su pubertad al calor de una fantasía hipertrofiada por las falsas bellezas del folletín. De aquí asimismo el histerismo de la joven parisiense todo caprichos, disfrazados con el nombre de *sprit*, porque en su juventud no coje jamás la aguja, ocupada como está gran parte del día en leer los verdaderos abortos novelescos representados por esas obras tremebundas de celos, estafas y asesinatos, anunciadas en carteles, con grabados de colores y bajo la célebre muletilla de «*première livraison gratuite par tous*». Sobre las novelas, sus ventajas, selección y peligros, se podrían escribir dos hermosos tratados, de Pedagogía el uno, de Patología o histeria del espíritu el otro.

No es ocioso consignar aquí nuestras observaciones del efecto de las novelas.

Cuando muy pequeño, mi madre tuvo el esmero de leerme el *Robinsón* de Campe, traducido por Iriarte. Mi primera imagen del mar –por cierto muy fiel–me la dió el mar tempestuoso que arrojó a Robinsón a su isla solitaria y, cosa extraña que demuestra la decisiva influencia que las primeras imágenes de la fantasía tienen durante el resto de la vida, aunque cien veces vuelva a leer la preciosa obrita educativa, ni una sola vez, ni en el más nimio detalle, he podido dejar de representarme todas sus escenas, de la misma manera, con la misma orientación y en iguales lugares que se pintaron en mi fantasía de niño de seis años. Por ello se ve cuán atrasada está la pedagogía. Casi desde que el niño debe comenzar para el educador inteligente la no bien comprendida tarea de formar la fantasía.

En cuanto a localizaciones, recuerdo que todas las numerosas escenas del Quijote, que también me leyeran de niño, abarcan un perímetro de cinco o seis kilómetros cuadrados y precisamente en los sitios de mis paseos habituales de aquel entonces. Como mi fantasía de niño carecía de amplitud, desarrollo y relieves, una tan estrecha zona basta para localizar las hazañas del ingenioso hidalgo. Quinientos metros más allá de la venta imaginada, localicé la pelea de los dos ejércitos; doscientos más allá la aventura del cuerpo muerto; seiscientos metros más aún, y en un sitio desprovisto de árboles, la famosa NOCHE DE LOS BATANES, pasada entre castaños. En la segunda parte me representé de igual modo, en los mismos sitios, el encuentro del caballero del verde gabán y la aventura de los leones. Hoy, cuando leo el Quijote, no puedo sustraerme a tales *imágenes-molde* y para llenar las exigencias de la escena se me presentan considerablemente amplificadas.

Una colina ínfima de L... me sirve de marco a todas las escenas de Sierra Morena y por curiosa coincidencia la misma *imagen-molde* –permítasenos por segunda vez el simbolismo– que sirve de lugar para representarme la aventura de los molinos de viento, hace marco para todas mis imágenes del Paraíso terrenal, incluso para encajar en él –y no mide seguramente tres hectáreas– todo el poema de Milton.

No cabe prueba más acabada de que nuestra repetida imagen de lenguaje respecto a los clichés de la fantasía responde en absoluto a la realidad; que hay cliché viejo subyacente, impresionado las más de las veces en la infancia, y sobre él, a medio borrar, cae la nueva pintura de la escena, con todos sus fantaseos.

Desde luego es ocioso indicar que, por las leyes selectivas de la analogía, cuando la persona conoce *de visu* los lugares descritos, allí, aunque siempre con modificaciones, se localiza las escenas leídas. Pero dicha superposición frecuentísima de clichés, es tan delicada de perfiles que son pocas las personas que pueden discernirlos y es ocioso preguntarlas acerca de ellos; tanto que semejante tema puede servir de graduador del poder de las diversas fantasías.

Para los efectos de esta facultad pueden hacerse tres grupos de la novela. El de las perniciosas ya aludidas, el de las de buena factura que instruyen y deleitan, dotadas, de verdadera finalidad filosófica o artística, como las de nuestros clásicos y las modernas de Pereda, Galdós, Picón, Tolstoy, etc. y por último las geniales de Julio Verne, que sólo tienen de novelas la ficción con que disfraza sus muy apreciables ensueños científicos.

Las del primer grupo, y en ella pueden incluirse los relatos por semínimas que de crímenes y ejecuciones hace a diario la prensa, pervierten a la corta o a la larga la fantasía mejor organizada, formando esa generación histérica, que siente miedo de todo; que jamás da un paso sin el arma de fuego en el bolsillo; que concibe singulares misoneísmos y se paga de las más nimias apariencias; que mueve al crimen por auto-sugestión fantástica; que ve en todas partes enemigos, se excita y exalta por la menor cosa, siente repulsión invencible a toda vida reglamentada o sedentaria, se enoja y hastía del buen teatro, odia las costumbres patriarcales, propende a los placeres solitarios y a las grandes aberraciones y quisiera formar el mundo a su manera, determinando excentricidades estupendas de decadentes y estetas del Bajo Imperio, afecciones neurálgicas, locuras y suicidios, gracias a su triste afinidad con el alcoholismo, al que recurre para estimular a una fantasía empobrecida, exhausta, por el abuso. Hasta qué punto lesiona todo esto a la fantasía lo demuestra el estudio de los ensueños mismos y esas mil jóvenes linfáticas y temibles que a diario nos lo corroboran en la vida de los grandes centros, principalmente en los del extranjero.

*Gloria* de Pérez Galdós puede presentarse, en unión del Quijote, por modelo del segundo tipo de novelas que, como la fruta razonada, puede tomarse, en estado de salud, cual postre de una buena alimentación artística o científica.

En las aventuras del valiente manchego se ve un perfecto dominio de las leyes de la fantasía. Cervantes había sufrido mucho, y quien, sin faltar a la cordura, llegue a empaparse en el fondo nobilísimo del héroe, verá desarrollarse, con poder desconocido su fantasía, su intuición y lo que es mejor, su psiquis. Ese dejo triste de lo sublime preside a todas las majaderías del loco, impulsadas por las más puras intuiciones de justicia distributiva. De las realidades más prosaicas toma motivo para deliciosos fantaseos, dotados de vigor creador poco conocido, pues sólo el gigante poder de un cerebro como el de Cervantes, permite mantener el interés creciente de una acción sin argumento, teniendo por personajes a un sandio y a un loco. Sabido es que la obra inmortal ha sido estudiada bajos múltiples aspectos: Cervantes filósofo, Cervantes satírico y hasta Cervantes astrónomo, pero poco se ha dicho del alcance de su estudio psicológico, superior, aunque parecido, al profundo *hombre que ríe* de Víctor Hugo. Los palacios encantados de sus descripciones, el continuo choque con la realidad impura, aquel perseguir aventuras para enderezar entuertos y socorrer menesterosos, el comedido continente de la siempre culta frase de D. Quijote, nos muestran a la fantasía como una facultad excelsa, cuando va rectamente encauzada, como una facultad sin límites, capaz de encerrar en sí el *sumun* de todas las bellezas y de hacerse superior al mismo mundo objetivo, de quien tomara sus nociones todas. Quien lee aquel «a obra de doce o catorce estados de la profundidad de esta mazmorra, a la derecha mano, se hace una concavidad o espacio capaz de poder caber en ella un gran carro con sus muías»... de la cueva de Montesinos, cree ver puestos en acción los recónditos misterios del ensueño y más cuando ve llegar al bueno de Montesinos «vestido con un capuz de bayeta *morada*, que por el suelo le arrastraba; ceñíale los hombros y los pechos una beca de colegial de raso *verde*, cubríale la cabeza una gorra milanesa *negra* y la barba *canísima* le pasaba de la cintura» ...

En *Gloria* vemos de igual modo los más mínimos detalles de la costa cantábrica, sus aldeas, diseminadas entre los pliegues de un manto de verdura; vemos los chismorreos de pueblo nacer y pasar de boca en boca, vemos a los orgullosos Lantiguas, representando las postrimerías de una raza, y el amor de Gloria saltando por todas las rancias rutinas, abrir el corazón a la religión del amor universal que se avecina, sin frivolidades de mujer, ni prejuicios de raza; vemos, en fin, la lucha religiosa, por la que se ha derramado tanta sangre inocente y la veleidad temible de las masas, cuando son presa del fanatismo. Pero vemos todo ello, no con la razón fría, sino con la fantasía excitada por la viveza de colorido que a la escena inunda, y sino ella acaso el ánimo no adquiérase tan profunda convicción intuitiva sobre el problema planteado, cuando, llenos de emoción por el trágico fin de aquel amor tan puro, cerramos el libro, algo muy superior a todos los razonamientos de las escuelas se arraiga en la psiquis, merced a la creadora fantasía, que ha condensado vigorosa en la novela algo más que un curso de filosofía.

La invención de la novela didáctica debiera colocarse entre las más grandiosas de la humanidad. Con el progreso pedagógico, cada vez se instruye al niño y al hombre con menos molestias intelectuales y hasta el grabado se ha constituido en auxiliar tan poderoso que mueve a pensar que los libros del porvenir tendrán más grabados que renglones, para herir de más vigoroso modo a la fantasía, que es la gran educadora.

Desde los cuentecitos con láminas de los niños hasta las obras de Julio Verne, se han compendiado las mayores bellezas de artes y ciencias. El esmero con que en estas producciones se detallan los viajes, permite localizar en el mapa, todas las impresiones de la fantasía. El joven que hoy las lee, mañana, conociendo el francés y el inglés, puede recorrer impávido continentes y mares, para empresas comerciales, científicas o de otra índole; cuando visite los grandes centros extranjeros encontrará algo que ya ha visto en los fantaseos de sus lecturas, y no habrá ciencia para la que no sienta estímulos, una vez que haya gustado los deleites con que todas ellas –las grandes coquetas del entendimiento– seducen al espíritu. Amará la Geografía y los viajes con *Los hijos del Capitán Grant*, la Astronomía con el hermoso disparate *De la Tierra a la Lun*a, la Botánica, la Mineralogía, la Geología con el viaje fabuloso al centro de la Tierra o las *Cinco semanas en globo*; conocerá el carácter inglés con *La vuelta al mundo en ochenta días*; respetará a los mártires de la ciencia con *Los ingleses en el polo norte* y *El desierto de hielo*, todo merced a las secretas fuerzas creadoras de la hoy despreciada fantasía.

Igual sucede con otras novelas sin argumento de tales; los trataditos de Flammarion y otros popularizadores de las ciencias. No veréis en ellos nada de abstracciones del Cálculo infinitesimal, ni ecuaciones de curvas de Geometría Analítica; pero hallaréis retratada al vivo la máquina celeste, los secretos tesoros de hermosura, encerrados en los sistemas estelares de colores; en las llamas de hidrógeno de miles de leguas que arden en la fotosfera del Sol; en los arcanos de su fantástica corona; en la lejanía de los astros; en los mundos que forman lentamente por génesis inacabables; en las nebulosas profundidades del celeste abismo; en los cometas, correos del infinito; que cruzan impávidos el sistema, para jamás volver; en los soles apagados y en aquellos que agonizan...

La *pluralidad de mundos habitados* es obra de un vidente, y sus notas la prueba de que intuición semejante caracteriza a todas las épocas de la Historia. La ciencia así constituida carecerá de riguroso raciocinio matemático y de la exactitud sin límites de las premisas de éste, y será acaso una ciencia a medias, pero tendrá en cambio la luz y la vida, la belleza, vigor y colorido de la fantasía, constituyendo una rama aparte de la disciplina científica, que tanto tendrá de complementaria como de preparatoria de aquellas investigaciones y de ella surgirá un estímulo poderosísimo, pasional si se quiere, para avanzar en busca de verdades nuevas, merced al profundo aforismo de nuestro Balmes, que dice: que las pasiones y la fantasía, son buenos auxiliarles, aunque males consejeros de la razón pura.

Cada vez que, en perfecto estado fisiológico, se vence la inercia habitual de la fantasía, por una excitación adecuada, ya provenga del alcohol ingerido en el estómago sin exceso, ya de situaciones especiales del ánimo, ya, en fin, de cualquier otro origen, se siente una emoción extraña al agolparse en la imaginación mil representaciones de los libros que se tienen leídos, vaga inconsciencia de la síntesis sublime que en tan rico tesoro se simboliza. ¡Cuán hermoso dejo el de las luchas homéricas del sitio de Troya, cantada por la *Ilíada*!; ¡qué profundidad de misterios en los antros remotísimos del infierno dantesco!; ¡qué placidez oriental en medio de los épicos cantos del Paraíso Perdido!; ¡qué titanismo el de las dudas de Fausto, sus recriminaciones y su concepto de la vida!; ¡cuán serena majestad en las escenas bíblicas!... Coger espigas como las cogían Ruth y

Noemí, ser la mujer, mujer como la vencedora de Holofernes, o madre como la madre de Tobías o la heroína de los Macabeos; alzar la vista al cielo, como Abraham, para ver en las innúmeras estrellas de la Vía Láctea, polvo de mundos, un guarismo menor que el de la descendencia al patriarca prometida; soñar como soñara Jacob; respirar con Noé el aire embalsamado con el primer perfume de la tierra recién emergida de las aguas diluvianas; seguir al Profeta-rey en sus trenos del Miserere, anonadándose ante la grandeza inconmensurable del Alfa y el Omega de los mundos, el que es, el que fue y el que será, según el logogrifo apocalíptico; llorar con Jeremías ante las ruinas de un pueblo; cuidar del alimento cotidiano como cuidan las aves del cielo, que no siembran ni cogen, y vestirse como los lirios del campo, cuya magnificencia no alcanzara Salomón; empaparse en delicias con las prometidas bienaventuranzas al perseguido por la justicia, al manso y al que llora, al que busca la paz como al que obra la misericordia, al que tiene la dicha de ser puro de alma con afectos suprasensibles y altruistas, como al que sufre y sed de justicia y rectitud, es ideal el más adecuado para formar una poderosa fantasía.

Las lecturas de Historia, generalmente se localizan sobre imágenes del atlas geográfico que nos sea más familiar, los grandes hechos humanos, tales como las empresas de Alejandro, el poderío romano, la irrupción de los bárbaros etc., mientras los hechos pequeños o de detalle se localizan de igual modo que los relatos de las novelas, de quienes sólo difieren por haber acaecido realmente. Esto explica la íntima unión entre la Geografía y la Historia; la mayor facilidad que tiene de fijar mejor y en más número los hechos de ésta quien conozca y se represente más pictóricamente aquella en su fantasía, y cuán necia es la marcha seguida por muchos de estudiar la Historia sin mapa geográfico al lado.

En semejantes localizaciones las aberraciones son idénticas a las de las novelas. Las márgenes del río donde luchan dos ejércitos suelen ser la de cualquier riachuelo o arroyo conocido. Uno se representa el paso del Meandro por los cruzados o el del Rubicón por César en la acequia de su huerta; tal otro imagina una invasión de almorávides en las montañas alpinas donde resida y el de más allá se simboliza las palmeras de los tibios jardines de Zahara en un nebuloso parque de Londres. Para ciertos detalles, la fantasía evoca frecuentemente recuerdos de grabados y pinturas, a falta de localizaciones reales. Ya se sabe: para el poema de Milton, ilustraciones de Doré, para composiciones poéticas festivas de nuestro López Silva –y valga el salto– ilustraciones de Mecachis o de Cilla. La Germania de Scherr, que es obra clásica, no valdría ni nos enseñaría tanto si al público español no nos la hubiera ofrecido Montaner con grabados alemanes.

En el estudio del Derecho las localizaciones se operan de bien diferente modo, según las disciplinas. En el Derecho Canónico no se deja un punto de ver al clero, ya sea el papa, con su palia blanquísima; ya el cura de aldea que redacta unas publicatas. Vénse a los obispos con sus mitras en los concilios, a los abades en sus cómodos monasterios, y cuando se debate el problema que hizo célebre a Melchor Cano, acerca de cuáles son la materia, la forma y el ministro del sacramento del matrimonio, generalmente nos imaginamos la entrada de un templo que nos sea familiar y donde recibe la bendición una pareja de enamorados.

El Derecho político y el administrativo nos presenta el palacio del soberano y los de las Cortes, el coche del ministro, el expedienteo de la Universidad y cuando no podemos localizarnos su parte filosófica se apela, de igual modo que en las ciencias abstractas, a la representación pictórica de la página en que está escrita, sus tipos de letra y otros detalles análogos.

Para los derechos civiles de tutela solemos recordar tal o cual huérfano conocido; para los de familia nuestra familia misma; para el parentesco y sus grados nos representamos el consabido árbol genealógico, verdadera figura de geometría, y para los derechos reales, como para las obligaciones, suele la fantasía formarse verdaderos simbolismos, integrados por un detritus de imágenes de vagos perfiles, tomados ya de una oficina pública, ya de algún hecho análogo de nuestra vida, ya de la representación como en novela de la cosa misma controvertida. Aún recuerdo la casa del pueblo de L... en cuya cocina me representa siempre la imaginación el solemne acto del testamento romano y la plazuela que venía a mis mientes al tratar de las tres formas romanas de matrimonio: *confarreatio, coemptio* y *usus*. Más abajo de tal plazuela arrancaba la calle de las *manumisiones*... Casi toda la Legislación comparada la he localizado en el mapa y cuando estudié la Literatura jurídica árabe, las localizaciones se operaron también sobre el mapa, desde Asia menor a España. En Derecho penal casi todas mis recordaciones están calcadas en las páginas del Código que manejo... ¿Quién puede calcular el número de páginas de libro que el hombre guarda fotografiadas en su fantasía?... Cuando a los siete años me enseñaba mi padre dos o tres palabras de una página de mi libro de estudios de Historia de España, caía enseguida en la cuenta del suceso o reinado a que se refería y seguía recitándole.

Las ideas de Medicina tienen por FANTASMA SENSIBLE el cuerpo humano, cien veces visto en grabados y salas de disección, y sobre él se localizan. Las de las Matemáticas puras se apoyan generalmente en la representación de una fórmula sobre la pizarra o el papel, v.g. la de $ax^2+bx+c=0$ de las ecuaciones de segundo grado, y en sus tres coeficientes diríase que se ven pintadas, de golpe, todas las bonitas transformaciones de la discusión de la fórmula; la de $y=f(x)$ y $dy=dy/dx\ dx$, donde la fantasía localiza las mil derivaciones del Cálculo infinitesimal. En Geometría la sola inspección de las figuras nos trae a la memoria al instante los teoremas localizados en ellas, tanto que la lámina basta por sí para operar todos los recuerdos, sin abrir el texto. En Trigonometría y Geometría analítica las representaciones sensibles son más bien las de las fórmulas que las de las figuras. En Química como en Física los aparatos o sus dibujos son los encargados de localizar las ideas, y cuando se llega a dominar estas ciencias, dos o tres representaciones, en cierto modo fantásticas, constituyen verdaderas panaceas tales como la agrupación por familias de los cuerpos simples, la de los anfígenos, la de los halógenos, la de los nitrogenoideos, o el simbolismo sexual de toda la teoría dualista, que, errónea y todo, localiza mejor que la unitaria muchas ideas de química. En Astronomía apenas si la antigüedad dio paso alguno serio hasta que se inventó la falsa imagen de una bóveda celeste en la que aparecieran fijados los astros, y el estudiante de Mineralogía nada adelanta sin colección de minerales o de excelentes grabados en su defecto, detalle que demuestra, igual que otros muchos, la importancia de las localizaciones fantásticas en todo estudio serio, que pronto cae en el olvido si no tiene la suerte de asirse a una de ellas. ¡Donoso método psicológico el de la abstracción de las imágenes sensibles, empleado durante tantos siglos! En él los pensadores han sido verdaderos anarquistas intelectuales queriendo eliminar por la fuerza, la misma base fatal de las operaciones de la mente.

Siempre recordaré el pésimo efecto que me causara ver cierta vez editado el Quijote en forma dialogada como de folletín. La imagen de los inacabables párrafos de Cervantes me era, por lo que se vio, tan querida como la obra misma. Aparte del recreo que entraña para la vista la buena presentación tipográfica de una obra, contribuye sobremanera a favorecer las localizaciones de la imaginación y muchos son los que por hermoso que sea un libro, no pueden seguir leyéndole cuando las erratas abundan. Las localizaciones de la poesía no deben tratarse aquí porque tienen más de acústicas que de visuales merced al sonsonete de la rima. Las de la literatura dramática son también muy diferentes por constituir su representación un perfecto remedo de la vida real.

# VI

## LA FANTASÍA Y LOS VIAJES

El singular apego que en todos los tiempos y países siente el hombre por el sitio en que habitualmente reside y más si en él ha nacido, es uno de los fenómenos más curiosos que caracterizan a la fantasía. Por tal apego, para los pueblos nómadas el progreso más significado de su vida es el tránsito a la vida sedentaria, fruto de una mayor holgura en la satisfacción, sin emigraciones continuas, de todas sus necesidades materiales.

Mientras menor es la cultura del hombre mayor es su grosero apego –no hablamos de cariño– hacia el país natal, en cuyos paisajes todos se formó su fantasía de niño, y sobre ellos tiene localizadas las imágenes fundamentales de casi todos sus conocimientos. Su casa solariega le ha protegido años tras años contra las inclemencias del cielo; en las eras de sus campos de mieses ha refrescado durante las noches estivales sus miembros ennegrecidos por el sol de Julio; en sus umbrosos bosques ha perseguido al lobo en gratas cacerías, asociado a camaradas que nacieron en su propio barrio, se bautizaron en la misma iglesia y de niños jugaron en la misma plazuela. Tiene afecto al cerezo y a la higuera del huerto, de cuyas ramas más de una vez cayera al querer apoderarse de su fruta; a la reja junto a la que asestara sus primeros requiebros de novio; a la resolana donde fumara cigarros, al grato calor del sol de invierno, con alegres compadres y comadres murmuradoras.

Cada rincón guarda tibio un recuerdo; cada piedra tiene para él su simbolismo, cada accidente del terreno goza de una imagen concordante en su pobre fantasía. Situado, a juicio suyo, en el centro del mundo, como se creían los griegos, el representante de la riqueza es el viejo usurero de la esquina, que tiene tantos miles como años de edad, el modelo de la elocuencia el boticario que lee la prensa todos los días; el prototipo del saber el señor cura, con su teja raída anónima como el tronco de la parra que sombrea la entrada de la casa abacial; la imagen de Satanás el recaudador de contribuciones, que le roba parte del sudor de su frente en nombre de una cosa que llaman Estado o Nación, que él no ha visto ni comprendido nunca.

Su sabiduría está encerrada en unas docenas de refranes, amén de doscientas marrullerías de la *parda gramática* del país y de la cogida al vuelo en sermones de cuaresma. Para cuadros los de su iglesia; para abundancia la *Vega del Pinpollar*, que produce el trigo mejor de la comarca; para valor el de Josefillo, el hijo de su vecino, que sucumbió en la guerra del moro, peleando solo contra veinte enemigos; para industria la del *tío Matuerzo*, que ha montado el mejor molino de la ribera; para belleza su primera novia, que se le murió la pobrecita...

Dos veces tan sólo y sin *enterarse* apenas, ha estado en la capital. Caballero en su borrico, vio el tren silbando y echando humo, mientras corría más que el viento por una *carrilera de hierro*. Entró a declarar en la Audiencia, ante unos señorones muy mal encarados, cuando las puñaladas que se dieron los hijos del *Renegado* y el *Vizco*, al salir de la taberna y *malhaya* siempre el mal rato que por ellos pasó al dar la declaración. Observó también el correr como demonios de las bicicletas por la carretera y en la puerta de la posada asombróse al notar que el Sol salía por Poniente y se ponía por Saliente, al revés que en su pueblo, lo cual, junto con el ruido ensordecedor de las gentes que van y vienen y las mil cosas raras que viera, le produjo una murria grandísima, de la que no se halló libre hasta beber de lo *añejo*, junto al fuego de su cocina, contando sus aventuras a los amigos.

¡Pobre *quinto* y cómo para aparecer valiente y alegre saca fuerzas de flaqueza, el día de su partida para el servicio! Es tan obscuro el más allá del horizonte de su pueblo, a pesar de las maravillas que de la Corte le han contado, que no puede menos de llorar por dentro. Al anochecer del día siguiente ya no verá a su chavala, ni rondará su calle, ni barbarizará con sus amigos. Tampoco bailará el domingo, porque estará como recluido en el cuartel... Tristeza indefinible que vanamente procura ahogar en vino.

Igual sucede al estudiante que al quinto. En Madrid ve más grandezas, aprende mucho y se relaciona mejor; más, a pesar de todo esto, le es más grato el verano en la aldea, donde no necesita camisa planchada para ir a la era y montar en el trillo, ni sujetarse a la disciplina molesta de los libros, ventajosamente sustituidos por los cigarritos fumados en dulce calma, bajo la presión del calor, durante la lectura de algún disparatado folletín. Acontece igual a toda persona que abandona un país donde largo tiempo ha residido. Los recuerdos e imágenes de cuanto le ha rodeado durante su residencia se le agolpan a la fantasía, con representaciones suaves, empapadas en profundo dejo de tristeza, aparte de la alegría que puede acaso hallar en la partida, fenómeno que, en menor escala suele producirse en cuantos allí le han conocido.

La primera impresión que se siente al llegar a país nuevo es la extrañeza en todo: el cansancio la segunda. Durante los primeros días de residencia en un nuevo lugar la fantasía no cesa de atesorar imágenes nuevas, que operan en ella una verdadera transformación de sus clichés. La atención es más poderosa entonces y la agilidad del espíritu mucho mayor, merced a semejante renovación fisiológica, que se traduce en excelentes disposiciones. El reposo, la virtud de tal cansancio, es más intenso y reparador, el ensueño más fuerte también y, para prueba de aquella renovación, siempre se refiere a escenas y detalles calcados en recordaciones del país que se acaba de abandonar, como si al ser barridos los clichés por la corriente renovadora, fotográficamente se revelasen por vez postrera a la fantasía.

Cuando llegué la primera vez a París todo me parecía nuevo y como fantástico; el campo tenía para mí una grandeza desconocida y sentía un placer especial en perderme con el plano en la mano a lo largo de bulevares y avenidas. La desconocida resonancia del francés en mis oídos me producía somnolencia abrumadora y calculo que dormí a razón de doce o trece horas, durante la primera semana, al fin de la cual encontréme como renovada mi fantasía; el velo que hacía incomprensibles las resonancias de la lengua francesa se fue rasgando y comencé a entender casi todas las frases, envueltas al principio en indescriptible inconsciencia. Atribuyo tan prolongadísimo sueño fisiológico a las renovaciones visuales y acústicas de repetidos chiches de la fantasía.

Las impresiones y alteraciones que en la fantasía determinan los viajes son más apreciables de niños que de hombres, porque en la primera edad la atonía o pobreza del raciocinio, junta con la hegemonía de la imaginación, hacen más vivas, perdurables e ineludibles dichas impresiones. En la primera edad hasta los siete u ocho años, especialmente en los primeros viajes del niño, las imágenes nuevas se ofrecen a su vista con las vaguedades, tintas y aberraciones características del ensueño.

Siempre recordaré la extrañeza y el malestar profundo que me causó la linda ciudad de X... la primera vez que la vi al ir a mis exámenes primeros de bachillerato. Todo me parecía velado, trastrocado y mal puesto. Las calles parecían estar mal orientadas; el sol salía por un punto del cielo por donde imaginaba debiera ocultarse; la luz de la mañana me parecía luz de la tarde y viceversa, con emociones análogas a las que habría experimentado al encontrar cambiada de orientación cualquier calle, pueblo, o edificio conocido, y al caer la noche, la primera noche pasada fuera de casa oyendo hablar de profesores y exámenes, tal dejo de tristeza sin límites tuvo para mí, que me faltaba poco para romper a llorar. Efecto parecido al que aun de hombre se sufre cuando va a dormirse en país extraño y recuerda los seres queridos y más todavía al despertar del sueño los días que subsiguen a un gran pesar o a una dolorosa pérdida de familia. Esta angustia, sobre todo, parece no tener fin y se caracteriza por todos los horrores de la pesadilla.

Durante los dos o tres primeros días de residencia en lugar extraño, la tristeza está motivada por la renovación de la fantasía y determina aberraciones sentimentales características, que recuerdan las inconscientes y caprichosas veleidades propias del histerismo. Todo nos parece mal; se propende al decaimiento y al misoneísmo, y hasta los afectos más arraigados en aquel lugar son puestos en tela de juicio, mientras nos asaltan, con angustia a veces bien temible, los de los seres queridos que dejamos en el lugar de la residencia habitual, si bien todo ello es proporcional al grado de sensibilidad y delicadeza propias de cada fantasía y al grado de fuerza nerviosa. Las fisonomías de las personas nos resultan asimismo empobrecidas; los hombres pueden llegar a sernos menos simpáticos y menos hermosas las mujeres. Con frecuencia incurrimos respecto de unos y otras en curiosas aberraciones de apreciación y deseamos con vehemencia quedarnos solos para reponer sin duda a la fatigada fantasía.

Semejante estado de ánimo rara vez llega a durar dos o tres días; lo general es que nos afecte durante una noche, o quizá durante breves momentos al cruzar un viejo cliché. Después la fantasía, refrescada por el sueño, tiende sus alas en el nuevo horizonte y, remedando a la araña, fija en éste y en el otro punto sus hilos para la nueva tela de su labor eterna y al par la reconfortación orgánica que es su consecuencia da más bríos, por lo que pronto se habitúa el hombre a la nueva residencia ya que, en el lenguaje de nuestras observaciones, hábito equivale a fijación continuada de imágenes en los clichés renovados de la pictórica fantasía.

Por estas mociones de tristeza se explican las hermosísimas inspiraciones simbolizadas en los cantos, leyendas y epopeyas de los pueblos que por fatales eventos de la historia se han visto obligados a dejar en masa su país natal, donde ha quedado presa de mágica seducción su fantasía colectiva.

El pueblo hebreo sintió las mociones de estos puros afectos determinados por la fantasía y ellas les dictaron las inspiraciones sublimes de sus trenos en Caldea y Babilonia y al viril efecto que la sugestiva evocación de belleza tal se debió al despertar del pueblo de Dios contra los opresores. Más hicieron los cedros del Líbano y los terebintos del valle de Jordán con la frescura de su sombra encarecida por la fantasía que el grito de sus caudillos y pudo más la perspectiva de la tierra que manaba leche y miel que las persuasiones de Moisés. Las bellezas de los cantos orientales de nuestra Andalucía fueron dictadas a los árabes del califato por la nostalgia de los jardines de Siria, y el épico acento de los puritanos de América es un himno sacratísimo a las libertades perdidas por su madre Albión, envuelta en brumas, al otro lado del Atlántico.

Otra característica de los viajes es el afán creciente que se experimenta por llegar al punto de destino. Semejante deseo se ha atribuido, dentro de la frívola vulgaridad de las acostumbradas observaciones psicológicas, al natural deseo por descansar de las fatigas que todo viaje supone. Mas, que la razón es pobre se justifica con sólo fijarse en que hay viajes cortísimos, verdaderos paseos, donde no ha lugar a tal cansancio y que no por eso dejan de ofrecer el mismo fenómeno, hasta el punto de que, quien camina a pie envidia al que marcha a caballo y éste al que corre fugaz en tren expreso hacia el mismo destino y le envidia, más que por las menores fatigas que sufre, por la ventaja de llegar más pronto de que disfruta, tanto que el casi suprimir las distancias, con medios de comunicación más rápidos es el utópico ideal de la humanidad, así bajo el aspecto práctico como porque responde mejor al modo instantáneo con que aparentemente se traslada de un punto a otro la reina de las facultades del espíritu.

Si no tuviéramos una conciencia racional del tiempo matemático, merced a las concordancias supremas del tiempo y el espacio, y si esta conciencia, como racional, no fuera más poderosa que toda otra en el espíritu, la noción del tiempo que recibiésemos de la fantasía resultaría por demás curiosa y anárquica, porque así como hay un calor físico que impresiona al termómetro y es distinto del calor fisiológico, del calor *sentido* o sensible –tomando el adjetivo en distinto sentido de como le emplea la Física– hay también una noción del tiempo distinta del tiempo matemático y propia de la fantasía según puede demostrarse.

El deseo, que es el principal excitador de la fantasía precipita o retrasa el trascurso del tiempo en progresión geométrica con el tiempo medido por los relojes. Para el espacio ya se sabe la ley mecánica: un móvil con velocidad uniforme recorre en tiempos iguales espacios iguales también –a una legua, una hora, dos horas dos leguas– pero suponed que el móvil en cuestión es una madre, que corre a socorrer en pueblo vecino a su hijo enfermo o herido y la primera legua se le hará no corta; larga la mitad de la segunda legua; la mitad de la mitad restante larguísima; el último kilómetro inaguantable; los últimos pasos irresistibles en su anhelo creciente de abrazar y curar al hijo de sus entrañas… –Preguntadla luego cuánto tardó en llegar y os dirá que un siglo, porque en su corazón y en su fantasía de madre ha experimentado a razón de cien impresiones de dolor anhelante por minuto.–Es, por el contrario, una pareja enamorada, la que libre por primera vez de indiscreciones recorre igual camino y cuando el caballo o el carruaje les desembarque en el punto de destino se creerán despertados de un sueño de brevísimos instantes y, sin embargo, el tiempo matemático habrá sido igual para los primeros que para los segundos.

El muy frecuente tópico de *cambiar de aires*, tiene mayor importancia de lo que se cree en la humana economía. Con el cambio de lugar viene irremisiblemente el de impresiones. Los añejos recuerdos se borran; las fuertes pasiones anteriores se mitigan y, en la fantasía renovada, los viejos clichés que molestaban al espíritu con su constante y monótono cuadro han casi desaparecido, dando lugar a otros dotados de nueva vida y lozanía. La renovación de la fantasía trae forzosamente, en cierto modo, la del espíritu y éste, reconfortado ya, es más fuerte en sus mociones vitales, mientras a su vez los nervios, como dependientes en un todo de la facultad renovadora que se asienta en los grandes centros, favorece esa *vix medicatrix*, que cura espontáneamente al individuo. Por eso no estaría de más un tratado de terapéutica moral basada en el profundo conocimiento de las leyes y efectos de la fantasía en el tratamiento normal o hipnótico de las afecciones nerviosas, y es indudable que a estas curaciones, determinadas por la fantasía, cooperan no poco el cambio de aguas el de los alimentos, el del género de vida, etc.

Hay algo en el trato como en la mente del hombre que ha viajado, que no se falsifica nunca. Como su fantasía ha sufrido más cambios y renovaciones, atesorado imágenes más extensas y antagónicas; como de todo ha visto y todo lo ha conocido, el poder narrativo de su fantasía tiene un vigor nuevo; su palabra social es más fácil, lo mismo que el conjunto de sus modales todos. Es más tolerante, conciliador y cosmopolita, guarda mayor respeto hacia la ciencia aun cuando no la conozca a fondo; está más inclinado al perdón y a la benevolencia; sondea más pronto por inspección fisonómica el fondo de los individuos; es más sincero en sus amistades y tiene más educados sus sentimientos altruistas. Comparad muchos *commis voyageurs* catalanes, hijos del trabajo, con no pocos hombres de carrera, sacerdotes, médicos, abogados, hijos quizá del despilfarro y no será extraño que los halléis a superior altura en lo que pudiéramos llamar trato superficial –esto no se puede decir en España, víctima de verdadera pedantería académica– aunque su instrucción de fondo sea reconocidamente inferior, porque los unos han educado su fantasía con los viajes, mientras los otros han educado sólo su raciocinio con estudios especulativos exclusivistas. Desde luego, y no puede menos de ser así, a poco que se ahonde en la conversación se reproducirá la fábula del convite de la zorra con su fuente panda y el de la cigüeña con su redoma, y el hombre de estudio recabará siempre, para los inteligentes, los fueros de su hegemonía, aunque no se sepa como son los parques de Londres ni los bulevares de París. Mas, no es poco triunfo por sí, el de la fantasía de un hombre que se ha educado por ella, sin los libros, y si el viajero universal es a la vez hombre de ciencia, sus cualidades, excepcionalmente avasalladoras, nos harán recordar los variados talentos de Marcos Polo o de Humbolt.

Los viajes periódicos, por sus renovaciones de la fantasía, son casi indispensables en un perfecto régimen higiénico del hombre de cierta cultura, que se debate inútilmente, cual fiera en su cubil, entre las fronteras de su destierro; tormento que sin duda sería uno de los mayores de Napoleón en Santa Elena. Para el cortesano el campo, para el lugareño la corte, en ciertas épocas adecuadas, debieran ser artículos de primera necesidad, como lo van siendo en las naciones más cultas. En Inglaterra, tras las esclavizadoras labores del invierno y la primavera, viaja el pobre como el rico, la joven como la anciana, el sabio, el escolar y el obrero y por eso sus organismos tienen una agilidad particular; sus ojos, merced también más que al clima, a una sabia alimentación, carecen de las lívidas ojeras, características de los ardorosos países meridionales, más sensuales y menos cultos. La excelente costumbre del veraneo merece todos los plácemes de los higienistas cuando está bien entendido. No acabaríamos nunca si a detallar fuéramos las relaciones de la fantasía con los viajes.

# VII

## LA FANTASÍA Y LAS LABORES HABITUALES

En cuantas empresas nos ocupan, más que la conciencia del deber, nos estimula la dura ley de la necesidad, junta con el afán por la recompensa y en este afán, el más poderoso móvil, juega un papel esencialísimo la fantasía.

El dinero y sus similares impulsivos, la gloria, el deseo de saber etc., como remuneración de todo trabajo útil, mueven todos los engranajes de la humana actividad, y su anhelo por poseerle –como fuerza activa social que es y acaso la más potente–, se halla siempre presente a la fantasía, quien por ese medio nos estimula en todas nuestras ocupaciones.

Ningún desaliento es comparable al del que trabaja con escaso o ningún fruto ya intelectual, ya pecuniario porque carece de faro hacia donde orientar sus esfuerzos. Ningún trabajo, en cambio, tan grato, por penoso que sea, como el de quien, al terminarle, ha de tener una pingüe recompensa.

El industrial que no da paz a sus manos laboriosas; el comerciante que hace llegar a los centros de consumo productos de todos los rincones del mundo; el médico ante las mil molestias de su penoso ministerio a la vista del dolor y la miseria del cuerpo humano; el ingeniero que sufre los ardores del sol cuando inspecciona sus obras, después de difíciles trabajos de gabinete;

todos en fin, cuantos rinden sus frentes a la fatídica sentencia del Génesis de ganar el pan bañado en propios sudores, llevan en su fantasía, mientras trabajan, la imagen del premio que les aguarda, ya sea el fajo tentador de billetes del Banco; ya la mísera pesetilla que mantiene a la familia, ya los envidiables laureles de la gloria.

A pesar de este estímulo, ¡cuánto cansancio y cuántos desalientos son vencidos a fuerza de engaños por la egregia fantasía!... Ya es el cigarro, que sirve de parada en la marcha del trabajo y de pretexto de ocupación ociosa; ya es el recuerdo del hogar, que al fin de la jornada aguarda lleno de comodidades y dulzuras a quien ha tenido laboriosa ocupación durante el día, o la sonrisa de la mujer amada y sus caricias, con las que premia los solícitos desvelos del esposo, ya son, por último, los pequeñuelos que poco a poco crecen y se instruyen, con lo que el padre ha sabido ganar para atenderlos con esmero.

El sufrimiento que a todo trabajo caracteriza se debe en parte al consumo de fuerzas orgánicas por la actividad del raciocinio; en parte también por la sugestión y las trabas que el mismo trabajo impone a la fantasía, siempre inconstante y frívola. Ved al carpintero cuando alisa una tabla o al albañil cuando levanta un muro: su fantasía esclavizada no sabe cómo escapar y brota inconsciente en forma de musicales silbidos o canturias sin principio ni fin; ved al escritor en los momentos en que la idea no surge, trazando con la pluma inconscientes líneas y dibujos; ved al estudiante en fines de curso, devorando con la mirada páginas y más páginas del texto; su fantasía pretende hacer de las suyas, ya bajo pretexto del cigarro, ya dando con los dedos vueltas y más vueltas a la caja de cerillas, hasta que, merced a cualquier nimiedad o analogía, se trasporta de repente y sin que fuerzas humanas puedan contrarrestarla, a su pueblo natal, a la reja de su novia o al caballo favorito que ha de montar de allí a pocos días, tan luego como *apruebe*, y luego la propia *loca de la casa*, en una de sus frecuentes veleidades, le representa el momento terrible ante los severos examinadores y las obscuridades, del programa, lo que, lleno de ansiedad le toma a fijar en el estudio.

Durante los momentos más fuertes de nuestras labores, la fantasía se halla encadenada, por cuanto tiene mucho de los embobamientos del ensueño, tanto que determina cierta sacudida de nervios cuando de repente es solicitada por algo exterior a la ocupación que la absorbe por completo, ni más ni menos que en el brusco despertar se verifica.

Sin duda la acción del raciocinio, que a la sazón es más intensa, empobrece de fuerza al órgano de la fantasía, por la mucha fuerza nerviosa que él absorbe en sus más penosas actividades y de aquí que, limitada como está entonces la fantasía, a obrar débilmente y como en penumbra, mientras se opera por aquel el gran trabajo analítico o de detalle que supone la labor más pequeña, venga a caer en las postraciones que al ensueño le son características.

Estas profundas analogías entre los momentos más conscientes y los más inconscientes de la vida, son muy perceptibles: y se deben a la misma causa: a la atonía de la fuerza nerviosa en el órgano de la fantasía; bien por el cansancio general determinado por las labores de la vigilia, como sucede en el ensueño; bien por la distracción de estas mismas fuerzas, operada por el raciocinio, lo que mueve a pensar si es subjetiva u objetiva la labor del raciocinio.

Si se tiene en cuenta que esta facultad suprema del hombre parece ser la que atesora y abarca las manifestaciones más poderosas y conscientes de la humana actividad; que se halla en profundidades del espíritu mayores que la fantasía y no se da nada semejante a ella en el mundo objetivo que le es muy inferior, nos inclinamos a creer en su eterno subjetivismo. Sí, por el contrario, recordamos la dualidad demostrada entre el raciocinio y la intuición: la lentitud, limitación y torpeza de aquel, frente a la espiritual viveza y celeridad de ésta; el esfuerzo que necesita el primero, hasta en sus actos más elementales, comparado con la espontaneidad de las manifestaciones de la segunda, no podemos menos de considerarla como una modalidad de la psiquis actuando sobre el órgano cerebral correspondiente como en campo propiamente objetivo, sobre el que toma base y en donde apoya todas sus actividades analíticas. Por ello la fantasía, al sentirse íntimamente unida al raciocinio, por la trabazón inextricables de sus órganos, sigue la objetivación iniciada por éste, y para aislarla en lo posible la psiquis se vale de la facultad de la abstracción, única capaz de divorciar un tanto, con grandes esfuerzos y dificultades, a la facultad pictórica de la facultad razonadora.

Facultades tan íntimamente ligadas como lo están ambas, no pueden divorciarse pasando a objetiva la una y permaneciendo la otra en perpetuo subjetivismo y pues que la objetivación de la fantasía en el razonar la justifica la experiencia, no cabe duda en la objetivación del raciocinio durante sus labores. El mismo dinamismo nervioso parece corroborarlo, pues la fantasía –que como facultad externa y mejor desarrollada precisa menor esfuerzo nervioso– llega a poder objetivarse en el ensueño, mediante las escasas fuerzas nerviosas que resurgen lentamente tras el reposo absoluto, y en la vigilia, cuando las fuerzas son mayores, ellas la bastan para llevarla al lado subjetivo o del espíritu, frente al mundo exterior. El raciocinio que por el contrario las precisa mucho mayores, no tiene bastante con las del ensueño, por lo que yace durante él en atonía, y las nacidas de la vigilia no alcanzan más que a poderle objetivar, en intimó consorcio y bajo las esclavizadoras energías conscientes de la psiquis, lo cual privaría a la psiquis de los copiosísimos y preferentes frutos de la subjetivación, si, por consecuencia de su admirable índole, ella, que es la plena y genuina motora de la vida de la intuición, que desarrolla con la fantasía dentro de los abarrotamientos de su cárcel de cieno, no fuera eminentemente sintética y atesoradora de los frutos de aquel, como veremos luego.

Volviendo al tema del capítulo, se nota siempre que se comienza una labor, cierta dificultad o embarazo, propio de la falta de hábito que supone el no tener adaptada todavía la fantasía a ella. Adviértese también cierta frivolidad en los primeros momentos, hasta que la fantasía toma alas en las tareas del caso y se empapa y absorbe en ellas con su habitual intensidad, creando representaciones adecuadas y prescindiendo de las que le sean refractarias. De igual modo, esa especie de prescripción extintiva que dirían los juristas, operada sobre las más habituales tareas, así que se abandonan durante cierto tiempo, se debe al fenómeno de haberse borrado ya los clichés propios de ellas; sustituidos como están en esa gran pantalla de proyecciones fantásticas, por nuevos clichés, diferentes de los antiguos; borrado que empieza por los perfiles más finos y acaba por todos los demás si el abandono continúa.

Esta extinción se nota sobremanera en los actos de memoria y reminiscencias.

Ya vimos al hacer el análisis general de las facultades complejas del espíritu, que la memoria, en sus dos modalidades tan afines entre sí como lo son en sus órganos las dos facultades sobre las que recaen, pertenece a la clase de facultades binarias y tiene por principio activo o facultad motora al yo o psiquis, que actúa sobre el raciocinio o sobre la fantasía para moverlas a reproducir con fidelidad mayor o menor lo que anteriormente se representaran. La propia conciencia nos enseña, al par, que al tiempo de operarse una recordación difícil una facultad no recuerda ni pinta –la fantasía– y otra superior, tesoro de la inconsciencia –la psiquis– *recuerda que recuerda*. Así, al tiempo de verificarse la recordación, se plantea la lucha entre la segunda que espiritual, diligente, decreta mociones para la recordación y la primera que, perezosa y materializada como es en sí, por el pronto no las obedece, porque dado el abismo que en realidad separa a entrambas –aunque la vida las ligue– la fantasía no puede responder a ellas sin torpeza, hasta que, después de haber menudeado las mociones de la psiquis y rebuscado hasta el fondo de sus viejos clichés, por analogías de espacio, tiempo etc. según las leyes de la recordación, encuentra la huella acaso más débil del viejo cliché, huella que es bastante, sin embargo, para hacer a la recordación que se extienda como mancha de aceite y presente, cual si descorriera mágica cortina, todo el fantástico y fiel panorama de la impresión evocada, con su misma luz y sus detalles más ínfimos; a cuyo calor surgen, como antaño o mejor quizá, las más poderosas intuiciones, y esta es otra prueba de la microscópica materialización de la fantasía en sus misteriosos clichés, en los cuales los componentes del núcleo de las células parecen oficiar de sales de plata singulares, bajo el reactivo de la excitación nerviosa.

En las recordaciones se nota mucho la curiosa asociación de clichés que caracteriza a las localizaciones de la fantasía, y es precisamente tal asociación la que facilita el acto de recordar, determinando el fenómeno de que la impresión evocada, en cuanto tiene un punto de apoyo, se extiende a todos sus detalles. Mas, como la asociación es de perfiles, las más de las veces delicadísimos, nunca resulta muy extensa, salvo en las que llamamos memorias privilegiadas, cuyas fantasías correspondientes poseen, como nadie, el don de las localizaciones ordenadas de las imágenes, que diríase están clasificadas y numeradas, con método exquisito. Su misma delicadeza sufre gran daño con las alteraciones más pequeñas del espíritu o del cuerpo, como en la enfermedad, en la vejez, en los decaimientos del ánimo etc. ¿Quién sabe, sí, siguiendo nuestra teoría, cada núcleo de célula nerviosa es un mundo de representaciones pictóricas superpuestas y la tan conocida asociación entre ellas –asociación que parece debilitarse en el ensueño– no se apoya en otra cosa que en las expansiones celulares, tan admirablemente estudiadas por Cajal, las cuales ponen en contacto semi-telegráfico unas con otras células constituyendo grandes síntesis orgánicas? La histología del porvenir nos prepara una gran sorpresa, con el descubrimiento de estas verdaderas fotografías celulares, cuyo revelador es toda excitación órgano-psíquica.

Hasta qué punto las tareas habituales imprimen su huella en la fantasía nos lo revelan numerosos estados patológicos, en los que el órgano de la facultad sufre lesión.

Para no cansar, a este propósito, con citas que el lector puede hallar sin molestias en cualquier tratado de Patología, recordaremos sólo las dos observaciones que Brillat-Savarin consigna en su *Fisiología del Gusto*, al ocuparse de la multiplicidad de los órganos cerebrales.

> *Primera observación*.–El año 1760, existía en un pueblo... cierto comerciante extremadamente astuto... y se había redondeado una fortuna bastante buena.
>
> Repentinamente tuvo tal ataque de parálisis que le creyeron muerto. Los médicos le socorrieron y pudo salvarse, pero no sin quebranto, pues perdió poco a poco casi todas las facultades intelectuales y principalmente, la memoria. Sin embargo, como todavía era capaz de tirar, aunque con trabajo, y recuperó además el apetito, pudo seguir con la administración de sus bienes.
>
> Viéndole en semejante estado los que tuvieron tratos con él, creyeron que había llegado la hora de tomar la revancha, y

con pretexto de acompañarle, venían de todas partes a proponerle asuntos, compras, ventas, cambios y otros negocios del linaje de los que habían formado hasta entonces el objeto de su habitual comercio. Pero los que le asaltaban se encontraron sorprendidos y se convencieron pronto que tenían que retirarse.

El viejo lagarto, nada había perdido de sus facultades comerciales, y el mismo que a veces no conocía a sus criados y olvidaba hasta su nombre propio, siempre estaba perfectamente al corriente de los precios de todos los géneros; así como del valor de la fanega de prados, viñas o bosques situadas a tres leguas en redondo. Respecto a dichos particulares su juicio había quedado intacto; y como inspiraba más confianza, la mayor parte de los que trataron con el comerciante inválido cayeron en las redes que contra el mismo habían preparado.

*Segunda observación*. Vivió en Belley un señor Chirol, que había servido mucho tiempo en los guardias de Corps de Luis XV y Luis XVI.

Su inteligencia rayaba justamente a igual altura que la clase de servicio que le ocupó la vida entera, pero poseía en grado supremo el talento del juego, de forma que no sólo jugaba bien todos los antiguos como el hombre, el de los ciento y el tresillo, sino que, además, cuando la moda introducía alguno nuevo, a contar desde la tercera mano ya era dueño de todas las tretas. Ahora bien, este Sr. Chirol, tuvo igualmente un ataque de parálisis tan fuerte que le redujo a un estado de insensibilidad casi absoluta. Salváronse no obstante dos cosas: las facultades digestivas y la facultad de jugar. Venía diariamente a la casa donde por veinte años tuvo costumbre de jugar, sentábase en un rincón y permanecía inmóvil y somnoliento, sin ocuparse en nada de cuanto a su alrededor ocurría.

Llegado el momento do arreglar las manos, le invitaban para que tomase parte, lo cual aceptaba siempre, arrastrándose hacia la mesa y aquí todos quedaban convencidos de que la enfermedad que había paralizado la mayor parte de sus facultades, no interrumpió ni un punto siquiera su destreza en el juego. Poco tiempo antes de su muerte el Sr. Chirol suministró una demostración auténtica de la integridad de su existencia de jugador.

Llego a Balley un banquero de París. Llevaba cartas de recomendación, era forastero y parisién; siendo todo esto más de lo necesario para que en un pueblo pequeño se apresurasen a hacer cuanto pudiera serle agradable.

Mr. Dellis, el recién llegado, era gastrónomo y jugador. Respecto de lo primero le daban ocupación suficiente teniéndole cada día cinco o seis horas en la mesa; por lo que toca a lo segundo era más difícil divertirle. Gran aficionado al juego de los ciento, quería jugar a seis francos al punto, lo que excedía con mucho al tanto de nuestro juego más alto.

Para vencer este obstáculo, se formó una sociedad, donde cada uno interesó más o menos según la naturaleza de sus presentimientos. Algunos decían que los parisienses eran mucho más listos que los provincianos; otros por el contrario sostenían, que cada uno de los habitantes de la gran ciudad presentaba en su persona algunos átomos de tontería. Sea lo que quiera, se formó la sociedad; y ¿á quién confiaron el cuidado de defender la masa común?... al Sr. Chirol.

Al ver el banquero parisién llegar aquella gran figura pálida, escuálida, andando de lado, que se sentaba delante de él, juzgó primero que le daban una broma; pero así que observó al espectro tomar las cartas y derrotarlo magistralmente, empezó a creer que el adversario habría sido otras veces digno del banquero.

No tardó mucho en convencerse que esta facultad duraba todavía, pues no solamente en dicha mano, sino en muchas que se echaron después, el Sr. Dellis fue vencido, oprimido y desplumado hasta tal punto que cuando se ausentó, tuvo que pagarnos más de seiscientos francos, que se repartieron cuidadosamente entre todos los asociados.

Antes de marcharse el Sr. Dellis vino a darnos gracias por el buen recibimiento que le habíamos hecho; sin embargo, se lamentó sobre el estado caduco del adversario que le habíamos opuesto y nos aseguró que nunca se podría consolar de

> haber luchado, con tanta desventaja, contra un muerto.
> Fácil es deducir, añade el autor, la consecuencia de las dos observaciones que anteceden. Me parece evidente, que estos dos casos, donde el ataque trastornó el cerebro y respetó la región del órgano tanto tiempo empleado en combinaciones del comercio y del juego, demuestran sin duda alguna que dicha región resistió, porque el continuo ejercicio le había dado más vigor y porque repetidas por tanto tiempo las mismas impresiones, habían dejado señales más profundas.»

Por virtud de esta huella de que venimos hablando en todas las disciplinas se distingue al instante al hombre profesional del que no lo es, aunque ostente igual título. El comerciante que trabaja a diario tiene más facilidad, otro modo para vender que el que levantó su comercio hace unos años; el abogado que jamás ejerció la profesión por ilustrado que sea, se diferencia en el acto de cualquiera de sus colegas en activo ejercicio; el militar retirado no es como el militar de cuartel y así todos los demás. Las dos frases vulgares de «ha perdido los papeles» y «el músico viejo todo lo pierde, menos el compás», aluden a esa especie de borrado de clichés que por el desuso se opera en la fantasía.

Los fenómenos habituales de la fantasía se enlazan con el inconsciente de que nos hemos ocupado anteriormente, sin duda por la íntima unión que la psiquis, poseedora de todos los tesoros de la inconsciencia, guarda con la fantasía, cuando la labor de esta facultad se halla facilitada por las innumerables imágenes concordantes que supone el hábito de todo trabajo.

Por este cansancio orgánico de la fantasía resulta tan higiénico como grato el cambio de labor. La movilidad y variedad de las imágenes se opone con gran tenacidad a la fijeza que entraña todo trabajo, como se ve en los mismos animales y en los niños, quienes, poseedores también de fantasía, se cansan muy pronto y al poco rato abandonan lo que momentos antes parecía absorber su actividad por entero. Así que todo trabajo resulta penoso, como verdadera lucha que es entre la atención que encadena y la fantasía que mariposea, lucha en que la atención tiene el mayor esfuerzo, primero al comenzar la tarea, venciendo la inercia orgánica de la fantasía y segundo cuando esta facultad se subleva por exceso de sujeción o por cansancio. Estos dos momentos se confunden en uno cuando existe pobreza de fuerzas en cualquier enfermedad por pequeña que sea.

En los hombres sometidos a trabajos corporales la fantasía divaga poco más o menos que en el ensueño, por igual objetivación que la observada en los demás trabajos, o sea como resultado natural de la desviación de la fuerza nerviosa empleada en las acciones musculares. Se observa la misma lucha que entre la atención y la fantasía, porque la única diferencia estriba en que la fuerza nerviosa se emplea en los músculos, en lugar de gastarla en el cerebro y en que el cansancio proviene más bien del de estos órganos que de la fantasía, pues se ha visto muchísimo menos esclavizada que en las labores de inteligencia. Es una especie de reversión de la corriente nerviosa excitadora de los músculos.

# VIII

## SÍNTESIS DE LA FANTASÍA Y LA PSIQUIS

Los capítulos que preceden nos dicen bastante acerca de la íntima solidaridad que reina entre la fantasía y la psiquis, ésta caracterizada por el sentimiento. Ambas las hemos visto funcionar compenetradas, casi confundidas, en los complejos argumentos del ensueño y diríase que se trata de facultades complementarias. Allí empieza el sentimiento de acaba la fantasía y por eso son notas típicas del sentimiento o de la psiquis la nostalgia del bien perdido y el anhelo por el bien futuro

...como a nuestro parecer
cualquiera tiempo pasado
fue mejor,...

según la inspiradísima elegía de nuestro Jorge Manrique.

Los siguientes postulados nos parecen evidentes por sí mismos y bastarán para darnos la clave de aquella íntima conexión. Todo hombre puede comprobarlos; el común sentir de las gentes harto comprobados los tiene ya por modo intuitivo:

a)–El ejercicio de los sentidos, orgánicamente opuesto a las representaciones pictóricas de la fantasía, resultan, al par, igualmente opuesto a la vida propia de recuerdos y sentimientos. De aquí el conocido tópico de distraer las penas mediante el ejercicio de aquellos.

b)–Los momentos de debilidad física, pero de poca o ninguna importancia patológica, son los más a propósito para todo género de sentimientos. Asimismo, los momentos de mayor vitalidad de la fantasía están seguidos de cerca por una exacerbación de los sentimientos.

c)–Se siente más de noche que de día; en la soledad que en la vida activa; al caer la tarde que al alborear la aurora. El desplegarse de ese manto misterioso de la noche tantas veces cantado por los poetas, pone en juego vital y concordante al sentimiento, al recuerdo a la intuición y a la fantasía.

ch)–Los sentimientos, en íntimo consorcio con la fantasía, sufren con ella inversiones y aberraciones notabilísimas, lo que le hizo decir a Napoleón que *ningún hombre resulta grande para su ayuda de cámara*. Por eso el amor burlado se convierte en odio; los excesos de intimidad acarrean frecuentemente mortales y sempiternos rencores y el excesivo trato engendra menosprecio.

d)–El sentimiento está siempre al lado de todo lo triste, de todo lo pobre, de todo cuanto muere o se aniquila y evoca, con mágico acento de dolor, todo lo grande que fue y ya no es: todo lo sublime que deprime y anonada. Debe ser por ello un hondo factor en la vida del Universo, algo así como una protesta de la Psiquis contra la nada; el derretirse de las alas de Icaro.

e)–El sentimiento es algo parecido a una ultra fantasía; es la fantasía de los contrastes; por eso le engendra todo aquello que ya no alcanza a enriquecer o enriquece con exceso a la fantasía; por eso le determinan los panoramas del desierto o los hielos hiperbóreos; el trino del ruiseñor en la calma de la noche perfumada de primavera; la luz de la luna, pobre ante los esplendores del sol; la duda de la ciencia; el misterio del arte; la voz de la religión, hablándonos de infinito y eternidad; la imagen que ya no vemos; el siempre grato acento del ser querido que, perdido ya, jamás alcanzará a impresionárnosla fantasía; el escalofrío de la muerte; la plegaria y la tragedia. Por eso, en fin, son neurosis una gran parte de los sentimientos intensos.

f)–Como las ruinas evocan los recuerdos así evoca nuestro sentimiento todo cuanto constituyera antaño el tesoro de nuestra fantasía. La patria lejana; el hogar remoto; la infancia deliciosa; la juventud perdida: en una palabra, todo lo que acuse un fuego anterior por sus cenizas ya frías. El convecino indiferente, nos resulta, lejos de nuestra vecindad, casi un amigo querido. En el extranjero la nacionalidad suele ser un sentido y estrecho vínculo, como fuera de la región, lo es el sentimiento regional y fuera del pueblo natal lo constituye el afecto entre paisanos. Siempre, siempre evocando el bien perdido.

g)–Los sentimientos, como la fantasía, carecen de toda lógica; es más, se hallan en abierta pugna con ella casi siempre. Jamás aquellos se disciernen o razonan: básanse sólo en un impresionismo de fantasía chocante, casuístico, especialmente en la mujer, el ser por excelencia sensible de toda la Creación. Tal hermosa dama de mundo se enamora de un pelafustán insignificante; tal joven prefiere sin razón que lo abone el enfermo al sano, el ignorante al sabio, el perdido al laborioso; tal mujer bínuba adora al segundo marido que la maltrata y olvida al finado que la colmara de atenciones, etc. Si queréis apreciar la tan exquisita como antilógica, o mejor super-lógica, contextura de los sentimientos femeninos seguid al divino Michelet en sus estudios sobre esta deliciosa mitad del género humano trasunto fiel de todas las grandezas y miserias de la Naturaleza;

si queréis buscar explicaciones daos a escribir la *lógica del impresionismo*, que a buen seguro resultaría tema de moda.

h)–Los sentimientos determinados por las desgracias son tanto más intensos no en razón de la importancia de éstas, sino cuanto más de cerca nos afectan. Así, más nos impresiona la muerte de un animal predilecto, perro o pájaro, que la simple lectura de una catástrofe ocurrida en China y esta catástrofe nos resultaría tanto más sentida *cuándo más la acerquemos*, mediante el lujo de detalles o la labor literaria del cronista. No busquéis, pues, a la lógica del raciocinio, sino a la ilógica fantasía... «Todo es según el color del cristal por que se mira» y «lejos de vista lejos también de corazón».

i)–Las aberraciones afectivas y las de la fantasía corren doquier parejas y nunca se dan las unas sin las otras. Infinitas rarezas de carácter tienen su triste explicación en padecimientos orgánicos, que, al reflejar en los centros nerviosos, perturban la fantasía.

j)–En la vigilia que subsigue a todo ensueño erótico la imagen inspiradora absorbe por completo todas las corrientes afectivas; es el ideal de aquel día. Fenómenos análogos nos explica la hipnosis, en cuyos tratados se multiplican los casos de enlace fatal entre las impresiones de la fantasía y las atracciones o repulsiones del sentimiento. Si no media, pues, entre ambas relaciones de causa a efecto, ambas dependen al menos de una facultad superior que las abarque y el resultado científico es el mismo: una poderosa síntesis determinada por la dinamia de la vida.

k) –La primavera es alegre y el invierno triste; los paisajes desolados son tristes también; nueva compenetración del sentimiento con la fantasía.

l)–El desarrollo de los sentimientos corre pareja con el de la fantasía. Cuando él es intenso en el sujeto, una sublime sencillez como infantil llega a ser en éste característica y de aquí la índole especial de los sabios especulativos que, cuando no son caracteres complejos, en su mayoría resultan dóciles y sencillos. La atrofia orgánica de la fantasía trae aparejada una debilidad grandísima de los sentimientos altruistas y el desarrollo supletorio de los bajos afectos egoístas, como se aprecia en el ignorante y el cretino, desarrollo por otro parte tan acentuado en los animales.

ll)–Todos los sentimientos (amor, odio, simpatía, antipatía) están sujetos a la ley universal de la prescripción y a ella lo están de idéntico modo los recuerdos y las impresiones de la fantasía. Aunque la representación pictórica que todo recuerdo supone simbolice al par el despertar de los sentimientos con él concordados, los sentimientos suelen prescribir (borrarse) con más rapidez que los recuerdos, hasta el punto de que, con el tiempo, el recuerdo solo llega a despertar pobremente y a medias (indiferencia) el sentimiento respectivo, sin que, en contrario, se dé el caso recíproco.

m)–La ira invencible y la acometividad que en el toro despiertan los colores, es otra prueba orgánica de la íntima correlación de sentimiento y fantasía.

Los aforismos que anteceden pueden continuarse hasta lo infinito, pues, a medida que meditemos más y más sobre la fenomenología de la vida y la psicología de todas las nostalgias, irán apareciendo con igual claridad otros nuevos. Basten los apuntados para nuestro objeto que es determinar cuán inmediata secuela es el sentimiento de la fantasía, y cuán ínfima conexión existe entre los más ínfimos perfiles de entrambos.

Vive el hombre a costa de las impresiones del exterior, como las plantas de la tierra en que arraigan y del ambiente que les rodea. Sus juicios, casi todos empapados en intuición, y sus afectos, están con el exterior tan ligados como lo demuestra Balmes en su *Criterio*, clásica obra de mundo y de filosofía. Leed en el capítulo XXII las dificultades con que por ello lucha en la realidad el entendimiento práctico, merced a la delicadísima contextura de la vida de la intuición, en que se reúne la acción común de los factores psicológicos más esenciales: psiquis, memoria y fantasía en exquisita armonía con el mundo exterior y sin raciocinio. Leed también en el capítulo XIX del *Criterio* los fenómenos que, con disculpable impropiedad psicológica, denomina influencias del corazón sobre la cabeza y acción de las pasiones sobre el entendimiento; verdadero sincretismo vital de las facultades humanas no razonadoras, frente al mundo exterior. Eugenio, embelesado ante una deliciosa mañana de Abril, después de haber dormido bien y con ánimo tranquilo, encuentra falsa, fea e insoportable una novela romántica en que un desesperado lo maldice todo; la sociedad, la justicia... Dios mismo. Luego comienza a recibir impresiones desagradables de la gente, de casa; de la atmósfera, que descarga abundante lluvia; de un jinete que le salpica y, en fin, de sus negocios, pues acaba de hacerle un falso amigo una estafa que le arruina... Sus sentimientos dan un cambio en redondo; el hombre, la vida, los amigos y hasta Dios son a su juicio todo lo malo que el romántico decía, pero, cuando ya iba aún más lejos que éste en sus maldiciones y prejuicios, el horizonte se aclara, la tranquilidad renace la estafa se evita, con lo que Eugenio vuelve a pensar de modo más apacible. Anselmo sufre veleidades semejantes acerca de la pena de muerte y D. Marcelino respecto de la política, según los impresionismos diversos que sobre ellos actúan, fuera de toda lógica, fuera de todo constante dictado de la razón pura, condenada como el mar, a perpetuo vaivén de flujo y reflujo.

El placer y el dolor psíquicos dependen totalmente, o poco menos, de la fantasía. De ella emanan los placeres que se sienten con las bellas-artes, música, literatura, etc.; los que despiertan las hermosuras de la Naturaleza; los que el teatro, las relaciones de amistad, los viajes y los juegos producen y ese bienestar íntimo –el placer de vivir– que el deber cumplido y la normalidad psicológica de consuno determinan. Las simpatías y antipatías se apoyan también inconscientemente en nimios detalles de fantasía; ya la indumentaria del sujeto en cuestión; ya su manera de expresarse y sus modales; ya otras aparentes minucias, que envuelven infinitas apreciaciones intuitivas, cuya finura escapa a todo análisis. Las tristezas de ánimo están subordinadas a ella al estarlo a todos los estados patológicos más o menos ligeros o secretos y al influjo del medio ambiente, bien psicológico (impresiones recibidas, recuerdos, esfuerzos), bien externo (temperatura, presión atmosférica, lluvias o vientos, en fin, cuantos agentes ejercen influencia en el organismo), reconociendo análoga causa, a *sensu contrario*, las alegrías. El amor patrio y sus similares ya los vimos depender, asimismo, de ciertas localizaciones de la fantasía, y en cuanto a las pasiones no son, en último extremo, más que aberraciones conjuntas de fantasía y sentimiento, fáciles de ser producidas artificialmente mediante la hipnosis, o íntimas transformaciones de las necesidades orgánicas inconscientes, como la sensuabilidad, la gula y hasta el amor propio, originadas de esa especie de fantasía rudimentaria que hemos visto alcanzar a las manifestaciones puramente vegetativas, o del yo esplánico que diría Tissié. El trato, gran engendrador de cariño, es decir, *el hábito*, la continua repetición de impresiones análogas, en la fantasía, explica, en gran parte, el amor paterno y sus congéneres, que no precisan para nacer ningún vínculo de sangre, como se ve todos los días en las instituciones benéficas, en la amistad y en la fuerza misma de la costumbre; afectos que, al igual de aquellas impresiones, la ausencia desvirtúa, y disminuyen tanto más rápidamente cuanto menos esfuerzos en contrario realiza la voluntad y menos elementos aporta en pro de su conservación la correspondencia epistolar. Del sentimiento religioso no hablemos por lo espinoso del terreno, merced a la humana estulticia: consignemos sólo que todo hombre le posee siempre, como exigencia de su naturaleza limitada, en mayor o menor grado, según su educación, profesión y convicciones, y, entre dos personas de convicciones análogas está en razón directa del poder de su fantasía, por lo que resulta más intenso en la mujer que en el hombre.

Nos encontramos, por tanto, en este capítulo con la poderosa síntesis de la vida de la intuición, de la vida que no razona. Esta vida gira sobre los polos *psiquis* y *fantasía*. De la primera parten las mociones de la recordación, cuyas escenas despliega en plena labor la fantasía. De ésta a su vez emanan corrientes representativas recíprocas, determinantes de intuiciones potentes y despertadora de sentimientos profundos. Es vida, pues, enteramente propia, ora dependiente del exterior y de la voluntad e independiente del raciocinio, como en la vigilia ya espontánea y automática como en el ensueño; vida común a todo hombre y en menor grado a los animales superiores y tan característica de la existencia que prescindiendo de la esfera del raciocinio se da en estados muy diversos. Suprimid la razón y en dicha vida aun os quedan el niño, el valetudinario, el enfermo, el alcohólico, el loco, el cretino etc. Suprimid la fantasía, alma de aquella vida, y el hombre se reduce a la nada; ni el mundo existe para el espíritu ni el espíritu existe para el mundo.

# IX

## SÍNTESIS DE LA VIDA DE INTUICIÓN Y LA DE RACIOCINIO

INVESTIGAR las relaciones íntimas de la fantasía con el raciocinio es muy ardua labor, porque, fuera de ese fondo vago de localización y de imágenes que la primera suministra a las operaciones del segundo, la realidad parece presentar a entrambas facultades como contrapuestas, casi antagónicas, consecuencia natural del antagonismo que el raciocinio tiene con los conceptos intuitivos, que parecen ser el nervio; el término final de la fantasía, según ha podido apreciarse. Contraposición que acaso indique un fondo de común identidad difícil de percibir.

Afortunadamente, la síntesis del capítulo anterior que reúne la fantasía y la psiquis dentro de la completa dinamia de la llamada vida de la intuición, nos permite cambiar los términos del problema, teniendo presente la perfecta contraposición que el capítulo VIII del libro I nos hizo ver entre la intuición y el raciocinio, es decir que, dada esta contraposición y la harmonía demostrada entre las cuatro facultades de aquella síntesis, preguntar qué relaciones median entre fantasía y raciocinio es algo muy análogo a inquirir las que existan entre la intuición;

en representación de aquella vida, y el raciocinio, como plenitud de la vida consciente.

El estudio de los métodos más usados por las ciencias acaso pueda enseñarnos algo sobre tan obscuras relaciones. Con el descubrimiento de ellas la labor analítica y sintética de nuestra obra adquiriría vigor incontrovertible. Desde luego, para no incurrir en el defecto lógico de petición de principios, descartaremos aquellas ciencias que hacen mayor referencia a las leyes del espíritu, y busquemos luz para el misterio en las ciencias matemáticas y naturales, las de más sistemáticos e incontrovertidos raciocinios.

¿Qué hace, por ejemplo, el químico cuando le presentamos un limón, para que investigue sus elementos componentes, en la hipótesis de que tan hermoso fruto le fuese desconocido? Empezaría haciendo lo que los irracionales y el niño; cogerle, mirarle por todos lados, olerle, despojarle de su corteza y gustar sus células endocárpicas, cargadas de acre jugo. De aquí sacaría y pondría en prácticas nociones para él ya puramente intuitivas, dentro de la previa cultura que le suministra su ciencia, a saber: separar la corteza de las células; presumir, merced al olfato, la existencia en aquella de una esencia o principio aromático, como todas las demás, susceptible de aislarse por la destilación, y sospechar, merced a la vista, la existencia de un principio colorante amarillo, que sus nociones intuitivas o ya inconscientes de sabio le anticipan deberá ser soluble en el éter, como todas las materias colorantes. Efectivamente todo así le resulta.

En la corteza del limón ya no le resta hacer más que separar los elementos de ella que sean en el solubles en el agua, de los que no le sean y, para facilitar la disolución, nada más natural que triturar aquella. Separadas así las sustancias solubles: goma, materias albuminoideas, múcilagos, de las insolubles: celulosa, almidón, etc., sigue la primera noción que le suministrara el sentido del gusto, la de la acidez; por lo que se propone buscar en el juego el ácido que aquella sensación determina. Separa el jugo de los elementos sólidos (semillas, membranas) merced a un filtro y hace hervir lo filtrado, con lo que se encuentra un abundante precipitado de albúmina en copos, que separa a su vez del jugo por filtración. Al notar cuán fuertemente ácido resulta el líquido, le neutraliza con una base, la cal, y la sal resultante trata de descomponerla, como otras análogas, con el ácido sulfúrico diluido, que se apodere de la cal, con lo que, gracias a nueva filtración, aísla en estado sólido el ácido cítrico. Aun se le ocurre evaporar el líquido de este filtrado, después de privarle de algún exceso de cal que tuviese, con lo que, por cristalización, obtiene, en las paredes del vaso, un azúcar y en las aguas madres todavía encuentra varios principios minerales. He aquí cómo, en poco tiempo, ha separado por análisis elemental una esencia, un pigmento, sustancias albuminosas, gomas, mucílagos, almidón, celulosa, ácido cítrico, azúcar, cuerpos inorgánicos, etc., en la preciosa fruta.

Necio sería negar que en tan variadas operaciones ha jugado el raciocinio, pero quien tenga práctica de laboratorio comprenderá que ellas, tan poco comprensibles para el vulgo, son para el químico la aplicación de múltiples nociones adquiridas en sus estudios superiores, pero transformadas ya en nociones intuitivas y tanto más intuitivas cuanto mayor sea su ciencia. Por manera que la barrera, antes infranqueable entre una y otras nociones, se empieza a desmoronar, amenazando reducir el problema a lo que todos los psicológicos, a cuestión dinámica o de cantidad. Valga otro ejemplo.

Tal anciano médico de aldea, desconocedor ya de los adelantos de su ciencia, se devana noche y día para diagnosticar y tratar debidamente una rebelde afección. Acaso lo consiga a fuerza de ímprobos trabajos discursivos, basados en el cuadro sintomático, trabajos que le dejan agotado y maltrecho, mientras que un joven compañero, más ilustrado, conocedor de los análisis químicos de la orina, bien pronto halla en la del enfermo, sin violencia ni esfuerzo, con sólo unos cuantos reactivos, las pruebas inequívocas de la diabetes sacarina o de la albuminuria. Aunque entrambos llegaron al mismo punto de destinó aquel, más atrasado, dio cima al problema a fuerza de ímprobos raciocinios, mientras éste, más instruido, es decir, *con más tesoro de conceptos intuitivos*, apenas hubo de molestarse para conseguirlo. El uno hizo el camino solo y a pie, a costa de muchos días; el otro salvó la distancia en cortas horas cómodamente arrellenado en los cojines de su *sleeping-car*. El primero imitó al filósofo escolástico; el segundo al sabio moderno.

Todo el problema de la enseñanza estriba, pues, en transformar adecuadamente los esfuerzos de la labor discursiva fruto del estudio, en un *capital intuitivo que, en lugar de tener por rival a la fantasía, haga de ésta la más acrisolada tesorera*, convirtiendo en auxiliar al enemigo. Por eso la labor explicativa de una ciencia adquirida tiene para el profesor las grandezas, dulzuras, horizontes infinitos y fenómenos de fantasía, propios de la intuición, mientras que, para el discípulo, mañana profesor también, presenta todos los abrojos y espinas de la sentencia del Génesis sobre el trabajo.

Veamos una tarea matemática. Los mismos principios se deducen.

Abramos el Algebra elemental por las ecuaciones de segundo grado. El capítulo –que tal es la íntima contextura de la ciencia– supone sabido todo lo anterior; ordenación y simplificación de polinomios, operaciones de suma, resta, multiplicación o división por una misma cantidad a los dos miembros de toda ecuación a la que en nada alteran etc. Por eso se limita a comenzar buenamente diciendo: «toda ecuación de segundo grado con una incógnita es de la forma $x^2+px+q=o$, y el alumno sobresaliente, que lleva bien la asignatura, no ve dificultad en ello, porque sabe ya intuitivamente lo que su compañero menos inteligente o menos instruido ignora: lo que a éste precisa explicarle el profesor, llevándole por la mano en una lenta tarea adquisitiva o razonadora que consiste en ponerle un polinomio cualquiera que contenga las potencias de $x$ hacerle restar de ambos miembros el segundo de la igualdad, ordenar por potencias decrecientes de $x$ después de haber reducido los términos semejantes y dividir todos los términos por el coeficiente de $x$.

La misma marcha ha de seguir el profesor hasta la deducción de la clásica fórmula de los dos valores de $x$; hacer pasar al segundo miembro y con signo contrario el término conocido: sumar a los dos miembros de la igualdad el cuadrado de la mitad del coeficiente del segundo término; sintetizar así en el primer miembro el cuadrado de los dos sumandos; extraer de ambos miembros la raíz cuadrada y pasar en fin la mitad de aquel coeficiente al segundo miembro, con lo que queda eliminada la incógnita.

La molesta deducción anterior contrasta con lo expedito de las operaciones que emplea el simbolismo matemático, como contrasta el esfuerzo que el raciocinio del estudiante opera al llegar por primera vez a ella con la intuitiva sencillez con que luego la hace jugar en los cálculos superiores[12], pues si la plétora que la razón experimenta al estudiar la matemática, no tuviese pronto compensación con el progreso adquisitivo de verdades superiores, que los tornan intuitivas en un todo ya aprendido,

12. Véase en efecto, cuántos raciocinios nos cuesta aprender el binomio de Newton y cuán intuitivamente le hacemos luego jugar en las derivadas y en la fórmula de *Taylor*.

la congestión cerebral, por afluencia de sangre a las meninges, acarrearía una muerte casi instantánea al individuo. Y ya que de congestiones hablamos, notemos de paso que la congestión propia del estudio y la característica del alcohol, se diferencian poco en sus efectos, es decir que la operación razonadora no dista, orgánicamente mucho de las excitaciones e intensa corriente de la doble fantasía, verdad que allí entrevimos.

La tarea del matemático resulta paralela a la del químico y en general a la de todo investigador. La aplicación *ordenada* de nociones *intuitivas*, en el grado a que en su ciencia alcance, y tanto más discursivas para los demás hombres, cuanto menor sea su cultura intelectual previa. Imaginaos cuán grueso volumen resultaría aquel que se propusiera conducir suavemente, sin profesor y por la mano, a un obtuso labriego que sólo supiera, leer, hasta el *sancta sanctorum* de cualquier ciencia. Tal labor equivaldría a la de contar por céntimos los millones.

Vemos todas las ciencias luego de estudiadas de muy distinta manera que cuando las estamos estudiando. Los raciocinios precisos en los comienzos son vacilantes, pobres, de alcance limitado y envueltos en tinieblas: sus huellas bórranse con la mayor facilidad si no se cuida de grabarlos en la fantasía, a virtud de imágenes sensibles; ya las fórmulas en los cálculos; ya las láminas en Geometría e Historia Natural, ya los aparatos en la Física y la Química. De allí a pocos días se opera un proceso psicológico, que parece guardar íntima relación con los períodos del descanso y aquellos raciocinios que pugnaban por desprenderse, ya, sin sentirlo, como por sorpresa, aparecen atesorados, tocados de los finos perfiles de la intuición y vestidos con el ropaje de la fantasía. De difíciles que eran se han tornado fáciles, *sin debérselo a ninguna operación discursiva subsiguiente*, que hasta habría resultado perjudicial acaso. Diríase que se había apoderado una verdadera rumia, o que ha ocurrido, en cierto modo con ellos, lo que ocurre en el tubo digestivo de las aves; los alimentos, antes de sufrir la verdadera quimificación, han sido macerados en el buche, verdadera digestión aquella que tal vez equivale a la fijación de chiches concordantes en los núcleos de ciertas células nerviosas internas, y en lo cual no influye la voluntad, sino que se opera con la facilidad de otra función orgánica cualquiera. Hemos notado que el período que exige tal o atesoramiento oscila entre tres y cinco días y sometemos este punto, como tantos otros, a la observación personal de los psicólogos.

El fenómeno anterior tiene un alcance inmenso y nunca por ello será lo bastante estudiado. En él estriba la diferenciación psíquica de lo consciente y lo inconsciente, esferas que, gracias a él, resultan conexionadas. Lo consciente significa el momento de elaboración, de impresión del cliché, por eso resulta penoso, consume grandes fuerzas nerviosas, como todo trabajo órgano-psíquico, deprime al sistema, produce secreciones ácidas en las vesículas protoplásmicas de las células y representa en suma una intensa labor. La aparición de lo inconsciente, mejor dicho, el tránsito a él, simboliza una reparación química; una tarea que finaliza enriqueciendo al espíritu; un fenómeno de asimilación científica, en lo sucesivo *intelectiva* en lugar de *discursiva*.

¡Qué sería del espíritu humano si nuestros métodos científicos se perfeccionaran grandemente, al par que los medios de observación; si el número de células nerviosas fuera aun mayor, más exquisitas sus conexiones y el aflujo sanguíneo concordante más intenso, sin determinar estados congestivos!... El campo de la ciencia se amplificaría hasta lo infinito y unas cuantas intuiciones bien sistematizadas tendrían en sí la clave de innumerables raciocinios. Por eso si, como parece de lógica inconcusa, existen miríadas de otros mundos, habitados por seres superiores a nosotros, llámense ángeles o superhombres, es indudable que su ciencia habrá llegado a interpretarse y saberse por conceptos semi-universales, más que por atómicas y míseras operaciones de discurso.

Las generalizaciones, las grandes síntesis son intuitivas, como fruto definitivo de toda labor discursiva buena y completa. Los aforismos científicos resultan discursivos para los no iniciados en la ciencia respectiva e intuitivos para los iniciados ya. Ya vimos también que las ciencias son tanto menos asequibles al vulgo cuanto que tienen menos de intuitivas (lógica, matemática) y en igual escala resultan para la juventud. El caos que reina en psicología se debe, como ya dijimos, a los antiguos resabios de parentesco con la lógica, que, como arma de investigación de todas las disciplinas científicas, es la ciencia discursiva por excelencia, y en su virtud la más apartada de la viviente realidad.

Estas y otras mil consideraciones análogas concretan el concepto del raciocinio como la más intensa operación del espíritu, encaminada a enriquecer y perfeccionar el número, alcance e importancia de nuestro tesoro intuitivo. ¿Qué cosa más ideal, en efecto, que poseer la ciencia *per se*, como un algo connaturalizado con nuestra propia psiquis *empapada* en ella sin violencia, sin cansancio, sin que nuestra atención consciente tenga que desvelarse por conservarla, una vez que ha llevado cada uno de los principios en ella conquistados al puesto que en el espíritu les corresponde? ¿Qué mejor asimilación puede operarse, en perfecta harmonía con las leyes generales de asimilación que rigen a todo ser vivo en homenaje a las eternas leyes de la biología?

Vése pues comprobado todo lo que dijimos al dializar la intuición y el raciocinio; la labor analítica de éste y la sintética propia de aquella; la pobreza y limitación del uno; la amplitud y riqueza de la otra; las dificultades discursivas y las vibrante, deliciosa, semidivina facilidad de la intuición, armada de recuerdo, sentimiento y fantasía...! Digámoslo sin ambages; dentro de las supremas armonías del hombre con la sociedad y con el Universo, su raciocinio es el pobre obrero que se afana a diario y que apenas descansa; es el factor social trabajo, que céntimo tras céntimo en productos ahorrados se acumula; es lo que los alimentos respiratorios en la humana economía; es la fuente que alimenta el arroyo, es el arroyo que se transforma en río y corre, corre, hasta dar en la mar; el mar sin orillas de la intuición sentimental humana siempre, como éste, viva y, como éste también, siempre en movimiento; holgazana y aseñorada como el capital y rica como Creso... No la despreciéis por frívola ni fantasmagórica; pedidla tesoros, oh sabios investigadores, pedídselos, en competencia con los artistas. ¡Ella, cual el mar, es imagen de Dios: en su piélago misterioso se agita y anega la existencia!...

La intuición, abarcando, por un lado, a la fantasía y a la psiquis, y absorbiendo, por otro, el fruto de la sucesiva labor conquistadora del raciocinio, viene a realizar la síntesis de la vida del espíritu, como el sistema nervioso realiza la gran síntesis del organismo. Su dinámica total se manifiesta por *la voluntad* y *la atención*, meras fuerzas integradoras. Su diestra es el raciocinio, su siniestra la fantasía: aquel la enriquece con sus ideas abstractas y ésta con sus imágenes palpitantes de vida. Por eso la ciencia y el arte, ya conquistados para ella, integran la rica contextura de su ser y la ciencia pasa a ser arte, como el arte pasa a ser ciencia a través de ella.

Hasta dentro de una y otro se ven claramente las dos ramas, bifurcación del gran tronco intuitivo y el arte tiene sus raciocinios, como la ciencia tiene su fantasía, gracias a aquel vínculo común.

Donde mejor se aprecia ese lazo de unión, ese terreno neutro, que borra los confines entre nuestra clásica *trimurti* de raciocinio y fantasía abrazados por la intuición nacida de la psiquis es en la bella-arte más trascendental que conocemos: en la música, porque así como la pintura es arte estática, que sólo puede sorprender y atesorar un momento de la situación artística, la música es arte dinámica, única capaz de expresar con su lenguaje universal todos los momentos que integran la sucesión de las situaciones estéticas y hoy más que nunca ocurre después de las *Romaneas sin palabras* de Mendelsonn, el drama *lírico o subjetivo* de Wagner, con sus mágicos recuerdos de la Naturaleza (*Entrada de los dioses en el Walhalla*, *Crepúsculos de los dioses, Murmullos de la selva*, etc.).

–Decidnos, sino, vosotros, los inteligentes habituales asistentes a los grandes conciertos sinfónicos; en qué lugar clasificáis las impresiones que tales obras, ya clásicas, producen en vuestro espíritu: ¿excitan vuestra fantasía?–¡Sí!–¿vuestros sentimientos intuitivos?–¡Sí, en alto grado!–¿Os hacen pensar?–Muchísimo.–¿Podéis discernir unas de otras, estas percepciones?–Imposible: son una misma. Cuando queréis hablar de ellas pintáis como poetas, habláis plásticamente como sabios y sentís como superhombres. Luego hacéis de una impresión artística una síntesis psicológica de alcance incalculable.–

El análisis correlativo de esta impresión artística nos resulta factible gracias a los diversos grados de la musical cultura que, siguiendo a un amigo querido, podemos –y valga la aparente digresión– establecer, a saber: grado primero: cantos populares cacofónicos–2.° cantos populares de algún carácter artístico (cantos regionales, cantos andaluces)–3.° repertorio general de zarzuelas (con las naturales excepciones)–4.° Sinfonía de Campanone.–5.° Sinfonía de Juana de Arco–6.° Sinfonía de Semíramis–7.° Sinfonía de Guillermo Tell–8.° Sinfonías de

Beethoven y de Wagner. La predilección por uno u otro lado da la norma de aquella cultura.

Los seres que no alcanzan más allá de los dos primeros grados musicales, es decir, el bajo vulgo, hallan en la música un mero efecto de fantasía, hasta inconsciente a veces y acaso poco mayor que el que ella despierta *p.e.* en el caballo. Siempre que tales sujetos caen en un estado de obsesión o relativa inconsciencia la necesidad de la música surge inconsciente también, bajo la eterna monotonía de esas canturías con que todo obrero excita sin pensarlo su trabajo habitual, monotonía conectada con la que, por una necesidad análoga, prepara el sueño del niño. Es, valga la frase, el mejor *apagador* de sus sentidos, el más fiel *conllevador* de sus cansancios y tales y tan hondas huellas labran estas canturías en su fantasía que cuando lejos de su ambiente habitual tornan a escucharlas en la emigración, en el mar o en el presidio una melancolía infinita, anega su ser ante las primeras notas, pero melancolía de tan intensa acción que ella ha bastado en ocasiones para acabar con estados cataleptiformes de ciertos hombres de pueblo, motivados por la nostalgia.

Diríase, por lo que antecede, que en todos nosotros los chiches de las grandes asociaciones de recuerdos tienen un marco musical, obra de las impresiones auditivas con ellos simultaneas en el tiempo. Oíd un soso canto de vuestra infancia: el «*au claire de la lune*», *p.e.* entre los franceses, e inmediatamente os acordareis de vuestra madre que os lo cantara, pero con *la nota característica de. una oleada de ternura*: escuchad un solo compás de vuestro aire regional, allá en el extranjero, y a buen seguro que análoga ternura no tarda en invadiros. Ya tenéis pues, aquí, la conexión de que habláramos al principio.

Subid en la escala y hallareis grabados en la mente del *vulgo ilustrado* ciertos compases de zarzuela, con el mismo indeleble sello que los caracteres cuneiformes en los barros babilónicos;

grabados que, más de una vez, proporcionan enojísimas molestias durante los estados morbosos, con la continua y enfadosa repetición de sus internas resonancias. Llegad ya al grado que hemos llamado de la sinfonía *del Guillermo* y si, en verdad, sentís en ella *el galopar de los caballos*, podéis aspirar a la suprema iniciación del grado último. Cuando a tal iniciación alcancéis *comenzareis a pensar la música, discursivamente primero, intuitivamente después*; aquella misma música que produce, por modo fatal, *dolor de cabeza* a los profanos, como le producen los raciocinios elevados, como le producen en los no iniciados en la ciencia matemática el solo comenzar a hablar de ecuaciones y logaritmos.

Los grados superiores musicales despiertan, pues, altas intuiciones en el inteligente; cansancio razonador en el iniciando; casi dolor de cabeza en el vulgo, poco ilustrado, cuyas facultades musicales por desarrollar, se les pretende exigir esfuerzos demasiado intensos; el efecto de un ruido casi indiferente en el bajo vulgo. Nueva prueba final de que el gran problema de síntesis de aquella suprema trimurti psicológica es puramente dinámico o de cantidad y de fuerza desprovisto de caracteres diferenciales intrínsecos. Haciendo excursiones por el campo de las otras bellas-artes y aun de las vulgarizaciones científicas hallaríamos conclusiones idénticas, porque la natural diferenciación que en la práctica establecemos responde a la mera necesidad de entendernos, pero los pluridualismos que con ello establecemos son susceptibles como todos los de la ciencia de superiores síntesis.

Aquella famosa frase que el matemático Claireaut estampó al final de las seis ecuaciones diferenciales que encierran la solución del problema de los tres cuerpos no afecta ya a nuestro problema: el *intégre maintenant celui qui pourra*, no reza con nuestro estudio.

# BIBLIOGRAFÍA

Algunas notas bibliográficas para el estudio de la fantasía

Aun cuando el estudio de la fantasía carezca hoy de verdaderos antecedentes bibliográficos, pueden, en más o en menos, citarse los siguientes como de *útil lectura* para su labor.


Ph. Tissié.–*Les rêves*, physiologie et pathologie. París, Alcan, 1890.

M. Otero Acevedo.–Lombroso y el espiritismo. En esta importante monografía pueden verse las observaciones de *Katie King* de Crookes y *Félida* de Azam.

Philips (J.P.).–*Curso teórico-práctico de braidismo o hipnotismo nervioso*, en sus relaciones con la psicología y en sus aplicaciones a... la medicina legal y a la educación.

Morin.–*Du magnetisme et de sciences occultes.*

Janet (P).–*L' automatisme psichologique, essai sur les formes inférieures de l' activité mentale.*

Sánchez Herrero (Abdón).–*Estudio sobre el hipnotismo*, Valladolid. 1889.

Brierre de boismont.–*Des hallucinations.*

Brillat-Savarin.–*Fisiología del Gusto*, Trad. del C. de Rodalquilar, Mad. 1869.

J. Call.–*Higiene del Alma.*

Balmes.–*El Criterio.*

Gautier (Armand).–*Cours de Chimie biologique.* Paris Masson 1897. I.º, IVº, XVIº, XXIVº, LXIIº, LXIIIº, et LXVIIº leçons.

Cajal.–*Histologías normal y patológica.* Mad. 1895 y 1896, principalmente en la parte general y en la relativa al tejido nervioso.

El mismo.–*Las nuevas ideas sobre la estructura del sistema nervioso en el hombre y en los vertebrados,* y *Estudios de la corteza del cerebelo y del cerebro.*

Cartas... ¿pedagógicas? *entre D.ª Concepción Saiz y Otero* y D. Urbano González Serrano. Suárez, Mad.

Bain.–*La ciencia de la educación.* Trad. Suárez.

Encinas.–*La mujer comparada con el hombre.* Apuntes filosófico-médicos.

Gladstone (W.).–*Los grandes hombres.*

Menéndez-Pelayo.–*Historia de las ideas estéticas en España.*

Spencer (H.).–*Educación intelectual, moral y física.*

Serrano Fatigati.–*Física biológica.*

Mata.–*Nuevo arte de auxiliar la memoria.*

El Mismo.–*Tratado de medicina legal.*

Krause.–*Compendio de estética.*

Balart (F.).–Impresiones. Literatura y Arte.

Polémica entre Campoamor y Valera.–*La metafísica y la poesía.*

Castro y Serrano.–*Cartas trascendentales.*

Cubas (Manuel).–*Cortesanas célebres, historias anecdóticas.*

Fabra (Nilo M.).–*Por los espacios imaginarios.*

Caro (E.).–*El pesimismo en el siglo XIX.*

Carrasco (Juan B.).–*Mitología Universal.*

Cousin.–*De lo verdadero, lo bello y lo bueno.*

Darwin.–*Los preludios de la inteligencia.*

Escosura (Alfredo).–*Filosofía del sentimiento.*

GIRARD DE RIALLE.–*El fetiquismo, los manes, los antepasados y los espíritus.*

GONZÁLEZ SERRANO.–*Psicología fisiológica.* Mad. 1886. (Con riquísima bibliografía) especialmente en las pág. 9 y 10. *Estudios psicológicos.–Psicología del amor.–Preocupaciones sociales.–La sabiduría popular* y la reciente sobre pequeñeces de los grandes hombres.

KANT.–*Critica de la razón práctica.*

LUBBOCK (John.).–*La vida dichosa.*

MARTÍN (Melitón).–*La imaginación.*

MAX NORDAU.–*Las mentiras de nuestra civilización.*

QUINET.–*El genio de las religiones.*

RODRÍGUEZ ALBA (Justo.).–*Lucubraciones psico-físicas.*

SÁNCHEZ CALVO.–*Filosofía de lo maravilloso positivo.*

SPENCER.–*Ética de las prisiones.*

TIBERGHIEN.–*Teoría de lo infinito.*

FLAMMARIÓN.– *Dios en la Naturaleza.–Últimos días de un filósofo.–. Stella.–Numen*, etc.

OBRAS DE ALLAN-KARDEC.

ARTIGUES.–*Essay sur la valeur semoloique du rêve.*

AZAM.–*Amnésie périodique ou dédoublement de la personalité.*

BAILLARGER.–*De l' influence de l' état intermediaire à la veille et au sommeil.*

BEAUNIS.–*L' automatisme somnambulique devant les tribunaux.*

BERNHEIM.–*Sur les faux temoignages suggérés.*

CABANIS.–*Rapport du physique sur le moral.*

CARPENTIER. *Physiologie mentale.*

DEBACKER.–*Terrores nocturnos de los niños.*

DUPUY.–*Etude psycho-pluysiologique sur le sommeil.*

FERRÉ.–*Médecine de l' imagination.*

GIRTAUNER.–*Veber die kinderkrankheiten.*

LEUDET.–*Etat mental des alcoolisés.*

GOOVVERS.–*Enfermedades del sistema nervioso.*

CARAVANTES. (J.V.).–*Causas célebres nacionales y extranjeras.*

LOMBROSSO.–*El hombre criminal* y todas las demás obras penales del mismo.

Obras de Dª CONCEPCIÓN ARENAL Y Dª MARÍA DEL PILAR SINUÉS.

LA SANTA BIBLIA (especialmente los libros episódicos de Ruth, Tobías, Job, Macaheos, etc.).

LAS EPOPEYAS (*Ilíada, Odisea, Eneada, Divina Comedia, Paraíso Perdido, Fausto* y en general toda obra clásica de Literatura).

BERNHEIN.–*La sugestión y sus aplicaciones.*

CHARGOT.–*Lecciones de la Salpetrière*, etc.

DUTRET.–*Localizaciones de los centros nerviosos.*

ALIX.–*Etude du rêve.*

LIEBAULT.–*Du sommeil et des états analogues.*

MACNISH.–*The philosophy of sleep.*

MARTIN.–*Les monstres depuis l' antiquité jusqu â nos jours.*

MANOLSLEY.–*Pathologie de l'esprit.*

MAURY.–*Le sommeil et les rêves.*

MAX-SIMON.–*Le monde des rêves.*

MESUET.–*De l' automatisme de la mémoire.*

MOREAU (de Tours) .–*Fous et bouffons. Psychologie morbide. Du hachisch.*

NELSON (J).–*A study of dreams.*

RAMOND (A.).–*Contribution á l'etude de la vistesse des courants nerveux et de la durée des acbes psichiques plus simples.*

RIBOT.–*Psychologie de l'attention.*

AMICIS (Ed.).–*Ideas sobre el rostro y el lenguaje.*

BANDELAIRE.–*Los paraísos artificiales.*

F. JANER.–*Los fantasmas de la imaginación.*

MENAULT.–*La inteligencia de las aves y los mamíferos. El amor maternal en los animales.*

DUVAL.–*Anatomía artística*

SANZ DEL RIO.–*El idealismo absoluto.*

BLASCO.–*París íntimo.*

REVILLA.–*Literatura general.*

AMICIS.–*Infortunios y amor.*

CASTELAR.–*Galería histórica de mujeres célebres.*

MANTEGAZZA.–*Arte de elegir mujer y arte de elegir marido.*

MICHELET.–*El amor. La mujer.*

GÓMEZ CARRILLO.–*Del amor, del dolor y del vicio.*

OSSOTIO Y BERNARD.–*Progreses y extravagancias.*

ZOLA.–*La alegría de vivir. El ensueño. La bestia humana*, etc.

SARLO.–*Isogni Saggio psicológico*. Napoli, 1887.

TAINE.–*L' intelligence.*

TISSIÉ.–*Les aliénés voyageurs.*

WEIL (Alex).–*La philosophie du rêve.*

THOUVEREZ.–*Le realisme metaplysique.*

G. TARDE.–*Les lois de l' imitation.*

A. GODFERNAUX.–*Le sentiment et la pensée.*

BOURDON.–*L' expression des émotions et de tendances dans le langage.*

ARRÉAT.–*Psychologie du peintre.*

PICAVET.–*Les idéologes.*

SOLLIER.–*Pychologie de l' idiot et de l' imbécile.*

RICARDOU.–*De l' idéal.*

HARTMANN.–*Ciencia oculta en la Medicina.*

RIBOT.–*L' hérédité psychologique* y *Psychologie des sentiments.*

FOULLET (Alfr.).–*La libertad y el determinismo*. El mismo. *L' avenir de la metaphysique fondeé sur l' experience. L' évolutiomisme des idées-forces,* y *psychologie des idées-forces. Tempérament et caractère. Le mouvement idéaliste.*

Bain.–*Les émotions et la volonté.*

Matthew Anold.–*La crise religieuse.*

Guyan.–*Les problémes de l'esthétique contemporaine.*

Schopenhauoer.–*Aphorisme sur la sagesse dans la vie.*

Buchner.–*Science et nature.*

Egger.–*La parole interieure.*

Séailles.–*Essai sur le génie dans l>art.*

Preyer.–*L'àme de l'enfant.*

Clay.–*L'alternative.*

Peréz (Bernard).–*L'art et la poésie chez l'enfant.–Le caractére de l'enfant à l'homme.*

Sergi.–*La psychologie physiologique.*

Garofalo.–*La Criminología.*

Sourian.–*La suggestion dans l'art.*

Paulham.–*Les types intellectuels, esprité logiques et esprils faux.*

Bergson.–*Essai sur les données immédiates de la conscience.*

Mario Pilo.–*La psychologie du beau et de l'art.*

Lange.–*Les emotions.*

Max Nordau.–*Paradoxes psychologiques.*

Jaell (Mad.).–*La musique et la psychophysiologie.*

Dugas.–*Le psittacisme.*

Lachelíer.–*Du fondement de l'iaduction.*

Laisset.–*L'âme et la vie.*

Lemoine.–*Le Vitalisme et l'animisme.*

Laugel.–*Les problémes de l'âme.*

F. Schmidt.–*Philosophie de l'inconscient.*

Lubbock (J).–*Le bonheur de vivre.*

Stricknr.–*Du langage et de la musique.*

Mosso.–*El miedo.*

Gaulham.–*Les phénomènes affectifs.*

Arréat.–*Memorie et imagination.*

Roberty.–*L'agnosticisme.*

LOMBROSO.–*Nouvelles recherches de psichiatrie et d'anthropologie criminelle.*
QUEYRAT. L'imagination chez l'enfant.
AXENFELD.–*Traiti des néuroses.*
SULLY.–*La illusions des sens at de l'esprit.*
BRIERBE DE BOISMONT.–*El suicidio y la manía suicida.*
MAUDSLEY.–*El crimen y la locura.*
BALLET.–*Histoíre d' un visionnaire an XVIII° siècle. Swedenborg.*
ASUSS.–*Grapholoyic simplifice.*
GINEU (F.).–*Estudios de literatura y arte.*
MARTÍN-MATEOS.–*El espiritualismo.*
DEBAY.–*Los misterios del sueño.*
FIGCHER.–*Después de la muerte.*
etc., etc.

M. Ros de Luna

# APÉNDICE

# ROSO DE LUNA Y LA MÚSICA

por

*Domènec González de la Rubia, compositor*

Tal vez, a quienes no estén interesados en el ocultismo, el apellido Roso de Luna no les evocará ningún personaje conocido, ninguna personalidad notable digna de destacarse en el amplio espectro de hombres ilustres que jalonan nuestra contemporaneidad y, sin embargo, este apellido es el de un pensador atrevido, de cultura enciclopédica, que sondeó los caminos inextricables de lo desconocido en una obra, que examinada sin prejuicios, no puede por menos de asombrarnos. La psicología, la pedagogía, el ocultismo y la teosofía, las últimas corrientes científicas, la astronomía y la literatura, la música y la historia fueron algunas de las disciplinas por las que discurrió su pasión investigadora.

Nacido en 1872 en el pueblo extremeño de Logrosán, Roso obtuvo los doctorados de Derecho y Ciencias en 1890 y 1901 respectivamente. Casado en 1899, tras dos años de viajes por Francia, Bélgica y Londres, durante los que trabajó como profesor de español y matemáticas, estableció su residencia en Madrid en 1904, adonde se trasladó con la esperanza de obtener la plaza de astrónomo en el Observatorio Nacional, puesto que finalmente fue concedido a un jesuita sin especial talento. Roso, que ya había descubierto en 1893 el cometa que lleva su nombre y conseguido en París un premio por la invención del *Kinethorizón* (un aparato que permite saber la hora de salida, paso por el meridiano y ocaso de las estrellas), se encontró así sin la seguridad económica que otorga un puesto oficial, relacionándose con intelectuales y ofreciendo inolvidables conferencias en el Ateneo madrileño, del que más tarde sería nombrado miembro distinguido.

Condecorado con las Órdenes de Isabel la Católica y de Carlos III, perteneciente a la Real Academia de la historia de Madrid, a la Sociedad de Arqueología de Bélgica y al Instituto Geográfico Argentino, la obra de Roso conoció durante su vida un elevado prestigio que, por desgracia, fue condenada al ostracismo y a la persecución por la dictadura de Franco ya que, además de teósofo, y por tanto, negador de las religiones positivas, especialmente del catolicismo, Roso era masón y pacifista, aspecto éste último en el que demostró verdadera militancia al escribir su libro *La Humanidad y los Césares*.

**Obras de Roso de Luna**

La mayoría de sus trabajos están dedicados a asuntos teosóficos y, de hecho, gran parte del resto de materias que trató, no específicamente teosóficas, las interpretó desde el punto de vista de las enseñanzas blavatsquianas. Para mí gusto sus libros más interesantes son: *La Esfinge, Simbología Arcaica, Simbología de las Religiones del Mundo* y la que, según él mismo, era su mejor obra: *El libro que mata a la muerte o libro de los Jinas*. Sin embargo, nos haríamos una pobre idea de la importancia de lo escrito por Roso si solamente lo relacionáramos con el ocultismo y la teosofía; de hecho, para entender sus libros se necesitan conocimientos de esoterismo, historia y ciencias, ya que su prosa, abigarrada, llena de pies de página, no es de fácil asimilación. También son corrientes en sus obras referencias –a veces explícitas, a veces veladas– a la música, que fue seguramente su verdadera vocación.

Como buen pitagórico, tenía la creencia de que en el cosmos existe una armonía que mantiene estrechas vinculaciones con la teoría de la música de las esferas y del orden universal, presente en todos los seres y fenómenos de la naturaleza.

Aunque no era músico profesional, tocaba el piano y la guitarra con cierto mérito y conocía bien las obras maestras de la historia de la música. Tanto interés tuvo en incrementar su cultura al respecto, que con los beneficios de la venta de una pepita de oro que encontró en Asturias, compró una pianola. Este cariño a la música fue inculcado a sus hijos, dos de los cuales estudiarían los grados superiores de piano y guitarra.

**Wagner, músico y filósofo**

La obra en la que Roso se dedicó con mayor profundidad al tema musical fue en *Wagner, mitólogo y ocultista*, un libro de quinientas páginas que fue primeramente editado por Pueyo en Madrid en 1917 y reeditado en 1978 por Eyras y la Diputación de Badajoz.

Algunos de los temas que trató en él fueron: la consideración de la música como lenguaje iniciático; el simbolismo, la mitología, la armonía de las esferas, las leyendas y sus claves ocultas en la obra de Wagner; Wagner como la culminación de una época gloriosa, y la tesis de que Beethoven es el precursor «real» del genio de Bayreuth. A partir de estos puntos principales, Roso desenvolverá su particular visión del arte musical wagneriano a través del crisol del filósofo teosofista, una perspectiva lógica, ya que a su juicio, no había duda de que tanto Beethoven como Wagner deberían ser considerados teósofos, pues los dos «*creían en el gran principio de la unidad sustancial de la especie humana, sin distinción de credo, raza, sexo, casta o color;*

*partidarios de un ideal trascendente y abstracto, de un criterio teológico y panteísta por encima de todos los credos positivos».*

El principal interés de la obra filosófico-musical de Roso estriba en que realizó sus análisis partiendo de una perspectiva que nadie en nuestro país, y pocos fuera de él, compartían: el de la íntima confluencia entre el esoterismo, los misterios, el lenguaje de los iniciados y la música, un enfoque que entronca con una corriente de pensamiento que atribuye al ordenamiento armónico de los sonidos un poder superior, en la misma línea que los trabajos realizados por Pitágoras, Fludd, De Vesmes, Rudhyart, Scott o Scriabin, quienes con sus obras anunciaron los movimientos espirituales y científicos que hoy contemplan a la música no solo desde parámetros académicos, sino asociándola con la física, las matemáticas, la fisiología, la psicología y el esoterismo. Un libro como *Wagner, mitólogo y ocultista* nunca se hubiese escrito tal como está si Roso no se hubiese adentrado en los ámbitos de la teosofía, doctrina que cambió el rumbo de su vida y que provocó desconfianza en los demás, haciendo que muchas mentes ortodoxas de la intelectualidad de su tiempo le escatimasen sus verdaderos méritos.

**La música y el simbolismo arcaico**

Roso opina que la música es uno de los últimos lenguajes que mantienen intacto el simbolismo arcaico perdido por la civilización moderna, un simbolismo que –como el que más tarde intentaría resucitar Wagner–, se entrelaza con la danza y también con aquello que el antropósofo Steiner definió como «*Euritmia o lenguaje visible del alma*». Al ser un lenguaje humano, forma parte de nuestra naturaleza y, por ello, debería ser obligado conocerlo para que ejerza una influencia positiva sobre nuestra conciencia. De este modo, ya en 1917, Roso profundizó en la musicoterapia y en la psicología, para aprovechar con su auxilio las propiedades sanadoras de los sonidos. Siendo fiel a las creencias que consideran a la Antigüedad poseedoras de una cultura superior, más elevada que la actual, era de la opinión que la música antigua, a pesar de su aparente simplicidad, es tan profunda y hermosa como la «moderna», de la que Wagner sería el genio indiscutible.

No es de extrañar que Roso considerara a Wagner el talento musical más grande de la historia. Tengamos en cuenta que precisamente en aquellos días, el wagnerismo alcanzaba su punto más álgido y el compositor alemán era seriamente valorado como filósofo y literato. Para Roso, Wagner había logrado culminar el deseo de generaciones de músicos de fundir todas las artes en una obra única (Gesamtkunstwerk) que comprendiese la música, la poesía, la danza y el teatro, un concepto que coincidía plenamente con los principios globalizadores de la teosofía.

Además, al haber empleado en sus dramas musicales, el procedimiento alegórico del «leit motiv» (motivo conductor que identificaba a personaje con una idea melódica) Wagner empleaba un procedimiento formal que coincidía con los preceptos de la simbología arcaica predicada por los seguidores del teosofismo.

Roso no dudaba en atribuir a los libretos de Wagner un significado esotérico, esforzándose en interpretar desde el punto de vista ocultista los temas de sus argumentos. Así, al explicar el fragmento de la ópera *Lohengrin* en el que se prohíbe al protagonista confesar su origen y misión, nos dice:

> La prohibición del Graal, relativa a que ninguno de sus héroes revele a los profanos ni su patria ni su nombre, concuerda con el famoso sigilo sacerdotal, con la palabra secreta masónica y también con la prohibición que existía en el Brahmanismo, relativa a los secretos del Guaya-Didya o magia de

> los poderes del sonido (Aether) y de la armonía (Mantram). Nunca sea permitido, dice el alfabeto egipcio de Tot-Hermes, recitar en alta voz, ciertos hechos históricos terribles, para no evocar de la luz astral, con la palabra, los poderes relacionados con ellos [...] pues en Ocultismo es axiomático que el verdadero nombre mágico de las cosas las torna revividas.

Ocultismo, simbología y música se hermanan estrechamente en las interpretaciones de los libretos de Wagner realizadas por Roso de Luna, una manera de contemplar el argumento de las óperas que, sin duda, exige por parte de los lectores un alejamiento de estrechas posturas críticas relacionadas con el academicismo decimonónico.

* * *

Además de en *Wagner, mitólogo y ocultista* y de *Beethoven, teósofo*, Roso trató el tema musical en *El libro de oro de la pianola*, de carácter pedagógico, dedicado a inculcar en los más jóvenes el amor por la música clásica y en *Guía de obras musicales*, donde pretendió informar a los melómanos nóveles del repertorio básico de la historia de la música. Ambos títulos permanecen inéditos.

*Beethoven, teósofo* formaba parte del capítulo V del anteriormente citado libro sobre Wagner, aunque fue editado separadamente para su difusión gratuita gracias a Javier Pintos Fonseca en 1915. Lleva como subtítulo: «Un capítulo de la obra El Drama lírico de Wagner y los misterios de la antigüedad por Mario Roso de Luna». Este opúsculo de 111 páginas, está dedicada a los miembros del grupo Marco Aurelio, independiente de la Sociedad Teosófica, y en especial al editor Javier

Pintos Fonseca. Justificando plenamente el título de la obra, nos dice Roso que:

> Decir que Ludwig van Beethoven fue teósofo, no quiere decir que fuese un partidario de las doctrinas dadas al mundo occidental por la abnegada e incomprendida H.P. Blavatsky, un convencido, por ejemplo de las doctrinas del Karma, la reencarnación, etcétera, sencillamente por la diferencia de los tiempos. El coloso de Bonn, en efecto, falleció en 1827, cuatro años antes de nacer la fundadora de la Sociedad Teosófica y mal podía admitir en toda su integridad unas ideas que, aunque tan antiguas como el mundo, no han sido divulgadas como cuerpo de doctrina hasta 1875 en que se escribió la primera obra de Blavatsky, titulada *Isis sin Velo*...

Y más adelante, establece una similitud manifiesta entre las personalidades de Beethoven y H.P.B.

> Aunque parezca o sea digresión, diremos que multitud de rasgos de carácter son comunes a Beethoven y a la fundadora de la Sociedad Teosófica. Ambos se vieron solos, abandonados, calumniados e incomprendidos. Ambos tenían la sinceridad por alimento hasta el punto de serles imposible el disfrazar sus opiniones y sentimientos: violentos los dos de lenguaje cuanto puros de intención, impulsivos y dulces, desordenados y distraídos, ofenden a sus amigos y se arrepienten lealmente de sus violencias; son suspicaces y desconfiados, pero al par inocentes y generosos hasta la privación absoluta, con grandezas de genios e ingenuidades de niños.

En otras ocasiones, Roso se referirá a la música indirectamente, aprovechando alguna excusa para escribir sobre ella, como por ejemplo en el primer capítulo de La Esfinge, cuando cita el lied de Mathilde Wessendock titulado «*En el invernadero*», musicado por Wagner; en *Del Árbol de las Hespérides* (recopilación de cuentos teosóficos); en los comentarios a las *Páginas Ocultistas* de H.P. Blavatsky y en otros libros, en los que llega a valiosas intuiciones desarrolladas más tarde en futuros estudios. Sin duda, la música, de una manera u otra, estuvo muy presente en su vida y en sus escritos.

# ÍNDICE

EDITORIAL
DAGÓN